質性教育研究：

理論與方法

Qualitative Research for Education：

An Inroduction to Theory and Methods
《Third Edition》

Robert C. Bogdan
Sari Knopp Biklen
原著

黃光雄 主譯／校閱

李奉儒、高淑清、鄭瑞隆、林麗菊
吳芝儀、洪志成、蔡清田 等譯

 濤石文化事業有限公司
WaterStone Publishers

國家圖書館出版品預行編目資料

質性教育研究：理論與方法/ Robert C. Bogdan,
Sari Knopp Biklen 原著/ 李奉儒等譯.－－初版－－
嘉義市 ：濤石文化，2001【民90】
面；　公分　參考書目：面　含索引
譯自：Qualitative Research for Education：an Intoduction to
Theory and Methods
ISBN 957-30248-4-5（平裝）

1.教育 ─ 研究方法

520.31　　　　　　　　　　　　　　90016727

譯者簡介

李奉儒
中正大學教育學研究所副教授
英國雷汀大學(Univ. of Reading)教育學院哲學博士

高淑清
嘉義大學家庭教育研究所助理教授
美國明尼蘇達大學工作社區與家庭教育博士

鄭瑞隆
中正大學犯罪防治研究所副教授
美國伊利諾大學社會工作博士

林麗菊
中正大學外文研究所副教授
美國加州大學教育博士

吳芝儀
中正大學犯罪防治研究所副教授
英國雷汀大學(Univ. of Reading)社區研究博士

洪志成
中正大學教育學程中心副教授
美國威斯康辛大學課程與教學系哲學博士

蔡清田
中正大學教育學程中心副教授
英國東英格蘭大學 (Univ.of East Anglia) 哲學博士

目 錄

Qualitative Research for Education
An Introducion to Theory and Methods

Ch4 質性資料 157

林麗菊

Ch5 資料分析 219

吳芝儀

主譯者序

　　多少年來，自然科學的研究方法論，因其量化、客觀、可複製、可類推，而主導了教育研究方向。事實上，對於教育現象的了解，貢獻良多。但是，並非所有的教育現象，或教育現象的每個層次，都能用量化研究加以理解。因而，近年來質性研究逐漸走上教育研究的舞台，希望能從不同的研究層面，掌握教育的深廣意義。

　　本書原文名稱為「Qualitative Research for Education:An Introduction to Theory and Methods」，第三版，於1998年出版，作者是著名質性研究學者Robert C. Bogdan & Sari Knopp Biklen。本書從質性研究的理論基礎、研究設計、實地工作、質性資料、資料分析、報告撰寫，到質性研究的教育應用，有條不紊，涵蓋整個質性研究的全程。本書理論與實務並重，值得介紹給國內廣大的教育工作者，作為從事教育研究之重要參考工具書。

　　質性研究是一個統稱名詞，所屬許多研究方法都稱為質性研究。每種質性研究方法都有其理論基礎，例如現象學、批判理論、符號互動論、建構論、後現代主義、女性主義、文化研究等等。不同的理論基礎往往發展出不同的研究設計，不同的資料蒐集、分析及解釋方法，及不同的報告撰寫方式。更有趣的是，不同的理論基礎彼此之間常有不一致甚至相互衝突的情形，提醒研究者在應用這些質性方法時，應謹慎小心為之。

　　我在本書的工作有三。一是找書；二是找人翻譯；三是本想從頭到尾詳閱一次，但時間不及，只看了五章半，大概統一些術語，修改些因電腦處理而產生的錯別字。我很慶幸有機會先睹為快，學習很多。

本書七位譯者在英、美兩國獲得博士學位，他們的論文都是採用質性研究撰寫的。他們在質性研究方法及方法論都有很高造詣，並在大學、研究所擔任質性研究課程之教授。本書由他們翻譯，真的是十分恰當。

　　濤石文化出版公司負責人陳重光先生致力文化、教育出版事業，貢獻良多。願意出版本書，十分感佩。本書譯事由本學院同仁洪志成及吳芝儀博士居中策劃及協調，很是辛苦，特別感激。

　　本書的翻譯似嫌倉促，可能有些疏忽之處，希望再版時能加以更正。

黃光雄

中正大學教育學院

2001.9

Preface
前言

　　本書是「質性教育研究：理論與方法」的第三版。本書從第一版到第二版的數年之間，教育研究(educational research)發生了相當的轉變。過去這個一向受到測量、操作性定義、變項、假設考驗、統計等所主導的領域，現在讓出了空間，使得強調描述(description)、歸納(induction)、紮根理論(grounded theory)、對人們理解的探究，一舉躍上研究的舞台，而此一研究取向即稱為「質性研究」(qualitative research)。依據質性方法來研究不同的教育議題，可以更為深入。曾在其他研究傳統之下接受訓練的教育研究者，現在也經常將質性研究取向整合進其教學和研究中。愈來愈多的教育研究者開始定位自己為質性研究方法的專家。你只要去看看政府機構支持的研究方案、在這個領域新出版的書籍名稱、學術界工作機會的公告、以及不同教育期刊的內容，你就可以知道質性研究蓬勃發展的盛況。愈來愈多的教育研究課程，完全以質性研究方法為焦點(Wolcott, 1983; Bogdan, 1983)，而一般性的研究課程也經常將這個研究取向整合進來。

　　自從本書出版第二版之後，這個趨勢更是不斷蔓延，許多教育研究者對於這個取向的熱愛更甚於以往。質性研究已不再被視為是主流研究者不會重視的邊緣取向。最近在美國教育研究協會(American Educational Research Association)所主辦的研討會上，有關質性研究的報告更是急遽增加。

　　自從本書第二版在1992年出版之後，新的趨勢也逐漸浮現出來。直到1970年代初期，本書中所討論的質性研究類型，仍幾乎全屬於人類學 (anthropology)和社會學 (sociology)的領域。但這個界線在當時就已經被逐漸打破了。在1970年代初期，「質性研究」

一詞被不屬於特別學科的實地研究者引用來作為以人為研究對象的代名詞 (Filstead, 1970)。雖然不屬於任何一個傳統，「質性研究」一詞在二十年來逐漸增加其影響力、持續不斷地發展，也獲致了豐碩的成果。即使某些遵循傳統研究派別的人拒絕使用這個詞，但對於大多數人而言，質性研究使舊時代的研究者和新入門的研究者有了一致性的觀點。

雖然「質性研究」讓1970和1980年代的研究同好對量化研究抱持同仇敵愾的態度，1990年代在此一領域之內發生的轉變則使得追隨者開始分道揚鑣。由於這個取向已經吸引了許多曾經接受過量化研究訓練的人，因此他們也開始提倡質性研究應該要比早期的方法更具結構性、且更系統化─強調質性研究技術更甚於質性思考方式。同時，其他質性研究者則被強調「後現代研究取向」(postmodern approaches) 的人文學者所吸引，不重視小心謹慎地蒐集實地資料，而更專注於將研究作為透過書寫來表徵 (representation) 的方式，以及研究的策略。

就在這個質性研究已朝向不同方向擴展的期間，我們開始撰寫本書的第三版。由於質性研究已身處混亂和爭論的漩渦之中，我們選擇撰寫這本書來說明和整合這些多重的趨勢，但仍維持早期版本所持的立場。在我們作為研究者的工作上，我們也試圖這麼做。有許多方式可以來從事及思考質性研究，在這本書中，我們呈現我們自己的方式。這並不是探查研究議題的唯一可行的方式，或許也不是最好的方式。然而，我們的方式和其他許多實際上操作這個取向的研究者是一致的。我們相信，學習質性研究最好的方式，是以一個特別的傳統作為開端，從這裡延伸出去，探索其他質性研究取向，最後找到一個或創造一個來代表你自己的取向。我們為你的努力獻上最大的祝福！

質性研究在其他專業領域如護理 (nursing)、健康 (health)、復健 (rehabilitation)、社會工作 (social work)、資訊研究 (information studies)、管理 (management)、人類發展 (human development)、和傳播溝通 (communication) 等的發

展，也和這十至十五年間在教育領域的發展有著相同的軌跡 (Sherman & Reid, 1994; Ferguson, Ferguson & Taylor, 1992; Journal of Qualitative Health Research)。教育研究者一向是將質性研究拓展至其他應用性領域的先驅和領導者。將其他專業領域對質性研究漸增的興趣納入我們的考慮，擴充了本書的討論和實例，使得這一版的內容對與教育有關的其他領域研究者更具有包容性。

在本書第一版的緒論中，我們曾說明本書的目的在於：為質性研究在教育上的應用提供一個可理解的背景，檢視其理論根基和歷史淵源，並討論實際進行研究的特定方法。在這一版中，我們仍維持此一目的。本書第二版曾經反映出這個領域中的一些特定的變化。當新的議題—性別研究和女性主義、後現代論、解構論、電腦科技之應用於質性資料蒐集、分析和溝通等—逐漸浮現出來，且更具重要性，我們也加入與這些課題相關的材料。這些領域持續不斷地增加其重要性，我們也試圖在這一版中整合這些革新和趨勢。雖然我們增加這些當代的趨勢，但本書仍維持簡介的性質。我們希望本書對於將要展開質性研究的人有所幫助，也希望對實際進行研究的人而言，這是一本有用的手冊。為了呼應本書新增的許多在第二版之後出版的文獻資料，我們更新了參考書目。此外，我們也重寫了或擴充了部分章節，以提供更好的實例或更佳的解釋。最後，我們也增加了簡短的章節，討論先前版本並未著墨的課題（例如三角檢證、評鑑寫作的標準、文本中作者的位置等），並重新組織一些章節來促進理念的明晰和整合新的材料。這在有關寫作和應用性研究中最為明顯。我們有時候會引述一些在要求研究者對性別偏見語言具有敏覺度之前，就已經撰寫的相關文獻，我們的引述則保留了他們寫下這些文字時的原貌。

如同我們在第一版的安排，本書也起始於對什麼是「質性研究」以及其與教育之關係的廣泛討論，省思理論和歷史的概念。在接下來的四章中，我們將這些概念應用於研究實務中，如設計、實地工作、資料蒐集和資料分析。接著，我們進而說明如何撰寫研究發

質性教育研究：理論與方法

Qualitative Research for Education：An Introduction to Theory and Methods

現。在本書最後一章，我們則聚焦於質性教育研究之特定個案—應用研究，討論有關評鑑、行動和實務工作者的研究。

我們是以類同於進行研究程序的方式來組織本書的架構。大部份教授質性研究課程的教師，會要求學生一邊閱讀這些方法、一邊實際進行研究方案。所以，當學生閱讀有關設計和展開研究的章節，他們也應該在其方案中實際從事這些活動。同樣地，當他們蒐集資料和開始分析這些資料時，他們也應該要閱讀那些相關的章節。我們建議初次進行質性研究的人，無論是否正在修習相關的課程，最好都能先將本書完整地瀏覽過一次，以獲得對整個研究歷程的一般性理解。然後，當開始進行研究時，再逐一將與實際研究歷程有關的各章仔細閱讀。

我們要感謝許多人的協助和支持。國家教育研究院（National Institute of Education）支持我們進行本書中所討論的特殊教育班級研究。教學醫院病童加護病房的研究，則是由紐約心智遲緩和發展障礙局（New York Bureau of Mental Retardation and Developmental Disabilities）以及Syracuse大學的聖納提研究基金（Syracuse University's Senate Research Fund）所支持。Andrejs Ozolins撰寫了部份攝影的章節，並協助選擇本書中所用的一些相片。Steven J. Taylor撰寫應用研究那一章。Debra Gold協助進行文獻探討。TaShera Jenkinns的電腦長才讓本書的撰寫更順利。我們衷心感謝！

對於下列幾位評閱者所提供的意見，我們也銘感於心：Clemson大學的Gail Delicio，Arizona大學的Virginia Richardson，以及Marshall大學的Linda Spatig。

Chapter 1
質性教育研究之基礎

- ◎ 質性研究之特性
- ◎ 質性教育研究之傳統
- ◎ 理論基礎
- ◎ 質性研究十個共通的問題
- ◎ 倫理
- ◎ 本書的其他章節

李奉儒

　　本文分從質性研究之特性、傳統、理論依據、問題和研究倫理等方面來探究質性教育研究之基礎。

　　首先，質性研究之特性包括了如下幾項：1.自然式的研究場域：作為直接資料的來源，而研究者本身則是關鍵的工具。2.描述性資料：以文字或圖畫呈現，而非數字。3.歷程的關注：質性研究者關注研究歷程，而非結果。4.歸納性的：質性研究者以歸納的方法來分析資料，而不是尋求證據來證實或否證在研究之前所持的假設。5.意義：研究者透過參與的觀點來了解不同的人如何建構他們生活的意義。

　　其次，質性研究之傳統主要是受到人類學與社會學實地工作的資料蒐集方法之影響，特別是一九二○與三○年代的芝加哥社會學派，和一九三○年代Willard Waller的教育社會學研究。此外，歐洲的英國和法國自十九世紀中葉起已經運用質性研究（尤其是參與觀察）來理解人們的生活。質性研究傳統也受到意識型態的與政治實務之影響，像是權力如何在社會中運作；也受到社會變遷之影響，如研究的焦點轉移到少數族群的兒童在學校中所遭遇的經驗。

　　第三，質性研究之理論依據，基本上有現象學取向、符號互動論、俗民方法論、文化研究、女性主義、後現代主義、以及批判理論等。

　　第四，質性研究有一些共通的問題。像是質性發現是否可以類推？研究者之意見、先見或偏見對於資料的影響效應為何？研究者在現場的現身是否會改變研究對象的行為？質性研究和量化研究是否可以整合來使用？質性研究是否是科學的？質性研究目標是什麼？質性研究和量化研究是如何地不同？質性研究或量化研究是哪一種研究取向較佳？這些均是質性研究往往會面臨的問題

　　最後，說明質性研究倫理是對和錯的原則，它們是特定研究群體在特定時間所接受的倫理規則。

一對男女正坐在室內體育館的上層位置觀看大學男子籃球比賽，這是進入決賽的重要比賽。雖然不容易將他們和那些熱情的和嘻嘻哈哈的觀眾區分開來，但他們是研究者，正參與地主隊的一項研究—男性大學運動員的社會化與教育。出席觀看競賽活動只是他們研究工作的一小部份，他們也晃來晃去並訪談運動員、球隊職員、贊助者、運動員的女朋友、媒體的記者，以及大學裡的教授等。此外，他們蒐集印刷品的報導和其他有關這個球隊和隊員的書面資料。他們獲得許可進入更衣間、學生宿舍和球員消磨時間的其他地方。他們跟隨數個球員的團體，時間涵蓋了球員在大學的求學期間到離開學校之後。兩位研究者保存非常詳盡的書寫資料，記載著他們所觀察到的、所聽到的，以及他們訪談的錄音帶逐字稿之謄寫文字。這個研究的成果可能是一本書本，書名像是運動與學業、社會階級、種族的關係等，運動員的友情與成就，運動員關於大學經驗的觀點，以及大學運動的社會組織等（Adler & Adler, 1991）。

　　在美國的另一個地區，一位研究者定期拜訪一所多元文化的公立小學，她在此花了許多時間觀察男生與女生的日常活動並仔細聆聽他們的意見，地點或是在教室、遊戲場、體育館、餐廳，或是在教師較少注意到的地方。她正在研究的是兒童如何在學校中經驗到性別的問題。根據她的研究所完成的專書，對於兒童團體之間的「性別扮演」（gender play）有詳細豐富的說明，她討論並描述小學生與性別相關的活動，像是「追與吻」（chase and kiss）、「蝨子」（cooties）、「外出」（goin' with）和「作弄」（teasing）等（Thorne, 1993）。

　　一位研究者對於非裔美國青少年的學業成就甚感興趣，特別是她後來稱之為學生對於學校所做的回應之「邏輯」（logic）。她花了許多時間在華盛頓特區一所絕大多數是非裔美國學生的學校。總計有33位學生是她的「主要資訊提供者」（key informants），這些學生協助她來探究這所首都高中的意義系統，以及部份學生如何去對抗學校認可的學習課程。她就此知道學生要做得好所要付出的代

價。她正式與非正式地訪談學生，察看訪談的謄本和其他文件，並花相當長的時間待在這所學校中，以及學生的家庭、教會、鄰近社區和休閒中心，並且跟學生一同搭公車，目的都是為了發現學生如何使他們所接受的教育具有意義。她發現到對這些學生而言，有關「如何像白人一樣地舉止」的主題是個重要的議題，她察覺到所謂的成功並不只是學業上的成功（Fordham, 1996）。

在一個中型的城市裡，一位研究者定期拜訪一所市立小學，訪談並觀察該校的女教師。這位研究者所要探究的是女性教師對於她們工作的觀點，對於這份職業所珍視的有哪些？所批判的又有哪些？以及這些觀點如何在她們的言語和行動中表現出來。在她完成這所學校的研究工作之後，她閱讀在圖書館典藏檔案中由女性教師所寫的日記與信件。此外，她也檢視那些討論教學的出版文件和其他相關的資料。最後，在她所出版的著作中，她探究教師如何思考她們的職業，以及她們的思考跟大眾文化中對於教師的形象又是如何產生關連（Biklen, 1995）。

上述的例子都是有關人們如何進行教育之質性研究。但他們既沒有窮盡各類的研究策略，也沒有窮盡研究主題的範圍。有的質性研究者從家庭相簿的照片和其他來源，來檢視行動不便的人是如何地被呈現出來（Bogdan, 1988）；審視教育旅遊的小冊子，以理解旅行社如何吸引他們的顧客（Casella, 1997）；訪談成功的非裔美籍的教育者，以理解他們在生命中的奮鬥史（Gordon, 1997）。這類各種年齡的人之教育經驗，以及擴展我們對於這些經驗的知識之素材，不管是在學校內或是在學校外，都能作為研究的主題。教育的質性研究可以採取許多形式，以及在許多不同的場域（settings）中來進行。

雖然人類學和社會學領域中的研究者採取本書所描述的研究取向已經有一百年之久，在社會科學中要等到一九六○年代晚期才開始使用「質性研究」（qualitative research）一詞。本書使用「質性研究」作為主軸語詞來指涉數種共有一定特性的研究策略。質性研究所蒐集的資料被稱為「軟的」（soft）資料，這是因為對

於人們、地方和會話等的描述相當豐富，但不容易以統計的程序來處理。研究問題也不是以操作型的變項來形成；而是在脈絡中建構出研究的主題，以掌握問題所有的複雜性。當研究者進行質性研究時，可能會發展出焦點來蒐集資料，但他們不會從特定待答的問題或是待考驗的假設來進行研究。他們也關注的是，從研究對象自己的參照架構來理解他的行為。外在原因的重要性僅是次要的。研究者資料的蒐集往往是透過在場域中持續地跟研究對象接觸，這些場域是人們通常待著的地方，像是教室、餐廳、教師休息室、學生宿舍、街頭角落等等。

質性研究最著名的代表性方法，也是前述研究者所使用的技術是「參與觀察」(participant observation) 和「深度訪談」(in-depth interviewing)。觀察籃球隊的男女兩位研究者和待在首都高中的那位研究者，他們所進行的是參與觀察。研究者進入他(她)想要探究的人們之世界，熟悉他們並獲取他們的信任，並系統地用書面詳細地記錄下所聽到和所觀察到的事情。這些資料還需其他資料的補充，包括了學校日誌與記錄、報紙上的文章，以及照片等。

除了參與觀察和檔案研究之外，前述的女性研究者還使用深度訪談。深度訪談有時候稱之為「非結構的」(unstructured) (Maccoby & Maccoby, 1954)，或「開放的」(open-ended) (Jahoda, Deutsch, & Cook, 1951)，「非指導性的」(non-directive) (Meltzer & Petras, 1970)，或「彈性結構的」(flexibly structured) (Whyte, 1979)，研究者在許多的細節上傾向於去理解人們如教師、校長和學生等究竟是如何地思考，又是如何發展出現在所持有的觀點。這類目標經常引導研究者用了可觀的時間在其研究對象上，在他們的周遭，詢問開放性的問題諸如「對你而言，一個典型的日子是像怎樣的？」或是「你最喜歡你的工作中的哪一部份？」並記錄下來他們的回應。研究的開放性質使得研究對象能從自己的參照架構來回答，而不是根據先前設計好的結構化問題來回答。這類型的訪談不會使用問卷，雖然有時候會用到較為鬆散結構的訪談指引，大多時候研究者的工作是讓研究對象針對特定的主題來自由地表達他們的想法。由於這樣詳盡地探索，

大多數的研究只有很小的樣本。有些的研究，研究者只取一位對象來進行深度地描繪。如果這樣研究的意向是為了掌握一個人對他自己生活的詮釋，這種研究稱之為「生活史」(a life history)。

　　本書中使用「質性研究」這個語詞，其他人則使用跟本書稍有不同的語詞，並概念化其研究的種類。人類學家經常使用「實地工作」(或田野工作)(field work)一詞來指涉本書所描述的研究類型(參見Junker, 1960)。之所以稱為「實地工作」是因為資料的蒐集是來自於實地(田野)，而不是來自於實驗室或是其他研究者控制的情境。在教育中，質性研究經常被稱之為「自然式的」(naturalistic)，因為研究者經常將他(她)感興趣的事件放在自然發生的情境中。所蒐集的資料也是由人們的自然行為而來，像是談話、拜訪、觀看、飲食等等(Guba, 1978; Wolf, 1979a)。本研究取向也稱作「俗民誌的」(ethnographic)，有的研究者較為正式地運用「俗民誌的」來指涉特定類型的質性研究，即大多數人類學家所使用來描述文化的方法，有時也較為一般性地使用「俗民誌的」語詞，這時跟本書所界定的質性研究是一樣的意思，亦即兩種語詞有時就當作同義字來使用(Goetz & LeCompte, 1984)。

　　有一些片語也跟質性研究相關。這些包括了「符號互動論的」(symbolic interactionist)、「內部觀點」(inner perspective)、「芝加哥學派」(the Chicago School)、「現象學的」(phenomenological)、「個案研究」(case study)、「詮釋的」(interpretive)、「俗民方法論的」(ethnomethodological)、「生態學的」(ecological)，以及「描述的」(descriptive)。上述語詞的正確使用與界定，正如「實地工作」和「質性研究」等語詞一樣，隨著不同研究者和不同時間而有變異。這並不是說它們都意指同樣的事情，也不是說當屬於特定研究傳統的研究者在使用這些語詞時，並沒有非常正確的意涵(Jacob, 1987; Tesch, 1990; Lancy, 1993; Smith, 1992; Wolcott, 1992)。本書只是偏好使用「質性研究」來含括「質性」策略之範圍。當本書繼續進行討論時，將在適當時對上述提到的語詞做個釐清。

本書在這裡僅是説明研究的主題，接著將對質性研究之特性有較為詳細的討論。然後，在解釋其理論的基本要點之前，將先從歷史脈絡來進行説明。

 # 質性研究之特性

　　不論你（妳）是否上過任何的研究方法課程，當你（妳）上質性方法課程時，已經對研究有基本的認識了。媒體與大眾文化，特別是電視與廣播新聞，以及書面文件和報紙等，都會解釋如下行為的危險性，如吸煙、懷孕時喝酒、開車時不繫安全帶、以及其他的社會問題，包括科學或科學研究的發現等。研究的結果可能使用表格和圖片來説明，評論者與報導者使用諸如「變項」、「人口」和「結果」等語詞作為他們日常字彙的一部份。因此，我們透過這類字彙來認知到「研究」，即使我們並不總是正確地知道所有這些語詞的意涵。不管我們是否知道如何去決定樣本的錯誤，我們知道這是進行研究的過程之一。因此，這裡的「研究」正如大眾所知道的，是「量化」（quantitative）研究的同義字。

　　然而，學習如何進行「質性」研究，意指要忘卻前述對於「研究」的社會建構，並要開放自己來運用不同字彙和建構不同的研究歷程的方式。雖然質性研究和量化研究都是重視系統性的資料蒐集，還是有著許多不同的地方。

　　有些研究者手中拿著紙筆在學校中晃來晃去以蒐集資料。有些則是在教室中使用錄影設備，且沒有錄影就不會進行研究；有些則是描繪學生與教師之間口語溝通類型的表格與圖形。他們的活動有著共同的特性：他們的工作符合本書對於質性研究之界定，且他們都是在探究教育生活的一個面向。本節將説明質性研究之共同的要素，雖然彼此之間仍有差異的存在，並説明他們的研究為何符合質性研究之範疇的理由。

　　我們所界定的質性研究有五種特性。並非所有我們稱之為「質性」之研究可以在同等程度上展現所有這些要素。事實上，有些研究幾乎完全地缺少其中一項要素，或是更多的要素。問題不在於一個特定的研究是否是絕對地「質性」，這是程度上的問題。正如先前所說的，參與觀察和深度訪談的研究才是最為典型的。

1.自然式的

　　質性研究都以實際場域（actual settings）作為直接資料的來源，而研究者本身則是關鍵的工具。「自然式的」一詞來自生物學中的生態學取向。研究者進入學校、家庭、社區、以及其他地方，並待上一段相當長的時間，以學習教育的事務。雖然有些研究者使用錄影設備和記錄的設計，有些研究者則是除了紙筆之外沒有其他的工具。然而，即使使用設備，資料還是在現場蒐集而來，再補充在現場獲得的其他相關資料。此外，由機器記錄而得的資料還是得由研究者整體地檢視，研究者的洞察才是分析的關鍵性工具。例如，在一個醫學教育的研究中，研究者進入一個位於中西部的醫學學校，他們在該校跟隨學生到班級、實驗室、醫院的病房，以及學生社交活動的地方，像是餐飲室、兄弟會和研究室等（Becker, Geer, Hughes, & Strauss, 1961）。有一個關於加州的教育階層化之研究（Ogbu, 1974），研究者用了二十一星期來完成拜訪、觀察，以及訪談教師、學生、校長、家庭和學校委員會成員的實地工作。

　　質性研究者走向特定的研究場域，因為他們關心的是「背景脈絡」（context）。他們感覺到要瞭解行動的最好方式就是在行動發生的場域來做觀察。這些場域也必須從其所在的機構之歷史脈絡來理解，因為它是機構的一部份。當研究者所關心的資料由研究對象所產生時，像是官方記錄，質性研究者想要知道的是，這些資料是在那裡產生的？如何產生？又是在什麼情況下產生的？它們是屬於那種歷史情況或運動的一部份？如果將行動、言語或姿態跟所屬的背景脈絡分離，對質性研究者而言，將失去意義。一位人類學家曾如此描述：

如果人類學的解釋是在建構發生了什麼的文本，那麼將它跟發生的事情分離，像是跟這個時間、這個地點、特定的人所說的話、所做的事、所發生的事以及這個世界整個廣大的事務分離，就是使文本跟應用分離，並使它成為空虛的。對任何事情如一首詩、一個人、一段歷史、一項儀式、一個機構、一個社會等的好的解釋，就是帶領我們到它的核心，它本身就是解釋。(Geertz, 1973, p. 18)

不管研究者所蒐集的資料，是來自班級課堂上錄影下來的班級互動 (Florio, 1978; Mehan, 1979)，還是訪談教育主管和教師而來的經驗 (Chase, 1995; Weiler, 1988; Middleton, 1993; Casey, 1993)，或是有關廢除黑白分離政策的議題 (metz, 1978)，或是識字能力 (Oyler, 1996) 等，以及由參與觀察而來的青少年在高中如何形成身分的認同 (Eckert, 1989)，研究者假定人類的行為是相當程度地受到事件發生的場域之影響，因此，他們盡可能地走向現場。

2.描述性資料

質性研究是描述性的 (descriptive)。蒐集而來的資料是以文字或圖像的形式呈現，而不是數字。研究的書面成果包含從資料而來的引用文字以說明並形成陳述。這類資料包括訪談的謄寫稿、實地札記、照片、錄影帶、個人文件、備忘錄，以及其他官方記錄。質性研究者為了尋求理解，不會將一頁又一頁的「敘事」(narration) 和其他資料化約成數字的符號。他們試著從資料的豐富性來分析，並盡可能地接近這些資料被記錄或謄寫時的形式。

質性文章和記錄稱為「軼事」(anecdotal)。這是因為它們經常包含引文，且試著以敘事的形式來描述一個特定的情境或一個世界的觀點像是什麼。在質性取向中，書寫的文字是相當重要的，不僅是在記錄資料，也是為了傳遞發現的結果。

質性研究者在蒐集描述性資料時，是以極盡挑剔 (nit-picking) 的方式來接近這個世界。我們大多數的人被鎖進「理所當然」的世界中，遺忘了周遭環境的細節和我們據以運作的假定。

我們未能注意到姿勢、笑話之類的事情，也忽略了是誰在會話中說話、牆壁上的裝飾、我們所使用的特殊用語，以及我們旁邊的人是回應了哪些用語。

　　質性研究取向主張當檢視這個世界時，要假定沒有任何的事物是瑣碎的，任何事物都有可能發展成線索，以開啟所研究事物之更為全面的理解。研究者持續地詢問如下的問題：為何這些書桌以這種方式來排列？為何有些教室用圖畫來裝飾，而有些教室沒有？為何有些教師的穿著就是跟其他的教師不一樣？某些特定活動的進行有什麼理由？為何教室中有電視卻從來沒有使用過？為何不同學生的相同行為卻引來教師的不同反應？沒有任何事情事被視為理所當然的。當每一個細節都被考慮後，「描述」可以成功地作為一種資料蒐集的方法。

3.歷程的關注

　　質性研究者關注研究歷程（process），而不僅是成果或結果。人們如何形成意義來？特定的語詞與標籤是如何被拿來使用？有些特定的觀念又是如何拿來當作「常識」的一部份？探究中的活動或事件之發展歷程為何？例如，研究者在探究學校中的融合（inclusion）和整合（integration）時，會檢視教師對於特定兒童的態度；然後，研究這些態度是如何轉進教師與學生的日常互動中；接著，這些日常的互動又是如何具體化那些視為理所當然的態度（Bruni, 1980；Rist, 1978）。一位研究者在訪談女性的教育主管時，呈現了這些行政主管對於她們生涯發展中的艱辛奮鬥是如何形構了特定的故事（Chase, 1995）。

　　質性研究對於歷程之強調，特別有利於在教育研究中對於「自我應驗預言」（self-fulfilling prophecy）的釐清，這個預言是指學生在學校中的認知表現會受到教師對他們期待的影響（Rosenthal & Jacobson, 1968）。透過量化研究之前測和後測技術可以顯示出學生的確有改變。質性策略則是建議教師的期待是如何被轉化進入日常的活動、程序和互動中。在聖路易（St.Louis）的一所非裔美國人的幼稚園教室中，有位研究者藉由參與觀察的研

究，來呈現對自我應驗預言之特別顯著的解釋。教師將這所幼稚園的兒童根據他們的社會與經濟背景，在開學後的前幾週進行分組。教師對於上層的團體有更多的互動，允許他們更多的特權，甚至於同意他們來管理下層團體的成員。這所幼稚園每日的互動歷程被豐富地描述下來（Rist, 1970）。這類研究聚焦在「定義」是如何形成的，即指教師對於學生的界定，學生對於彼此和自己本身的界定。

4.歸納性的

　　質性研究者傾向以歸納的（inductive）方法來分析資料。他們不是尋求證據來證實或否證在研究之前所持的假設，而是將蒐集而來的部份集合起來形成摘要。

　　如此逐漸發展起來的理論是由下而上的（而不是由上而下），是將許多相異的片段相互連結成集體的證據。正如一位質性研究者計畫要發展出某種理論來說明所正在從事的研究，那麼探究的方向就是在跟研究對象相處一段時間，且進行資料的蒐集之後，再來形成理論。質性研究者並不是在拼一幅早已經知道的圖像，而是在建構一幅圖像，隨著部份與部份的蒐集與檢查之後逐漸成形。資料分析的歷程就像是漏斗：資料一開始是開放的（在頂端），而在最後（底部）則是更為具體和更為特定的方向。質性研究者計畫運用研究的一部份，以知道究竟重要的問題是什麼。他或她在進行研究之前，不會假定對於所要認知的重要關注點，已經知道得相當足夠。

5.意義

　　「意義」（meaning）是質性取向之主要關注點。運用質性取向之研究者對於各式各樣的人如何使其生活有意義是相當有興趣的。換言之，質性研究者關心所謂的「參與者觀點」（participant perspectives）（Erickson, 1986; Dobbert, 1982）。研究者聚焦在如下的問題上：人們對其生活有什麼樣的假定？他們認為理所當然的有哪些？例如，有位研究者在其教育研究中，將部份工作焦點放在家長對其小孩教育的觀點上。他想要知道的是，家長對於小孩

在學校中沒有表現很好的理由是如何的想法。他發現到他所研究的家長認為教師並不重視家長對於自己小孩的看法，只因為這些家長或是貧窮或是沒有接受多少教育。家長們也譴責教師因為他們的貧窮或是缺少教育，就假定他們的小孩不會是好學生（Ogbu，1974）。這位研究者也針對同樣的議題來瞭解教師和兒童的觀點，以找出一些交叉的地方，藉此探究學校教育的意涵為何。

質性研究者相當關心他們是否能正確地掌握研究對象的觀點。有些使用錄影機的研究者向其研究參與者展示完整的影帶，跟資訊提供者共同檢視他們的詮釋（Mehan，1978）。其他的研究者則是向主要資訊提供者提供文章的草稿或是訪談的逐字稿（Grant，1988）。這類的程序雖然仍有一些爭議，它們也反映出研究者想要盡可能正確地掌握人們自己詮釋意義的方式。

教育領域的質性研究者經常以人為探究的對象，詢問如下的問題：「他們正在經歷的經驗為何，他們如何詮釋這些經驗，以及他們自身又是如何建構所生活的社會世界」（Psathas，1973）。質性研究者設定一些策略與程序，使能從資料提供者的觀點來考量他們的經驗。對有些研究者而言，質性研究歷程之特性正是研究者和他們對象之間的對話或是互動。

 # 質性教育研究之傳統

質性教育研究之歷史在美國是豐富且複雜的，根植於美國早期的社會學和人類學，但跟英國和法國的學術傳統也有相關。它的發展不能只是從學術界來瞭解，因為也受到較廣大的社會變遷與動亂之影響，或受到殖民主義之影響。本小節將探討質性教育研究之歷史，以及探究學術上的、歐陸思潮的、意識型態的，以及政治的等影響因素。這些因素又彼此糾纏不清，但本節將盡可能地區分開來說明。

學派的傳統

　　人類學家與社會學家總是在實地現場進行資料蒐集，嘗試去理解他們所研究的特定人群是如何使其生活的世界成為有意義的。Bronislaw Malinowski是第一位真正花了許多時間在非西方的村落，觀察究竟發生了什麼的文化人類學家（Wax, 1971）。他也是第一位專業的人類學家，描述他的資料是如何獲得以及實地工作的經驗是像怎樣。他相當強調要掌握他所稱的「本土的觀點」（native's point of view），因而奠立詮釋人類學的基礎（Malinowski, 1922, p. 25）。

　　Malinowski主張一個文化理論必須藉由觀察和歸納地尋找，以紮根在特定人類的經驗中（Malinowski, 1960）。Malinowski的田野取向其實是偶然發生的。當他帶著相當有限的預算抵達新幾內亞的時候，第一次世界大戰隨即爆發。他的旅行不得不縮短，強迫他留在澳洲的小島上，直到1918年的大戰結束。這個事件形塑了「實地工作」（field work）的導向。

　　不過，最早實質地運用人類學來研究美國教育的學者，應該是人類學家Margaret Mead（參見Mead, 1942, 1951）。Mead特別關注於作為一個組織的學校和教師的角色，她運用她的實地工作經驗到尚未技術化的社會中，以凸顯美國正在快速變遷的教育環境。Mead檢視特定的脈絡，如她歸類的小型紅磚學校、城市學校和學院等，是如何招募特定類型的教師，這些教師又是如何跟學生互動。Mead主張教師必須透過觀察和第一手經驗，來研究他們學生的社會化和成長之變遷的脈絡，才能成為更好的教師。人類學家的實地（田野）研究是後來稱為「芝加哥社會學」（Chicago sociology）模式的一項重要來源（Douglas, 1976; Wax, 1971）。

芝加哥社會學

　　「芝加哥學派」（Chicago School）是指一九二○與三○年代在芝加哥大學社會學系教書與學習的一群社會學研究者，他們對於質性研究方法之發展有巨大的貢獻。雖然芝加哥大學的社會學者彼此之間存在著歧異，然而他們有共同的理論上與方法論上的假定。理論上，他們都將符號和人格（symbols and personalities）視為從社會互動中浮現出來的（Faris, 1967）；方法論上，他們都依賴單一個案的研究，不論這個案是一個人、一個團體、一個鄰近區域，或是一個社區（Wiley, 1979）。

　　他們的研究也依賴第一手資料的蒐集。芝加哥大學早期的畢業生W. I. Thomas分析波蘭移民所寫的書信，以發展出移民者生活的「局內人觀點」（an insider's perspective）（Thomas & Znaniecki, 1927; Collins & Makowsky, 1978）。Thomas 和 Znaniecki《歐洲與美國的波蘭農夫》（*The Polish Peasant in Europe and America, 1927*）一書聚焦在「個人的與公共的文件之質性分析」，並「在研究中引進新的元素和探究這些元素之新的技術，有別於傳統意含下的經驗調查之標準」（Bruyn, 1966, p. 9）。

　　芝加哥學派領導人之一的Robert Park，在當過新聞記者和公共關係代表之後來到芝加哥大學，關注華盛頓地區的種族議題。Park帶來一些新聞記者的實務經驗，像是在現場的重要性，朝向研究的實務，以及將個人的觀察移向最前線等（Faris, 1967; Hughes, 1971; Matthews, 1977; Wax, 1971）。

　　芝加哥社會學者也重視城市生活。不論他們研究的主題是什麼，都是以社區的整體作為根據的背景，這是Becker所稱的「科學馬賽克」（the scientific mosaic）（Becker, 1970b）。芝加哥社會學者的研究闡釋了對於日常生活不同層面以及俗民性研究的興趣；出版物包括了猶太街道（Wirth, 1928）、舞廳（Cressy, 1932）、男童幫派（Thrasher, 1927）、專業的小偷（Sutherland,

1937)、遊民（Anderson, 1923）、《黃金海岸與貧民窟》(*The Gold Coast and the Slum*)（Zorbaugh, 1929），以及犯行少年（Shaw, 1966, 1930）等。這種對於社會脈絡與個人傳記之間交錯的強調，是當代將質性研究描述為「整體的」（holistic）之淵源。正如一位芝加哥社會學者所說的：「行為可以從其發生的情境來順利地研究」（Wells, 1939, p. 428）。此外，特別是在芝加哥學派社會學者所完成的生活史研究中，相當強調從那些很少被傾聽的人的觀點來觀看世界的重要性，這些人如罪犯、流浪者、移民等。他們知道他們是在讓社會中的邊緣人對自己的觀點「發出聲音」（giving voice），雖然當時他不是用這個「發出聲音」的片語。

上述論點強調實在界的社會的與互動的性質。例如，Park在一本探討加州的「東方—西方」種族關係調查的方法論研究的導論中，認為這種研究是重要的，因為該書察覺到「所有的意見，不論是私人或公眾的，都是社會的產物」（Bogardus, 1926）。書中許多資訊提供者的觀點，都指出他們作為亞裔美國人的困境：

> 我過去認為我是美國人。我有美國人的理念，願意為美國而戰，敬愛華盛頓和林肯。然而，在就讀高中時候，我發覺自己被稱為日本鬼子，被輕視，被排斥。我那時候說，我不認識日本，也不會說日本話，對日本的歷史和英雄一點也不知道。但是，我一直被重複地告知我不是美國人，不能作為美國人，不能投票。我到現在都還很苦惱。我不是日本人，但又不被容許成為美國人。你能不能告訴我究竟是什麼人？

芝加哥社會學者不僅是強調人類的面向，也研究那些被推擠到社會邊緣的人們。

教育社會學

教育社會學這個學科主要是量化的，除了Willard Waller的作品之外。教育學者總是關心這個領域的合法性，像是如下的問題：

「教育社會學是一門科學或是能夠成為一門科學？」所謂「成為科學」，正如一位【教育社會學期刊】編輯所解釋的，教育社會學的研究必須是實驗性的。這種科學的學校評量運動的觀點反映出當時教育的主流意見。這個時代是「經驗主義的全盛期」（Cronbach & Suppes，1969，p. 43），教育中的「科學方法」變成跟量化研究是等同的。

當量化研究代表了教育社會學中主宰的思想學派時（Peters，1937；Snedden，1937），仍有例外出現，特別是Willard Waller的著作（Willower & Boyd，1989）。Waller在芝加哥大學社會學系跟隨Ellsworth Faris修讀碩士學位，基於親自參與社會世界並關心部份如何相連成為全部，他對於教育社會學的傾向是經驗的但反量化的。

Waller在《教學社會學》（*Sociology of Teaching*）一書中，藉由深度訪談、生活史、參與觀察、個案記錄、日記、信件，以及其他個人文件，描述教師和學生的社會世界。對Waller而言，這本書的起點是他的信念：「兒童與教師並不是不具肉體的智慧，不是教學機器和學習機器，而是置身在社會交纏的複雜迷宮中之整個全人。學校是一個社會世界，因為人類生活其中。」（Waller，1932，p. 1）Waller借用了「文化人類學家」、「唯實小說家」，以及我們現在稱之為質性研究者所使用的方法。他的目標是幫助教師洞察學校生活中的社會實在。Waller認為「洞察」（insight）給予科學方法活力，而不是相反過來（Waller，1934）。

Waller對於學校的社會生活和參與其中者之討論，其重要性不僅在於其描述之優點與正確性，也在於他所主張的社會學概念。這其中最優先的概念是W. I. Thomas的「情境的界定」（definition of the situation）（Thomas，1923），這很清楚是互動的觀點，建議人們在採取行動之前先檢視和「界定」情境。這些「界定」指出情境為何對於我們是真實的。

歐洲的連結與社會調查運動

　　在十九世紀與二十世紀期間，英國與法國和其他歐洲國家的著作多反映出理解人們生活之質性取向，如有些研究者跟所研究的人群生活在一起，並試著理解他們的觀點。在十八世紀末期，法國學者Frederick LePlay透過後來在一九三〇年代社會科學家稱之為「參與觀察」的方法，研究勞動階級的家庭（Wells, 1939）。LePlay本身稱之為「觀察」（Zimmerman & Frampton, 1935），並運用來尋求對於社會苦難的救助。作為參與觀察者，LePlay跟他的同事住在研究對象的家庭中，參與他們的生活，仔細觀察他們在工作、遊玩、教堂和學校中所做的事。他們後來出版了《歐洲工人》（*Les Ouvriers Europeans*）（1987）一書，在其中詳細地描述歐洲勞動階級家庭的生活。

　　Henry Mayhew在1851到1862年間出版了四卷《倫敦勞工與倫敦貧民》（*London Labor and the London Poor*），包含對於勞工和失業者的報告、軼事和描述等。Mayhew對窮人所做的廣泛的、深度的訪談，呈現了他們的生活史和結果。

　　Charles Booth是一位統計學家，從1886年開始進行倫敦貧民的社會調查（Webb, 1926）。他的研究相當長遠，計畫要進行十七年，也完成了許多卷冊。他的主要目的是要發現倫敦有多少的貧民以及他們的生活條件為何。雖然他的主要關注點是量化地記錄倫敦市貧窮的內容與性質，他的著作中對於他所研究的貧民有相當廣泛的與詳細的描述。這些描述都是Booth匿名生活在他所研究的人群當中蒐集而來的。他的目標是要親身經歷研究對象的生活（Taylor, 1919; Webb, 1926; Wells, 1939）。

　　Booth龐大計劃中的一位研究者是Beatrice Webb，跟其丈夫後來成為費邊（Fabian）社會主義運動的主要人物之一。Webb終身調查貧民和社會機構的苦難情形，在其第一次實地工作經驗中激起她的同情心、投入與理解，使她在其時瞭解了另一位研究貧民的記錄者Roy Stryker所說的「眾多個人組成一個人群」的意義（Scott，1973, p. 53）。

我從未將勞工當作不同類型和種類之各自分離的男人和女人。當我開始投入社會科學並接受訓練成為社會調查員的時候，勞工只是抽象的名詞，只是指數學上可以計算的一群人類，每一個個體是他人的重複。我想像這跟我父親公司中的資本非常類似，就如一個金幣跟其他金幣的形式、重量、顏色和價值是一樣的。(Webb, 1926, p. 41)

在Beatrice Webb親身參與她所研究的對象之生活後，這個抽象的名詞變成有血有肉的具體實在。Webb和其丈夫後來出版了一本討論他們的方法論的著作，並在美國受到廣泛地閱讀（Wax, 1971），也成了第一本對於質性取向進行實務討論的書籍（Webb & Webb, 1932）。同一時候，在美國的貧民，特別是在都市中心貧民的生活，也是以如此方式來進行調查和記錄。

在大西洋的這一邊，W. E. B. Du Bois進行了美國本土的第一次社會調查。調查的結果呈現於1899年出版的《費城的黑人》(*The Philadelphia Negro*)，這調查為時將近一年半，包括訪談與觀察，資料提供人大都是住在費城的第七區。研究的目的是要檢視「住在費城中為數四萬人以上的黑人之生活情況」（Du Bois, 1899[1967], p. 1）。

最為著名的社會調查之一是在1907年進行的「匹茲堡調查」(the Pittsburgh Survey)。雖然當時的評論者強調這類調查的統計性質（例如Devine, 1906-1908；Kellogg, 1911—1912），「匹茲堡調查」的結果顯示出這項強調是反映出他們對於「科學方法」的更為重視，而不是實際報告的內容。「匹茲堡調查」呈現如下議題的統計數字，從工業意外到每週收入，從抽水馬桶的形式與位置到學校的出席率等，它同時包括了詳細的描述、訪談、以及（由藝術家用炭筆勾勒的）素描和照片。

描述的範圍很廣，包含教育計畫，如一位有經驗的學校行政人員說：「本市的學校是先蓋好後再來思考其用途」；以及學習較遲緩兒童由於一年級教師的分組作法而在學校中遭遇的問題等。這位教師：

前一年有128名學生，今年則有107人。她把兒童分成兩個班級。聰明的兒童早上就來上學，並依其能力盡快地加速教學，一年中可以完成

六到九本書。至於那些較為少數的後段班兒童則是下午才到校。他們
在學校中可以盡情地玩到疲累，由於教師本身也很疲累，所以下午的
時段僅只有兩個鐘頭；這些兒童一年只能完成一本書的閱讀。
(North, 1909, p. 1189)

　　這些學生的最後結果是輟學，加入「沒有受過教育的工廠勞工
之行列」(North, 1909)。

　　在大西洋兩岸的所有這些研究者從不同的立場（社會主義、自
由主義、進步主義）出發來探究不同的社會關心層面，包括教育、
人道服務、貧窮、社會福利與都市生活等領域。這些研究者當中有
些是學者，希望將他們的研究跟社會福利工作人員作區分，有些則
是積極主義者和社會改革者。然而，這兩種團體的作品都有助於將
傳統上不具代表性的人員之觀點與聲音拉進對話當中。例如，當
Frances Donovan (1920/1974) 研究女服務生時，不是為了進行
社會變遷的工作，但間接地有助於再現了邊緣團體的女性觀點。另
一方面，Du Bois的費城黑人之研究，則是為了協助有效的社會變
革。意識型態的與政治的議題也是質性取向之傳統焦點。

意識型態與政治實務

　　質性取向之發展除了受到學科和地理歷史之影響外，也受到意
識型態的影響。換言之，質性研究之進行反映了權力如何在社會中
分配的特定關係，誰被研究了？誰在研究？那種研究計畫案可以拿
到預算補助？撥款補助和出版的類型又是如何隨著時間改變？哪一
類的事物帶有社會利益，且研究者使用何種策略來發展特定領域中
的利益？在進行質性工作之歷史中，研究者一方面擴展了某些團體
的權力，而非另一團體；一方面則是對抗這些權力。在質性方法和
進步的社會變遷之歷史關係中有著許多的矛盾在。一方面，有些質
性方法之實務和表徵 (representation) 的策略，是在主宰的和控
制的脈絡中發展和運作，像是由教育的和其他的機構來發號施令，
或由西方國家施行在所謂的第三世界國家之中，因此，跟壓迫性的

實務產生關連。這個控訴特別是指向人類學這個領域。另一方面，有些指標顯示這些年來質性方法至少在美國吸引了那些被主流排斥的研究者，或是有助於研究那些被主流排斥的人群之觀點。這些人群像是女性、非裔美國人、男女同性戀者等，都受到質性研究之吸引，因為這方法對於民主的重視，因為質性方法可以容易地注意到傳統上不在主流研究中的觀點，而且也因為質性取向有描述社會衝突的複雜性之優點。

我們在此的說明強調了有些人所指出的質性方法之「逾越」（transgressive）的可能性。對於質性研究中這一相關議題，特別是在海外的和人類學學科的研究中，以及殖民主義和後殖民主義的探討，請參見別的著作（例如，Vidich & Lyman, 1994; Pratt, 1985, 1986, 1992; Thomas, 1994; Clifford & Marcus, 1986）。這方面的討論是相當重要的，描述西方對於土著的俗民誌研究迫使他們成為「異類」（other）（Fabian, 1983; Bhaba, 1986, 1990, 1992）。這段歷史對於任何有興趣於進行「批判俗民誌」（critical ethnography）研究者是很重要的（Carspecken, 1996）。在此，我們注意的是質性方法對於民主與正義的貢獻。

意識型態與社會變遷

美國的「大蕭條」（Depression）對於許多市民產生了無法抵抗的、顯而易見的難題，許多學者，包括政府單位聘請的，轉而採取質性取向來記錄這些難題的性質和程度。例如，「工作方案管理」（Work Projects Administration）生產了資訊提供者的敘事。《這就是我們的生活》（*These Are Our Lives*），包含了口述的自傳、南方三個州的黑人和白人勞工之生活史（Federal Writers' Project, 1939）。這些作者並不是社會科學家，他們只是需要工作的作家，但方法則是社會學的。其他口述歷史的前鋒者，包括了奴隸制度的俗民史，這是在三十年代中期對曾是奴隸者的一系列訪談；另外還有蒐集到農會成員寫給農會行政人員的信件，1937年由

「南方佃農聯盟」出版的《被剝奪繼承權的證詞：小佃農的來信》
（*The Disinherited Speak: Letters from Sharecroppers*）
（Scott, 1973）。這份資料收集的文件跟Thomas和Znaniecki（1972）
為他們的《歐洲與美國的波蘭農夫》這個新研究所使用的資料是同
類型的。

　　記錄性的攝影術檢視那些受剝奪的美國人之各種苦難的情形
（例如，參見Evans, 1973; Gutman, 1974; Hurley, 1972）。羅斯
福政府的行政官員雇用了失業的攝影師，並送他們到全國各地去拍
攝日常生活照片。Lewis Hine，Dorothea Lange，Russell Lee，
Walker Evans，Jack Delano，Marion Post Wolcott，以及John
Collier等人是這群攝影師中較著名的。當他們撰寫他們的工作情
形時，描述了他們如何建立「共融」（rapport），呈現那些被他們
拍攝的人之觀點，並發展出他們的訪談方法（Collier, 1967; O'
Neal, 1976; Stryker & Wood, 1973）。例如，Wolcott在其著作中
寫下使「人們相信你不是在愚弄他們，也不是要揭發他們或他們的
生活」的重要性（O'Neal, 1976）。美國人在這個時期，不論是在
文學、雜誌、攝影或非學術的研究，受到自然式研究取向的吸引，
因為它強調記錄個人的經驗和意義，尤其是「大蕭條」對大多數美
國人的意義之詳細描繪，像是南方的小佃農、北方的勞工、無家可
歸的農夫移民等。

　　質性研究者也相當注意男女性別之間權力的不對等關係。在一
九四〇年代，社會學家Mirra Komarovsky完成了一份女性接受高等
教育的報告，成為一九七〇年代早期女性主義運動的重要文獻。
Mirra Komarovsky對八十位就讀Barnard學院的女學生進行深度訪
談，研究文化價值如何鎖住女性的性別角色和態度，記錄她們所描
述的同時想要身為「女性」和「成功者」的困難（Komarovsky,
1946）。

　　一九六〇年代，國家的注意力轉移到教育難題上，使質性研究
方法再度興盛，並開啓教育研究之質性取向。在這個時期，教育研
究者不再完全依賴社會學家和人類學家，他們自身開始對質性策略
產生興趣。這種興趣又受到聯邦的贊助，開始撥款補助質性研究。

一九六○年代的特色之一就是動盪不安和社會變遷。教育者的焦點轉移到少數族群的兒童在學校中所遭遇的經驗。如此做的理由之一是政治的原因：當城市開始燃燒，城市的領導人想要找出方法來預防下一次的抗議時，他們將教育的貧劣表現歸結為黑人堅持的觀點，認為黑人所接受的是不適當的教育。公民權利運動的發言人主張那些受到種族歧視的人之觀點必須呈現出來。

　　人們想要知道那些不想學習或學不好的兒童對於學校的觀點為何，許多的教育者也想加以討論。自傳作者和雜誌作者出版了關於貧民區生活的說明（例如，Decker, 1969; Haskins, 1969; Herndon, 1968; Kohl, 1967; Kozol, 1967）。這些作者都是從最前線來說話，嘗試去掌握兒童的日常生活品質。

　　聯邦的方案察覺到我們對於不同團體的兒童之學校生活真正知道的不多，因此補助一些研究案，使用我們今日稱為俗民誌的方法。質性研究方法開始抓到人們的注意力了。

　　1963年在Hunter學院進行的研究案「Project True」，想要理解都市地區教室不同層面的生活，訪談了校長、教師、家長、教育委員會的成員，以及社區，以探究學校的融合和都市學校中新進教師的經驗（Eddy, 1969; Fuchs, 1966, 1969）。他們運用參與觀察來檢視個別的教室經驗（Roberts, 1971）、小學（Moore, 1967），以及社區脈絡中的都市學校（Eddy, 1967）。作為一個團體，這些研究者的立場是教育使得貧窮的學生遭致失敗，城市正處在危機中，而這些舊的問題必須以新的方法來研究。

　　針對不均等和不正義的問題有兩個重要的質性研究。Eleanor Leacock（1969）探究不同社區中學校權威對於學生行為的意義。另一個主要研究教育中種族議題的方案是由Jules Henry所指導的，使用實地工作方法來研究聖路易的小學（參見Gouldner, 1978; Rist, 1970, 1973）。Ray Rist由於參與這個研究案後開始了他個人的研究，在一九七○和八○年代成為有影響力的研究者。

　　從事教育中質性研究之工作者在一九六○年代蓬勃發展。然而，由於尚未穩固地建立成為合法的研究典範，如果他們選擇要從質性角度來研究一個問題的話，教育中質性研究之地位使得許多研

究生面對許多障礙。但是，質性研究點燃了研究者熱情。於是在這個時期，質性研究開始從它在教育中的冬眠期甦醒起來。

首先，六十年代的動亂向許多人指出了，我們對於學生如何去經驗他們的學校仍所知不多。大眾的說明透過教育揭發了十九世紀有關社會福利的醜聞。

其次，質性研究為大眾所知是由於它們認知到那些沒有權力的和被排斥的「局外人」之觀點。質性研究重視現場中所有參與者觀點之瞭解，挑戰了所謂的「可信性的層級」(the hierarchy of credibility)(Becker, 1970c)：亦即有權力的人之意見與觀點比沒有權力的人更有價值。質性研究者典型的研究歷程之一部份，就是引出那些從來就不被認為有價值的或有代表性的人們之觀點。質性研究方法所呈現出的民主動力，使其在一九六○年代蓬勃發展。這時代的氣氛重新引起對質性方法之興趣，使得需要更多的對於這個研究取向具有經驗的專家，並開啓方法論成長與發展的大道。

學術中的政策與理論

社會學與人類學這兩門學科處在轉變中。人類學家發現願意讓他們進行研究的非西方社區越來越少；且這類研究的補助也在減少中。而那些從來沒有跟西方接觸且沒有實質改變的人群也在減少中，削弱了描述他們「未受污染的」世界文化之正當性。於是人類學家日漸地轉向都市地區和都市文化的研究。在這個同時，環繞權利和特權議題的政治動亂，也挑戰了研究那些「未受污染的」社會之想法。

在一九六○年代，社會學領域從已經整整二十年受到結構功能理論(structural-functionalist theory)的主宰，轉向到現象學者的著作。各種研究團隊開始進行他們所稱的「俗民方法論」(ethnomethodology)。其他團隊則追隨較為穩定建立的「符號互動」(symbolic interaction)之傳統。對於質性方法之興趣更是受到

一些理論與方法的著作出版之鼓舞（Bruyn，1966；Glaser & Strauss，1967；Filstead，1970；McCall & Simmons，1969）。

在一九七○年代期間，對於質性方法之類型和導向也發生了意識型態的衝突。一個典型的差異就是存在於合作相對於衝突的研究取向之緊張關係中。屬於合作學派的研究者通常相信，實地工作者跟他所研究的對象必須盡可能地真實相處。這是基於一個基本與樂觀的假定，只要情況允許，人們會同意他們進入研究場域。這個學派觀點的追隨者往往是那些將自身視為芝加哥學派的繼承者（Bogdan & Taylor，1975）。另一方面，衝突取向的實務工作者假定許多的研究對象會隱瞞他們的作為，真誠的與開放的研究者將只得到很少的資料。尤其是研究者如果想要滲透進入大企業的世界，有組織的犯罪，或是那些被標籤為異常者的團體時，研究者應該使用隱密的手段，且不能真實地說明有關他或她出現的原因。Douglas（1976）清楚地做出這個觀點的說明。

另一種典型的差異反映在研究者對於調查中資料提供者或對象的態度上。芝加哥學派的擁護者可以說是採取「同理」（empathic）的觀點，亦即對於他們所研究的對象保持同情與理解。因此，他們許多的研究出版品向讀者展現生活中的人性，有時乍看之下似乎沒有多少意義。事實上，這個觀點的支持者被指責過於認同他們所研究的對象，不管他們是異常者、流浪漢或政治掮客。在光譜的另一端則是那些反映出「每樣的社會學都是荒謬可笑的」的立場。這個觀點尤其是清楚地反映在稱為「俗民方法論學者」（ethnomethodologists）的群體中（例如，Garfinkel，1967；Mehan & Wood，1975）。俗民方法論學者探究的是人們如何協議他們生活中的日常儀式行為，且在這個過程中常將人們的情感放在一邊。同時，俗民方法論對於性別研究的貢獻是相當顯著的，尤其是在性別研究的建構上（West & Zimmerman，1987）。

質性取向之另一種意識型態趨勢包括了「女性主義」（feminism）、「後現代主義」（postmodernism）和「批判理論」（critical theory）。女性主義理論與實務跟質性研究之相互結合，是起源於七十年代晚期和八十年代初期。首先，女性主義影響

了（女性主義）質性研究者之研究課題。從女性主義的觀點來建構，性別逐漸成為許多質性研究方案之中心主題（Warren, 1988; Lesko, 1988; Lareau, 1987）。質性研究者運用參與觀察、文件分析（document analysis）、生活史研究（life history research），以及深度訪談等方法，很嚴肅地看待那些先前很少受到注意的行動者和行為類別。女性主義影響研究的內容，因此，研究者探究資訊提供者如何來解讀性別是如何建構她們作為女性教師的世界（Biklen, 1987, 1985, 1993, 1995; Middleton, 1987, 1993; Acker, 1989; Weiler, 1988; Casey, 1993; Foster, 1992, 1993, 1994）、作為食物提供者（DeVault, 1990）、作為女性龐克次級文化中的學生（Roman, 1988）、作為羅曼史小說的讀者（Radway, 1984），以及對於有關她們身體與「再製」（reproduction）醫學知識的消費者和詮釋者（Martin, 1987）。此外，教育的質性研究者最近較多注意到中學女生（Finders, 1997; Research for Action, 1996）、男子氣概（Mac An Ghail, 1994）、青春期（Fine, 1988, 1993）和性慾（Tierney, 1994）等的經驗。女性主義者在發展出情緒和情感作為研究主題的方面，也扮演重要的角色（Hochschild, 1983）。此外，女性的質性方法取向並不是就只在性別的文本當中出現，如Oyler（1966）探究一位教師改變她的班級教學，或是對多元文化主義的研究上（Sleeter, 1993）。

其次，女性主義同樣影響到方法論的問題。有些是來自於對女性主義研究方法在科學和社會科學中的性質之一般性質疑（Harding, 1987; Reinharz, 1993），但實際上也影響了改變。例如，Oakley（1987）憂慮權力在訪談關係中的影響。Smith（1987）發展出「機構的俗民誌」（institutional ethnography）作為女性主義的研究策略，以培養出「為女性」（for women）的社會學，以替代「女性的」（of women）社會學。進一步的討論請參見本書第三章。

不論研究者是在那一種場所結合女性主義與質性研究，兩者的相互影響是很顯著的。女性主義者轉移質性研究領域到更為關注研

究者與他們的對象之關係（DeVault, 1990），也同樣更注意到研究的政治意涵。

　　相對於女性主義在八十年代和九十年代對於質性研究之貢獻，跟女性主義競爭的有後現代主義的社會學家和人類學家（Marcus & Cushman, 1982; Marcus & Fischer, 1986; Clifford, 1983; Clifford & Marcus, 1986; Van Maanen, 1988; Denzin, 1989; Dickens & Fontana, 1994; Denzin & Lincoln, 1994; Brown, 1995），有些個案是聯合的而有些則是敵對的（Mascia-Lees, Sharpe, & Cohen, 1989）。「後現代主義」代表一種知識立場，宣稱我們正生活在一個「後」現代的時期。「後」（post）最少帶有兩種不同的意義。第一個是指後現代的時期是一種真實的歷史時間，跟現代主義有別。第二種意義是批判現代主義所表示的理念。在現代主義的時期中，相信人們可以藉由理性主義和科學來進步；一種穩定的、一致的與和諧的自我；以及認知的實證主義取向，這是自從啟蒙以來在西方遍及的信念，用以解釋人類的情況。然而，後現代主義者主張這些基礎已經不再存在。核子世代的來臨、貧富之間的差距擴大和全球化對於環境的威脅等，使得基於理性主義的人類進步之可能性已經被剝除，並引起人們在人類生活的許多不同領域中提出對進步的完整性之質疑。建築、藝術、時裝和學術研究等都受到後現代的影響。

　　後現代主義者主張人只能從一個特定的立場來知道某些事物。這個斷言挑戰了透過正確的，即科學的理性使用，來知道什麼是真實之可能性。這是對於Donna Haraway（1991）所稱的「沒有立場的觀點」（the view from nowhere）之拒斥。人們並不是在一個特定歷史時間和身體之外的位置來推論或概念化，因此，這觀點強調以「詮釋」（interpretation）和「寫作」（writing）作為研究的核心特質。例如，Clifford和Marcus（1986）將他們由俗民誌蒐集得來的詩論和政治稱為《撰寫文化》（*Writing Culture*）。後現代主義影響質性方法論學者將注意力轉移到詮釋的性質和質性研究者作為詮釋者的立場。後現代的質性研究者並不將報告、手稿、文章

和書本等文本的書寫形式視為理所當然的，而是將其作為研究的目標。後現代主義者根據一個被當作「科學」的作品之理念，質疑究竟是什麼想法和態度使以特定的方式來看待這個作品，當成是科學的，亦即科學的論述。例如，在《更加聰明》(Getting Smart) 一書中，Patti Lather (1991a) 堅持她無法只用一個解釋或故事來說明她的學生對於女性研究課程的抵制。相反地，根據Van Maanen (1988) 的著作，她告訴我們四個故事。在本書第六章將對這個主張的蘊義有更全面地檢視。

第三種近來影響質性方法之重要的意識型態是批判理論。正如批判理論這片語所指的，是對社會組織偏好某些人，而犧牲另外一些人的批判。批判理論的傳統可回溯至「法蘭克福學派」(the Frankfurt School)，不是「一個」理論，而是「一群」理論，但強調同樣的特性。首先，批判理論認為研究是一種「倫理與政治的行動」(ethical and political act) (Roman & Apple, 1990, p. 41)，總是使一特定團體受益。批判理論學者則是寧可使社會中那些被邊緣化的人受益，因為他們相信現今社會的運作方式是不正義的。跟隨這條主軸，批判理論學者同意他們的研究應該「使沒有權力的人增權 (empower)，並轉化現存社會的不平等和不正義」(McLaren, 1994, p. 168)。因此，從事質性研究之批判理論學者對於性別、種族和階級等議題有很大的興趣，因為他們考慮到這些是區別社會中權力差異的主要手段。

受批判理論影響之質性研究者深感興趣於社會價值和組織如何在學校和其他教育機構中「再製」(reproduced)，或是人們如何在社會中產出他們的選擇和行動 (Weiler, 1988)。那些重心是在「再製」的研究，檢視了教育機構如何分類、選擇、喜好、剝奪、使沈默或賦予特權給特定團體的學生或人群。例如，Eckert (1989) 研究學校如何根據學生的社會階級來再製社會分工，使得有些學生被視為好學生，而有的變成壞學生。那些重心是在「生產」的研究，有興趣於人們如何對付再製性的結構，又是如何作為他們自己生活中的行為者 (agent) 來行動，有時候反抗歧視，有時設下反

對的文化，有時又在諸般限制的迷宮中行走。Weis（1990）研究勞動階級的高中生如何看待一個沒有工作的經濟前景，有的學者則是探究勞工階級的白人，當他們不再有企業工作的進路時，對於「白人身份」和「特權」的看法為何（Weis, Proweeller & Centrie, 1997）。有些的研究同時採用女性主義和批判理論（如Weiler, 1988），而後現代主義則是在某些程度上影響了方法、客觀性和權力等的討論。

質性研究在不同的程度上受到上述意識型態觀點的影響。有的人將批判理論結合到其理論中，而稱為「批判俗民誌」（critical ethnography）（Carspecken, 1996）。有的研究者借重後現代主義來使他們能夠參與「實驗俗民誌」（experimental ethnography）（如Ellis, 1995b）。還有一些人只因為他們對於特定議題有興趣就走出去工作，對於校園中有關方法論的爭辯則是一點也不注意。但是，教育中質性方法之驚人的擴展，可確定的是，將有更多方法論的討論。

 # 理論基礎

質性研究者對於「意義」（meaning）的關注，如同其他前述之質性研究特性，引導我們討論這個取向之理論導向。人們有多種方式來使用「理論」（theory）。教育的量化研究者，有時將理論的用法限制在對於經驗世界之系統陳述的和可考驗的命題組合。本書對於理論的用法則是跟社會學和人類學的用法一致，類似「派典」（paradigm）這一語詞（Ritzer, 1975）。「派典」是邏輯上相關的假定、概念或命題之集合，導引思維和研究。當我們指涉「理論導向」（theoretical orientation）或「理論觀點」（theoretical perspective）時，我們所指的是一種觀看世界的方式，是人們對於什麼是重要的、什麼使世界運作的假定。（其他質性研究之外的

理論包括了結構功能主義、交換理論、衝突理論、系統理論和行為主義）不論是否陳述出來，不論是否寫下我們所認為的理論語言，所有的研究都受到一些理論導向的指引。卓越的研究者會察覺他們的理論基礎，並用來協助資料的蒐集和分析。理論使資料一致，並使研究不至於變成是沒有目的的、沒有系統的說明之堆砌。在本節中，將扼要地檢視質性研究之最具影響力的理論基礎（theoretical underpinnings）。

許多質性研究以外的研究取向，將它們的根源追溯至實證主義和偉大的社會理論家August Comte。它們強調行為的事實和原因。質性各種取向之間，甚至單一學派之內，都有著理論上的差異（Gubrium, 1988; Meltzer, Petras & Reynolds, 1975），大多數的質性研究者反映了某些的現象學觀點。對於「現象學」（phenomenology）一詞的用法有許多的爭辯，在此只是最通常的用法。我們對於理論的討論從呈現現象學的觀點開始，並澄清它所引起的一些議題。其次將討論「符號互動論」（symbolic interactionism），這是在社會學中極為普遍運用的一種特定類型，且已經有建構良好的現象學架構。接著，我們將以「文化」（culture）作為一種導向，這是人類學家所進行的詮釋工作。我們也將介紹質性研究舞臺上另一種社會學取向，也就是「俗民方法論」。最後，我們將評論當代的理論趨勢，那些近來最能影響許多質性研究者之作品以及方法論導向的理論取向。這些是「女性主義理論」、「文化研究」、「文本與表述分析」（textual and discourse analysis），以及各種可以分類為「後現代的」趨勢。當然，本書的討論並沒有窮盡這些類型。我們所挑選的是最受到廣泛使用以及最跟現象學有密切關連的理論（進一步的研究可以參見 Guba & Lincoln, 1994; Kincheloe & McLaren, 1994; Olesen, 1994; Schwandt, 1994）。這些理論立場中的每一個導向，都跟質性取向之核心理論的現象學有相互作用。

現象學取向

　　在一個車禍現場，有一段對話說明了人們用來理解周遭發生什麼事情的兩種取向。在一個所有道路都面對停車標誌的交叉點，有兩輛車子碰撞在一起。當警察到達現場時，車子的駕駛正在討論究竟車禍如何發生的。其中一位駕駛人的立場是另一位沒有完全停下車來，但另一位駕駛人則說他真的有停下來，且不管如何他有道路的先行權。一位很不情願地被駕駛人要求說明車禍發生情況的目擊者，答說很難從她當時站立的地方來正確地說明發生了什麼？於是，有些話如「妳怎麼可以這樣說？」「就在妳的眼前發生的。」「事實就是事實，你並沒有停車！」「你那時在看別的路。」等都出來了。於是，那位警察被詢問要如何來協調這些衝突的說明。她的回應是，矛盾總是在發生，而相關的當事人並不必然在說謊，因為「完全看你從那個角度來看，事物對你的意義為何」。警察用來理解車禍情境的這個取向是質性各種取向之反映，奠基於現象學的觀點。這些質性取向之假定，有別於那些目的是想發現人類行為之「事實」和「原因」的取向。

　　有些人可能如同我們一樣抗議說，這類車禍的個案是有事實存在的。如果有人說那裡沒有停的標誌，這個斷言可以在現場檢視。而有的目擊者之證詞比其他人還要正確。如果這個車禍事件最後走上法庭判決，且有一方被告以肇事的責任時，就必須蒐集證據來支持有罪或無辜的判決。質性研究者不會說對於這個情境的取向是錯誤的，因為法律制度的運作就是基於這樣的邏輯。他們會假定這樣的取向只是理解當下情境的一種取向。此外，他們也會提醒我們，這樣的取向只是對於所發生的事件之部分說明而已。如果你是對於遭遇過程的動態，亦即事件發生時的行為、人們對於這個車禍的解讀，以及他們建構來說明事件的論證等有興趣，那麼，「正是這個事實」（just the facts）的取向是不太具有啟發性的。

　　現象學模式中的研究者嘗試理解日常人們在特定情境中的事件和互動之意義。現象學的社會學特別受到兩位哲學家Edmund

Husserl和Alfred Schutz的影響。它是根植在Weber的學術傳統中，強調「理解」（verstehen）是對於人類互動的「詮釋理解」（interpretive understanding）。現象學者不會假定他們知道事物對於其研究對象有何意義（Douglas, 1976）。「現象學的研究開始於沈默」（Psathas, 1973）。這個「沈默」（silence）是一種嘗試，嘗試要掌握他們所要研究的是什麼。因此，現象學者所強調的是人們行為的主觀層面。他們想要得到進入研究對象的概念世界（Geertz, 1973），以理解他們對於日常生活當中的各種事件是如何建構出意義來，這些意義又是什麼。現象學者相信當我們跟他人互動時，我們可以有多種詮釋經驗的方式，而正是我們經驗的意義建構了實在（reality）（Greene, 1978）。「實在」最後說來是「社會建構的」（socially constructed）（Berger & Luckmann, 1967）。

雖然質性研究有各種各樣的品牌，在某種程度上都共有一個目標，亦即從參與者觀點來理解對象。然而，當我們仔細地檢視這個命題時，「參與者觀點」（participant perspectives）這個片語是有問題的。問題是在於「參與者觀點」並不是資料提供者本身所使用的陳述，可能不能代表他們對於自身的思考方式。「參與者觀點」是質性研究者在執行工作時的方式，這是一種「研究的建構」（research construct）。從這個理念來觀看對象時，終將會強迫資料提供者關於世界的經驗，進入一個他們陌生的模式中。然而，這種研究者侵入資料提供者的世界是研究中無法避免的。畢竟，研究者必須做出詮釋，且必須根據某些概念體系來進行。質性研究者相信，接近人們的目標如果是在於嘗試去理解他們的觀點，即使不是完全的，也將扭曲資料提供者的經驗減到最少的程度。質性研究者對於這個方法論與概念等問題之關注有程度上的差異，而如何去掌握這個問題也有不同的作法。有些研究者企圖進行「純淨的現象學描述」（immaculate phenomenological description），有些較少關心、也不試圖從「他們的觀點」來解釋資料或建立摘要。不管立場為何，質性分析必須自我覺察這個理論上和方法論上的議題。

當質性研究者在他們的導向中傾向於現象學時，大多數不必然是觀念主義者。他們強調主觀性，但他們不必然否定有一個外在於人類的實在，能夠對抗加諸於其上的（人類）行動（Blumer, 1980）。一個教師或許相信他可以穿越一道紅磚牆壁，但光是想像並沒有完成這個動作。牆壁的性質是不退讓的，但這位教師不需要如此去知覺「實在」。他可能仍然相信他可以穿過這道牆壁，只是不是現在；或者是他被下了咀咒，因此才不能穿越牆壁。因此，人類所理解的實在只能以它被知覺到的形式出現。質性研究者強調主觀的思維，因為他們看到這個世界是被那些比牆壁還不夠頑強的事物所主宰。而人類較像是「無所不能的小引擎」，我們生活在我們的想像中，較多象徵的而非具體的場域中。

　　有人可能會問，如果人類真的是那麼的主觀，質性研究者如何提出證明來説他們是研究者。難道他們不也是主觀的嗎？大多數的質性研究者相信，在這個世界中有許多人在那裡，質性研究者可以記錄人們所説的和所做的。這些記錄或是實地札記就是資料。雖然他們不會宣稱他們蒐集的資料包含一定的「真理」，或説是記錄經驗世界的唯一方式，他們的確宣稱他們記錄的描寫是可以從正確性來評鑑的。也就是説，在研究者對於發生的説明和實際發生的事件之間，必須有、也應該有對應的關係。（如果研究者指出資訊提供者呈現和説了某些事情，那他們實際上就呈現和説這些事情。）此外，他們努力於使自己的寫作跟他們蒐集的資料有一致性，這不是説他們宣稱他們的斷言是「真」的，而是假定資料正確的情況下他們是「似真的」（plausible）。在這種意含下，質性研究者將自己當作經驗的研究者。當這是真的時候，許多的質性研究者將他們所完成的研究報告和文章，不當作是超驗的真理，而是特定的描寫或是對紮根在經驗世界的實在之詮釋。他們相信質性研究傳統對於實在的詮釋是有助於對人類情況的理解。這是他們宣稱質性研究之合法性的邏輯所在。

符號互動論

從歷史的回顧可以看出，符號互動論已經存在有一段時間了。在二十世紀的初期就出現在芝加哥學派的研究取向中。實用主義哲學家和教育家John Dewey在這個理論觀點形成的年代中正在芝加哥，而他的著作和個人跟Charles Horton Cooley、Robert Park、Florian Znaniecki，尤其重要的是跟George Herbert Mead的接觸，有助於符號互動論的發展。Mead的《心靈、自我與社會》(*Mind, Self and Society*)(1934)是現在稱為「符號互動」之早期最常引用的資料來源。對於符號互動論一詞的使用或是它的各相關概念之重要性，在社會科學家之間並沒有一致的看法。大多數人將其跟質性研究視為同義字地使用，但也有少數做量化研究的社會科學家自稱為符號互動論者（例如，符號互動論的愛荷華學派）。本節的討論主要是以Mead的學生之著作為主，包括Herbert Blumer和Everett Hughes，以及他們的學生Howard S. Becker和Blanche Geer。

符號互動論取向的基本假定，且跟現象學觀點並容的是「人類經驗是以詮釋作為媒介」(Blumer，1969)。客體、人們、情境和事件等並不具備自己的意義；相反的，意義是被賦予在他們之上的。例如，當教育工學人員將電視和錄影機界定為一種設計，由教師使用來展示有關教育目標的教學錄影帶，教師可能界定它們是一種客體，是她教完既定進度或是疲倦時娛樂學生的物品。或者，將電視放在那些未曾接觸過西方科技的人群中時，它可能被界定為一種要被崇拜的宗教偶像。人們賦予他們經驗的意義，以及他們的詮釋歷程，是本質性與構成的，而不是偶然的或次要於經驗的。要理解行為，我們必須理解界定和造成它們的歷程。人類主動地參與他們世界的創造，理解個人傳記和社會的相互連結是主要的工作（Gerth & Mills，1953）。人們的行動不是基於對先前界定的目標做預定回應，而是作為詮釋者、界定者、指示者，以及符號和信號的讀者；研究者要理解他們的行為，只能採取參與觀察之類的方法來進入他們的界定歷程。

詮釋不是自主的行動，也不是被任何特定的人類或其他因素所決定。個人在詮釋時需要他人的協助，像是他們接觸過的人、作者、家庭、電視上角色的人格，以及他們在工作或遊戲現場所碰到的人。個體透過互動來建構意義。在既定情境的人們（如在特定教室中的學生）經常發展出共同的界定（或是符號互動論的術語，「分享觀點」（share perspective），因為他們經常互動和分享經驗、難題和背景；但是共識不是不可避免的。當有些人採取「分享的界定」（shared definitions）來指出「真實」時，其意義仍總是要經過協商的。這會受到那些從不同角度看事情的人之影響。當根據一個特別的界定來行動時，事情的發展不一定對某人會是好的。人們總是有問題的，而這些問題又會引起他們提出新的界定，以拋棄舊日的日子，要言之，就是改變。這類界定是如何發展的，正是符號互動論要探究的主題。

　　詮釋是主要的。符號互動成為概念上的典範，而不是內部驅力、人格特質、下意識動機、需求、社會經濟地位、角色義務、文化規範、社會控制機制，或是物理環境等。上述的因素是社會科學家用來理解與預測人類行為的部份建構物。符號互動論者也注意到這些理論的建構物；然而，它們跟理解行為的相干性只在於它們進入並影響界定的歷程時。例如，一位符號互動論的支持者不會去否認人類有尋找食物的驅力，而對於如何吃、吃什麼、何時應該吃，有著一定的文化界定；但是，他們會拒絕飲食可以單獨從驅力和文化界定來理解。要理解飲食可以從人們如何界定飲食和他們發現自己所在的特定情境之互相作用來觀察；飲食可以從眾多不同的方式來界定。人們對這個歷程的經驗有著相當的差異，且人們在不同的情境中飲食時會展現出不同的行為。學校中教師所界定的正確飲食時間、吃什麼和如何吃，跟同一場合中的學生會非常地不同。午餐時間可以是工作中的休息時段，惱人的時間中斷，做低調事情的機會，節食的時間，或是找出考試問題的答案的機會。（在此無意指這些活動是互斥的。）例如，有些人的用餐時間可以作為他們一日當中特別發展的標準點。在此，飲食的意義在於提供一個事件，以

使某人可以評估有什麼已經完成而什麼還沒有、某個人還要忍受多少時間，或是一個人還剩下多少時間就必須被迫結束一個興奮的日子。

　　午餐的時間於是有著符號的意義，這是驅力或儀式等概念無法處理的。符號互動論並不否認社會中有規則和規定、規範、以及信念系統的存在，而是主張這些只有在人們將其列進考慮來理解行為時才具有重要性。此外，在理解行為時，規則、規定、規範或其他任何的事物並不是重要的，而是在特定情境中，這些是如何被界定和被使用才是重要的。一所高中可能有分級制度、一張組織圖、一份班級功課表、一個課程和一份校訓等，說明其基本目標是「全人」的教育。但是，人們的行動並不是根據這學校應該是怎樣或行政人員說它是怎樣而來，而是根據他們如何看這個學校。對部份學生而言，高級中學主要是他們跟朋友碰面的地方，或是尋找快樂的地方；對大多數學生而言，高中是得到等級和累積學分以能畢業的地方，學校的任務是讓他們進而升上大學或是就業。學生界定學校和它的組成方式，會決定他們的行動，雖然規則和學分系統會設下限制而必須付出成本，因而影響到他們的行為。組織變動的程度是根據他們提供的固定意義，以及可以獲得和創造的其他意義。

　　符號互動理論的另一個重要的部份是「自我」（self）的建構。自我不能當成是躺在個體裡面的本我（ego），或是包含需求、動機和內化的規範與價值等的組織體。自我是人們（跟他人互動）關於自己是誰而創造出來的「界定」。在建構或界定自我的時候，人們透過詮釋那些朝向他們的姿勢和行動，以及藉由將自己放在他人的角色上，嘗試如同他人看待他們那樣來看待自己。簡言之，人們如何看待自己，有部份是從他人如何看待他們來界定的。自我因此也是一個社會建構，是人們如何知覺他們自己的結果，進而透過互動的歷程來發展出一個界定。這個迴路使人們能夠改變和成長，尤其是他們透過互動的歷程而對自己學習知道的更多時。這個概念化自我的方式引導至對自我應驗預言的研究，並提供對偏差行為的「標籤化取向」（labeling approach）之研究背景（Becker, 1963; Erickson, 1962; Rist, 1977b）。

一個故事

總結前述討論的現象學與符號互動論觀點的理論之前，以一個軼事來作為結束。如果一定要給它一個名稱，就叫做「永遠」（Forever）吧！

有一個晚上，一群大學教師參加一個晚會，包括了法學院的院長、物理學教授和地質學教授，都是在他們領域中之優秀學者，並開始討論「永遠」這個概念。會話的開始是因為有人談到一個房地產的契約上註明九十九年的租期。有人問這位法學院的院長，是否「永遠」這個語詞不是法律專業上的習慣用法。院長回答說：「是的，多少來說正是如此」。地質學教授則建議就她的領域而言，「永遠」所指的是不同的事物，這個概念多少涉及到地球可以存在多久。物理學教授則認為，在他的領域中，「永遠」真的是指「永遠」。

許多的童話故事以如下的話語結束：「從此之後，他們永遠過著幸福快樂的日子」。有時候當小孩子等待他們的家長來帶他們去一個地方時，他們抱怨著說他們等了像永遠這般的久。在此，還沒有窮盡所有的可能性，但論點是很清楚的。從多種的觀點來看，這一字詞的蘊義是相當豐富的。每一個人使用「永遠」這個字時，其概念是很不同的世界觀。那位說：「等了像永遠這般的久」的兒童，會發現很難從物理學家的觀點來看世界，而這位物理學家則以微笑來打發小孩對這個概念的用法。

有些人或許會從對這個語詞作更正確的界定，來消除使用這個概念的不同觀點間的差異。換言之，由決定這個語詞的「真正」定義來創造共識。在一些討論團體或是委員會的會議中，這個方法或許會事先阻止誤解，但質性研究者嘗試去擴展而非限制理解。他們不會將這種差異當作「錯誤」，或是嘗試建立一種標準的定義，以試圖解消這類的模糊。相反地，他們想要從這個概念所在的脈絡中、所有那些使用者的理解中來研究這個概念。同樣地，當研究者前往研究一個組織時，當發現「目標」這個字出現不同的定義時，

或者當人們有不同的目標時，不會試著去解消其模糊性。研究的主題反而是聚焦在不同的參與者如何看待和經驗這些目標。研究者關心的是多面向的實在，而不是單一的實在。

文化

　　許多人類學家在他們的教育研究中運用現象學的觀點。這類人類學研究的架構是「文化」的概念。描述文化或文化層面的企圖稱為「俗民誌」（ethnography）。雖然人類學家經常不同意某個文化的界定，他們都依賴文化來作為研究工作的理論架構。有些界定有助於擴展我們理解文化如何來形塑研究。有些人類學家則將文化界定為：「人們所獲得的知識，並用來詮釋經驗和產生行動」（Spradley, 1980, p. 6）。在這個體系中，文化包含了人們所做的、所知道的，和人們所製造的和使用的（Spradley, 1980, p. 5）。從這個觀點來描述文化，研究者可能以如下方式來思考事件：「在最好的情況下，俗民誌應該說明人類的行為，描述他們所知道的如何在社群既有的常識中，能夠正確地行動」（McDermott, 1976, p. 159）。這種傳統下的研究者指出，俗民誌如果教導讀者如何在文化場域中適當地行為，不論是在非裔美國人社區的家庭中（Stack, 1974），或是在學校校長的辦公室裡（Wolcott, 1973），或是在一所幼稚園的教室中（Florio, 1978），則俗民誌是成功的。

　　另一個文化的界定則是強調「語意學」（semiotics），關於語言中符號的研究，主張知道一群人的行為和方言，跟一個人因而能如此行事之間是有差異的（Geertz, 1973）。文化從這個觀點來看是更為複雜而多樣：「作為可理解的符號之交互運作的系統，文化並不是權力，不是社會事件、行為、機構或歷程等可以因果地歸因的事物；它是一種脈絡，在其中某些事物才能夠容易理解地描述，是一種厚實的描述（Geertz, 1973, p. 14）。在這個意含下，文化跟人們歸因到事件的意義之間有交互作用。這個界定的現象學導向是相當清晰的。

Geertz從哲學家Gilbert Ryle那裡借用「厚實的描述」(thick description) 一詞來描述俗民誌的任務。Geertz使用Ryle有關一個人眨一隻眼睛的例子，並檢視有多少不同的層次來分析這樣的一個行動。眨眼睛可以是一種抽筋、眨眼、假裝眨眼（因此，有一位觀眾在）或是預先練習眨眼。一個人在什麼層次上，又如何來分析這些行為，建構出淺薄的（thin）和厚實的描述之間的不同：

> 在......研究者（滑稽者、眨眼者、抽筋者...）所做的「淺薄的描述」（快速收縮他的右眼皮）和他所做的事情之「厚實的描述」（假裝眨眼來戲弄朋友，欺騙一位無辜者認為有陰謀正在進行）之間，有著俗民誌的目標：一種意義結構的分層排序，像是抽筋、眨眼、假裝眨眼、滑稽、練習滑稽等動作，被製造、被知覺到和被解釋了。如果沒有如此分類（更不用說抽筋了，這是一種文化的分類，如非眨眼對眨眼、眨眼對非抽筋），任何人對他的眼皮做了什麼是無關緊要的。
> (Geertz, 1973, p. 7)

因此，俗民誌是「厚實的描述」。當文化從這種觀點來檢視，俗民誌學者面對著一系列生活的詮釋和常識性的理解，這些是複雜的，且很難區分彼此。俗民誌學者的目標是要分享那些文化參與者視為理所當然的意義，然後為讀者和外人描寫新的理解。俗民誌學者關注「表徵」。

人類學家Rosalie Wax (1971) 提出文化之第三種概念。Wax在討論實地工作的理論預設時，從理解來討論俗民誌的任務。根據Wax的主張，理解不是在人們之間的「神秘的同理」，而是一種「意義分享」的現象。也因此，人類學家在字面上是從他（她）的社會接受度之外，在象徵上則是從理解之外而開始。

> 因此，一位實地工作者在研究一群陌生人時，知覺到這些人是在說和做他們所知道的事情，但卻是他不能理解的。陌生人之一可能擺出一特定的姿勢，使得所有的陌生人因此大笑。他們分享了這個姿勢所意指的理解，但這位實地工作者並沒有。當他開始分享時，他開始「理解」。他擁有了一部份的「局內人觀點」。(Wax, 1971, p. 11)

一個一所幼稚園教室的俗民誌研究（Florio, 1978），檢視了來到幼稚園的兒童如何變成「局內人」，亦即，他們如何學得幼稚園文化，並發展出對教師和班級期待的適當回應。

社會學家也運用文化作為質性研究之理論上的啓發。Becker（1986b）對於文化的描述也依賴分享的意義。Becker使用舞蹈樂團的隱喻指出，如果一群個別的音樂家被邀請在一場婚禮的舞蹈樂團中演出，而且他們從未相遇過，能夠由指揮者的主音來開始演奏歌曲（而觀眾也不會猜測他們從未相遇過），則他們是依賴文化來演奏。Becker的建議是文化使人們能夠一起行動。

俗民誌的特性，正是使用文化（不論其特別的界定為何）的架構，作為主要的組織的或概念的工具來詮釋資料。俗民誌的程序跟參與觀察所使用的有相似之處，即使不是相同的話，但也的確有不同的字彙，並發展出不同的學術特性。最近，教育研究者使用「俗民誌」一詞來指涉任何的質性研究，即使是在社會學的領域也是如此。雖然，人們不同意使用「俗民誌」來作為質性研究之原生字詞的適當性（例如Wolcott, 1975, 1990），但有證據顯示社會學家和人類學家執行他們研究的方式，和所依賴的理論基礎，已經越來越接近。早在一九八〇年代，一位著名的俗民誌學者宣稱，「文化作為獲得的知識，這一概念跟符號互動有許多的共同點」（Spradley, 1980）。有些人則是宣稱人類學家所使用的「文化」概念，假定在人群之間有一種意義的結構、連續性和遍佈性，並不是符號互動論學者所贊成的。對於符號互動論學者而言，意義是較可能在特定的情境中發現，而不是在所研究的群體中。

俗民方法論

「俗民方法論」（ethonomethodology）並不指涉研究者用來蒐集資料的方法，而是指向所要探究的主題。正如Harold Garfinkel告訴我們的故事，這個語詞的由來是當他在負責耶魯跨文化區域檔案的工作時，這些檔案中包含了一些字詞如「俗民植物學」、「俗

民物理學」、「俗民音樂」和「俗民天文學」等。這些語詞是指涉到一個特定團體（在耶魯檔案中經常是部落族群）的成員如何理解、運用和安排他們環境中的各個層面；如在俗民植物學的個案中，主題是植物。因此，俗民方法論是在研究人們如何創造和理解他們的日常生活，即他們實踐日常生活的方法。俗民方法論的對象並不是非西方的人群，他們是現代社會中處在不同情境的公民。

　　Garfinkel對於他所稱的俗民方法論學者的作品，給過一個簡要的界定：「我將說我們正在研究人們如何在身為他們日常安排的一員時，藉由安排的性質來使成員能夠發生可見的組織特性（Garfinkel, in Hill & Crittenden, 1968, p. 12）。俗民方法論學者嘗試瞭解人們對於他們所生活的世界中秩序的觀看、解釋和描寫。例如，俗民方法論學者探究人們如何「處理」性別？（West & Zimmerman, 1987）。

　　有些教育研究者受到這個取向的影響。雖然他們的工作有時候很難和其他質性研究者之工作來區別，俗民方法論傾向於處理微觀的議題，像是會話和字彙的特別辨明。俗民方法論的研究者使用「常識性理解」（common-sense understanding）、「日常生活」（everyday life）、「實踐的完成」（practical accomplishments）、「社會行動的例行基礎」（routine grounds for social action），以及「說明」（accounts）等。俗民方法論在一九六〇年代晚期和七〇年代中受到日增的歡迎，但此一興趣卻在一九八〇年代消退下來。近來許多後現代主義者提出的批判，尤其是針對經驗主義的理論批判，最早都是由俗民方法論學者所發出的（Holstein & Gubrium, 1994）。有證據顯示，在教育中應用俗民方法論的興趣有復甦的情形（Lynch & Peyrot, 1992）。俗民方法論學者讓研究者敏銳察覺的一個議題，就是研究本身不是一種獨一無二的科學事業，而是可以作為「實踐的完成」來探究。他們建議要謹慎地看待常識性的理解，這是資料蒐集者所據以運作的架構。俗民方法論學者促使質性研究者更為敏知於一種需求，亦即「放入括弧」（bracket）或延遲他們自己的常識性假定，他們自己的世界觀，以取代將這些視為理所當然的態度。

最近的理論舞臺：文化研究、女性主義、後現代主義、和批判理論

　　許多基本上不是現象學者的研究者，從不同的概念架構來進行質性研究。這些架構包括了文化研究、女性主義、後現代主義和批判理論。

　　我們在前節歷史的討論中，檢討了這些理論的前提。在此，我們將描述它們跟現象學取向之間的差異。

　　大多數被稱為女性主義者、批判理論學者和後現代主義者的質性研究者，拒絕了世界是「可以直接認知的」的想法，它是正如現象學說明所建議的：「不能經驗地呈現它自身」（Wills，1977，p. 194）。世界不是可以直接認知的，這是基於下列的幾個原因：首先，所有社會的關係都受到權力關係的影響，在分析資料提供者對於他們處境的詮釋時，必須將權力關係列入考量。雖然現象學者指出，研究者無法假定一個人在權力結構中的地位將有多少的影響力，這些觀點堅持權力在某種程度上必須納入考量，不管是資料提供者的權力或沒有權力，或是研究者的權力。這些團體可能是、也可能不是對特定類型的權力感興趣。例如，女性主義者傾向於性別的權力，包括男子與女子（Mac An Ghaill，1994；Finders，1997），批判理論學者和後現代主義者可能也是一樣。因此，研究者的理論導向無法被他們的研究對象所辨明（McRobbi，1994；Roman，1997）。

　　其次，他們主張所有的研究都受到一些對於人類與社會行為的理論性理解之激使，因此，將分析的歷程當作是歸納性的說法並不正確。例如，研究者在進入某個研究之前，對於種族或性別有自己的理念，且這些理念是有影響力的。然而，它們不是約束性的。例如，Roman和Apple主張研究者「先前之理論的和政治的投入」是會「受到他（或她）所研究的團體之生活經驗所告知和轉化」（1990，p. 62）。換言之，這些觀點所建議的是，當質性學者做研究時，他們是參與了跟資訊提供者的對話。他們自己的理論的和意識型態的觀點是相當有力的，但這些觀點也會被他們從資訊提供者那裡學到的東西所形塑。

　　我們所描述的這些理論觀點似乎只是彼此間存在著差異性，但這樣說是有點矯揉做作的。人們自稱為女性主義的後現代主義者或是批判的女性主義者，或甚至是女性主義的現象學者。這些觀點之間可能有一些緊張，但是在這些不同理論之間，以及它們和符號互動論之間也有著相似性。此外，所有質性研究者跟經驗的世界都有互相的連結，因為我們都必須處理資料。理論從出版的研究中浮現，而這些研究多多少少都必須依賴資料。理論影響我們如何談論我們跟資料的關係，跟經驗世界的關係，同時也影響我們認為在我們所理解的當中，什麼是有意義的。

方法與方法論

　　在繼續討論之前，必須釐清一項關於理論的概念。人們經常以同義字來使用「方法」（methods）和「方法論」（methodology），或是將兩者混淆。「方法論」是個較為通稱的語詞，指涉到一個研究方案的一般邏輯和理論觀點。「方法」指的是研究者使用的特定技術，像是調查、訪談、觀察等，是研究的較為技術性的層面。在一個好的研究中，方法跟由方法論具體成形的邏輯是一致的。（要小心那些只討論技術而排除方法論的研究方法書籍。）從我們上述關於理論的討論中可知，本書將「質性研究」作為一種方法論。在參與觀察和深度訪談的技術，以及現象學理論和歸納性分析之間有著邏輯的連結。如果你想要理解人們對於自己世界的思考方式，以及這些界定是如何形成的，你必須接近他們、聽他們說話，並在日常生活中觀察他們。

　　有些人運用了一些本書討論的研究方法，但使用的是不同的理論觀點，其分析也遠超過現象學的分析。例如，有些人走進諸如教室之類的自然場域進行觀察，但他們使用觀察指引來組織他們的資料蒐集。他們可能想要知道男孩出現多少次的攻擊行動，或是展現多少次有別於女生的負面行為。在他們開始之前，就已經很正確地界定何謂攻擊行動和負面行為，而何者只是意外的事件。這可以稱

作為觀察的研究，但不是質性方法論之事例。同樣地，許多領域運用所謂的「個案研究」(case study) 方法。有些人使用質性研究方法論；其他人使用觀察與訪談，但對於從資訊提供者的觀點來理解，或是搜尋資料且讓它們教導我們何者是重要的，則是漠不關心。往往模版似的工具被用來指引資料的蒐集和報告的提出。那些忽略資訊提供者的意義之理論取向，如系統理論則是有時會被拿來運用。這不是本書所界定的質性研究方法論。

質性研究十個共通的問題

　　當第一次聽到質性研究時，經常心中會出現一些問題。在此討論一些人提出的，而讀者也可能會有的問題。

1.質性發現是可類推的嗎？
　　當研究者使用「可類推性」(generalizability) 這個詞時，他們經常指的是一個特定研究的發現，是否可以應用到特定的研究對象之外，以及超出這個研究的場域。例如，如果研究一個特定的教室，人們想要知道的，是否其他的教室也相類似。並非所有的質性研究者都關心可類推性的問題。那些關心的人會很小心地公開陳述。例如，如果他們進行一個教室的個案研究，他們並不意指這個研究報告的結果，會跟所有的教室一樣。

　　其他關心可類推性的人，可能會引用其他的研究來建立其研究發現的代表性；或是進行一個更多樣本而較少認真的研究，來顯示他們自身的工作並不是異例的性質。例如，在一個啦啦隊隊長的研究中，研究者在一個學校進行維持六個月之久的密集參與觀察和訪談，並研究其他兩個不同學生人口組合的學校，使她更能敏覺於種族與階級在這些年輕女孩生命中的意義 (Swamination, 1997)。

有些質性研究者並不從習俗的方式來思考可類推性。他們更有興趣於推演出一般性社會歷程的普遍陳述，而不是相同場域如教室之間的共同性之陳述。在此的假定是，人類的行為並不是隨意的，也不是特立獨行的。他們說這是所有社會科學的基本前提。因此，他們所關心的問題不是研究結果是否可以類推，而是有哪些的場域和對象可以類推這些結果？

　　作者在一所教學醫院裡的幼兒加護病房，研究專業人員和家長溝通病童情況的方式。當作者集中在交換的主題時，注意到這位專業人員不僅是診斷這個嬰兒，而且同時在判斷這位家長。對家長的評斷構成判斷的基礎，讓專業人員決定要跟家長說什麼，又是如何地說。當反省公立學校中的親師會，以及其他對於兒童有相關知識瞭解的專業時，而這些是家長想要進入的，我們開始注意到有一些的類似性。簡言之，我們開始聚焦在一個一般性的社會歷程，在一個特定情境中很清楚地出現。我們現今正在探究的是這個病童加護病房的發現，具有多大程度的可類推性，不是類推至其他同樣實質類型的場域，而是到其他像是學校的場域，教師在其中跟家長談話。現在描述的可類推性取向，受到那些有興趣於創立「紮根理論」（grounded theory）的研究者所擁護。

　　有些質性研究者處理可類推性時採取另一種方式，認為只要他們小心地記錄一個既定的場域和一群對象，其餘就留待其他人來決定它是否符合事物的一般體系。即使是對偏差類型的描述也是有價值的，因為各種理論都必須能夠對所有的類型提出說明。他們看待他們的工作如同具備潛能來創造出異例，使其他的研究者可能必須去解釋。這些的解釋可能蘊含著擴展研究的現象之概念。

　　在大猩猩被仔細地從牠們自己所在的環境來觀察牠們自然的行為之前，大猩猩被認為是極端具有攻擊性的，對人類和其他動物有很大的危險在。George Schaller走向大猩猩，在牠們自己的環境中來研究，並發現到大猩猩根本不像檔案中對於關在籠子裡的大猩猩的描述。他觀察到大猩猩是膽小和害羞的，碰到人類時就想逃走或避開，而不是攻擊人類。然而，當牠們被挑戰時，也會直立起來

拍胸脯，給予儀式性的警告。有些問題如是否所有的大猩猩都是像這樣子的，在何種情形下它們就像所描述的行為方式，僅只是有限的個案研究是無法解答的。但是，未來在討論大猩猩的行為時，Schaller的大猩猩一定是要放進來討論的（Schaller, 1965; Waldorf & Reinarman, 1975）。

2.研究者的意見、成見和其他的偏見如何處理？它們對於資料有何影響？

　　不論是在社會學或人類學的傳統中，質性研究者多年來一直跟如下的控訴奮鬥著，那就是研究者的成見和態度太容易使資料有所偏差。特別是，當資料在呈現為報告之前必須先「經過」研究者的心靈，對於主觀性的擔心就會出現。是否觀察者只記錄下他(或她)想要看到的，而不是實際上發生的？質性研究者的確關心他們的主觀性可能會影響資料和據此而來的報告。

　　然而，質性研究者所要嘗試去做的事，就是客觀地研究其對象的主觀狀態。或許說研究者能夠超越他們自己的偏見，這種想法一開始是有點難以接受，但研究者使用的方法將有助於這個過程。畢竟，質性研究不是從到一個場域的快速訪問或是跟少數人的會話之後，就產生印象式的文章。研究者在經驗的世界花了可觀的時間，很用心和賣力地蒐集、檢視各樣的資料。這些資料必須在詮釋時具備相當的份量，所以研究者必須經常面對他（或她）對於資料的意見或成見。此外，大多數人的意見或成見是相當表面的。蒐集而來的資料提供了對於事件較為詳細的說明，這不是那些雖然具有相當創造性的、已有定見的心靈，在研究之前所可以想像的。

　　此外，研究者的主要目標是要增加知識，而不是在某個場域做出判斷。一個研究的價值在於其產生理論、描述或理解的程度。如果一個研究譴責某些人的特定事態，或標籤某個學校是「好的」或「壞的」，或是呈現一個偏見的分析，則可以說它是一個表面的研究而已。質性研究者傾向於相信情境是複雜的，因此他們試著描繪許多的面相，而不是去窄化這個領域。

而正如本書第三章將更為詳細討論的，質性研究者為了對抗他們自己的偏見，總是記錄下詳細的實地札記，包括對他們自己主觀性的反思。有的質性研究者採取小組的進行方式，另外將自己的實地札記提供給另一位同事批判，以檢查自己的偏見。值得注意的是，本書所討論的是限制觀察者的偏見，而不是消滅偏見。質性研究者會尋求發現他們自己的主觀狀態和對資料的影響效果，但從來不會相信他們是完全成功的。所有研究者都會受到觀察者偏見的影響。例如，問卷或問題反映出其編製者的興趣，實驗研究也一樣。質性研究者嘗試去知覺到他們自己的偏見，並將其列入考量，這是處理偏見的方法。

　　有些研究者和作者關心如何來控制他們個人的偏見，而使得自己不得動彈。我們的設計則是減輕偏見。認知到不管做多少的嘗試，一個人是無法將研究和寫作跟過去的經驗加以分離的。清白的經歷既不可能，也不是可欲的。我們的目標是變成更有反省力，更意識到當你是一個什麼樣的人時，這可能會形塑和豐富你所做的，而不是去消滅它。另一方面，也不要過於堅持你是怎樣的一個人，以及你所相信的是什麼，否則將導致不能反省的，並失去你的自我意識。你個人形塑你的研究是可以的，但是也需要開放自己讓研究經驗來形塑，且讓資料來帶領你的思考。資料會跟你的觀念有所爭論，所以你的思維有必要由你所探究的經驗世界來形塑。對於你帶到研究的事物必須要開放，而不是防衛。

　　質性研究者所關心的「主體性」（subjectivity）有不同的面貌，端看是誰提出這個關心的主體性。質性研究者在跟那些熟悉量化模式的同事討論時，總會帶點自衛性，因為主體性被認為是一個問題。然而，當討論的對象是女性主義者或批判理論學者時，主體性被認為是所有研究的一部份，且是研究工作相當重要的一個層面。一個研究者的立場可以被看成進入資料的入口。例如，在《白人的謊言》（*White Lies*）一書中，作者描述對於白人優越論者文學之質性研究（Daniels, 1997），而她的身份或說是立場給了她「特定的視野角度來分析白人優越論者的論述，（這個身份）也深

深地影響了我（作者）」（p. xiii）在這些團體中，對於研究中主體性的重要性有不同的界定。

3.研究者的出現不是會改變他（或她）想要研究的人之行為嗎？

　　是的，但這些的改變被歸結為「觀察者效應」（observer effect），也被稱為「海森堡效應」（Heisenberg effect）。這指涉到Heisenberg的發現電子顯微鏡的熱度會導致電子比平常（如果不是在電子顯微鏡之下的話）更為快速的移動。因此，即使是使用相當貴重的科學儀器，也不可能沒有任何效應的研究某些事物。幾乎所有的研究都會受到這個問題干擾。看看那些想要測量意見的調查研究，要求人們坐下並填寫問卷是會改變他們的行為的。難道詢問一個人的意見不是就會創造出一個意見來嗎？有些實驗性的研究（在實驗室中）創造出一個完全是人工的世界，在其中觀察人們的行為。因為其他的研究取向遭遇這個相同的問題，並不意味質性研究者對於「觀察者效應」的議題就可以輕易地解決。在整個質性研究歷史當中，實務工作者已經在處理這個問題，並結合一些程序來減低它或將其列入考量。

　　質性研究者試著以自然的、謹慎的和不具威脅性的方式來跟他們的對象互動。研究如果是更有控制的、更為謹慎的，則研究者更能結束探討其方法的效應（Douglas, 1976, p. 19）。如果你將人們當成研究對象，他們將像研究對象般行動，這是有別於他們的日常行動。由於研究者是對人們在他們的場域中的行動和思考有興趣，他們想要變成「木頭人」，使得人們對於他們在場時的行動，跟不在場時的行動沒有顯著的差別。同樣地，因為訪談者的研究類型是有興趣於人們對於其生活、經驗和特定情境的思考，他們的訪談模式是兩個可信賴的對方之「會話」（a conversation），而不是研究者和回應者之間正式的問與答之流程。研究者只有以這種方式才能掌握受訪者心中所認為重要的事物。

　　研究者根本就無法消除他本身對研究對象造成的所有效應，或是在他們想要研究的「自然場域」（natural setting），和他們實際研究的「有研究者出現的場域」之間，得到完美的對應。然而，

他們可以透過對場域熟悉的知識來理解他們對於對象的效應，並運用這個理解來產生關於社會生活的額外洞察。亦即，研究者學習來斟酌他們的資料，掌握脈絡來解讀資料（Deutscher，1973）。研究對象在研究的早期階段，經常會試著安排研究者對其活動的印象（Douglas，1976）。例如，教師可能不會在研究者面前向學生咆哮，或是以其他更保守的方式來行動。必須列入考慮的是，你要知道你是在觀察教師在陌生人（研究者）前面的行為。校長的行為可能以他們認為校長該有的方式來表現，而為了如此做，將打亂他們正常的例行模式。你可以將這個改變當成一個優點，轉成研究校長認為校長該有的行為是什麼（Morris & Hurwitz，1980）。人們在對局外人回應時，所顯示的跟他們對局內人回應的一樣多，當然，你還要知道其中的不同。

4.兩位獨立研究相同場域和對象之研究者，會得到相同的發現嗎？

　　這個是相關於量化研究的「信度」（reliability）問題。在一些特定的研究取向中，總是期待由不同研究者或是不同時間但相同研究者所進行的觀察，可以有結果的一致性。質性研究者正確地說並沒有這樣的期待（Agar，1986，pp. 13-16；Heider，1988）。

　　教育研究者來自許多不同的背景，也具備多樣的研究興趣。有的是研究心理學，有的是社會學，有些是兒童發展，有些則是人類學或社會工作。研究者所受的學術訓練會影響其關注特定研究領域的問題。例如，對一所學校的研究，社會工作者有興趣的可能是學生的社會背景，社會學家的注意力可能放在學校的社會結構上，而發展心理學家可能希望研究低年級學童的自我概念。因此，社會工作者、社會學家和發展心理學家有不同的研究興趣，其中一方可能比其他人花更多時間在學校的某些方面上，或是跟特定人士作更多交談。他們將蒐集不同類型的資料，並獲致不同的結論。同樣地，他們領域中的特定理論觀點將建構出不同的研究。

　　質性研究者關心他們資料的正確性和可理解性。質性研究者傾向於將「信度」視為是，他們記錄下來的資料跟研究場域的實際發

生兩者之間的符合度,而不只是不同觀察之間在文字上的一致性。正如前述討論所指出的,兩位研究同樣單一場域的研究者,可能蒐集不同的資料和產生不同的發現。這兩個研究都是可以信賴的。只有當他們產生矛盾的或不相同的結果時,才會質疑其中一方或是雙方的信度。

5.質性研究跟其他人如教師、記者或藝術家所做的研究有何不同?
　　首先從教師開始。有些聰明的門外漢是他們所處世界的機敏觀察者,可以進行系統的探究,並得到結論。好的教師可以前後一致地進行研究;這跟質性研究相似,但是在許多方面也有不同。其一是,觀察者的基本責任是研究,他(或她)不用投入時間來發展課程、授課和管教學生。研究者可以投入所有的時間和精力來進行研究,他們相當嚴謹地將其發現寫成詳細的記錄。他們是在蒐集資料。教師也會作記錄,但通常是較為鬆散的,也是不同種類的。此外,研究者在進行觀察時並沒有許多的個人利害關係要考量。而教師的生活、生涯和自我概念與其行事方式是密切相關。這並不是說教師不能超越這種關係來進行研究,或是說研究者在其研究中並沒有利害關係。但是,對研究者而言,能否成功端視特定的人所界定的「好的研究」是什麼,而不只是觀察教師以何種特定方式來做事。研究者和教師的另一種差異在於,研究者是受過訓練來使用多年來發展出的一系列程序和技術,以蒐集和分析資料。最後,研究者對於理論和研究的發現是相當清楚的,而這些提供了一個架構和線索,指引他們的研究,和安置一個脈絡中所要產生的事物。

　　其次,是關於記者的部份。有些人輕蔑地將質性研究跟雜誌報導很關連在一起。本書並不是這樣。正如前述的歷史發展所顯示的,有些質性傳統確實是跟雜誌報導有關聯,例如,記者跟社會科學家共有一些目標和標準,且有些研究比起那些誇耀其學術聲望與頭銜的人,還具有更大的社會科學價值(Levine, 1980a)。雖然這是個事實,然而我們相信學術研究者一般說來跟記者有不同的工作方式(Grant, 1979)。記者對於某些特定的事件和議題有更多的興趣,且對製造新聞的人有一些偏見。記者在截稿時限下工作,他們

並不投下長期時間來蒐集資料並謹慎地分析資料，反而是他們的寫作往往缺少證據：魯莽行事。記者的寫作是為了不同的讀者，而他們的作品也較像是在說故事，而不是分析。記者也沒有必要立足在社會理論上。因此，他們也不用將發現拿來形成理論的問題。記者當然對於賣掉文章也感興趣，這對於他們能夠說的和如何去寫的會加上部份的限制。然而，分隔社會科學的研究和妥善的調查報導之間的界線，有時候並不存在。

那藝術家呢？有些小說家和詩人是對於人類舞臺非常適合的觀察者。他們的資料蒐集技術，可能不像質性研究者那樣正式和嚴謹，且有較大的自由來處理他們所蒐集的資料。然而，他們所說的內容有許多是社會科學家感興趣的。有些人則掉進社會科學和藝術之間的夾縫中，他們以非常複雜的方式寫作，卻又在他們所說的內容中引用社會科學的傳統（Coles, 1964；Cottle, 1976a）。社會科學家或許有許多地方可以向小說家學習，他們最好不要隔離自己本身，而是試著瞭解可以從小說家那裡學到一些東西來改善自己的本行（Eisner, 1980）。

6.質性與量化研究能夠一起使用嗎？

是的，有些人是一起使用兩者的（Cronbach et al., 1980；Miles & Huberman, 1984, 1994；Reichardt & Cook, 1994）。例如，在設計問卷之前，先進行開放式的訪談是很平常的。質性資料可以用來補充、確認、解釋、說明或再詮釋從同樣的對象或場域所蒐集得來的資料（Miles & Huberman, 1994）。有些研究則是同時具備質性與量化要素，往往描述性的統計和質性發現是一起呈現的（Mercurio, 1979）。雖然結合兩種研究取向來運用是可能的，在有些個案中也是可欲的（Fielding & Fielding, 1986）；但在進行一個深度質性研究時，同時嘗試實施繁複的量化研究將是很困難的。研究者，特別是新手，想要結合好的質性設計和好的量化設計，即使是順利完成也將經歷某些困境，與其說產生優秀的混合物，不如說其成品經常不符合任一取向對於好作品所設定的規準（Locke, Spirduso & Silverman, 1987, p. 96）。這兩種取向是立

基於不同的假定（Smith & Heshusus, 1986）。雖然將相對立的資料交互作用是有用的，但這類研究最後的結果經常變成是方法的研究，偏離了這類研究一開始想要探究的主題。

7.質性研究是真正科學的嗎？

以往的教育研究者以他們所謂的「自然科學家」（hard scientists）的模式來進行研究，將計量當成科學的同義字，且任何偏離這個模式的都是可疑的。但反諷的是，即使是自然科學（如物理學和化學）中之科學家，也不像那些熱心模仿他們的人那樣狹隘地界定「科學」。諾貝爾物理學得主P. W. Bridgeman對於科學方法曾有如下的主張：「沒有所謂的科學方法......科學家程序中最為緊要的特性，只是全心全力去做，而不是自我封閉」（Dalton, 1967, p. 60）。Dalton（1967）也說：「許多著名的物理學家、化學家和數學家都質疑，是否有所有探究者能夠或應該遵守的可再製的方法，在他們的研究中可看到他們採取不同的，且經常是不可確定的步驟來發現與解決問題」（p. 60）近來探究科學史的女性主義研究者，揭露了那些主要的科學突破是如何被意外發現的，或甚至是由那些拒絕被方法論的正統所限制的人來發現的。

有些人可能採用相當狹隘的科學定義，只將演繹的和假設考驗的研究稱為科學的。但是，科學態度的一部份就是對於方法和證據保持心胸開放。科學研究包含了嚴謹的和系統的經驗探究，亦即以資料為基礎的。質性研究方法符合這些要求，本書也將說明科學傳統中所界定嚴謹的和系統的探究是包含哪些內容。

8.質性研究之目標是什麼？

正如本書所說的，在質性研究這個標題下所進行的研究是相當多樣性的。並非所有的研究者都有相同的目標。有些人的研究工作是企圖發展出「紮根理論」（grounded theory），有些人強調的是創造出「敏知性概念」（sensitizing concepts）。「描述」是另一個目標。如果將應用性的質性研究包括進來我們關於目標的討論，那麼目標的多樣性將更廣泛。雖然不同的質性研究取向之間有著差

質性教育研究之基礎
Foundations of Qualiative Research in Education: An Introduction
55

異，採取質性模式來運作之研究者，對於工作目的確實有一些共通的理解。量化研究者將他們的工作視為蒐集人類行為的「事實」，當累積到一定的數量就可以作為一個理論的檢證和闡釋，使科學家得以陳述事件的原因和預測人類的行為。質性研究者並不是在蒐集「事實」，他們知道人類的行為太複雜了而無法如此去做，對於原因和預測的尋求，反而會逐漸損壞他們的能力，尤其是對人類行為和經驗的基本詮釋性質之掌握。

　　質性研究者之目標是對人類行為和經驗的更加理解。他們尋求掌握人們建構其意義的歷程，並描述這些意義是什麼。他們使用經驗的觀察，因為探究者從人類行為的具體事件產生對人類的狀況更清楚地、更深層地思考。

　　有些質性研究者，包括女性主義者和行動研究者，研究那些被邊緣化的人群，同時希望能使他們的研究資訊提供者「增權展能」（empower）（Roman & Apple, 1990; Lather, 1988）。他們會跟資料提供者進行對話，討論他們對於觀察到的、記錄下來的事件和活動之分析。研究者鼓勵資訊提供者掌握其分析的經驗。在此，他們的目標是促進社會變遷。

9.質性研究和量化研究有多大的不同？

　　許多作者已經闡明質性和量化研究之間不同的假定、技術和策略等。大多數關於質性取向之寫作是從相反於量化研究來界定（Bruyn, 1966; Rist, 1997a）。雖然一定份量的比較是不可避免的，本書則是聚焦在描述質性研究是什麼以及如何去進行，而不是說明它不是什麼。如要檢視兩者間的不同，請參見其他作者的著作（Campbell, 1978; Eisner, 1980; Guba & Lincoln, 1982; Lincoln & Guba, 1985; Smith & Heshusius, 1986。

　　雖然本書沒有很完整地討論質性和量化之間的區別。表1-1摘述了這兩種取向的特性。這個表也可作為本章中分析的論點之有用的摘要，其中有些會在後文中繼續說明。

表1-1　質性與量化研究之特性

質性	量化
研究的相關語詞	
俗民誌	實驗的
文件的	硬資料
實地工作	外部觀點
軟資料	經驗的
符號互動	實證論的
內部觀點	社會事實
自然式的	統計的
俗民方法論的	科學方法
描述的	
參與觀察	
現象學的	
芝加哥學派	
生活史	
個案研究	
生態學的	
敘事的	
詮釋的	
研究的關鍵概念	
意義	變項
常識性理解	操作化
放入括弧	信度
情境的界定	假設
日常生活	效度
協商的秩序	統計上顯著的
理解	重複
歷程	預測
所有的實際目標	
社會建構	
紮根理論	
理論的聯盟	
符號互動	結構功能論
俗民方法論	唯實論、實證論
現象學	行為主義
文化	邏輯經驗論
觀念（唯心）論	系統理論

表1-1　質性與量化研究之特性（續）

質性	量化
學術的聯盟	
社會學	心理學
歷史	經濟學
人類學	社會學
	政治科學
目標	
發展敏知性概念	理論的考檢
描述多面向的實在	建立事實
紮根理論	統計描述
發展理解	顯示變項間的關係
	預測
設計	
演化的、彈性的、一般的	結構的、預先決定的、形式的、特殊的
朝向可能的前進	詳細的操作計畫
撰寫研究計畫	
簡要的	廣泛的
前瞻的	焦點的詳盡與特定
建議可能相關的研究領域	程序的詳盡與特定
經常在部份資料蒐集後撰寫	資料蒐集之前就撰寫
實質文獻的非廣泛檢視	實質文獻的全面檢視
研究取向的一般敘述	假設的陳述
資料	
描述的	量化的
個人文件	數量的編碼
實地札記	計數、測量
照片	操作化的變項
人們自己的文字	統計

官方的文件和其他的人工品

樣本	
小	大
非代表性	分層的
理論的取樣	控制組
滾雪球取樣	精確的
立意的	隨機的選擇
	外部變項的控制

表1-1　質性與量化研究之特性（續）

質性	量化
技術或方法	
觀察	實驗
參與觀察	調查研究
檢視不同的文件等	
準實驗開放式的訪談	結構化訪談
第一人稱的說明	結構化觀察
與對象的關係	
同理	分離
信任的	短期
平等的	距離的
對象如朋友	對象—研究者
密切的接觸	設立界限
工具	
錄音機	量表
謄寫員	問卷
電腦	電腦
	索引
	量尺
	測驗分數
資料分析	
持續的	演繹的
模式、主題、概念	發生在資料蒐集的結論
歸納的	統計的
分析歸納法	
經常比較法	
方法使用的問題	
時間的消耗	控制其他變項
資料還原的困難	物化
信度	強制性
程序不是標準化	效度
研究大量人口有困難	

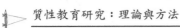
10.質性和量化研究取向以何者較佳？

　　或許這個問題對讀者來說是有點愚蠢，但許多研究的新手似乎相當關心這個問題。或許這是因為他們看到贊成某一取向的人會去否定另一取向，且對於這個問題有一些不同的立場。迄今最廣為接受的主張是根本沒有最好的方法，完全看你所要研究的和你想要發現的是什麼。如果你想要發現大多數美國人對於一個特定議題的想法為何，那麼最好依賴量化設計，包括樣本的選擇、設計和呈現你的工具，以及分析資料等的調查研究將是最好的方法。如果你想要知道的是一個學校中的改變歷程，以及不同的學校成員如何經驗到這些改變，質性研究將可以做得比較好。無可置疑的，有一些特定的問題和主題，質性研究是使不上力的，這對量化研究也是一樣。

　　人們對研究取向之選擇有時是實用本位的，針對工作來選擇正確的方法。雖然這是較為普遍的立場，但有些人強烈地參與某一個研究傳統，而較少採取合作的立場。他們宣稱他們的方法是最好的，而另一方基本上是有缺點的。這就好像小孩子在爭論誰是最強健的，雖然這個爭論有時不只是自我吹噓而已。有些人對於人類行為的基本性質有強烈堅持的信念，當需要解釋為何他們採取這個立場時，他們可以進一步說明。他們會說，研究人類行為與其他相關的事項之最好的方法，就是要跟研究主題的基本性質一致。如果你使用望遠鏡來研究微生物，或是用顯微鏡來觀察星星，你是無法成事的。因為你使用的取向並不適合這個研究主題。同樣地，有些質性研究者相信人類行為的根本是意義與互動，如果使用的方法沒有使這些性質凸顯，將會扭曲你試圖理解的核心事物。至於量化研究者會說，如果沒有正確的測量和系統的假設考驗，則對人類行為的研究就無法進步；且變項的操作和其他的方法是跟宇宙組成和人類行為的方式相當一致的。

　　不幸的是，大學設立的方式是傾向於專門化。有些採取強烈立場的人，對於他們所反對的事物並沒有深厚的知識就加以反對。這樣說並不是低估一個事實，的確有些人是對於各種取向胸有成竹，才採取最好的一個研究取向。

上述的議題也引起另一個問題：你如何去回應那些批判質性研究的人。首先要察覺這些反對意見的類型，特別是那些從來沒有閱讀過任何有關質性研究之文獻，且對質性研究抱持著基本敵意的人。就讓他們去說吧！因為，當他們控制會話時，會堅持使用他們的專門術語，而不是你所建議的用語，碰到這類人是相當令人挫折的，甚至會坐立難安，尤其是當這個人正是你的頂頭上司（如學系中的資深教授）。這時，你最好向他們建議一些讀物，送給他們你認為特別好的和有關的文章。贏得某些人的贊同，或是在他們的不同意中獲致成功的方式之一，就是做好你的工作。你要竭盡所能地進行研究和寫作，並獲得外部資源的認同，如出版、獲得研究補助、被徵詢擔任研討會的主講人等，不要去跟那些你無法勝利的人爭鬥。如果你做得好，他（或她）就不會來打擾你，這是本書作者的經驗。另一個相當有用的方式，就是去找出在你的領域或校園中其他也在進行或有興趣於質性方法的人。人多就是一種優勢。

倫理

　　「倫理」（ethics）一字就跟「性」和「蛇」一樣充滿情緒意涵，具有喚起的和潛在的意義。對一個專業的指控，沒有比指出其實務不符合倫理還要來得嚴重。倫理讓人聯想到一個最高權威和絕對的意象，但研究中的倫理是指一個特定團體在一個特定時間內接受正確與錯誤的原則。大多數的學術專業都有指出這些原則的倫理規範（參見美國社會學學會，1989）。有些規範是細心設想的，協助成員在必須面對的兩難和道德議題上更為敏感的；有些則是較為狹隘的，主要在保護該專業團體免於遭受攻擊，而不是指出其道德立場。

　　關於以人類為對象的研究倫理，傳統上有兩個議題主導官方的規範：「知情的同意」（informed consent）和「保護對象免於遭

受傷害」(the protection of subjects from harm)。這些規範目的在確保：

1. 研究對象是自願地接受研究，理解這項研究的性質以及所包含的危險和義務。
2. 研究對象不能暴露於那些比研究收穫更大的風險當中。

這些規範的落實經常是透過表格的使用，研究者在表格中寫明有關這個研究的描述、研究的發現將如何處理、對於對象的可能風險，以及其他適當的資訊。對象在這個表格上的簽名將被作為「知情的同意」之證據。以人類為研究對象的委員會通常又稱為「機構的審議委員會」(institutional review boards)，在許多學院、大學和有聘用研究者的其他地方都已經設立；他們審議研究計畫，檢視擬議的研究有確保適當之知情的同意和參與者的安全性。他們也會要求提供資訊來讓他們評估研究對象可能會面對的風險，以及對象和社會可能會增加的收穫。

對於研究對象可能被利用或傷害的關心，加速了這些機構的正式回應，尤其是在大眾媒體暴露許多使人類對象置身在令人厭惡的情境中而受到傷害的研究方案之後。例如，有一個研究案被發現，在獲得某個學校的同意之後，就逕向智能遲緩的兒童注射肝炎病毒，以作為研究疫苗的一部份 (Rothman & Rothman, 1984)。報紙頭條也曾報導在美國的另一個地區，有一群染患病毒的男人在不知情的情況下，並沒有接受到醫治病情的處理。此外，有一些實驗對象在其參與和觀看一個他們認為是對其他人電擊的實驗時受到欺騙，因為被電擊的那些人實際上是這個研究聘用的演員。很清楚的，這類研究的不當使用必須停止。

現行的倫理規定跟質性研究者所進行的工作之間的關係仍是渾沌未清 (Duster, Matza, & Wellman, 1979; Thorne, 1980; Wax, 1980; Taylor, 1987)。這些年來曾有一些提議來建構質性研究者之特定的倫理規範 (Cassell, 1978b; Cassell & Wax, 1980; Lincoln, 1995; Punch, 1986; Curry & Davis, 1995)。許多質性

研究者得到一個結論，那就是質性跟量化取向之間關於研究者和研究對象的關係是相當不同的，使得遵守既有的程序如知情的同意和研究對象的保護等，似乎只是一種儀式。這些建立起來的指南所要規範的（量化）研究中，研究對象跟研究者的關係是很有限的；他們填寫問卷或參與特定的實驗。前述「審議委員會」的政策發展是根據醫學模式，研究對象可以被明確地告知研究的內容和可能的風險。另一方面，研究對象跟研究者在質性研究中之關係是持續發展的，隨著時間進展。跟研究對象進行質性研究較像是一種友誼關係，而不是一種契約行為。研究對象的意見對於關係的調整是有影響的，且他們對於他們的參與可持續地做出決定。前述的規則似乎反映的是這個研究在進入現場之前，已經完成正確的設計，但質性研究通常並沒有這類的設計。例如，在提交給「機構審議委員會」一個研究計畫時，只能簡要地描述什麼事情的發生是一般能夠包括進來的。這裡引發另一個議題，是否機構強迫學生進行質性研究是不倫理的，因為所填寫的表格是設計來保護量化研究中的人類對象。如果學生必須捏造訪談的問題，例如，因為他們在進入研究場域之前並不知道他們所要問的問題，他們在壓力之下有可能在表格上說謊。

此外，批判現行倫理規範的質性研究者，質疑究竟資訊提供者能夠真正地被告知到何種程度。許多具備學士學位的人並沒有足夠的聰明，不能明瞭像質性研究這種奧秘的學科，甚至於真正地知道在這類研究中所謂「對象」的意義究竟是什麼。質性研究者所做的許多事情，跟日常市民在他們工作中所做的並沒有很大的差異。記者要觀察和訪談，小說家和其他人也是。質性研究者比其他人更少有自由來跟人們互動難道是應該的嗎？畢竟他們不是在注射或是進行改變生命的處理。

有一些研究對於他們研究中的人群生活總是冷漠沒有知覺的。除了上述的研究之外，許多白人和黑人對於Moynihan在其窮困的非裔美國人家庭中的發現感到相當憤怒。然而，並不清楚的是，「機構的審議委員會」對於這個研究的政策能夠發揮什麼效果。不過，

質性研究者可以努力來改變「機構的審議委員會」之成員是如何地理解質性方法。

對於倫理議題的關注，知情的同意和保護人類對象是傳統以來就形成的研究規定，但這些規定可能不適合於以質性模式來進行的研究（Burgess，1984）。雖然質性研究者還沒有發展出一套特別的書面倫理規範，在實地工作中早就已經建立必須注意的倫理慣例（Punch，1986）。正如本書第四章所要建議的，不同的實地工作類型和傳統，有不同的倫理原則，在此只是想要將一些一般性的原則呈現出來，這些是大多數的主流實地工作者在其研究中所遵循的倫理，更是特別適用於那些從事基本研究的人們。而正如第七章將建議的，下列的倫理原則可能跟一些應用研究的形式沒有相干，特別是所謂的「行動研究」（action research）。

1. 除非當事人同意，否則研究對象的身份必須保密，這樣蒐集到的資料才不會使研究對象困窘，或是以其他的方式傷害到研究對象。匿名應該不只是在寫作上而已，還要延伸到研究者透過觀察所得到且在口語上報導的資料。研究者不應該將關於個人的特定資訊透露給他人，且要特別小心跟在研究現場中的人分享資訊，使得他（或她）可以選擇以政治或個人的方式來使用資訊。

2. 在研究中要尊重研究對象並尋求他們的合作。雖然有些人贊成隱密的研究，但在一般的情況下則有共識，意即研究對象必須被告知你的研究興趣，並同意你來進行才可以。你要得到同意，要特別敏銳和用心地說明你自己，且當研究對象是容易受到操控的傷害時，像是被標籤為心智上有問題，或是非常年輕、太老，或是缺少正規教育的人時，更要得到同意才行。研究者既不應該欺騙研究對象，也不應該用隱藏的工具來記錄談話。

3. 在協議進行研究的許可時，你應該讓你商議的對象清楚這份同意書上的用語，且要遵守這份約定。如果你同意以某種回饋來取得同意，就必須要遵守和實踐。如果你同意不出版你

的研究發現，你就不應該出版。由於研究者要嚴肅地處理所做的承諾，因此在協議時，你作為研究者必須要小心和務實一點。

4. 當你撰寫和報告你的發現時要說真話。雖然你可能因為意識型態的理由，而不喜歡你所達成的結論，且雖然其他人可能對你施壓來要求你展示資料所不能顯露的，一位研究者的商標應該是他（或她）致力於報導資料所顯現的內容。捏造或是扭曲資料是一位科學家終極的罪惡。

雖然我們已經提供倫理的綱要，但正如所有的規則都會有例外和複雜性，使得這些規則在許多個案中似乎顯得是無關的或困難的，甚至於應用它們是不可欲的，如果不是不可能的話。例如，有時候研究者所進行的探究中，很難或甚至不可能去隱藏研究對象的身份。此外，研究所涉及的人們可能表示公開其姓名並沒有什麼關係，或甚至堅持要公開他們的身份。這時匿名的原則就必須重新考量。

有些情境更是造成兩難的情況，研究者被放進一個位置，在其中他（或她）身為研究者的義務，卻衝突到作為好公民的義務。例如，當你在研究一個學校時，可能看到政府對於撥款的腐敗和貪污。而當本書作者在一所州立的機構中研究心智遲緩的人時，曾目擊到機構人員對這些人作身體上的虐待。在這些個案中，研究者的倫理責任是什麼？（Taylor, 1987）他們是否應該以研究之名避而不管這些事情？在身體上虐待心智遲緩者的個案中，解決的方法可能是很明顯的，首先，不管你是否是研究者，必須介入來停止這種鞭打。在某些州中隱匿不報告有人被虐待的事實是不合法的。這是我們的立即反應。但是，透過我們的研究，我們逐漸瞭解到在全國的許多這種機構中，虐待的行為是普遍發生的，而不是這個特定場所才有的。在當時將這個虐待的行動揭露出來，是否才是負責的方式？或只是將這個事情宣露出來的一種方式？介入可能導致你被踢出研究現場。然而，如果繼續研究，公開這個結果，撰寫報告來揭露全國性的虐待，並提供研究作為法庭上的證詞（或是作為專家證

人），是否能夠比介入單一的行動還能做更多的事來改變這種狀況？這類的兩難並無法用一系列的規則來輕易地解決。

有些人可能會設計出倫理決定的準則，但最困難的倫理決定仍然得由你做出，根據你的價值觀和你對於正確和錯誤的判斷。作為一位研究者，你必須知道你自己、你的價值觀和信念，並熟悉其他研究者做出這類決定所根據的原則（Punch, 1994）。你必須知道如何界定你對其他人類的責任，以及當你接觸到他們的痛苦時的責任是什麼（Taylor, 1987）。質性研究容許這種接觸。對許多質性研究者而言，倫理的問題並不是狹隘地屬於如何在這個領域有所行為的問題。相對的，倫理被理解為他們對於那些在研究過程中所接觸到的人們的終身的義務（Curry & Davis, 1995）。

進行研究的時候，人們所關心的較多是如何從研究對象那裡得到東西，而較少是給予（Whyte, 1992）。研究者撰寫論文來取得生涯的發展，或是書本，以得到地位的提升。至於研究對象能從研究設計中得到什麼，則不是清楚的。近幾年來，這個議題總是會引起對於倫理的討論。在許多的領域中，對於研究對象的利用總是一個火熱的主題。女性主義學者是最為顯著地在研究社群之中持續探討這個主題。有些研究者則是會受到罪惡感的苦惱。當然，也出現一些回應來辯護這種明顯缺乏互惠的情形。其中之一的訴求是，研究對於社會有更大的貢獻，即使研究對象可能沒有直接獲得什麼，由研究而來的理解能改善外在更大的世界。有些人則宣稱，研究對象的確是獲得一些利益，雖然很少；正如任何人都可以從一種關係中受益，研究對象也從他們接受到的時間和注意中受益。但這樣的感覺並不足夠，有些研究者為他們的研究對象做事，提供更多實質性幫助，像是分享版稅、為他們辯護，或是協助他們處理法律與其他的問題（Leibow, 1967; Lincoln, 1995; Curry & Davis, 1995）。

除了缺少直接的互惠之外，也令人擔心研究者可能在某些方面利用其研究對象。在此最為顯著的擔心是，研究者寫作和談論其所學到的，但研究對象卻沒有任何機會對此表示意見，或是提供他們

自己對於他們的生活像什麼的詮釋。這些研究對象可能因此被錯誤地再現，且在某些個案中被貶抑、降格了（Fine, 1994a）。雖然本書將在後文更為全面地討論減輕這種缺陷的實際設計，有些研究者已經發展出新的實務，研究者跟其對象在其中較像是研究的伙伴，如社會科學家放棄部份的權威，並讓對象能表示自己的意見。此外，質性研究之撰寫已經發展出一些慣例，研究者有義務來說明更多的自己、他們的背景和他們的政治理念，這會讓讀者更明白他們所正在閱讀的作品是有特定的立場（McLaughlin & Tierney, 1993）。

另一個跟上述議題有相關、但卻更為複雜的倫理問題，是研究的發現如掌握在有權力的人手中，研究發現可能導致傷害研究對象（或同樣情境中的人們）的行動；或是導致違反研究者意願或意向的社會政策或公共態度。例如，當Laud Humphries出版他著名的作品，對於同性戀者在大眾休閒場所中的性活動之研究結果，有些人控訴他向警察提供資訊，使能用來增加對男同性戀者的監視和逮捕。對輟學者的研究可能引導至防止輟學的立法，而這將限制年輕人的自由。當研究者認為自己是對於那些住在住屋方案的窮人作出同情的描述時，其他人的閱讀反而是認為研究者在證明一種偏見，窮人是不負責的和有暴力傾向的。當你從來沒辦法確定你的發現將會被如何看待和使用時，對於你自己作品的政治引伸和意含就必須小心地好好從頭至尾思考一遍。不這樣做是不負責任的，有些人可能會說是不合倫理的。如果你缺乏這方面的經驗，可以請教那些可能更為敏銳於你的作品會被如何處理的人，詢問他們關於語氣、重點和可能後果的忠告。研究者經常不喜歡直接指明他們認為研究所具有的政策和行動意含。如此逃避並不是解決的方法。如果你自己不說明你的作品之意含，那是容許其他人更自由地為你解說。

我們的討論顯示出，成為一位倫理的和負責的研究者，比我們一開始看起來的還要困難得多。填寫被要求的表格或許有助於你去思考一些倫理議題和風險，但這樣做還是不能取代接觸並評鑑你自己的價值觀，或持續地用心考慮研究對象的福利和興趣，以及將這些結合進你的實務中。

本書的其他章節

　　本章是在提供讀者關於質性研究基礎的一般性導論，本書其他章的目標則是提供「如何去做」的指引。雖然習慣這個取向的人將會發現它是有用的，提醒他們特定的議題，並澄清在別的書中相對模糊的特定層面，不過，我們是為了選修教育的質性研究之導論課程的新手而寫的。

　　本書的其他章節內容，是根據本章所討論的五種特性來撰寫。首先，在第二章探討研究設計這個議題，強調質性取向之歸納性質。第三章是有關實地工作，會將質性研究之實地工作本位的性質，以及研究者的主導作為工具，加以說明清楚。在第四章中，質性研究者所蒐集資料之描述性質是討論的核心。在這一章中我們也說明資料的不同形式，並提出一些蒐集資料的建議。我們在第五章中回到質性取向之歸納性質，廣泛地處理資料的分析。質性分析之敘事性的、描述性的特質，指引我們在第六章中討論研究發現的寫作和傳遞。由於教育研究的應用性格，我們另外獨立出第七章來描述應用的研究和評鑑的研究。

Chapter 2
質性研究設計

　　本文談論有關質性研究設計部分，從選擇一個研究題目的各種考量因素開始，並談到幾種特定型態的個案及「多元資料來源」研究設計，最後探討一些與設計有關的議題。

　　首先，選擇研究題目的考量，應注重實用的層面，挑選一個大小與複雜性適中，且能在有限的時間與資源下完成的研究，避免主觀涉入、以興趣為主要的考量要件、注重開放與彈性以及考慮到研究對該領域的重要性與貢獻。其次，本文提及很多質性研究者都選擇個案研究當做他們的第一個研究方案，且以複雜程序和特色上來說，單一個案研究要比多元現場或多元個案研究來得容易完成。質性的個案研究有許多不同類型，而每種類型在決定研究可行性與運作程序上都有它的獨特考量。本文介紹了幾種常見的個案研究，例如歷史性的組織個案研究、觀察的個案研究、生活史研究、文件研究(例如個人文件：包括敘說、生活經驗的研究；官方文件：包括官僚政風、修辭學的研究或流行文化文件：包括大眾傳播研究、文化研究)以及其他型態的個案研究，例如社區研究、個案的情境分析、微觀俗民誌和多元個案研究。

　　關於多元資料來源研究的設計議題，如多元現場研究（multi-site studies）的設計方法，本文則探討兩種可用來形成紮根理論設計的方法，即分析歸納法與經常比較法，並分別呈現其方法的具體步驟。最後關於設計的其他議題，本文將介紹如何撰寫研究計畫，訪談大綱和觀察指引的使用，並突顯質性研究與歷史研究之異同。

我們有位朋友，當她被問及要去那兒渡假時，她通常會告訴你她旅遊的方向，然後總結道：「我會邊走邊看著辦！」而另一位朋友則會事先對路線與所有的景點（包括餐廳），作很細節的計劃。「設計」（design）就是用來說明研究者如何進行研究的計劃。而質性教育研究者比較像前面那位行程鬆散的旅行者。

質性研究者在進行研究時，猶如對他們將參訪的人物和地方所知不多，他們企圖從研究發現的先前概念中解開出來，去發現人們像什麼，以及在某情景下會發生什麼。同樣地，他們對研究如何進行以及對什麼感到興趣，雖然都可能已有了概括性的觀念，但是若一毫不差地陳述如何完成研究工作以及他們所追尋的特定問題時，又變得事先預設假定。計劃是從直接檢視所學習到的情境、主體與其他資料來源中逐漸開展的。研究程序的描述在於回顧並述說真正發生的事件，因此程序全貌的寫作是在研究完成之後。再重覆一次，一套完整仔細的程序通常並非在資料蒐集之前便形成。質性研究者在進入研究現場時，避免驗證假設或回答某些特定的問題。他們相信問題的形塑是資料蒐集的產物之一，而不是事先的假設。研究（study）本身建構研究（research），而非事先構成的觀念或任何精確的研究設計。此工作乃是歸納的。

我們的忠告是保持寬鬆。這對某些人來說是最難的建議。初學研究者總是對他們的第一次研究感到焦慮。有些擔心僅來自你試著嘗試新東西的感受，但有些更有甚於此。「研究」是令人膽喪的，而且假如你是新手，你常會懷疑自己在面對這個聽起來很重要的事情是否上道。許多人提出要處理這種焦慮的策略之一就是試著掌握未知，也就是強制提出個人先前觀念的結構。舉個例子，假如你要進入一個標記缺陷孩童的典型班級中，你可能想在踏進教室大門之前，將研究框設在範圍內，也就是說，在知道你要觀察的人究竟如何，以及在進入實地研究之前，先列出一系列的問題以減輕恐懼。試著抗拒這種凡事要在掌控中的渴望。看看發生了什麼事，聽聽教室裡的人談論他們所做的事情，花時間在那兒，問許多很基本的問題像：「這裡發生了什麼事？」、「研究參與者如何解釋他們的作為？」以及「我所看到的如何結合其他人所說的？」

質性研究者有其設計原則，但在此僅提供建議，否則將變成誤導。研究者如何進行質性研究植基於理論上的假定（意義與過程在了解人類行為的重要性，蒐集資料的重點在於描述性資料，以及分析最好是以歸納法來進行）；蒐集資料的傳統（如參與者觀察，非結構性訪談和文件分析）；以及一般性陳述的實質問題。另外，所有研究者都帶著自身特有的背景進入研究中，通常包括某一特定領域的訓練，對研究課題實質的知識，某個特定的立足點，以及秉持的理論取向。這些將決定研究採用何種取向以及聚焦在何種議題上，這也提供了研究如何進行的媒介變數（parameters）、工具以及如何進行的一般指導原則。與其說質性研究設計並不存在，倒不如說其設計是彈性的。質性研究者帶著彈性可協商的心智工具進入研究現場，以事先成形的計劃作為預感的由來，並在研究進行中加以修正或重塑（Janesick，1994）。

　　傳統的研究者認為研究設計是研究計劃階段的產品。然後就按照設計進行，蒐集並分析資料，最後完成寫作。而質性研究雖有其階段性，但工作性質卻不是明顯分割的。設計的決定過程貫串在整個研究中，無論是研究結束或開始。雖然資料分析大都密集在接近最後的階段，但資料分析在質性研究中是個持續不斷的過程，設計與分析的決定可以同時進行。本章所談的設計包括有助於了解實地工作和分析的訊息；同樣地，第三章和第五章（「實地工作」和「資料分析」）也包括設計上有用的想法。

　　上述設計的一般性描述是大部分質性研究者立足的共同根基，但並非所有質性研究者都遵循我們所描述的設計方式。有些設計較具結構性（Miles & Huberman，1994），他們可能挑選一個問題、決定訪談對象、觀察的時間和地點、並在實際進行實地工作之前，安排好訪談行程。較有經驗的研究者，也就是那些對自己研究興趣已進行不少相關研究者，較傾向於在心中準備一些特定的問題；尤其是那些做評鑑研究或訂定契約的政策研究者，通常會因為需要與雇主協商研究工作者的範圍與性質，故較常使用結構性的取向。還有那些進行多元個案研究者，由於研究牽涉到多位實地工作者，有

時也考慮跨個案間的資料比較，因此傾向較結構性的設計。但有些設計則較不具結構性，在資料間游移，且沒有意識到事先擬訂任何計劃或問題。這些研究者的既定傳統影響他們的立場，因而影響其研究目的與研究經驗（請參考Janesick，1994；Morse，1994），對質性研究設計的各層面而言，這種取向確實存在。

本章談論有關設計部分，我們的討論將從選擇一個研究課題的各種考量因素開始。接下來會談到幾種特定型態的個案及「多元資料來源」研究的設計，關於多元資料來源研究設計的議題，我們會呈現兩種可用來形成紮根理論設計的方法：分析歸納法與經常比較法。

研究的選擇

你之所以閱讀這本書，可能是因為你正選修一門要求設計研究方案的課程，或是你可能正要進行你的第一個主要研究，並希望發展成你的碩士或博士論文。許多開始嘗試進行質性研究者常陷入以下問題而無法自拔：「我該研究什麼？」、「我該在哪裡先進行實地工作？」這些問題並沒有「正確」答案，重要的是「決定」如何，決定本身並沒有對或錯。假設你決定這個、而非那個學校或班級，你的研究結果會有所不同，但不涉及較好或較壞的結果。最後所下的決定並非最關鍵的，關鍵且重要的是你做了一些決定。況且，決定從什麼地方開始進行你的研究，並不意謂著必須永遠忠於該現場而不變更。試著將你的第一步視為「從做中學」的練習；也將它當成一種探索，在你所選擇研究的地點，探索做研究的可行性；你的第一個研究也可視為一種探索的機會，藉此機會去探索某個課題領域，並藉機自我試探，若需要花費更大的努力深入此課題領域時，個人的承受能力如何。

有經驗的研究者通常會有研究規劃。他們已思及如何度過他們研究生活—例如他們想要研究什麼，以及他們希望完成什麼。有經

驗的研究者尋找可能實現研究工作的時機。且有些會因為清楚自己的方向，而拒絕一些不符他們整體計劃的研究機會；然而，對一些生手而言，要研究什麼問題卻往往較為困惑。發展研究的全程規劃有幾個來源。通常個人的自身經驗是影響他／她研究工作的推力，如某些特定的課題、場域或人物成為研究者興趣的焦點，因為它們以某種重要的方式觸發感動了研究者的生命。有些研究者開始某一領域的研究，純然是因為某教授或他們熟悉的某人正在做該領域的相關研究。有時候則是蠻奇特的：因某個機緣出現──你醒來時出現的想法；或你按照平日行事，卻發現令你突發奇想的研究素材。無論研究課題是什麼或如何出現，它對你而言應該是重要且令你亢奮的課題，尤其是該課題將演變成你的碩、博士論文或其他的大型研究。自我約束僅能引領你進入研究之門，唯有熱情才足以延續並堅持到研究最後，且可超越一般研究的要求，而更心甘情願地投入。當有人要求你進行某研究時，先確定你有足夠的興趣以維持其精神。在世界上所有成千上萬的課題和資料來源，別讓一個你可能會發現無聊的課題累壞了你。

雖然選擇性可以無限量，但仍有一些忠告。首先，注重實際層面。挑選一個大小與複雜性適中，且能在有限的時間與資源下完成的研究，同時也要將自己此時寶刀未試或尚未成熟的技巧考慮在內。待會我們將針對幾個更特定的研究，提供實用性的建議。在此給予生手們一般的建議是：「小範圍思考」(think small)。質性研究通常要花很多時間；它是費力的研究。因此試著掌控你有限的時間與資料探討的篇幅。與其大量零星的片段資料，不如設法得到良好聚焦的資料。

從我們所給的例子看來，小範圍思考意謂著限制性的思考，但它並不等同於讓一個研究方案顯得過於特定。對於質性研究者而言，很特定的問題有其困難，因為所欲探討的議題可能在研究的有限時間內仍未出現。此類「太特定」的問題有如：「宿舍督導如何在大一新鮮人的上學期便運用高品質性管理經營策略來輔導他們？」

資料來源的座落地點也是關鍵所在。在研究方案開始之前，你

也許不介意必須跨越鄉鎮到某一學校或其他城市去查閱官方文件，觀察一個班級或訪談教師。但當你實際進行研究後，交通距離會變得很累人，甚至拖延工作進度，限制你入場的通暢與投入，若資料來源不在附近，你便無法機動自主地隨時進出該研究實地。

第二個建議是當你學習質性研究方法時，嘗試一些你沒有直接涉入其中的研究。例如，你在某學校教書，不要選擇該校作為研究現場。儘管事實上有不少成功的研究是研究者個人直接涉入的研究現場（例如McPherson, 1972；Rothstein, 1975），但我們建議新手挑選一個你自己多多少少是個陌生人的地方。「為什麼？我不能跳出來研究我自己的學校嗎？我已有絕佳的友好關係，而且我保證我可以進場」。這話也許真確，但有時候可能足以忽略我們的忠告，特別是針對首次研究而言，我們的理由值得重視。因為那些極力投入自己熟悉場域進行研究的人們，往往發現自己很難從個人關心的重點跳脫出來，或僅止於對現況發生的情形作常識性的了解而無法跳脫。在這種情況下，常常是他們的意見已超越「情境的定義」而儼然成為真理。既然你研究的主要目的在留意人們將何者視為理所當然，那麼重要的是，你不該再將同樣的許多觀點視為理所當然。

再者，在你熟悉的場域中做研究，認識你的人也不習慣將你看作中立的觀察者，而仍將你視為教師或此一特定團體的成員，視為一位有見地且有發表興趣的人。他們也無法很自在地將你當成一位可自由交談的研究者。例如，一位研究他自己學校的教師，也許不敢期望他的校長能夠直接地談論並評鑑在校同仁，或直接透露他聘任或解雇的決定。研究熟識的人，還可能造成困惑或陷入不安。身為研究者意謂著不只學習特定的技巧與研究程序。它涉及改變對自己及你與他人關係的不同思考方式。它牽涉到扮演「研究者」的角色感到自在。假如你研究的主體是你已認識的人，那麼你在舊有的自我與研究者的自我之間的轉換會變得不明顯。

再者，當你研究的對象是你的同事、同僚、朋友或屬下，倫理議題也可能產生。那些行程緊湊忙碌且正在追求更高學位的校長

們，可能為節省時間而研究他們自己的學校。如此一來，你怎麼確定所研究的教師不是被迫合作參與該研究？在這種情況下，即使你與參與研究的教師有不錯的關係，你的威權仍可能轉為一種不可凌越的壓迫形式。我們認識一位大學的牧師就是因為基於倫理與上述考量的啟示，專程到另一個學校做他的研究，即使他對學生的宗教儀式感到興趣，他也認為不可能研究自己校園內的學生團體。

我們基於多年督導研究方案與教導質性研究的經驗提出以上的忠告，但這些建議並非嚴格的。你雖為生手，也許認為自己已相當純熟世故，或與同事的關係程度不至於影響研究結果，因此不必太擔心上述議題，那麼，就去做吧！試試看，如果行得通，太好了；如果行不通，我們會說：「已經告訴過你了！」

對於研究有一般的興趣並不為過：如性別關係、多元文化主義、統合（教育）、增權展能、協同學習、終生學習等研究議題，但注意不要從太抽象的議題開始。需要轉化較理論性或概念性的興趣為具體的行為或描述場域，並據而選擇一個地方進行資料的蒐集。讓你對人、地和情境的抽象關注有其著力的基礎。因此，若對性別關係很有興趣，你可以研究一個包含男孩女孩的小型棒球聯隊。或是研究一個鄉鎮的高中啦啦隊長（例如Swaminatha，1997），或研究年輕男女參與他們高中舞會的經驗（如Best，1997）。腦力激盪出許多可能性，然後依據實際或其他理由而排除一些可能性。這樣做通常可幫助你更清楚你的興趣所在，因而簡化選擇性。當思及上述小型聯隊研究的可能性時，你可能面對的決定是究竟是哪個年齡層的團體較引發你的興趣。

另外一點忠告是：要有喜好的優先順序，但你的選擇不要過於專一。剛開始研究時，你根本不知道會發現什麼。雖說該有一般性的初步計劃—如「我想要研究教師／教師友誼」，但不要太嚴守著計劃不放。因為你可能發現當初決定要觀察的那所學校教師之間並沒有形成友誼，或「友誼」兩字無法捕捉那些教師之間複雜的關係。把你原先數次的造訪當成是探索的機會，以評估研究的可行性。假如你已有某特定的興趣，也選擇了你認為顯然符合研究的對象和場域，卻發現事實上找不到這些場域與對象。因此要有心理準

備，隨時修正你的期望並改變設計，否則你將花大量時間在尋找一個「適合研究的地方」，但它卻可能並不存在。

目前我們所談論的，說明了你選擇什麼都沒關係。質性研究者通常有個共同的信念，那就是你可以將一位質性研究者放在任何一個地方，他/她就會帶著重要的發現回來。而這個論點正相對於生手的擔憂，生手認為只有一個「很棒」的現場，才會產生有價值的發現。雖然質性研究者的樂觀是對的，然而確實並非所有的場域都容易研究或能產生有趣的研究。

有些課題和場域不容易研究，因為那些准許你進入研究的「守門人」或研究主體本身對外來者懷有敵意。在這種情況下，可能要花上數個月才能取得同意，並且延長取得合作的時間。身為初次研究者，你可能要避免在這種場域做研究。決定研究什麼總要留意評估誰牽涉在內，並考慮進入研究場域的可行性。例如，誰是那些檔案（或你感興趣的場域或對象）的守門人，還有你可能如何去接近這些人？在第三章裡談到研究者關係，我們會討論進場及如何與研究贊助者和研究對象協商以建立初步關係，我們留待那時再談進入管道（access）的問題。

除了考慮進入研究場域的問題之外，研究的潛在重要性也要考量。有些研究切中教育或社會整體的重要議題。再者，某些特定的課題和現場已被研究多次，而有些則相對地尚未被探索。在選擇研究問題時，雖然興趣是主要考量，也要考慮你工作領域的情況，以及時間等重要議題。通常學生們會低估一個主要研究方案相當博士論文那麼大的研究成果所需要花費的時間。他們常對某一課題懷抱著高度的興趣去進行研究，卻發現研究完成的時候已落伍了。對於某些預期的趨勢或發覺持久性議題的人，比那些不預期趨勢或發覺持久性議題的人較可能完成研究。

對於挑選一個研究，我們的建議歸納如下：

1. 要注意務實的考量，挑選一個大小與複雜度適中、容易進入且鄰近的現場做研究。

2.研究一個自身不直接涉入的課題。

3.保持開放與彈性。

4.研究有興趣的課題。

5.研究你認為可能重要的課題。

個案研究

　　到目前為止，我們已討論第一個問題：研究的選擇。其中我們建議挑選課題與資料來源時的實際考量，就是要與你擁有的資源和技巧相當。很巧地，很多研究者都選擇個案研究作為他們第一個研究方案。「個案研究」（case studies）就是對一個場域、單一個體、文件資料儲存庫、或某一特定事件作巨細靡遺的檢視（Merriam, 1988；Yin, 1989；Stake, 1994）。個案研究因他們的複雜程序而有所不同，不論是生手或有經驗的研究者都會進行個案研究。但以特色上來說，個案研究要比多元現場或多元對象研究來得容易完成（Scott, 1965）。從單一個案研究開始，先有第一個成功的機會再選擇進行較複雜的個案研究。

　　一般個案研究設計像一個漏斗。研究早期是寬闊的一端：即研究者搜尋可能成為研究主體或資料來源的對象和地點，尋找他們要研究的落點，然後佈下寬廣的大網，試圖以研究目的判斷研究場所或資料來源的可行性。研究者尋找研究可能進行及可行方式的任何線索。從蒐集資料開始，檢視及探索資料，並決定研究進行的方向。他們決定要如何分配時間、訪談何人、以及深度探討什麼內容。他們可能會拋掉舊想法與計劃，而發展新的想法與計劃。由於對研究課題有更多的了解與學習，研究者持續修正研究設計與程序。在時間上，他們要考慮並決定研究場域，對象主體及資料來源的層面。在研究工作中發展焦點，形成問題。資料蒐集和研究活動

中縮小到特定的研究場域、對象主體、素材、課題、問題和主題。從廣泛的探索開始，挪向較具體直接的資料蒐集和分析。我們將在第五章中更詳細討論此過程。

質性的個案研究有許多不同類型（Werner & Schoepfle, 1987a, 1987b；Ragin & Becker, 1992）。每種類型在決定研究可行性與運作程序上都有它的獨特考量。

歷史性組織的個案研究

這類型研究著重在長時間追蹤一個特定組織的發展軌跡。例如，你可能在做一個「自由學校」的研究，追蹤它如何出現，第一年的情況如何，長期以來的改變如何，現在怎麼樣（如果還存在的話）或它如何消失（如果已經不在了）。研究者需要的資料來源倚賴訪談該組織相關人員、觀察該學校、以及現存的文件，包括各種書面記錄、甚至一些舊照片。假如你有意進行這類型的研究，那麼先針對誰可以接受訪談以及已擁有何種文件來進行基本的檢核。這類型的個案研究常會因為最低限度要求的資料件數不足，而無法研究。因此在決定可訪談的對象與充分文件資料取得之初步評估後，提供這類型研究一個起始點與資料蒐集設計的參考。

觀察的個案研究

這類型研究所使用的資料蒐集技術，主要是參與觀察法（配合正式與非正式訪談以及文件的探討），並把研究焦點放在某一特定的機構組織（如學校、復健中心）或該組織的某些層面之探討。成為焦點的典型層面如下：

1.組織中的特定地點：如教室、教師休息室、自助餐廳、學校主任辦公室等。

2.特定團體：如高中籃球隊員；某科、系、所教師；教育性旅遊機構的職員（Casella, 1997）；宿舍督導等。

3.學校中的某些活動：如課程設計或實習。

通常這種研究會同時聚焦於多種層面的組合，例如 Cusick（1973）的高中研究，就將焦點放在探討學生（團體）之間的社交活動。而這種觀察的個案研究通常也包括場域的長時間（具歷史性的）觀察，以補充對目前情景的關注。

研究者常會選擇一個機構或組織，如學校，然後聚焦到它的某些層面。然而選擇研究焦點，並在學校的某一團體，或某些其他層面進行研究，顯得有些人工化，因為你將本來應該相互關連的世界切割了。質性研究者其實想要將研究的焦點放入整體的關係加以考量，但基於實際需求原因，得要縮小主題內容，使研究可行。由於只拿出某一部分來研究可能會扭曲原意，因此研究者要試著選擇一個部份，即一個自然情境下存在單元來進行研究（所選擇的部分是參與者自己認為很重要，而觀察者也認為該部分有其本身重要性的認同感）。

研究者要檢視所觀察的組織，看看有哪些地點、團體或活動方案提供可行的焦點。通常在參訪該校許多次後，便可對上述層面的選擇做決定。而一個良好的自然場域，通常是一群相同的人以重複出現的方式聚集的地方。當然，在一所公立學校中，你可以將教室、辦公室、乃至於教師休息室都納入某個研究的所有場域；然而對研究而言，全部納入研究並不一定可行。例如，某些學校並沒有教師休息室。對某些學校而言，教室也許不是用來組織學生與教師的自然單位。

當我們談到組織中「團體」（group）做為研究的焦點，我們是將「團體」兩個字用社會學的觀點來解釋；它意謂著這群互動的人們之集合，這群人彼此認同、並對彼此的行為有著共同的期望。青少年通常形成自己的友誼團體。某個學院的某個系所教授也形成一個團體。籃球隊員又是另一個團體。然而，即使彼此有著相同特徵，如年齡、種族、性別、或甚至是在組織中的職位，可能提供友

誼或同事的基礎，但未必形成一個使成員有歸屬感的團體。例如，研究者常常計劃進入某一場域進行觀察墨西哥裔美籍教師的研究，卻發現這個特定學校的墨西哥裔美籍教師並沒有常在一起，且顯然地並未抱持一個團體的認同感。因此在決定要研究某個團體之前，你必須先認識該校的非正式結構。

　　未形成組織團體但擁有某個特定特質性個體也可成為質性研究的主體，此時訪談比參與觀察法提供更好的研究取向（見Kiang，1995）。這些個體擁有的共通性較會在你個別訪談他們的觀點時顯現出來，而非觀察他們所進行的活動。同樣地，擁有相同職位者並不必然形成團體認同。例如，一所高中的所有科學教師可能有某些共同的地方；但某些學校的科學教師彼此很少連繫而未形成例行的團體聚會；而在另一所學校，科學部門的教師們可能定期開會，共進午餐，而形成一個利於研究的單元。

　　在選擇場所或團體作為觀察的個案研究之焦點時，記住一點：觀察的人數愈少，越有可能因為你的出現而改變他們原有的行為。顯然地，當你跟隨在兩位戀愛中的學生身邊（如果跟隨是被容忍的話），必然改變接下來的進展。另一方面，觀察人數較多的團體，較容易做到不干擾他們原有的作息，但要追蹤每個人所呈現的關係，以及處理觀察所得的全部資料卻很困難。對第一次做這種研究的人來說，試著挑選一個不太小的場所或團體，讓自己不會感覺置身度外；但也別太大，以致於被龐雜的工作弄得筋疲力盡。然而關於場所或團體大小的原則並不見得經常奏效。學校提供一些獨特且具挑戰的問題，像建立共融關係的問題就有違上述的規則。例如，雖然在一個小學班級裡只有25個人，卻只有一位成人，再加入研究者第二個成人後，可能改變了整個關係，而使觀察者很難做到不干擾的原則（見Fine & Glassner, 1979；Smith & Geoffrey, 1968）。

生活史

　　這種型態的個案研究，乃由研究者針對某個人做長期的訪談，目的是想蒐集第一人稱的敘事資料（narrative）（Helling, 1988）。若此訪談由歷史學家來進行，就稱作「口述史」（oral history）（Taylor & Bogdan, 1984,見第四章）。歷史學家經常訪問著名的人物（如總統、社會運動領導人、將軍等）來獲取參與歷史事件的細節；若訪問對象是較不出名的人（如一般國人或農夫等），歷史學家較感興趣的是從一般凡夫俗子的觀點來看歷史如何演進。而社會學家或心理學家經由個案訪談所收集的第一個生活史研究，則通常是直接運用對個人的了解，來看人類行為或現存機構的基本層面，而非著重了解歷史。此處談「生涯」（career）的概念是用來組織資料的蒐集和呈現。所謂生涯乃指人們經歷了生命歷程中的各種職位、階段、標記和思考方式（Hughes, 1934）。研究者談論有關個人全部生涯或其中特定的層面。例如，Goffman曾研究心智疾病患者的生涯，當他／她在經驗到被貼上標籤並當成「精神病」對待的過程中，個人認同上的改變（Goffman, 1961）。社會學的生活史研究則時常藉由強調組織的角色、重要事件以及重要他人，形塑主體發展自我的定義與對生命的觀點時，而建構出主體的生涯。而女性主義取向的生活史研究則強調敘事者的生活經驗，以及此經驗與性別、種族和社會階級的交互關係（參見Behar, 1990；Chase, 1995；Middleton, 1993）。

　　一個生活史（life-history）個案研究的可行性，大部分取決於可能被研究主體的性質上。例如，個體是否口齒清晰以及是否具備良好的記憶力？他／她是否曾經歷你所欲探索的經驗，或參與了某種你所要研究的組織與事件？他／她有時間與研究者配合嗎？進行這類型個案研究者，通常要考慮到上述這些問題。他們並非先決定要訪談某「類型」的人，然後去尋找這些人；而是先碰到一個切中主題且激起他們決定探究的訪談對象。這種個案研究的設計與可行性通常取決於前幾次的談話或訪問中。生活史研究初期，受訪者

與訪談者之間還未熟識，討論題材亦包括一些非個人的事件。隨著時間與熟識度的增加，內容顯得較能透露內情，研究者也探測得更深入，並使得焦點浮現。生活史的訪談可能涉及一百多個小時的錄音及超過一千多頁的謄稿文字。有些生活史的訪談直接捕捉受訪主體的一生，從出生到目前；有的則較限於尋找個人生命中特定時段，如青少年或小學階段，以及某個特定課題的訊息，如友誼或尋偶歷程。至於生活史方法的進一步討論，可參見Becker, 1970b；Denzin, 1978（第十章）；Dollard, 1935; Plummer, 1983。至於口述史可參考McAdoo, 1976; Shumway & Hartley, 1973; Langness & Frank, 1981; Reinharz, 1992,頁126-144; Smith, 1994。

文件

我們用「文件」（document）一詞來表示以下的素材：照片、錄影帶、影片、札記、信件、日記、臨床個案記錄，和各式各樣可用來補充個案訊息的隨手筆記，這些文件資料在以參與觀察或訪談為主要資料來源的個案研究中，常用來當作補充的資料來源。雖然文件常被用來當作輔助資料，但越來越多的質性研究者漸漸轉而將文件視為主要的資料來源。這種轉變乃部分受到文學系或文化研究所發展出來的「表述理論」（discourse theory）的影響，而其他領域也發現文件資料確實有用。

我們會在有關資料那章對文件方面作更深的討論，在此因為是介紹性質，將提出三種文件的主要類型供參考：

1. 私人文件（personal documents）：個人為了私下的目的而產生的資料，如信件、日記、自傳、家族相簿、和其他視聽記錄。私人文件或敘事常成為女性主義學者特定的興趣，尤其是那些對了解女性的「生活經驗」（lived experience）感興趣的女性主義者。

2.官方文件（official documents）：組織中的僱用人員為了記錄保存和傳播目的所產生的資料，如札記、檔案、年鑑、和用來研究官僚政治的修辭文學等。甚至如國會記錄（Congressional Record）和美國國防部五角大廈出版物（Pentagon Papers）等官方正式的文件都可能成為某些研究的資料。

3.流行文化文件（Popular culture documents）：為了商業廣告目的而產生的資料，用來娛樂、說服或啟發大眾，如廣告、電視節目、新聞報導、視聽錄音、錄影記錄等。對於大眾傳播研究以及受到文化研究、批判理論和各種形式的後現代主義論者影響的質性研究者鍾愛此類型資料。而所有類型的相片也是研究者感興趣的部分。

當我們在質性研究的標題下，討論這種形式的研究時，考慮這個特定研究是否符合我們在第一章所提的定義，其符合的程度將取決於此研究如何進行，以及你對質性研究定義有多大彈性等的詳細說明而定。文件顯然符合了在描述中使用豐富訊息之規準，但研究者使用文件資料是否達到自然的、歸納的並關心文件產生過程中意義之建構的程度，在每一個案中對文件的產出者與使用者都必須加以檢視。有些研究者在文本中強加她／他自己事先決定的類目或理論，並且／或者並不關心敘述文本對資訊提供者或讀者所產生的意義，且也算是質性方法的一種，是社會學家所謂的質性內容分析法的例子（Daniel, 1997；Field, 1988）。但這些研究並非本書中所稱的質性取向（qualitative approach），質性取向強調人們如何使資料產生意義，關於這個討論，請參見第四章。

另一個思考研究中使用文件設計的重要議題是有效可用性（availability）的問題。當尋訪生活史的主體時，研究者通常會意外發現以下類型的素材：他們在閣樓中發現一個滿載著曾姨婆家族文件的箱子或放滿舊學校記錄的檔案櫃。而那些為搜尋此類素材的人，從圖書館借出特藏的檔案圖鑑，舉幾個較著名的收藏，例如，美國國會圖書館藏有各式珍藏文件，有奴隸口述文、來自

Works Progress Administration 的相片、還有Matthew Brady 文化戰爭相片的大量珍藏品。但僅僅發現有趣的素材並不足夠，在正式認真地進行研究前，你必須評估這些素材的深度及廣度，除此之外，還要去發掘素材如何產生，因何目的而產生，尚有哪些附帶相關的資料可獲得，曾經有誰（如果有的話）也使用過這些素材，為何目的而使用等。

　　你需要開始關心素材的可能性問題。我必須找到什麼素材才能突顯與其他材料的不同，或甚至是否運用其他型態的研究無法獲致這些資料？現有的材料來源足夠嗎？值得嗎？而要做如此客觀地評估通常有其困難。某些特定類型的文件資料對研究者而言各自有其吸引力。例如有的研究者從遠房親戚、碰巧又是教師的日記中接觸到過去的歷史，或從舊書而緬懷過去。但你若決定要從事文件研究，必須有些冷酷無情。畢竟純粹為個人喜好做研究與將它寫成可被接受的論文或可出版的期刊論文是不同的。素材本身必須有研究價值的潛力。

　　問題是以私人或正式文件作為資料主要來源的研究，通常不太能夠找到很多資料。另一方面，特別是從事流行文化研究者，又發現議題牽涉太廣，資料來源太多。諸如數千小時的廣告錄影帶、影片和流行唱片，以及數以百萬計的印刷文字與圖片天天在大眾傳播中出現，你如何能夠縮小範圍使你的蒐集工作可以處理？記住，小範圍思考（think small）。大多數的讀者並不期望研究者的研究範圍包涵整個宇宙。挑選一個特定的節目，或特定事件深入探討，而非廣泛而膚淺。再一次說明，試著思考研究的可能結果，並考慮縮小資料範圍的方式，使其能夠與可能的結果一致。當困擾混淆時，嘗試不同的取向，看看可不可行，結果會怎樣，然後再慎思之，並重新修正組合。

　　我們想再提醒你前面提過的議題，那就是有關評估文件研究的潛在問題。如果你有興趣進行質性研究，你必須小心評估你研究中所涉及之資料的限制性，你是否了解該素材產生的背景脈絡、作者產生該素材的真正意義與該素材何以被使用等背景情境。私人文件

和生活史資料的使用皆然，在運用這些資料時，都需要試著去了解作者的觀點，他們如何看待這世界、他們自己和他人，以及這些意義如何被形塑。生活史的研究者較主動塑造軼事與創造產品的背景脈絡，而私人文件則已由作者產出並置放於某處，只待後來研究者的發掘。因而文本資料產生的背景脈絡難以捉摸，作者的意向與思考變成一團謎。因此，對於了解作者的觀點如何在文本中顯露出來，需要大量且費力的團隊合作來進行。有趣的是有些文本顯然沒將訊息放入背景脈絡中，如此研究可能沒多大潛力可成為一個質性研究。

從另一稍微不同的取向而言，有些研究者坐下來觀看影片然後分析其內容。這會牽涉到費時費力的編碼和很多系統化的工作，卻可能呈現重要且有趣的發現，如暴力的描寫、性徵、性別與種族等刻板印象的描述，和其他廣泛關心的議題。然而如果你想要進行我們在文中所描述的質性方法，上述的分析工作是必備的一部分，但並不足夠。你必須再蒐集回答下列問題的資料：人們如何從觀看影帶中去了解影片中的道理？他們看到什麼？它們如何融入自己的生活中？影片的製作人、宣傳者及促銷者對他們工作的想法為何？以及如何看待他們銷售的影片內容？等問題。

其他型態的個案研究

還有許多其他型態的個案研究。有些研究者進行「社區研究」（community studies），類似於組織的或觀察的個案研究，差別在於社區研究聚焦於鄰里或社區，而非學校或其他組織（古典的作品包括Gans, 1967；Whyte, 1955；Lynd, 1929；1937）。另一種型態的個案研究叫做「情境分析」（situation analysis），這種型態的研究是從一個特定事件（例如學生被學校退學）的所有參與者的觀點（如引發事件的學生、他／她的朋友、父母、校長與教師等）進行研究。而「微觀俗民誌」（microethnography）一詞常被用在許多方面，但通常是指個案研究中進行組織裡非常小的單位（如教室

的一部份）或非常特定的組織活動（如小朋友學習怎麼畫圖）之研究，教育人類學家和俗民方法論學者都運用這種研究法（參見 Erickson, 1975; Smith & Geoffrey, 1968）。

個案研究設計的議題

關於個案研究取向的限制，尚有一些通則性的設計議題值得討論。其中一個在第一章便提到的問題是—可類推性（generalizability）。通常尋找個案研究場域或研究主題的人們，對於是否應選擇典型的情境（和大多數的類型相似），或不尋常的情境（明顯例外的個案）而感到束手無策。這麼說吧，想想看：如果你決定研究市區三年級的班級，你應該事先瞭解全美都市裡的三年級班級的平均大小？三年級教師的平均教學年齡？還有三年級典型的種族組合？然後才決定出你要選的班級嗎？或者你會去選個教師正試教新閱讀課程、或重新分組安排的班級？或者選擇該都市中唯一有個唐氏症學生的班級呢？你會選擇去研究一個有極高聲譽的教師，或看來似乎有問題的教師呢？

以上我們所提到有關三年級研究的特色告訴我們，要挑選一個你所謂典型的三年級班級並非易事。即使如此，有些人仍會試著挑選一個不至於造成怪異或明顯差別的個案與研究場域。會選擇尋找「典型個案」（typical case）途徑的研究者，就是關注到傳統所定義的可類推性。他們想要透過研究一個班級，而學習到一般的三年級班級。但如同我們先前提到的，他們如此下決定可能會受到挑戰，因此他們既無法達到也沒能讓讀者自行找到有關可類推性的結論。而有些研究者則宣稱其可類推性是基於他們自己的個案研究結果和文獻上別人研究報告的相似性。

刻意選取不尋常樣本，或者恰巧進入某研究中，都將可類推性問題懸置空中。研究場域應適於放在人類事件光譜的哪個位置？這個問題雖無法由選擇本身來回答，但必須把它視為研究的一部分來加以探索。研究者必須決定他／她要研究什麼？也就是說，這是個

什麼個案？大部分的質性研究者對慣例上所定義的類別存疑，且不認為具有相同名字、或有相同表象特徵的事物就必然相似。他們覺得身為研究者應該檢視屬於各個類別之下的前提假定（assumptions）是什麼？而不是讓這些前提假定來決定研究設計。就像本章一開始就提到的，有些決定本身並無關乎好與壞，它們只是一個選擇，所以決定選擇典型的或不尋常的個案，或許都只是眾多中決定的一種而已。

我們已經討論過研究者採用個案研究設計的一般取向，但尚未討論「內部取樣」（internal sampling）。所謂「內部取樣」指的是研究者對以下層面所做的決定：對正在進行的研究有概括性的想法、要和誰談、何日何時去觀察、想要探討哪些類型的文件和多少文件等。關於更多取樣的問題我們會在其他章節討論。在很多情況下，縮小研究範圍和焦點，較可能檢視感到興趣的整個母群體。也就是說，你可以訪談團體中的每個人、和研究場域中的所有人談，或者探討目前所有的文件。假如，你無法看到每件事以及和每個人談談，你需要確認所選取的樣本夠廣、以及探索樣本型態的多樣性；你需要瞭解素材與所呈現觀點的範圍；然而，你同時也基於資料產出的品質而做決定。如同我們會在第四章討論到的，有些受訪者較有意願談，有很多的相關經驗，或對於事情的來龍去脈有特別的洞察力，那麼，這些人就會成為主要資訊提供者，而且通常你和他們訪談的時間和別的受訪者比起來並不成比例。雖然極仰賴少數的受訪者有其危險性，但你仍不應該因為傾向內部取樣的想法，而要使和所有人訪談的時間都相等。同樣地，在文件和其他素材中，有些資料顯然較豐富且值得多加留意。

關於時間取樣方面，你去拜訪的地點或對象的時間常會影響到所蒐集資料的性質。學校在年初和年尾所呈現的面貌是不同的；同樣地，一個班級早上的例行公事和下午也不同；在某一個歷史時間蒐集的文件和其他時間所蒐集到的文件資料也有所不同。資料所呈現的是哪個時段，端賴研究者自己時間的限制與研究興趣。因此，若研究焦點放在一個特定的班級，你可能要廣泛的從一天、一週和一年當中不同時間來取樣。假如，你決定研究的是學生上學前的學

校遊戲場，那取樣的考慮便不相同。

如同質性研究者所必須做的多數決定一樣，關於資訊提供者的選擇和時間的分配，總是該依研究的背景脈絡而定。這些選擇必定在你的特定情境中對於你的目標合情合理。若質性取向的前提或研究的偶發性在研究工作中變得明顯時，選擇本身會自然地順利進行。此時研究者通常會退一步問「如果我這樣做，會遺漏了什麼？會獲得什麼？」如果你對選擇的衍生後果更警覺，那麼你就更有機會做明智的選擇。

另一個設計的議題牽涉到應該預留多少時間做一個個案研究？在許多例子中，你知道你有或你想要投入研究的時間有多長，並且進行研究設計時心中會考量到時間的限制。你會縮小研究的範圍，設法去處理能在預留時間內完成的那部分。例如，你可能想在四個月內完成資料蒐集，一週撥出二個工作天，然而通常在蒐集資料一陣子之後，你就會知道低估了所需要的時間。因此你會因錯誤而調整，或許增加每週工作時數、延長工作時限，或更縮小研究的焦點。

有些人一開始做研究時，每週會投入一定的時間，而讓研究會花多少時間的問題懸而不決。在這種取向下（或有些研究，會因事先決定的時間限制下調整某程度的行程），質性研究者對於完成蒐集資料的標準是達到所謂的「資料飽和」(data saturation)，即資料蒐集的訊息已開始多餘重複之際，即告停止。當然，你置身在研究中的時間越久會學得越多，但是最終你會抵達資料開始減少的折返點。在這期間你花了時間卻不能得到該有的資料量。所以，秘訣就是找出那個飽和點，然後退出。當然，如果你還沒有界定出一個清楚且可以繼續進展的目標，那麼就改變你研究的焦點，並且多少再隨機蒐集資料。個案研究的一個困難是：題材持續在改變中。當有趣的新事物在場域中發生時，會誘發研究者重新界定目標以使研究持續下去。記得要保持彈性，但是為了分析並完成研究，必須定出完成的日期。你要明白大多數的研究者蒐集太多的資料，而且所蒐集到的資料遠超過他們所能分析的。通常一個典型的博士論文有700-1500頁的實地札記或訪談文稿資料。

我們已提出了個案研究取向一般性的瀏覽。在我們討論的個案研究類型中有其多樣性。其中重要的區分方式是：研究者究竟對於實質的理論的結論感到興趣？舉一個著重實質研究的例子：想要瞭解教室行為的動態和師生間的關係。然而同樣是運用到教室，有的研究者想要研究更基本的社會歷程，如不同群體間順序的協商。前例中，你運用質性研究來告訴你有關學校的事情，而且教室這個研究場域是重要的；後例中，教室提供一個進行研究的地點，以建構出人類關係的一般理論，相對而言教室並不是那麼重要的場域。

大部分的人認為所有的個案研究都是描述性的。雖然他們是傾向描述的，但是也有採取許多不同的目標和形式—理論的和抽象的，也有非常具象的個案研究型態 (Stake, 1994)（個案研究的例子，可參見Becker, Geer, Hughes, & Strauss, 1961; Eckert, 1989; Peshkin, 1986; Oyler, 1996; Finders, 1997; Chang, 1992; Quint, 1994; Raissiguier, 1993)。

多元個案研究

當研究者同時研究兩個以上的主體、場域或多組資料時，我們稱他們在進行「多元個案研究」(multi-case studies)。多元個案研究有許多形式：有些是從單一的個案開始，讓原始的工作當作是一系列研究的初步，或當作一個多元個案研究的試驗性研究。有些主要是單一個案研究，但是為了顧及可類推性的問題而包括在其他的場域中進行較鬆散且小範圍的觀察。有些研究者做比較個案研究，對兩個或多個個案進行比較和對照（例子參見Lareau, 1989; Research for Action, 1996; Lightfoot, 1978; McIntyre, 1969）。多元個案研究遵循我們已討論過的大部分建議。假如，你為了展現可類推性或變異性而正蒐集額外的資料，你所關心的應該是在適用於你原先觀察的地方，再挑選一些能展示出場域或主體範圍的其他場域。假如，你正在做第二個個案研究來比較和對照，你所挑選的第二個場域是以原始研究的某些特定特質「有」或「無」

的程度為基礎。例如，假設你研究的焦點是種族整合，若你已研究了郊區的三年級，發現那裡傳統的弱勢學生數很少，你可能要去檢視一個種族均等的市區三年級班級。

大多數質性研究者在做多元個案研究時，不會同時在兩個場域做實地工作。他們進入實地進行一個個案後再進行下一個。他們偶而會回到稍早的場域蒐集更多的資料，但是實地工作並不會同時進行。主要是因為同時在一個以上的場域進行會搞混。有太多人的名字要去記，太多不同的資料要處理。在完成多元個案研究的第一個個案之後，你會發現接下來的個案較為容易，而且比起第一個花費的時間較少。不僅因為你的技巧已經增進，也由於第一個個案已提供了焦點來界定其他個案的限定要素。

 # 多元現場研究

用在質性研究的研究設計需要多個現場和主體的探討，這類研究設計與目前為止我們曾經討論過的研究設計相當不同。因為它們比較傾向於發展理論 (Corbin & Strauss, 1990; Strauss & Corbin, 1990)，以及通常需要多於二個或三個以上的現場或主體，因此和多元個案研究所採用的研究邏輯不同。從事這些研究設計的人必須同時具有理論性思考以及在從事研究前一些資料蒐集技巧的經驗。這類的研究方案對初次從事研究者很難一蹴可幾。然而，我們提出這些取向中兩種方法的簡要描述，不但可提供你若想嘗試一下的點子，也希望可以讓你熟悉質性研究所包涵的設計範圍。若你不想運用這些模式來進行完整的多元現場研究 (multi-site studies)，這些設計的許多要素仍可以融入一般的個案研究中。

修正的分析歸納法

　　分析歸納法（analytic induction）是蒐集和分析資料的理論，也是發展和檢測理論的方法。此方法已有一段長久的及爭論的歷史（Becker, 1963; Denzin, 1978; McCall & Simmons, 1969; Robinson, 1951; Turner, 1953）。然而，我們這裡所提出的理論修正方法與早期實務工作者所採用的方式有些不同（Cressey, 1950; Lindesmith, 1947; Znaniecki, 1934）。當一些特定問題、疑問或議題成為研究焦點的時候，就可以採用分析歸納法的程序。資料的蒐集及分析在發展描述性的模式，包含現象的所有案例。此程序已被延伸使用到開放性的訪談，不過它也可以同時和參與觀察及文獻分析一起使用。

　　具體而言，我們以一個假設性的研究來說明這個程序。Jonah Glenn 對「教師效能」頗感興趣。他認為有些教師的教學比別人還在行，而且對了解其原因很有興趣（Blas, 1980）。這是他的一般性課題及問題焦點。他開始和一位經人推薦特別「有效能」的教師作深度訪談。他和這位教師有一段很長、開放及錄音的討論。他鼓勵這位女教師談論有關她的生涯、她對教學的想法、以及她如何隨著時間而改變，還有關於效能的問題。

　　訪談中，這位教師詳細地描述她在剛開始幾週的教學時所經驗的理想破滅感，當時她的樂觀（關於她認為她可以做到，還有她要如何指導自己的計劃，以及她和學生關係的本質等）與她新工作的「現實面」產生衝突。擔任教職二十年來，她陳述許多的議題，例如，她的生涯起伏過程、她對教師角色不斷改變的定義、一些她剛開始的教學經驗、她的工作與她個人生活的關係，以及她個人認為良師之定義為何。除此之外，她也討論到自己教過的學校和這些學校某些特別的面貌如何帶給她個人的滿足感，並影響她在課堂上的表現。為了補充這個訪談的資料，Jonah拜訪了這位教師的學校和觀察她的教學行動。

從初次訪談和觀察，Jonah Golenn發展一個鬆散的教師效能之描述性理論。其中包括「效能」在這位教師生涯中不同階段有不同定義的生涯階段模式。其所面臨的問題和如何因應問題所做的決定也包括在這個理論中。這個理論也融合這位教師個人生活與其職業生活，以解釋效能的意義。學校的某些特定層面和這位教師與其他人的關係也包括在其中。這個理論包括預先的陳述和生涯的圖表及與效能相關連的偶發事件。除此之外，該模式也定義效能並解釋效能的面向。Jonah描繪出他的理論架構之後，他找了第二位教師來訪談。在他剛開始與幾位教師訪談的的時候，Jonah使用「滾雪球取樣技術」（snowball sampling technique），也就是請第一位受訪教師推薦其他人，他也用類似開放性的方式對第二位教師進行訪談，而且保留以第一次訪談為基礎所發展出來的理論。

　　第二次訪談之後，Jonah重寫並修正原來的理論，以適合新的個案。他繼續選擇和訪談新的對象，修正理論以符合每個新的個案。經過一些訪談之後，Jonah希望選擇一些可以提供「負面案例」（negative cases）的樣本，也就是他認為不符合其正在發展之模式的教師。例如，剛開始幾位訪談者都是找那些在他們工作所在之城市出生及長大的教師。他懷疑那些流動教師可能有不同的生涯模式，而對效能的定義也不一樣。Jonah有意尋找流動教師以檢測自己的理論。他繼續用這個方式進行研究，選定新的個案，擴大自己的理論，直到他不再遇到任何不符合其理論的個案為止。研究最後的結果，他完成有關效能教師的理論。

　　以這種方式發展理論常常包括一些描述所有受訪教師的陳述。這些類型則是呈現你所發展的理論之一部份。因此這個理論包含教師的類型學，和顯示這些類型就其生涯、觀點及效能看法等方面之間彼此的差異。

　　上述的假設性研究可能無法如同我們所描述的方式一樣順利進行。通常你開始想到一個問題並進行訪談之後，可能發現你所思考的課題方向和你所蒐集到的資料並不吻合。例如，教師可能沒有以「效能」來思考。基本上，剛開始幾次的訪談，其結果擬訂了一些

疑題或問題，而不是特定的命題陳述。除此之外，雖然這個設計的策略是進行訪談直到你發現你的理論能符合所有的個案為止，但是對大多數研究者來說，這類工程太浩大了，令他們很難在預定的時間內完成。因此，有些研究者將他們的研究限定在界定其理論所涵蓋的人口群上。舉例來說，你可以決定只訪談同一個學校內的教師們。然而，你所發展出來的理論則只是那個學校教師們的教師效能理論。同樣地，有些研究者在研究之前，依其所能訪談的時間及資源，研究對象的多寡。他們根據這一研究對象的數量所發展出來的理論，並不能宣稱他們研究是包含一切的。

研究過程中修正過的理論不僅適合所有出現的新事實，而且研究問題也可以再定義（窄化），以排除那些不符合解釋的個案。藉由選擇那些類別要包括進來或排除在外，你也可以藉著限制理論的範圍來控制研究工作的廣度。

我們所討論的這個設計類型並不容許你說明任何有關理論中所包括的特定類型之分配頻率。例如你也許發現，要了解教師效能，重要的是要以初任教師、生涯中期的教師和即將退休的教師等來思考效能。這個研究程序可以確信不同類型的研究對象皆包括進來，但並不告訴你出現在母群體中的類型有多少或多少比例。分析歸納法的取樣方法是「立意取樣」（purposeful sampling）。你選擇包含在研究中的特定研究對象，因為你認為他們可以促進理論發展的延伸。這不是隨機抽樣的概念─隨機抽樣確定你研究的個案出現的比例與他們出現在總母群的比例相同。Robinson簡要陳述修正的分析歸納法如下：

1. 研究初期你發展出一個特定現象的大略定義和解釋。
2. 將上述定義與解釋帶進資料蒐集的過程中。
3. 一旦遇到不符合原先定義與解釋的新個案時，修正原有的定義與解釋。
4. 主動找尋你認為不適用原先定義與解釋的個案。
5. 再次定義現象並重新形成解釋，直至普遍關係建立為止，而且使用每個負面的案例，以符合再次定義或重新形成意義。

這個設計並不是依循我們稍早以前所提過的漏斗模式。當新個案提出來的時候，分析會變得更具包容性，同時所發展出來的理論會變得更為精煉。

　　剛剛描繪的研究步驟代表一種思考和著手處理有關資料的方法。大多數質性研究借用其一般性程序的部分步驟，而且運用上較為寬鬆。參與觀察者有時會使用「進行中的假設」（working hypothesis）一詞，而且有些分析歸納法的程序也會緊緊扣於此概念。

經常比較法

　　如同我們曾建議過，所有質性研究設計都會牽涉到資料蒐集及分析的結合。這點在上述提及的修正分析歸納法中很清楚。分析和資料的蒐集是以脈動的方式進行—首先是訪談，然後是分析和理論的發展，再一次訪談，然後再作分析等等—直到研究完成為止。大部份的個案研究模式中，出現的主題會引導資料的蒐集，但是正式的分析和理論的發展則需等到資料蒐集幾乎完成的時候才可能做到。「經常比較法」（constant comparative method）（Glaser & Strauss, 1967; Strauss, 1987; Strauss & Corbin, 1994）是一種多元資料來源的研究設計，它像分析歸納法的地方是正式分析在研究早期即開始進行，然而幾乎在資料蒐集結束的時候才完成。你在我們以下討論的研究過程中，可以看到經常比較法和分析歸納法還是有一些不同的地方。

　　我們先用一個假設性但又很簡單的例子來說明一個教育研究者如何使用這個複雜的取向來進行。Mary Schriver到達一所小學開始使用經常比較法作長程的研究。她沒有預先設立任何特別的課題，她對教師頗感興趣，所以她決定（並且得到同意）可以在教師休息室作觀察。她的計畫則是從那裡開始，並且看看會呈現出什麼課題。縱使她自覺到需要介紹和解釋她在那裡做什麼，第一天待在這個場所仍讓人覺得窘困，但她確實有機會可以聽到很多教師之間

彼此的對話。馬上震驚她的是有不少談話的進行是在談論其他人：他們談到學生、其他教師和行政人員。談話的語調由幽默到生氣各有不同，而且有些對話在某些特定人物進來的時候，便立即停住了。隔天Schriver回到同樣的休息室，並聽到更多類似的對話。她決定研究這種對話，並且暫時視其為「閒話」(gossip)。從那個時候開始，Mary便將蒐集資料活動集中在一些閒話的事件上。她試著得到不同種類和類型的素材。雖然教師休息室是她進行資料蒐集活動的中心，然而，一旦她比較認識一些教師們之後，她便隨著她們到學校內外的地方蒐集資料。她知道一些特別的地方比教師休息室還不引人注目，有一些特定的教師在那裡碰面交談，她也傾聽那些對話。

她開始檢視人們彼此如何談論對方，想要發現「閒話」其實只是她所謂較大類目，即「人們言談」(people talk) 的一種型態。當她著手研究的時候，她所蒐集的資料提醒她許多方面值得探討，其中包括加入言談的學校教職員工；人們談話的內容，例如所討論的人；人們談話的密集程度如何；以及從人們言談所產生的行為。當她在不同議題上蒐集資料的時候，除了閒聊的話題以外，她開始描繪人們言談的其他型式。例如，她開始留意只有在自認彼此親近的教師之間才會存在人們言談的特定型式。她標示這種談話為「友誼式的人們言談」(friendship people talk)；其他類型的人們言談則只會出現在混合的團體，叫做「混合團體的人們言談」(mixed group people talk)。她也注意人們言談主體的多樣性，包括主要辦公室員工、校長、友誼團體的教師、非團體中的教師、高成就的學生、或低成就的學生。她也注意到有些人談話是「壞消息」(bad news) 式的人們言談，有些則是「好消息」(good news) 式的人們言談。

Mary檢視資料，編碼並再三分析，以期找出談話者和被談論者之間關係，目的也想了解人們言談的各個層面。透過上述工作，她寫下她的發現，並企圖藉由引出模式和寫下相關內容以伸展她的分類。於是人們言談的理論正在發展，但只限定在一個場域中。當她待在學校的時候，Mary到學校的不同地方和其他團體的人交談，以

擴充所觀察的事件數量和獲取更多一般人們言談中新的性質和層面。

當Mary呈現理論的一部份，她也開始看誰對誰說話、人們的談話中對有關於友誼進行的模式和整個學校區域中的正式階層話題談些什麼。在原來的學校觀察一段時間之後，她又到另一所學校去，目的是要選出一所近期內在同一地區新設的學校。她作這個選擇背後的想法是新學校的友誼模式可能不同，提供一個好的場所以擴充人們言談理論的出現。同樣地，Mary然後選一所以參與式決策架構自豪並自稱開放空間的私立學校，這可能是很好又可以蒐集到更多教師談話事件的學校，以擴大這個理論。

她選擇每一個新的現場，將資料蒐集侷限在與人們言談有關的事件上，嘗試發展類別的新面向，並努力將新的面向整合到成型中的理論以擴展理論。做到這裡，她已經循序地寫下有關她蒐集到的資料，且用心找出人們言談理論的各個層面。

我們對Mary的研究討論到此，但是假如我們繼續和她一同走完研究之旅，我們將會看到她找到新的現場以擴充理論，而且整合新的資料回到發展中的理論，她可能繼續用這麼方法分析四十個現場。而決定是否停止分析，乃基於評估她已經窮盡類別的向度——達到理論飽合點——並且已經發展了一個學校中人們言談的理論（她可以繼續擴大她的類別並發展一般性人們言談的理論）。

Glaser（1978）敘述用來發展理論的經常比較法之步驟如下：

1. 開始蒐集資料
2. 找尋資料中可成為焦點類別的關鍵議題、回溯事件或活動。
3. 蒐集資料，以提供焦點類別的許多偶發事件，並留意該類別下的各種向度。
4. 寫下你正在探索的類別，試圖去描述並解釋你資料中的所有事件，同時也繼續找尋新的事件。
5. 運用資料和顯現的模式，以發現基本的社會歷程和關係。
6. 將分析的焦點集中在核心的類別上，且同時進行取樣、編碼和寫作。

如同Glaser所提到的，雖然你可以把經常比較法視為一系列的步驟，但也有可能同時進行，且分析帶來更多來來回回的資料蒐集及編碼。

上述的程序很複雜，需要分析式思考的能力（類目和他們的屬性很難掌握），但是這卻是控制資料蒐集範圍的重要方式，並且使得多元現場的研究與理論相關。經常比較法雖然可能得靠描述性資料來呈現理論，卻超越描述性個案研究的目的，雖然發展出經常比較分析法的人（Glaser & Strauss, 1967）建議他們的理論可以適用於任何類型的資料，然而，大部份還是常被拿來與多元現場和參與者觀察研究等結合使用。

關於設計的其他議題

研究計畫撰寫

在進行研究以前，人們常被要求寫一份所欲研究的正式陳述，說明研究者真正想做什麼，和研究的重要性理由，這就稱為「研究計畫」（proposals）。研究生為教授或論文口試委員撰寫研究計畫，研究者為可能的贊助者寫研究計畫（Morse, 1994）。你可能猜想，那些選擇質性研究設計者，在他們進行研究之前有時對於如何描述自己正要做的研究會有一段困難的時期（參閱Locke et al., 1987; Dobbert, 1982; Krathwohl, 1988, p. 135）。這也常造成問題，特別是對那些想要看研究計畫，卻又不熟悉質性研究設計的逐漸成形之特性的人（Burgess, 1984, pp. 34-35）。

質性研究的研究計畫通常比量化研究計畫來得短。因為你不確定實際上將做些什麼？研究方法的詳細討論也是不可行的，冗長的文獻探討也不常見，在研究的初始階段，你無法確定真正相關的文獻是什麼，因為文獻倚賴於你所討論的主題。（一些有經驗的質性

研究者建議生手在蒐集資料前不要研讀實質的文獻，即使他們確定哪些文獻是相關的，文獻探討可能對決定主題和焦點有很大影響，因而減弱質性研究取向的重要優勢：歸納分析。有些則鼓勵學生先去探索他們認為可能有關的研究，因此能將研究導向未探索的或有爭議的領域，我們將在「分析」那章回到此一議題。）

　　質性研究計畫以兩種方式處理，首先，我們較喜愛的取向是在寫研究計畫之前先做些實地工作。Anselm Strauss（1987）專斷地認為質性研究計畫是：「沒有預先的資料蒐集和分析，不該寫研究計畫」（頁286）。在實地花費一些時間之後，你能立於較佳觀點討論你的計畫是什麼，以及你的資料可能會是什麼。你也能較詳細的討論研究設計和浮現的主題。當然你將無法確定研究的結果，或明確的說明如何進行這個研究的其他程序，但是你會置身較佳的位置做教育性的猜測。除此之外，你所進行的討論會更具體，也因此更能滿足研究計畫讀者的好奇心（Strauss, 1987）。

　　我們熱衷這種研究計畫前就蒐集資料的取向，會和某些大學科系長久以來進行論文研究的傳統相衝突。事實上，我們也遇到一些對此一建議存疑的教授，有些系所甚至規定博士生在接近研究主體前，需要完成論文的研究方法和文獻探討的章節。當然會有此要求的教授和系所認為他們是在保持高標準，並協助學生在適時及有條理的完成他們的論文。然而此一規則應該改變，因為他們不利於進行好的質性研究，且他們要求學生與其所選研究取向的邏輯相妥協。

　　第二個選擇是沒有事先觀察和訪談便進行研究計畫的撰寫。這樣一個研究計畫必然是高度的純推理的，但充其量也只是粗略的猜想你如何進行和可能檢視那些議題。這種類型的研究計畫只是練習呈現給讀者你熟讀質性研究的文獻，以及你對議題思考的想像力，而非你實際具體的描述你將做些什麼。這些研究計畫可提供你檢視理論和方法文獻的機會，但對研究概念化的幫助不大。對質性研究不夠熟悉的人們常批評質性研究計畫太模糊，且對研究問題或假設交代的不夠清楚。從另一方面說，以某些事物充填這些頁碼也有危險，你將做更多的書面推論和更多不切實際的理論說明。這樣做不

只浪費時間，對研究方案而言也是有害的，理論化和推論化會造成你的研究太僵化，豎立發現新事物的障礙。這種框架可用來當作假設你已成為未成熟的承諾者。

對於閱讀你研究計畫的讀者而言，無論是論文口試委員的教授，或提供資金機構的審閱者，他們是否知道質性研究設計是很重要的。如果他們不熟悉質性研究計畫撰寫所牽涉的兩難情境，那麼要取悅他們也難。為了企圖教導審閱者，有些質性研究計畫的撰寫者會在緒論的本文中解釋研究進行到什麼階段，以及為什麼研究計畫以此方式寫成。他們也會請不熟悉質性研究取向的讀者參考教育性的文獻。雖然初學者可能不願對此繁瑣的事情太過專斷，然而有些審閱者還是很感激有這樣的指引。

質性研究計畫彼此間也有顯著的差異，但有共通性。所有好的研究計畫都提出一些特定的問題。而問題的答案依他們的討論，其長度和細節有所不同。他們並不完全按照我們在這裡所呈現的順序回答，例如：

1. 你要做什麼？
2. 你如何進行？
3. 為什麼你要這樣做？
4. 你要進行的研究如何與其他人的研究相關？
5. 你的研究會牽涉到什麼倫理議題，你將如何處理？
6. 你的研究有什麼可能的貢獻（對基本研究和/或實務）？

研究計畫也包含參考文獻的清單，除了這些問題，那些在研究計畫之前已進行前導資料蒐集者會提出下列問題：

1. 你已經做了什麼？
2. 什麼主題、關心的議題或課題在你的前導工作中已浮現？你要尋找什麼分析的問題？

對已經進行前導資料蒐集的研究者而言，提供一個可能產生的暫時性專題論文之輪廓是很普遍的。

要回答前兩個問題「你要做什麼？」和「你如何進行？」研究者應該提供以下訊息，你到哪裡進行研究？你的研究對象是誰？你如何決定應包括哪些研究對象？你希望用多少時間進行哪些活動（訪談、參與觀察）？你將蒐集哪些其他的資料？你如何進行分析？你也應該提出研究進行中可能面臨哪些特別的問題及如何克服。

研究計畫也常包含較廣的研究問題，也就是說，研究問題能協助你框設研究的焦點。研究問題不是訪談問題，換句話說，研究問題不是你用來詢問資訊提供者以發現他們的看法，而是嘗試描繪出你探索範圍的開放性問題。

研究計畫不是你要做的研究藍圖，而是指引你旅遊的方向。當一個人只知道一般可能發生什麼的輪廓時，對其個別情況則是模糊的。我們開始探索問題像「教師工作對教師的意義是什麼？」（Biklen,1985），並知道當我們對於教師的想法更了解時，我們將修正這個問題。此時我們不知道研究最後將如何組織成型，也不知道哪些特定事件將浮現。以下各章將會提供並幫助你了解其過程及如何進行的訊息。

審閱質性研究計畫者必須了解這些計畫並不是一個固定的契約，研究者從此不可以偏離。質性研究計畫比量化研究計畫鬆散許多；計畫只是教育性推測的研究進行的型式和可能的方向。質性研究計畫的開放性提供研究者彈性，但也包含風險。因為無論是你自己或接受你研究計畫的人們，對於研究最後產物或會出現什麼特定結果，都沒有明確的圖像。最後的結果是否符合夠格的研究標準，主要是看研究如何實施以及研究者的概念和寫作技巧，而非研究計畫的細節。難怪質性研究計畫的審閱者傾向以作者過去的成就來判斷他申請方案成功的可能性。這也導致一些研究計畫撰寫者討論他們先前的訓練、經驗、和其他在質性研究上的準備，並將其相關於此研究任務列入考量。

訪談綱要與觀察指引

　　我們已經討論過研究設計是個演進成型的過程，也就是所問的問題和該蒐集的資料都在進行研究的過程漸漸呈顯出來；然而，有時研究者帶著「訪談綱要」（interview schedule）或「觀察指引」（observational guide）進入實地現場（Schneider & Conrad,1980）。為了保持質性研究的傳統即企圖捕捉研究主體自己的語詞並讓分析自顯，訪談綱要和觀察指引通常允許開放性的反應，且予觀察者足夠的彈性去摘記和蒐集該主題所未預期的面向資料。

　　綱要和指引較常用在多元主體的研究和多元現場的團隊研究工作，也就是說，許多研究者從不同現場進行研究的參與觀察研究。綱要和指引主要用來蒐集比較跨現場的資料，如果從每一個現場或每一個主體蒐集相似的資料，你可以對蒐集到的資料做些分佈事實的描述。也許在某些研究中這是重要的，然而只關心是否根據綱要進行而非了解資料本身，將破壞質性取向的主要長處。若質性研究著重在報告多少人做這和多少人做那，而不是在產生概念和了解，則非質性研究者所稱道。更精確的說，那些研究對質性資料來源的運用是不恰當的，尤其是當資料可用其他方法輕易且省力地蒐集到時。

團隊研究和獨行俠

　　大多數質性研究被稱為所謂「獨行俠」（Lone Ranger）研究，也就是說研究者獨自面對實證世界，孤獨進行研究，並完成報告。然而，越來越多質性研究是以團隊方式進行。事實上，一些典型的質性教育研究是以團隊完成；例如「著白衣服的男孩」（Boys in White, Becker et al., 1961）研究醫學院的學生；而「成績表現」（Making the Grade, Becker et al., 1968）則研究大學生，以三

和四個研究者進行資料的蒐集。除非你成為基金贊助研究的一員，否則你極可能獨自進行研究，但是要知道團隊研究的成果是令人滿意且多產的。當你努力於團隊研究時，重要的是要結合那些你感到舒服的人，也就是那些和你一樣努力工作、分享你的價值信念，以及在下決定時對勞力分配了解相當的人（團隊研究的進一步討論見第七章）。

質性研究和歷史研究

　　質性研究和歷史研究有什麼關係？到目前為止的討論，你可以看到有些質性研究者和歷史研究者使用相同的資料來源。大部份的研究運用這些材料為資訊來源的部分基礎，並輔以參與觀察及訪談資料；而其他質性研究者大量倚賴歷史資料，他們利用質性傳統的邏輯和技巧來進行研究工作。當Ron Casella研究教育發展的歷史作為他博士論文研究的一部分時，他形容自己是以符號互動論者的觀點在研究歷史資料（Casella, 1997）。這些研究者重視意義和過程，同時研究取向本身是歸納的。他們應該被看成歷史學家嗎？雖然有許多不同的取向可研究歷史，確實有歷史學家在他們的研究中貫注於意義與歸納性的思考。他們不是受訓練成為質性研究者，但想法像質性研究者。這些歷史學家應該被視為質性研究者嗎？
　　在某些方面，其區隔在於「語意學」（semantics）的情況，另一方面，它是「學術策略」（academic politics）與「慣例常規」（convention）的問題。接受質性研究訓練雖使用歷史資料做研究，仍自我認同為質性研究者。同樣地，接受成為歷史學家訓練的人們也採用該學科之慣例。有些人接受其他學科訓練但使用歷史資料，則聲稱他們做「跨學科」（interdisciplinary）的研究。但這只說明他們結合兩種或更多的學科；有些人喜歡將自己想成是在做「橫貫學科」（transdisciplinary）的研究，他們並未結合二種或更多種的學科技巧和慣例常規；他們有不同的關注角度，他們的讀者不同，並產生新型態的學識（Biklen, 1995; Bogdan, 1988）。

結語

　　這章研究設計的討論並不是提供一個精確的指導，或為你的研究工作提供從頭到尾的計畫常規。本章已經給你一些建議和呈現質性研究者思考設計議題的一些方式。下一章討論的是實地工作，它可以更深一層幫助我們將質性研究方法付諸實踐。

Chapter 3
實地工作

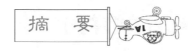

　　實地工作是質性研究者最常用以蒐集資料的方式，研究者進入研究對象或資訊提供者所處的自然情境，以受研究者感到最舒適或自然的方式，進行研究資料的蒐集，獲得大量描述性的第一手資料。研究資料的紀錄盡量做到不干預、不打擾，研究者或許也會參與一部分受研究者之活動，但不會過多或享受特權。研究者必須進退得宜，與被研究者建立適當的關係，方能獲得被研究對象們的接受或支持而完成其研究的目的。

　　參與觀察和訪談是實地工作最常使用的資料蒐集技術，但是實地工作的研究技術絕不僅限於此，其他資料蒐集方式，如文件檔案、個案紀錄、會議紀錄...等，亦是有效的方法。

　　進行實地工作首先要面對的問題是如何獲得進入管道。有人以公開明白的方式獲得進入的許可，例如正式提出研究構想、公文申請、取得許可，有人以不為人知的方式進入，例如成為該研究場域或單位的工作人員或一份子（如職員或學生），但並不透露其研究的企圖與目的。如果研究者不得其門而入，實地工作便不可能進行。

　　本文將介紹實地工作的各種重要事項與技術，如研究者在研究場域中行為該如何、如何與人建立共融關係、參與和觀察之間分際如何拿捏、在陌生或特殊的文化與環境中研究時應注意的事項、如何觀察、如何訪談、如何獲得多種資料來源、如何離開研究實地等。本文值得想從事實地研究工作者閱讀。

實地工作（田野工作）聽起來是有點俗，但它卻是最大多數質性研究者蒐集資料的方式。質性研究者直接到他們所欲研究的對象或資訊提供者的地方，花時間與被研究者在他們的地方—他們的學校、遊樂場、他們溜達的地方、他們的家裡。這些地方是被研究者平常做事的地方，而研究者要研究的就是這些人在自然情境下的情況。當研究者與被研究者相處的時間越長之後，他們之間的關係就變得沒那麼正式或刻板。研究者的目的就是要增進被研究者的輕鬆舒服程度，藉以鼓勵他們說出平常所說的話與觀點，能對研究者真實地表白。研究者要讓被研究者相信，不會以研究發現的事實去貶低或傷害他們。

　　雖然研究者加入了被研究者的世界，但是他們一方面也要保持有所區隔。他們將發現的事實，在不打擾被研究者情形下以文字紀錄下來，同時也蒐集其他形式的描述性資料。研究者嘗試著盡量去瞭解被研究者，但不是去模仿他們或與他們一樣。研究者可能會參加被研究者們的活動，但是有一定的限度，也不會去競爭地位或特權。研究者會知道被研究者的想法，但不會跟他們的想法一樣。他們對被研究者具同理心，但也會反思被研究者的處境。

　　實地工作意指研究者走出研究室，進入被研究者的世界。在那裡研究者不是一個突然停腳下來的路人，而是一位有心的來訪者；不是一位什麼都懂的人，而是來探究學習的人；不是一位想要與被研究者一樣的人，而是想要知道被研究者為何是如此的人。研究者要努力取得被研究者的接納，但這不是目標，只是因為被接納才能讓研究者去達成他們的研究目標（Geertz, 1979, p.241）。

　　質性研究者與被研究者之間如果有浪漫的關係，將會被有些人批評為扭曲、不客觀（見 Douglas, 1976；Johnson, 1975）。有人也說實地工作中雙方的關係，在參與觀察（participant observation）中會是最好，只是這個理想永遠是很難達成的。可能也有人指出，在其他形式的質性研究中（如訪談與文件分析），實地工作這個名詞並不適用。這些說法或許有一些道理，但更重要的是，我們應該瞭解，實地工作中雙方關係的概念建立了大多數質性研究的基調。

　　與被研究者建立關係的目的是為了使實地工作的品質更佳，不論所用的研究方法是參與觀察、訪談或蒐集文件資料。在訪談研究中，研究者通常會拜訪被研究者多次，有時在被研究者的家中，或在他（她）們常待的地方（如工作場所）與他們接觸，訪問他（她）數小時。此外，研究者也經常在自然情境下觀察受訪者以補充資料。要強調的是訪談中研究者與受訪者是平等的與親近的，其關係是非正式的，而不是權威的、控制的或正式的。即使是在蒐集個案記錄或檔案資料時，可行的話研究者也要與資料或文件看管者，或製造那些文件資料者，發展如實地研究般的關係。這樣的關係最能獲得資料，也把資料文件看管者或製造者帶入研究中。他們可以使研究者知道那些獲得的資料是出現在什麼情境之中，在什麼情形下被製造出來的。誠如我們在第四章中介紹的，大多數的質性研究都不只包括一種資料蒐集技術，研究者通常使用多種資料蒐集技術，而很少不使用實地工作。

　　在本章中我們要討論實地研究。我們的焦點是，身為一位質性研究者，你要能從頭到尾掌控自己的行為（自己善加努力）—從獲得進入研究實地到離開—其中還包括與被研究者建立與維持共融關係的議題。

 ## 獲得進入管道

　　實地工作第一個問題是如何獲得同意，來進行你的研究。有些研究者在面對這個問題時，採取內隱式研究（covert research），也就是不讓他們的研究對象知道研究者正在蒐集資料。例如，他們可能會正式在某學校中申請一個工作，或正式申請進入該學校註冊成為一位學生，而不讓學校人員知道他們正在進行研究。雖然有些很好的研究是用這種方式進行的（如McPherson, 1972），但是對於研究的新手，我們的建議是儘量用外顯式研究（overt research）比較好。亦即，研究的計畫書應該先經過機構審議委員會（IRB：

institutional review boards) 的審核通過，通常機構並不歡迎、甚至不接受內隱式的研究。要讓你的研究興趣為人所知悉，並取得研究對象的同意與合作。在大部分的情況下，如果正式協商獲得同意，研究者可以堂而皇之地在該機構進行研究活動，可以免除機構賦予的職責（如前述成為機構的員工時），隨時依需要進出該機構。你一定很難想像，當你本身是32位三年級學童的教師，你要負擔那麼多事情與職務時，你的研究進行有多困難。外顯式研究的研究者角色也給你更大的彈性去接觸該機構中，各種不同職務範圍與角色的人員。當你本身是一位教師時，你很難去訪問校長有關於他對於體罰學生或智力測驗優缺點的真實想法與觀點。最後，對某些人而言，更重要的是，說謊不僅是難堪且是討厭的事。另外一點是，研究者如果虛偽或欺瞞，不僅會遭遇困窘，且會有害於共融關係。

我們對於內隱式研究所採取的立場，及對於質性研究的論述方式並不一定為全部的質性研究者所採認。一種或許是最常用的模式（雖然它沒什麼正式的名稱），叫做「合作風格」（cooperative style）。有人對此模式提出批判，且希望研究者採取更為對立式與欺瞞式的研究取向（Douglas, 1976; Garfinkel, 1967; Adler & Adler, 1987）。其他研究者，例如女性主義方法論者，提倡一種研究者與被研究對象（資訊提供者）之間較少階層關係的方式，雙方的地位應儘量平等，有時候要和被研究者分享決定的權力（Reinharz, 1992）。合作的模式起源於人類學與芝加哥社會學學派（the Chicago School of Sociology）進行實地工作的傳統（見Geertz, 1979, 頁225-243）。有時候即使使用此模式的研究者也會使用內隱式的研究方式，但僅限於外顯式模式無法進行的情形。另外，俗民方法論者一直以來常用對立式取向（confrontational approach），因為他們認為，透過對於被研究對象每天生活世界的攪動，可以讓他們進一步揭露我們視為理所當然的事物。

你已經決定好要研究什麼了。接下來你要如何獲得研究許可呢？有許多方式可以進行（Burgess, 1984, 38-50頁）。你要選擇的方式取決於你是誰？你要研究什麼？你想要完成什麼？為了說明

方便，讓我們假設你使用參與觀察法研究一所當地的國民小學。(此處我們所解釋的邏輯與方法也適用於一般對所有組織與機構之研究，不僅適用於對學校的研究)沒有兩所學校的組織系統是完全一樣的，大部分的學校要接受研究的話都有一定的程序。在協調獲得進入現場做研究時，第一步驟是要先瞭解該學校系統的階層組織與規則。可以請教教授或朋友，或對該學校系統有所瞭解的人，請他們提供建議，看要如何進行。如果可以的話，請教一些人，你甚至可以打電話請教該校的秘書，不要一下子就說你打這個電話要對方同意讓你做研究，而是僅是請教對方你該如何做才能獲得同意，過程中要發揮你的想像力與創意。

在這個初步請求過程中，你不僅要儘量瞭解該校的正式系統，還要瞭解非正式系統。你要尋求一些訣竅或建議，像是該系統中對你較能接受且有幫助的人名。假使你獲得一些建議，似乎是合理的，你就可以打電話或拜訪那個人，討論你的想法，並聽聽他們的說法與建議。

你或許可能被引領去見校長，校長對於接不接受研究有關鍵性的影響。或許到目前為止你所見的、所接觸的人都還不是最高的權威階層，但是在不同的情況中，你已經可以感受得到他們的影響力。如果有一些表格要填報給地區的教育委員會，以尋求他們對研究的同意，校長的支持也有相當的比重。校長常是把關者。校長也常依據學校教師們對於該研究是否支持，作為決定的依據。如果你知道你要研究的是某一位教師的班級，較有利的方式是，去見校長之前先與該位教師接觸見面，獲得其背書與認可。只有在大型的或機構補助的研究，研究者開始接觸的層級會高於校長。一般的研究大約是如前所述的情形，決策核心要同意研究之前幾乎都會徵詢幕僚或教師們的意見。

即使同意你的研究是來自最高層級的決定，研究者也應該與基層的人員做接觸並尋求他們的支持；除非你事先有取得潛在研究對象（potential subjects）的同意，不然你只是帶著高階層的同意憑證就出現在研究實地，有可能會攪亂，甚至會惹惱被研究的潛在

對象。雖然有正式的同意，你的研究仍可能會遭到研究對象的破壞。如何獲得研究實地中的人和與支持，比取得正式官方的同意更花精神。這包括研究者放下身段，花時間在實地中與那些你要研究的對象建立共融關係，使他們接納你與你所要進行的事情。讓他們感覺到讓你進來研究，他們有參與的感覺，對研究的成功很有幫助。

當在協調進入研究管道時，由於該實地裡許多人對於質性研究方法並不清楚，所以質性研究者的進行方式感覺上有點特殊。對許多人來說，研究意味著是控制的實驗或調查研究。這樣的概念會使得與把關者溝通時有點問題，不過這也有一些好處。例如，當你告訴研究實地裡的人說，你會花一些時間與他們在一起，進行你的研究，前提是不會干擾他們，不改變他們正常的作息、不要求他們填問卷、回答特殊的問題，通常他們的反應是：「你不是正式在進行一個研究」，所以研究者比較能有機會以一種較低調的方式進行協商進入研究實地。我們意謂著學校的教師、校長和其他的職員們比較不會把你視為正在做研究，因此，不會要求你遵守正式認可的程序。他們很可能就直接讓你開始研究，或只要遵守一些比較不複雜的核准程序。你幾乎可以輕鬆地進入研究實地。當在尋求研究許可時，你可以採取比較低調的研究解釋，不要堅持一定非得以研究者的角色來呈現不可。

新手研究者通常是在質性研究的課程上，因課程的要求，而進行學期的研究報告。在聽取新手研究者（學生）對他們的作業做說明之後，學校人員經常要求將這樣的研究以學生實習（student placement）的方式加以處理。如果你要如此進入本校做研究，好呀，但是不要讓人受不了。你要避免承接特定的責任，如導師，或處於時間與機動性被學校人員嚴格控制的情況。

以非正式方式獲得進入研究實地引起了一些問題，即什麼時候與什麼情形下，質性研究者需要尋求機構審議委員會（IRB）的同意。（在第一章中我們介紹過，聯邦法律規定大學或其他機構在同意以人為對象的研究前，須先審核其研究計畫內容，以策進對人類對象之保護，這樣的委員會也叫做human subjects committees。）

當然，各機關單位對這個議題的政策（做法）不盡然完全相同。某些IRB不會要求學生做課堂的研究計畫要經過他們的審核。他們認為這是研究模擬，不是一個內容充實的研究計畫；他們也將研究前的訪談與觀察當成是研究前的活動。一直要到研究者真正開始蒐集研究的資料，而這些資料是直接用以撰寫畢業論文、學位論文或其他發表的文章時，他們才要求一定要審核該研究計畫。有些委員會則較為嚴格地執行審核程序，不論是否為課堂練習、非正式研究、研究的前置作業或任何正式研究，都要求要把計畫先接受審議委員會的審核，同意之後方可進行研究。不過，到底是由哪一個單位的委員會來審查研究者的計畫，是你研究的單位或是你所屬的大學，則仍有不同的意見。在美國絕大多數的大學都會要求審查你的研究計畫，即使是受研究單位也有審查。這些問題研究生需要與其指導教授討論，或請教學校裡的IRB主席，來釐清該完成的程序與事項。

　　大致上而言，機構的把關者或潛在的受研究對象都不會把大學生當成具有威脅性。他們知道教授對學生有學習上的要求，他們也覺得讓學生們了解真實世界裡的狀況也是一件好事。簡而言之，他們對學生經常是接納的。所以，研究者可以強調自己是一位學生，尋求他們的幫助與懇切合作。有些研究生是大學畢業以後，在社會上已相當穩定，再回頭到學校裡來追求更高的學位，這些人通常也是剛開始質性研究者的生涯。當他們在尋求機構同意讓他們進入研究時，比較好的策略是不要過分強調自己的身分地位或成就，儘量放低身段或低調。這並不是說你要說謊。所以當機構詢問你的職銜或其他背景時，你應該實在地向對方介紹自己，不過要儘量保持低調。

　　有一些其他方式可以低調地協商進入管道。有些人使用在該系統中的朋友協助其悄悄進入。這種低調的進場方式通常十分方便，但是有人批評這會涉入如同內隱式研究一樣的道德兩難。他們覺得，如果沒有強調自己是在做研究，將不能代表自己（違背自己）。我們並不這麼認為。不過如果你要進行研究，儘量還是使用較正式的管道獲准進入研究實地較好。

以正式的程序去獲得機構的同意進入研究實地做研究，有時是一個很花時間與令人覺得挫折的過程。一般而言，從開始申請到獲得同意，都要花上幾個星期的時間（如果不是幾個月的話）。許多學區會有委員會對研究計畫進行審核。教師會可能也會要求審查。有些學區會有一些制式表格要求填寫。如果該學區夠大，一般會有專門負責研究事務的辦公室，那裡的人會給研究者一些建議，該如何申請，用什麼方式來完成申請。有時候核准只是一個形式。我們就遇過機構人員允許我們在接到正式核准之前就開始研究。別忘了問問看有無任何的方式可以讓你的研究申請儘快獲得通過。由於申請同意的程序需要一些時間，所以在開始研究（計畫階段）就應將前置作業時間預留出來，在研究計畫開始之前謹慎地估計所需花費的時間。

　　以上討論了許多與獲得允許研究的相關事情，好像這是開始研究時唯一最重要的事情，其實還有其他事情，如當你的研究移到一個新的領域，遇到一些新的人，許多研究都要先尋求同意及贏得合作。在研究開始及過程中，他們會對你有一些好奇的問題，你要向他們解釋你自己與你的研究，研究對象會提出好奇的問題，許多問題會重複地被問到。以下有一些是常會被問到的問題，及如何回應的一些建議。

1.你眞正想要做的是什麼（眞正的目的爲何）？

　　回答所有問題的通則是要誠實，不要說謊，不過不用解釋得過於詳細或太冗長。新手研究者通常會驚訝地發現，被研究者其實所想知道的並不多。不要使用許多的研究術語，這會嚇退或嚇壞他們。開始時你可以這樣說：「我要進行的是一種叫做參與觀察的研究。一個星期當中會有幾次到你的教室裡去做觀察，我想要瞭解的是一位教師在教室裡的情況」。如果對方想要知道多一些，你要不厭其詳，設法對他們有所幫助，告訴他們你會視研究進展的情況決定接下來該怎麼做。在解釋當中要強調，你想從他們身上學到東西，不過不需要表現得過於熱切或渴望，使對方覺得是他要施恩於你的樣子。

2.你會不會很干擾？

學校人員通常對這一點很在乎。他們會擔心你的出現會不會干擾他們日常的例行工作。因此，消除這些擔心是很重要的。可與他們分享一項重要的觀念，就是這類的研究對研究對象的正常工作不加干預或打擾。能保持不干擾性（non-disruptive）也是研究成功的一部份。向他們保證你不會有過多的要求，你會對他們的問題與需求很敏感。你會盡量要求自己去配合他們的時間安排。

3.你會怎麼處理你的研究發現？

大部分的人會問這個問題，因為他們擔心你所蒐集的資料，造成他們負面的影響，或當成政治用途。如同我們在第一章對於倫理原則的討論，你應該決定你的資料將會怎麼處理、怎麼使用，並將其告知你的研究對象。如果你只有一個短期的目標，例如寫一份學期報告，你也要告訴他們你的目的，並讓他們知道誰會讀你的學期報告。告訴他們你不會在報告中使用他們的姓名，也會對研究的地點有所隱藏。假使你有一個長期的目標，例如撰寫學位論文，你可以提起這個可能性，但我們建議你在與他們建立良好關係之後才正式請求他們的同意。你可將你的早期觀察當成是一個正式研究之前的前導性研究（pilot study）。研究對象有機會對你更為認識瞭解之後，或評估該實地適合大型計畫的可能性之後，再次地協商你的立場，使他們的同意。假如你不是很確定你會如何處理你的研究發現，要向他們解釋並保證你將於研究開始之後與他們陸陸續續討論你的計畫。

4.為什麼挑選我們來做研究？

被研究者通常想要一個答案，為什麼是他們本身及他們的機構被挑選來進行研究？假使你聽到有關他們的說法或評論是正面的，且那也是你挑選他們來做研究的原因，請你要告訴他們。例如，你可說：「我聽人家說你對於教學有相當獨到的見解，那是我想請你參加我的研究的原因」、「我正在找尋經驗老到的教師，你正是我要找的對象」、「我聽說這裡在補救閱讀方面是相當吸引人的地方」。

除非你所研究的是一個以聲望作為例證的特定團體，否則你應該讓該實地裡的人知道，其實你並不是對於某些特定的人或團體有興趣。而是以教師或教育這個一般性的課題為中心，做一般性的研究探討。你不是一位記者，想來探伺賽倫高中（Salem High），而是一位教育研究者，想藉由對賽倫高中的研究增進對於教育的瞭解。

5.我們接受你的研究可以得到什麼？

　　許多學校人員會期待你的研究有互惠性。他們覺得如果同意你入場研究，是否也可以獲得一些以為回報。你要決定到底你可以給的是什麼東西。某些人希望你完成研究後給他們一份報告，或甚至與他們開一個會（討論你的發現）。也許你可以給他們一份較精簡的報告或一個小的會議討論，但是我們建議不用給過於冗長的報告。如果你進行那個研究只是為了一份學期報告，不要承諾要將學期報告給他們。因為承諾要給他們報告會妨礙你的研究寫作，你會顧忌到底是誰會看到你的報告，而限制你的想法與說法。

　　當讀者看到你的研究報告有註解時，他們可能會向你要求看看這那詳細內容。建議你不要告訴讀者你會試著去回憶其中的每個字。不要向讀者承諾你要展示那些註解的詳細資料，如果你知道你會將那些內容分享給讀者，會限制了你早先的報告撰寫（你在寫報告時會有所保留或顧忌）。

　　有時候有些學校人員會要求你為該校提供服務以為回報。你或許真的可以幫忙；但是不要讓你的服務明顯地限制了你的研究。

　　以上我們所說的有關如何獲得進入研究實地的討論，雖然是針對參與觀察，但也適用於其他型態的質性研究。例如，要取得官方有關教育的文件資料，也涉及我們所討論的那些程序。在大多數的訪談研究中，雖然受訪者可能是個人接受請求與研究者合作，但通常他們也是隸屬於某些機構或團體的成員（如學校或父母親團體）。這種情形下，你可能也要徵得該機構或團體的同意。你該避免為了機構的審查而接觸該受訪者個人（不把對方當機構的成員），這種情形並不恰當，因此獲得機構正式的認可是需要的。那

些可能的受訪者名單與地址可能就掌握在機構行政人員手中，機構成員有時也會遵從行政職責決定是否參與研究。教育機構的人員（教師）通常會對學生採取家父長的心態。他們常不許其學生接受訪談，怕學生及家長會反對。如果研究者請求學校允許其訪談學生，則經常惹來一連串麻煩的手續，包括要取得學生家長的書面同意函，以及通過正式的研究批准的管道，許多把關者寧願傾向於避免這些問題。他們反而希望研究者把學生與其家長當成不是該學校的成員一樣。也有些人會有顧忌，當研究者直接去接觸學生與其家長時，他們會認為保護學生與家長的隱私是他們的責任。所以在研究設計的選擇上，有時候到底怎麼做才是最正確的方式，實在沒有定論。

在某些形式的質性研究中，你所要的資料在第一眼看起來似乎是開放且隨手可得的。例如，某些歷史學會不僅允許研究者翻閱全部的資料，還會指定專人協助解說。即使在這情形下，前面我們介紹的有關於如何獲得進入的注意事項仍然適用。在去該機構之前，先行對其組織結構與人員配置方式有所了解是很重要的。在某些歷史學會中，某些工作人員對你的幫助遠大於其他人（你需能知道誰對你有幫助）。有某些特別的收藏品或資料，只對某些特別的訪客開放，你能否成為那些少數的特定訪客，關係到你能否得以接觸那些特別的收藏品或資料。某些地方性的歷史機構並不對該城鎮之外來的研究者開放，除非有人擔保研究者的品格與真誠的興趣。在此情況下，需要有保證人方得以進入接觸所要的研究資料。

由此你會發現，協商以獲得允許進行研究是一件需要技巧的事。以下我們提供三項建議：

1. 要堅毅不撓。經常，獲得進入與否最大的不同，是他們花費多長的時間與多麼勤快地在尋求獲得允許進入。
2. 要保持彈性。假如你一開始的構想與進行方式似乎不太可行，要採取不同的計畫或新的方式來進行。

3. 要有創意。通常把關者會喜歡比較創新的想法。例如，我們認識的一位研究者，他會帶小禮物（如花、小徽章）給研究對象，他的個性也適合如此。特定節日的致意卡片也是值得考慮的。或許這些小禮物不一定讓你獲得進入，但是它們卻幫你打開了一扇門。

在研究實地的前幾天

現在你已經獲得進入研究實地，你已準備好要全速前進。如果你沒有幽默感，也未準備好犯錯時該怎麼辦，在研究實地裡的前幾天你會感到不平順。Rosalie Wax是一位很優秀的教育質性研究者，帶有人類學研究的傳統。她曾對參與觀察的研究做如下一般性的評述：

> 不能遵照規範的人會覺得困窘或老是站錯位置，當他犯錯時會覺得幾乎被打敗了。他在心理上很難忍受，連續幾天、幾個星期，甚至幾個月下來被當成像是一個愚笨的人。像這樣的人在進入研究實地之前就要先再三思量，自己適不適合，是否已經準備好？（Wax, 1971, 頁370）。

我們覺得這個說法，比起具有一輩子質性研究經驗的研究者，很能代表新手研究者，或研究者在研究實地裡前幾天的心境。成為一位質性研究者就像在社會上學習扮演各種角色一樣（教師、父母、藝術工作者、大學生），不僅要學習該角色的技術面，更要去感覺體會你是一位真正的角色者。在前幾次出去做研究時，新手通常會因為被稱為研究者而覺得不自在。他們不太確定自己是否真的想要與該頭銜作連結，他們也不知道自己是否值得如此一個高尚的（受尊崇的）稱號。除此之外，他們也不知道感覺不太舒服也是作此種研究過程中的一部份。像其他角色一樣，研究者這個角色也會

因為越多的練習而感到越來越順手、越來越舒服。即使一開始你會覺得相當困難，身為研究者你要靠自己多練習來成長。

　　有一位質性研究者曾觀察一個為工程師開設的大學推廣教育課程。她描述第一次觀察的經驗，可以讓你感受到，在研究現場開始的前幾天可能是多麼慌亂不安。她說：

> *我記得我走進那間教室，看到全部的人（男性工程師）。我坐下來時全部的人都在說話。我懷疑我是不是坐錯位置了。我有點兒害怕。我告訴我自己，我是否該記住每一個人所說的話？當我開始集中精神去記住每一個人所說的話時，我更加緊張了。於是我放棄了，不去注意他們在說些什麼，只是安靜地坐在那裡，被動地看看那裡發生了些什麼事。*

　　以上這些還不是她困窘狀態的全部。開始上課以後，授課的教授使用了一些雙關語，影射有關猥褻與性的事情。全班（男性）與教授哄堂而笑。坐在研究者旁邊的男子轉頭看研究者有何反應。想引起她的注意，這時研究者還記得保持自在的微笑。在課堂結束時，教授向全班介紹該研究者，並解釋她的研究目的。後來她站了起來，說了一些話，然後教授轉了身，停住且有點不情願地說：「嗯，我猜想我們將會習慣你的」。後來果然學生們習慣於研究者的觀察。研究者也習慣於他們的反應。研究者與該班全體發展出足夠的共融關係，並順利地完成了她的研究。該研究是要比較校園內的正規課程與校園外的推廣課程有何不同。

　　另一位研究者想要研究一個醫學實驗室對半專業人員的訓練，研究者需要櫃檯職員為他在停車卷上面蓋印（或許是免費停車許可證明）。當他把停車卷給櫃檯職員時，那職員說：「抱歉，我們不幫推銷員蓋印」。研究者回答：「噢，我不是推銷員，我是一位研究人員，從現在起會經常來這裡停車」。該職員瞧研究者一眼，說：「我們也不幫研究人員蓋章」。

　　在研究實地裡的前幾天，你要開始與那裡的人建立共融關係。你要瞭解該處的狀況與規則，你會感覺舒服一些，努力使你的研究對象也覺得跟你相處還算舒服。你有時會有點混淆，當所有新的資

訊同時撲向你時，甚至會覺得招架不住。你要學的東西很多。當你知道得越多，越會覺得自己的不足。有些研究對象對你的意見，如前所述，對你影響很大。他們的意見被當做拒絕或敵意跡象。那是一段痛苦的時間。

以下有一些建議，使你在研究實地裡的前幾天比較不那麼痛苦：

1. 不要把在研究實地裡發生的事情當成是衝著你個人的，你所經驗到的是實地研究過程中的常見情況。

2. 妥善準備第一次的訪談，以便有人幫忙介紹你給研究對象認識。允許你進行研究的人可以幫忙你或引介你與其他人見面。探詢是否有人可以為你的到訪預作準備。

3. 不要預期在前幾天要完成很多工作。應該把自己放輕鬆。第一天的研究探訪時間不要太長（大約一小時或更短），把它定位成一個概況瞭解就好，你有很多新的面孔要認識，新的事物要去學習，慢慢來。在每一次的實地訪談後，要立即作實地札記。如果你一次涉入太多事物，會讓你沒有足夠的時間把所看到的事物作完整的紀錄。

4. 保持相對的被動性。對於你正在瞭解的事物表達你的興趣與熱誠，不過不要問太多過於詳細的問題，特別是有關於某些可能是爭論性的議題。詢問一般性的問題會讓你的受訪者有機會說說話。

5. 要保持友善。當你被介紹給人家認識時，要保持微笑與有禮貌。在走廊或大廳遇到他人時要問好說哈囉。你第一天在那裡，會有人問你為什麼來這兒，可以把你跟把關者所說的話重述一次，增增減減，可以用比較簡約的解釋方式。在行為方面的建議，是儘量要表現禮貌的行為。為了讓你自己成為比較好的研究者，要多多練習這些互動的技巧。

在研究實地裡的前幾天代表你的研究的第一階段，漸漸地剛開始的那種困窘、不被接納的感覺會逐漸消失，特別是某些來自於受

訪者接納你的象徵開始出現時。例如當你被他們邀請去參加一個社交場合，被邀請去參加某些他們的活動，這些都是一種接納你的指標。另外，如果有人告訴你，哪天你沒有來大家很想念你，這也是另一種被接納的象徵。逐漸地，那裡的人會叫你比較親暱的稱呼（直呼你的名字），會想要跟你照照面，而不刻意躲避或忽略你。

 ## 參與者／觀察者之間的連續狀態

　　研究者要以什麼方式參加研究實地裡的活動到什麼程度呢？Gold（1958）指出研究者在此情境下該扮演的可能角色。一個極端的情形是完全的觀察者。在此，研究者完全不參與實地裡的任何活動，他或她只是透過單面鏡觀看那些研究的景象。另一極端是研究者完全涉入研究實地，幾乎很難分辨觀察者與研究對象的行為有何不同。一般而言，實地研究者都在這兩種極端的情況之間進行參與觀察研究（Adler & Adler, 1994）。

　　在研究的過程中，研究者參與的程度會因研究的進行情形而有所改變。在參與觀察研究開始後的起初幾天，研究者常會保持距離，等待被打量、期待被接納。當人際關係開始發展後，他會參與多一點。在研究的後期快結束時，很重要的是研究者要從參與較多的情況稍微往後撤退。過多的參與可能會使得研究者涉入研究對象的生活或周遭事務太深，而喪失了其原先的研究企圖　（請參見 Levine, 1980b）。

　　在實地研究中，每次花多少時間或參與範圍多少比較合適？如何參與？這要由研究者自己根據其研究的特性加以盤算。某些教室觀察者因為有實際上的限制，以致於只能允許他們參加少部分的教室活動，這時他們可能要選擇坐在教室後面觀看，並作紀錄（Rist, 1978; Smith & Geoffery, 1968）。也有研究者為了參與觀察研究，主動地協調成為教室裡的志願服務者（Lareau, 1989）。

那些參與活動的研究者會面臨一些兩難問題，到底要選擇如何參與。他們要自問：「我應不應該表現像老師一樣的行為？我該不該也做孩子們做的行為？如果表現得像老師的助理（助教），情形會怎麼樣？」這些選擇可能沒有完全正確的答案。或許有些壓力，在協商時就有，試想有另外一個大人在教室裡扮演老師的助手。我們覺得這樣的參與方式到某個程度即可，你自己要監控，不要讓這樣的參與佔用太多你的研究時間。除此之外，當你扮演一位助理的角色時，孩子們會以特殊的方式把你定位。Annette Lareau曾經在兩所學校的兩個教室裡進行參與觀察研究，她在其中的一個學校扮演次要的角色，如協助孩子們處理美勞藝術課程後的收拾工作；她在另一所學校被安排從事比較監督性質的工作，讓她覺得不是很舒服，特別是當她被期待要對孩子們的行為有所管理時（Lareau, 1989）。

在此雖然我們對實地研究工作的關係進行討論，也在很多議題上給你許多的建議，但是仍有許多要點，研究者自己必須去思考與面對。因為並沒有很多著作對實地研究的各種形式、各種情境做廣泛的介紹，所以你有很多機會可以將你的研究經驗與建議，透過研究方法方面的文章，分享給大家。

當研究發展出焦點時，關於如何參與、參與多少、與誰一起等問題，就會迎刃而解。例如，假使你的目的是從學生們的觀點去瞭解教室的情況，你應該選擇多參與學生們的活動而不是參與教師們的活動。假如你決定要花較多的時間參與學生們的活動，要讓其他的人瞭解你不是故意要忽略他們，要與教師分享你的想法，不要讓他們覺得被忽視或被冒犯。當參與教室活動本身可能出現限制或窘困時，教室研究通常可以擴大，涵蓋到情境外的訪談或觀察。這樣參與觀察研究比較沒有問題。

在其他的狀況下，研究者亦需盡量平衡參與和觀察，這是特別可以努力去嘗試的。但是我們發現，在某些小團體裡其成員企圖努力去表現出歸屬與參與的平衡是相當困難的。在敏感團體（sensitive groups）、會心團體（encounter groups）、支持團體（support groups）、康復團體（recovery groups）、合作團體

(co-operative groups)、分享團體（share groups）和其他類似團體中，每一位成員都有壓力，被期待成為「完全參與的成員」(full-fledged participating member)，他們有壓力要表現得與別人一樣投入。這時候危險的情況就來了，如果研究者不那麼投入（為了凸顯觀察者的角色），你將被其他成員認定是對他們所做與所說的事批判。這情形下，實地研究者會感到有罪惡感，特別是假使他們分享或認同了其他成員對於團體的價值，即使在較不密集活動的團體中，研究者同樣會有這樣的困難與要面對窘困的抉擇。有一位觀察研究者曾觀察一個對教師的訓練課程，在該課程中教師們被訓練如何去教導孩子「利社會的行為」（prosocial behavior）。由於訓練課程的需要，教師們被要求在一間教室裡角色扮演一群有破壞行為的學生。這情形在該研究早期時便發生了，該研究者實在不知道自己該怎麼辦，輪到他表演時他是否要跳過？如果他選擇要參與角色扮演，他要如何表演？他要在團體中有多少的可見度？他覺得他是幸運的，以致於能在該團體中觀察教師們對於學生們的破壞行為的觀感，但是這樣的情況卻帶給他相當的焦慮，當輪到他表演時，他選擇參與活動，但是他選擇表演一位鬱鬱寡歡的憂鬱學生，而不是合群的學生。由於他這樣的選擇，他是參與了該活動，但是對他自己是沒什麼意義的。

如同前面例子所說的，你要如何參與端賴於你是誰，你的價值為何，你的個性如何等。你可以調整自己平常的行為去配合研究工作所需，但是你做起來心中覺得舒不舒服，將影響到你的行為表現。平常個人獨特性強、個性外向的人，在團體裡需讓自己更有合群性，不過即使做了這樣的努力，他仍然可能比平日就是沈默寡言的人參與度更高。個性內向害羞的人需練習更自我肯定，能主動地與人對話、介紹自己。總之，研究者在實地研究中，沒有哪一種人格特質是最合適的。

成為一位研究者意味著，當在研究實地蒐集資料時，要將研究的目的內化為研究者的一部份。當你進行研究時，你就是以各種方式在參與被研究對象的生活，你可能會與他們開開玩笑或表現許多

社會性的社交行為，你甚至會幫助他們完成其職務上的工作；你做了這所有的事情，其最終的目的仍是要完成你的研究目的。你在研究實地裡的時候隨時要帶著一種想像的符號，你是一位研究者，不論你如何與每一位受研究者接觸，或在牆邊、樹下閒逛。這個符號告訴你：「我來這裡的主要目標是蒐集資料，我現在所做的一切，是否與蒐集資料的目的相關聯？」如果發現你的所做所為與資料蒐集的目標不相干，這是一個警訊，你可能已經偏離你的研究者角色了。不過，這並不是說你在那裡的每一分鐘都要很有系統地追求那個目標而無法放鬆。有時候為了要建立共融關係，與受研究者們混在一起或閒聊，與他們有社交互動也是必須的；你也許會跟他們去看電影或小喝幾杯。看電影當然不會讓你獲得大量資料，不過卻可以讓你與他們增進共融關係，對於你日後方便蒐集資料大有幫助。

在另一種文化環境裡進行實地研究

就某種感覺而言，質性研究是在另一種文化環境裡完成的。不過你所做的每一個研究中，受研究者之語言、習慣、每天生活方式與內容與你相異的情形不盡相同，如果你認為研究在街頭轉角處的學校就是一種異類文化的研究，那麼你更可以發現有其他研究的場所與你的背景更加不同，這種界線跨越（border crossing）帶給我們在實地研究中的一些問題。在另一個國家做實地研究經常是置身在另一種文化中，不過在像美國這樣多元文化的國家裡，即使在同一個城市或鄰里社區，你都會發現人與人之間有極大的差異。

有一些特別的考慮要謹記在心，所有文化群體都沒有像美國中產階級對研究或研究者所抱持的定義，或許這些名詞字意對你而言很清楚，但是你的受研究者可能並不瞭解你所持的定義。雖然讓他們簽署「知情的同意書」（informed consent form）可以使你有機

會與他們多談談你將要如何做研究，但這未必等於他們心理的想法與你的想法達於一致。「研究」一詞對於大多數人而言是個迷糊的字眼，對有些人而言他們會認為是在實驗室裡所做的事，或是政府對於人民施壓的一種工具；某些被研究者甚至會認為他們接受研究應該有一些報酬，這也是正常的。雖然在任何研究都一樣，要完全傳達研究者的意思給被研究者是幾乎不可能的，但是，身為研究者，你需知道到底你的被研究者如何看待你、你的研究，儘可能消除一切的問題與誤解，並在被研究者所身處的情境裡去詮釋他們對資料關係的想法。在被研究者的眼中，研究者經常會有其他他們所熟悉的角色的影子，例如延時工作者、社會工作人員，甚至間諜都有可能。有時候把研究者的概念用受研究者所熟悉的事物加以翻譯轉述，可以有助於他們對於該研究的瞭解，例如，有時候告訴你的被研究對象你是一位作家，因為寫書的需要來蒐集資料，他們可能更容易懂。

在不同文化裡，人們溝通與建立關係的方式有不同的規則。例如，在某些文化裡，人們被期待在權威者面前要保持安靜，或者，對非屬於自己團體裡的人分享揭露自己的意見與想法是不恰當的。許多文化對於個人隱私的概念與美國中產階級的想法不一樣；與陌生人單獨的訪談在你的文化中也許可以接受，但是在其他文化中則是無法接受。如果你對於這些文化的差異不瞭解，你很可能會對於共融關係與人際關係的其他面向的問題有所誤解。所以，要多與別人討論這些問題與其差異，讓你更加清楚。不要以為你被對待的方式，或是人們不依照你所想的或你的方式來做，是衝著你的。透過互動經常可以反映出處理各種事物的差異性，你要懂得調整，因為你的實地研究工作需要把這些事情考慮在內（否則會影響到你的工作成果）。你的風格要儘量適當並能調適，與所研究的對象的風格與習慣相同，你的工作方法需要考慮更本土性，尤其是與人建立關係與瞭解事物的角度。

研究者的特質與共融關係的特別問題

　　除了瞭解你正在研究的有關文化方面的議題之外，你也必須注意到自己個人的特質（characteristics）及你的身份地位（status），也可能會影響你在實地工作中與受訪者的關係。對於被研究者而言，你不僅是一位研究者，例如，你也可能被定位為一位中年、白人、具有勞工背景的離婚婦女，或是一位二十幾歲、從未結婚、擁有長春藤盟校學歷的黑人男性。你可能來自美國的另一地區，你的風格與被研究者們很清楚地不一樣，或者你的性取向（sexual orientation）可能與你研究的對象不一樣。由於你與他們有許多的不一樣，你有可能被當成是危險的、不重要的或不值得信賴的。

　　對所有的受研究者而言你是誰，及你對於他們的意義為何，密切地關係到你與他們協調實地工作關係，與對所蒐集資料的解釋，因此，這是十分重要的。（另外，有些特質是眼睛看不到的，對於你自己該揭露的訊息，及那些訊息對於他們的重要價值，都是你在與他們協調研究時需要考慮的。）因為我們不想要忽略「你是誰」對你的被研究者影響的效果，所以我們也不試著將那些影響以歸類方式加以陳述。例如，一位女性去研究全部是男性的情境，或一個黑人去研究全部是白人的團體，或任何其他這樣的安排。有許多空間可以突破你的被研究者對「像你這類的人」的定義，及在任何情況下，當你第一次遇到一個人，他個人的特質對於你如何定義他，遠比你後來與他相處的關係更為重要。所以，身為研究者，假如你想要讓被研究者對於你賦予特別的意義的話，你很可能必須更加謹慎敏銳地思考，對於你如何處理你自己呈現給受研究者的觀感，及你真正要扮演什麼角色。

　　為了舉例，我們簡要地看一個例子，當成人做研究的對象是小孩子時，要有一些特別的考量。小朋友會對大人有一些特別的共融

關係與概念上的挑戰（Fine & Sandstrom, 1988）。大多數的人會把兒童期看成是一個絕對的分類，而不是一種社會建構（social construction），研究者也無法自外於這樣的觀點（James & Prout, 1990）。大人們難以把小孩子們所說的話當成很認真（Marrow, 1995），並且那些大人通常會想去控制青少年，主導與他們的對話內容，或以獨特方式跟青少年開玩笑。成人通常會評價孩子們的行為，並感覺他們要為孩子們負責任，遠超過對自己同年齡同儕。如果你有這些大人們的習慣，而你現在要去研究小孩子，你最好要把你原來的一些既有的想法打破。小孩子們喜歡被當成孩子來對待，而且他們原來就是這樣。他們已經發展出某些特殊的策略來應付與大人們的關係，他們可能尋求大人們對他們的贊同，或撤退，或甚至密謀去誤導大人（Bluebond-Langner, 1978）。一個較好的替代方式是，不要以權威者的角色去面對孩子，而是用一種「準朋友」（quasi-friend）關係來面對較好（見Fine & Glassner, 1979; Mercurio, 1972; Michaels, 1994）。要孩子們接受大人和他們平等是有些困難，不過你可慢慢融入孩子們的世界，成為一位能被忍受的局內人。我們所認識的觀察研究者中，對於進行以孩童為對象的非干擾式觀察（unobtrusive observation），有些人有程度不等的成功經驗。其中一位觀察者研究幼稚園兒童與小學一年級學生，她參與他們的活動，行為表現得與他們一樣，跟他們一起畫畫、玩遊戲。她覺得經由做與小朋友一樣的動作，而不去幫助小朋友（大人介入，經常認為是在幫助小朋友），小朋友在她面前可以表現得較自然。另一位觀察者研究一個「自由學校」（或免費學校），覺得當他在與孩子們說話時，孩子們常因為他是大人而表現得不自在，把他當成一位外來者，他無法進入孩子們的世界。那些他在研究的孩子年齡約10到14歲，為了拉近距離，他與他們一起出去買汽水喝、做一些他們在做的事情，甚至他試著討好他們，不過他的努力並沒有得到有利的結果。當你要在實地研究中與人建立關係時，年齡是一個考慮的重要因素─不僅研究者是大人而被研究者是小孩時，甚至若研究者是二十幾歲，而你要去訪問學區的教育局長時，都需注意這個問題。

在實地研究中階級與地位差異（class and status differences）對於關係的建立相當重要。Brenda Solomon研究曾經受到社會福利照顧的婦女，她們正努力要成為護士的助理，藉以免除受助狀態。研究者坐在她們的教室裡旁聽，一直在思考著如何克服他們在教育程度上的差距，與這些人拉近距離，她發展出一個策略是關於參加考試，就是當她們在考試時與她一起參加考試。她總是考得不好，讓那些學生來為她訂正。如同她在實地研究札記中寫著（1996）：

> R太太叫我們把書收起來放在書桌底下要進行第二次的小考，我們每一位都到R太太的桌前去參加考試，我也參加了。我是在課程的最後一次參加考試的，看到我錯了那麼多題，大家覺得很有趣。我覺得這是一個很重要的策略，把我的缺點攤開來讓大家看到。我知道，我在考試時的糟糕表現幫助我與她們這個團體連結在一起（拉近距離）。

當考卷發回來一片紅字時，Brenda心中感到很自在（這其實是她要的），特別是四月之後有一位學生當著全班跟她說：「你最好不要覺得那沒什麼，讓我們全班這麼難看！」

雖然我們無法把研究者的特質與其如何影響與被研究者的共融關係談得很周全，不過有些研究者的特質的確是十分重要的，其中一個是「性別」（gender）。在美國有些文化裡，性別是形成認同感的核心（central organizing identity），被研究者會以不同方式來對待男性或女性研究者，導致所研究的世界會有不同層面的瞭解，得到不同的發現（Warren, 1988, p.5）。傳統上來說，女性在都是男性的環境裡做研究，硬是會被以女性角色的刻板印象對待或被開玩笑，如：一個美麗而無腦只會痴笑的女人，一個性征服的對象，一個開性別玩笑的對象（Warren, 1988; Easterday, Papademas, Shorr, & Valentine, 1977）。另外，性別影響進入管道也是一個問題；男性俗民誌研究者因性別而遇到一些限制，Beck（1993）在倫敦南部研究時，曾被某些年輕人責難，因為當他為研究與一些年輕的女性說話時，被認為是在藉機對他們性接觸。Abramson（1993）曾指出他在研究家務工作時遇到困難，因為沒有可用的空間給他，人家不認為以他一個男性適合研究此類問題。

有某些研究者指出，女性訪談者與女性被研究者相對地比男性訪談者更容易建立密切的關係 (Devault, 1990; Oakley, 1981)，Lillian Rubin也認為，女性訪員比男性訪員更能夠使得男性受訪談者開口談有關親密或私密的話題，因為男性與男性的互動與建立關係的方式會使得他們省略個人話題的談論 (Rubin, 1976)。許多女性主義者 (feminist) 清楚地在談論有關研究者與資訊提供者之間權力與政治關係的問題，而希望創造一個沒有階級高低與對權力更具反思的關係 (non-hierarchical relationships) (Fine, 1994b)。與共融關係有關的一個問題是如何在寫作中將其表現出來。女性主義者已經對於在進行研究中的「情緒面向」(emotional dimensions) 的問題注意良多 (Fonow & Cook, 1991, p.9)。

　　在美國膚色與種族背景的意義已經在很多地方被討論，這個議題對於研究某些特定的對象時特別重要，那些被研究對象很可能會根據你的膚色、種族背景或你如何處理這些問題，而對你有先入為主的假設，且影響他們會感到舒服或不舒服，所以，在研究實地裡，你需要注意去處理自己如何反應種族刻板印象和社會孤立，及其他形式的種族偏見問題。

　　膚色、種族與文化認同有時可以促進實地研究，有時可使其複雜化，有時甚至會有礙於實地研究，不論研究者是在其相同的種族群體或不同的種族群體中做研究，這些情形似乎都存在。Signithia Fordham是一位非裔美國女性，她研究非裔美國高中生對於成功的意義。她敘述在研究過程中所遭遇的情況，由於她自認為非裔美國女性的身份，她經歷了疏離 (estrangement) 與認同 (identification) 的感覺 (1996, p.36)。疏離與認同的對立緊張常出現在她遇到的問題上。她與被研究者共同的種族歷史背景到底如何影響她的研究過程？她是否被定位成要為非裔學生仗義執言？當她在研究首都中學 (Capital High) 的學生時是否應該揭露她自己的求學經驗呢？學生們如何看待與她的關係呢？(pp.36-37)。另一位研究者Michele Foster，在研究過程中就比較沒有感受到與被研究者那麼大的距離，因為當她訪談非裔美國人教師時，她能夠提出自己家庭經驗融入社區的歷史 (Foster, 1994)。Guadalupe

Valdes（1996）研究墨西哥移民家庭就學美國學校的經驗，她與其
受訪者有相同的種族背景：

> 就像我所研究的那些家庭成員的感受一樣，離開了墨西哥我經歷了悲
> 傷，特別是知道我自己可能再也不會回去。我與我研究的那些媽媽一
> 樣，在這個國家（美國）養育我的孩子，我心中也有一些問題與疑
> 惑，有關於我到底要對孩子多嚴格？我要把我自己從小所受的養育內
> 容灌輸多少在我的「美國」孩子身上。(p.11)

Valdes與其被研究者有不同的階級背景，因為不像她所研究的
那些貧困家庭一樣，她來自一個有錢的家庭（family of means），
所以有不同階級結構的經驗。由於她對於被研究者而言，同時兼具
局內人與局外人的角色，最後她扮演一個「教母」（godmother）的
角色，一種互惠的角色。因此，在相同的文化背景社區中做研究，
雖可以有一些共通的認同，但也有一些歧異。

當歐裔的美國白人以傳統上的少數民族做研究時，種族歧見是
很明顯的，許多研究者對此情形的說法與處理方式不同。當
Mitchell Duneier（1992）研究一群常聚集在芝加哥一間咖啡廳的
非裔美國男人時，對於他與Slim及同時代的人的關係，如何受種族
影響之處著墨甚少；當描述他對於那位為他的書照相的黑人攝影師
之事沒有什麼特殊感覺一事時，卻大加敘說他自己的白人優越感。

本書的另一位作者在她的小學教師研究中，受到種族社會建構
（social construction）的影響。有好幾位非裔美國教師不願意接
受訪談，後來當研究者成功地誘引一些白人教師接受訪談，仍然無
法使那些拒絕的非裔教師軟化。她的態度轉趨強硬，且未如一開始
的努力去要求那些拒絕的教師來參與。研究中她也誤解了一位黑人
教師所分享的家庭歷史經驗，因為她只能以自己白人中產階級模式
來做解讀。該教師因為與研究者關係不錯，所以總是一直問研究者
一些有關於自己小孩子的問題與閒聊自己的私事，研究者將她們之
間的對話歸類為共融關係建立的一部份，並急著切入她所要探索的
「真正」議題。她無法看清楚那位教師述說自己孩子問題的重要
性，也錯失了與這些議題相關聯結的機會。該學校裡沒有其他教師

的孩子在托兒所就讀，只有這位與研究者關係好的教師及研究者本身有，這個共通的連結其實可以提供研究者一個入門機會，讓其可以與這位教師詳細談談，有關家有幼兒的教師之社會支持與如何兼顧生涯規劃的問題。這個機會是錯失了，因為研究者只以她自己的文化背景經驗來解讀那些線索。

至於研究殘障（disability）的議題呢？這是一個大部分的人沒有想到的因素，其中關係建立的問題需特別留意。身體功能正常的人研究殘障或失能的人，如果研究者從未檢視自己對於身體與心智差異的基本假定時，在關係建立方面常會引起一些緊張與誤解（Goode, 1994），特別是你的研究對象是殘障權益促進團體時。瘖啞人社群的成員對於政治意識特別敏感，他們覺得自己是一個使用不同語言的個別文化，讓一位身心殘障者跟著一位無法瞭解其差異的人一起進行研究，會產生其他的困難，這些問題都需面對並考慮在內。對於身心殘障者研究方面最具創意與挑戰性的部分，是如何去瞭解那些有嚴重發展缺陷的被研究者。這個艱鉅的工作需要創意與堅持的毅力（Goode, 1992; 1994; Ferguson, 1994; Biklen & Moseley, 1988; Taylor, Bogdan & Lutfiyya, 1995）。

最後，有一部份的對象雖未能像種族、性別問題那麼受到重視，近來有許多研究者也聚焦到研究位居權力與權威者，擁有特權者，亦即所謂的社會菁英份子的研究，所要面對的特殊問題（Hertz & Imber, 1993）。對研究者而言，菁英份子的環境可能是很難穿透的，而雖然你或許得以進入，但若無他們的合作，仍然難以打破壁壘，看到幕後的景象。當研究者在研究報告裡對位高權重者寫一些批判的事實，也免不了會遇到一些個人牽連的麻煩或報復。

在某些情境下研究者的某些特質可以幫助他們增進共融關係，與被研究者年齡相近是其一，相同性別也是；但這也不是說你一定很難去與你特質差異很大的被研究者建立關係，只是說這些特質上的差異在你進行研究時要特別考慮在內，想辦法把潛在的困難轉變成你的優勢。

要謹慎、謙遜

　　合作式的實地工作者的期望是他們能與其研究的情境融合，或多或少成為該情境的一部份。許多策略可以促進研究者的被接受度，外表是其中之一。人們通常會選擇穿著某些衣服來表達他們的身份。我們並不建議你要放棄個人的風格，而是要注意，你的衣著對於被研究者的意義，假如你是在一個大家都穿著很休閒的地方做研究，你也要穿得休閒一點。若在學校，你的衣著的正式性（formality）可以告訴別人你是誰與你認同誰。行政人員可能會穿西裝或套裝，教師們可能會稍不那麼正式，而學生們和監督人員則可能是穿T恤與牛仔褲。要留意你衣著方式傳達的訊息，假使你不會覺得特別不舒服，在各種情境要儘量穿得符合你的身份與地位。不要特別去模仿你的接待者（host）的穿著風格，除非你覺得無所謂或他們也覺得沒關係。

　　假使你以系統性與嚴謹的方式進行研究並發展與被研究者的信任關係，你也許很快地會成為得以與聞秘密的人，甚至那些秘密連局內人也不一定知道。這時很重要的是，當你與其他受訪者談話時，對於自己的言談內容就要小心，不要揭露太多你知道的事情，否則他們可能會因為面對你這個「無所不知」（know-u-all）而覺得不自在或不舒服。不要和他人談論受訪者私下向你提起的私事。你應該要被當成是一位謹慎的人，即使你遇到一些人，他們的信念與想法是不正確不正確的－甚至以你所知，那是可笑愚昧的，你也不要跳出來更正而顯露你所知的一切。有一位研究者曾表示，他之所以在學校研究中受到老師們完全的接受，正是因為他被認為是一位值得信任的人，雖然老師們並無法得知他（研究者）接下來會怎樣，但是至少他是不會閒聊他人私事的人（Smith & Geoffrey, 1968）。

　　不要隨意八卦的這個建議，也適用在面對其他非你研究對象的

時候，雖然與你的同僚或教授討論你所面臨的問題與研究的成果，但是不要過於輕率隨意透露所知的訊息。例如，不應該把你在研究中所獲悉的事情當成在聚會中聊天的話題。當你在與別人分享經驗時，要隨時想想，當你的研究對象聽到你在說這些事情時，他們會作何想法？假使你覺得他們可能會覺得困窘、難以為情，則你應該對自己加以節制。你所說的事情可能會傳回到研究對象的耳中，且嚴重地影響到你與他們的關係，也可能會破壞信任關係。

雖然某些老師覺得他們在上課時被人觀察不會有被干擾的感覺，甚至覺得有趣，但是，他們也表示如果被人家持續一直盯著看也會覺得不舒服，對老師而言，被當成像金魚缸裡的魚來看是一件難堪的事，不過如果讓他們知道成為大學的課堂上討論的話題，可就更加不愉快了。在學校裡以教師為對象從事實地研究的大學生，要注意此一問題。有一位曾經與研究者合作接受研究的老師曾說：「教授們說他們的學生只是來觀察學習，不過我覺得他們好像在批判我們；我覺得要去服務與滿足這麼多不同類的小孩子，實在感到力有未逮，我最不想要的，就是更多的批評，這些來研究的孩子們並不是在這裡與這31位小朋友待一整天呀」（見Sarason et al., 1966, pp. 74-97, 對該議題的討論）。

你所保存的實地札記的內容將可能包含無傷於你學習的訊息，既然其中也可能會存有直接引述受訪者陳述的話語與你個人的反思，你要小心地處理這些資料。不要隨意放置你的資料，讓研究實地裡的受研究者看到那些內容，並且為匿名的緣故，對於你報告中所記載的人要用假名（fake names），改變所研究的學校的名稱（假使你研究某一學校的話），對於讀者可能會從報告中判斷你從什麼地方、從誰那裡蒐集資料的訊息，也要加以調整。

雖然在外顯式（overt approach）的研究中，你的研究對象會知道你的研究意圖，不過當你與他們建立好共融關係之後，你是一位研究者的身份可能會漸漸地從他們心中淡化掉，你試著鼓勵他們把你的存在當成很理所當然，不用太意識到有你在旁邊。記錄綿密周延的實地札記本來就是質性研究中很必要的，我們將在第四章中把這部分仔細說明。我們建議的程序是，你在觀察告一段落後離開

現場，再做實地札記，不要在研究對象的面前當場做記錄，不過在現場也有其他適合做記錄的時間，例如，研究對象本身也在做筆記時，像高中生在課堂上會常做筆記，醫學系的學生經常在早上巡房時做筆記，當他們在做筆記時也是你適合做實地札記的時候；另外，當資訊提供者解釋一些繁雜細節的訊息時，在其面前寫些筆記並不會使他們不舒服的。當一個學校的校長在解說其機構的組織架構圖表時，也很適合拿出你的筆記本記下要點。事實上行政人員與高位階的人經常會期待，當他們在講話時有人邊聽邊做筆紀，在與他們訪談時邊做筆記或許更容易建立共融關係。

受訪者常會非常好奇到底你正在寫些什麼，可能會想要偷瞄一下，所以你要確定你在紙上所檢記下來的東西不在乎被受訪者看到。如果你在做記錄時，不要表現得像在記錄秘密或不被贊許的訊息，一副害怕別人看到的樣子，而故意將筆記本拿得歪歪斜斜的。

不要一直把筆與筆記本拿在手上走來走去，不過如果你覺得有需要，則隨處記一下筆記。有些時候觀察研究者在觀察期間使用的一個策略，是躲避到一個隱密的地方（例如廁所裡），簡要地寫下一些標題或片段，以方便自己做回憶、詳細紀錄。如果你決定這樣做，要確定不要把自己弄得像是偵探一樣，讓被研究者疑神疑鬼。

 ## 在充滿政治性與潛在衝突的情域中進行研究

在人群服務（human services）的組織機構中有意見不合與政治鬥爭的情形並非不尋常，只是程度上的差別，從輕微到嚴重都有。在學校、醫院、社會福利機構或其他機構裡，對某些事情的程序或政策上的辯論經常是很激烈的，職員、當事人或與從外部檢視機構的人常有互不信任的情形發生，這些情況對於研究者而言，很可能會遇到特定的問題。在很多情形下，研究者需要小心進行，例如，當人員間的互信基礎薄弱、對於某些議題特別敏感、當內部與

外部的人有嚴重的隔閡、當受訪者覺得他們對誰説些什麼對於他們權益的獲得或失去關係重大時、或當該機構中有明顯的小團體或小圈圈存在時，研究者都要如臨深淵、如履薄冰。如果你覺得你正深處這樣的研究環境中，你要把自己的步調慢下來，採取低調的態度，直到你明白誰和誰是對立的，及他們到底在爭些什麼。其間你要小心地聽，不要説太多話，如果你要問問題，遣詞用字也要小心。

在那些有人與人衝突的組織機構中，他們可能會競爭你的忠誠，想要讓你認同他們或另外一邊；他們可能會試著説服你來認為他們所説與所看待事情的方式才是對的，希望你贊同他們，一起對抗那些被他們視為敵人的人。一般而言，你要保持中立，這是很重要的，雖然很多時候這是一個很好的策略，只是常也不太可能讓你能置身事外。如果你認同某一方，則你就會難以接觸另一方的人，或很難有機會去瞭解他們。雖然這是很難辦得到，且機構中有這種情形是很具有挑戰性的實地研究過程，但你也要儘量對所有人友善，你應該到處走走看看，花時間在不同人的身上，對所有立場的人所説的話都要同理、傾聽，且不要在某一方面前談論另一團體的事情。

如果你的研究不是研究一整個團體或機構，而是研究跨越不同地方的某一相同屬性的團體，如不同大學校園的清潔維護工人要串連組成工會團體，或非裔美國學生團體指控學校當局種族歧視，像這種情形下，你要以這些對象進行研究的話，能夠認同你所研究的這些群體變得很重要。

雖然學校或其他組織機構裡的衝突情況會對研究者帶來某些特殊的困難，不過也可以提供機靈的觀察者一個獨特的機會，去瞭解其中針鋒相對與協商的互動過程。在衝突的時候，人們通常會公開其觀點，説明什麼對他們而言是重要的。因此，研究一個正處在衝突當中的組織機構，可以為研究者帶來特別豐富的經驗。

衝突也有可能並不激烈，且僅侷限於組織機構裡的小部分。在學校裡常見老師們對於彼此如何處理每天的問題看法不同，例如，有些研究小學的研究者就發現，某些老師不同意為何學生只因學習

成果低落，就要把他們放到資源班去；一位一年級的老師向研究者表示，她的學生需要被放到資源班去，因為他有學習障礙（learning disability），而資源班的老師覺得學生只是有「行為問題」，而非真正有學業成就低落的問題。「只因為他上課不乖，就被送到我這裡來」。這兩位老師對於學生行為表現的解釋非常不同，而他們截然不同的觀點導致激烈的辯論與爭辯。研究者要會追蹤這類的爭議，多聽聽各種不同觀點的意見，這會讓研究者得到很多重要的資料。

研究者的感受問題

在緒論的各章中我們曾提到，研究者自我的感受（feeling）與偏見是造成研究偏誤的可能來源，前一章中我們也討論了質性研究者如何將其情緒加以紀錄，以控制偏誤。此處我們從不同的角度來看待研究者的感受，它對研究也有正面的影響。感受是建立共融關係很重要的媒介，也可用來估量被研究者的觀點（Johnson, 1975），因此，感受不應該被壓抑（Ellis, 1991），如果感受的問題好好善加處理，可以變成進行質性研究重要的助力（Rosaldo, 1989）。

以下為各位介紹兩個研究的經驗，說明感受的使用增進彼此的瞭解。一位觀察研究者第一次探訪一個初中的學生餐廳，混亂的局面幾乎把她給震住了，「災難式的混亂」（chaos）這個名詞是她用來形容當場經驗到的情況：震耳欲聾的吵雜聲音、煮熟食物與垃圾桶的氣味、學生的推擠與喊叫等。她一進入現場，立刻感覺到，自己如果沒有馬上離開，可能會失控尖叫。該研究中的受訪的老師也說到他們第一次到那裡的相同感覺。事實上，正當研究者深處那混亂局面時，有一位老師來與她說話，道：「你的頭還受得了嗎？這裡簡直是動物園」。後來，當研究者到老師們的辦公室時，有一些人（受訪老師）也提及餐廳的情形，研究者向他們說自己在那裡的

一小段時間裡，就幾乎要崩潰了，而老師們也開始分享他們初到該校任教，在餐廳輪班的前幾個禮拜的感覺。但他們安慰研究者說：「你將會慢慢習慣的，現在我們有些人還真享受這種感覺呢」。與那些受訪老師分享她的感覺，使得研究者能夠獲知他們的感覺。

在一個教學醫院裡的幼兒加護病房，實習醫師們正手忙腳亂地在找小小病患的血管以便注射（其中許多是早產兒，他們的體重甚至輕到只有一磅）。這意思是說他們要一直以針頭戳幼兒的身體直到取得血液為止。一開始觀察研究者看到這景象，心中幾乎無法控制他對這些幼兒的憐憫與同情，看他們被戳得大哭掙扎，顯然相當的痛。過了一會兒，研究者發現自己已經比較能看得下去這些過程。過程中那些實習醫師很少顯露個人的情緒，除了會因為無法完成他們的任務而生氣。然而父母親們對於自己的孩子接受那樣的處理則很明顯地心中不舒服。當研究者與實習醫師們分享他的感受時，實習醫師才會告訴他這個過程很不容易，一開始他們也幾乎沒有辦法，後來他們是如何發展出控制的技巧的。其中一個技巧是告訴自己，這樣做是在幫助那些幼兒，不是在傷害他們。他們進一步表示，在處理那些幼兒時，在他們眼中常把幼兒當成物品來對待，不過這也使得他們對自己有點擔心，因為他們真的容易將病患當成東西來對待。不過他們覺得在對幼兒扎針抽血的工作上，他們是毫無退縮的空間，他們也了解父母親們對他們自己的孩子的傷痛有多麼不捨，所以他們也給自己一些解釋來緩和這些感覺，那就是，早產兒還未長好的神經，其感覺與大人的不同，這些幼兒不會記得他們的痛。

從上述這兩個例子可知，研究者的感受可以成為被研究者感受的重要指標，是一種反映感受的來源，也有助於形成問題來獲取被研究者更多的經驗。從這角度來說，研究者對於研究事物的感受反應是研究直覺的來源（a source for research hunches），假使能小心處理選擇性的呈現，並適當地表達，也可以是建立共融關係的絕佳途徑。（當然啦，如果你的情緒反應是與被研究者對抗，也可能產生彼此的敵意）。畢竟若能成為一個團體的一部份，意味著你能夠分享到局內人的各種反應（見Everhart, 1977）。

許多學校裡的人會說，校園外的人從來不可能瞭解成為學校教師的真正境遇與感覺是什麼，這似乎擺明的，局外人的能力不足以得悉老師們教學經驗中的挫折、憤怒、愉快與各種經驗的感覺是什麼。我們要說的是，對於一位研究者我們不必期待他能夠完完全全以一位教師的方式，將一位教師感受到的一切完全感受到；但是，研究者至少應該能夠感受到一部份並發展出對教師的同理。不論你到學校研究的那天是一個不好的日子，因為空氣中瀰漫著緊張的氣氛，或是學期的最後一天，大家都在說珍重再見，你都可以分享教師們的感受世界，你可以感覺與他們更接近，他們也可以感覺與你更接近。

　　有關於感受的另一個議題，與前面我們討論有點不一樣的是，研究者在研究過程中的壓力與緊張的問題。實地研究工作是很耗費體力與精神的，可以說是心力與勞力密集的工作。當研究者就研究的角色上要盡量保持省思與工具式的（reflective and instrumental）時，很難兼顧平衡友善與溫暖的態度。儘管實地研究需要很多的社交互動，不過許多研究者都表示，他們感受到的是孤單、寂寞，被隔閡與冷落，甚至這些感覺來自家人與朋友。有些人覺得要好好處理研究倫理的問題很難，他們感覺到罪惡感，因為無法對被研究者介入幫忙，或者對他們有了價值評判。特別是初學的研究者對自己有許多的自我懷疑：我是否做對了？我是否真的有歸納思考？我的資料夠不夠豐富？這些疑惑對於一位資深的研究者也無法豁免。

　　要對實地研究的壓力與緊張有所明白，並試著會去做一些事情來消弭。給自己一兩天的放空休息，或用其他方法打破你一成不變的例行公事，告訴自己不要對研究那麼一意孤執，否則會忽略了你的生活中的其他部分。

一個觀察區段需要多久？

　　根據我們的建議，在研究的前幾天把每次的觀察限制在一小時以內，當你的信心與瞭解的事物越多時，才開始一次幾小時的觀察。除了特別的例外，如下一段所說，否則你不應在研究實地中停留過長的時間，超過你的記憶能力範圍，或超過你事後能夠用來做札記的時間範圍。其實實地研究比做筆記來得有趣，所以研究者會傾向於喜歡在研究實地中待久一點。實地研究需要有所節制，要練習克制自己。

　　有些時候在幾次的實地工作之後，當研究者覺得他沒有足夠的時間與受研究對象建立足夠的共融關係時，他們可能會決定花更長時間，例如一整天，留在研究實地中，雖然他們知道他們可能無法記錄全部的資料（因為一整天的觀察會產生太多的資料）。在這種情形下，他們選擇犧牲詳細記錄，而遷就增進共融關係，我們覺得這是合理的。

 ## 訪談

　　我們大部分都做過訪談，表面看起來過程好像是不假思索就可以進行，其實訪談是一個有目的的會話（a purposeful conversation），經常是兩個人之間進行，或更多人一起（Morgan, 1988），由一個人引導以便從另一方獲得資訊。在質性研究者的手中，訪談有它自己的型態（Burgess, 1984; Fontana & Frey, 1994）。

　　在質性研究中，訪談可以用在兩種方式：可以是蒐集資料最主要的方法，也可以與參與觀察、文件分析或其他技術合併使用。在

所有這些情形下，訪談都用以蒐集描述性資料，依照受訪者的陳述，研究者才能發展出受訪者詮釋其世界的觀點。

在參與觀察研究中，研究者經常在正式訪談之前透過與受訪者的互動去瞭解他們，使得訪談可以像兩位朋友在對話。在此，訪談與研究的其他活動並不是很容易分離，例如，當受訪者有閒餘時間時，研究者可能會說：「有沒有幾分鐘的時間？我還沒有跟你單獨談談呢。」有時候訪談並沒有先前簡介，研究者就直接把情境帶入訪談。在一個研究中，一位研究者在醫院的新生兒部進行研究，他經常在半夜去那裡與護士們進行非正式的訪談，因為他知道那時候那裡人較少，是一個與護士們訪談的好時間，可以瞭解他們對於醫師的看法，及醫師們如何與病人互動。特別是在研究的後期，如果有特殊資訊的需要，研究者會與受訪者約定另外的見面時間，進行較為正式的訪談，這種情形在涉及歷史檔案與文件研究的質性研究中也很常使用。

主要依賴訪談法的研究中，受訪者對研究者而言經常是陌生人。（然而，在研究中常見的是與一位或少數幾位受訪者進行長時間訪談，俾能在研究之前即與受訪者熟悉），這些過程目的是要建立關係、使雙方互相認識，並讓受訪者能對研究的過程瞭解並保持輕鬆（Whyte, 1984，特別是第六章）。

大部分的訪談從簡單的、輕鬆的談話開始。話題可能會從棒球賽到烹飪，這些輕鬆談話的目的是要與受訪者發展共融關係，研究者盡量找尋與受訪者共通的部分，共同的話題，找到建立關係的立足點。如果你能與受訪者熟稔，你可以使研究工作更為順暢，如果你與受訪者仍然陌生，則必須想辦法破冰（break the ice）。在某些個案下，這需要花一些時間，對於長期的訪談研究而言，這個關係建立的過程可能要花上一整個訪談時間。不過，有女性主義研究者表示，女性受訪者對女性研究者容易打開話匣子，尤其在深度訪談時，女性研究者對女性受訪者更為方便（DeVault, 1990; Stacey, 1988; Lather, 1988; Finch, 1984; Oakley, 1981）。

在訪談的一開始時，研究者會簡短地為首訪者說明研究的目的，並保證在研究訪談中所說的一切事情會受到保密。許多受訪者

一開始會很拘謹，表示出一副自我消淡的樣子，表示自己好像沒有什麼重要的事是可以說。研究者要給他們鼓勵支持，再次保證讓他們有信心、也能放心。有時但不很常見的是，受訪者會挑戰研究者，質疑研究的方法與研究設計的周延性。在這情形下，你要說明自己的立場，不過不用過度防衛。

質性訪談研究的結構程度有差異，某些訪談雖然相當開放，但也聚焦於某些特定的議題，故受到某些一般性問題的引導（Merton & Kendall, 1946）。即使研究者有使用訪談綱要，質性訪談提供訪談者相當大的彈性在探索議題，也提供受訪者形成訪談內容的機會；當訪談者把訪談內容控制得太嚴格，受訪者無法以他自己的話語陳述他或她的個人故事時，這個訪談就不是質性訪談了。

在結構式／非結構式連續狀態（structured/unstructured continuum）的彼端是非常開放式的訪談（very open-ended interview），在這情況下，研究者鼓勵受訪者依其興趣隨意談，研究者再挑選某些受訪者主動提到的議題加以更深入探索。在這種型態的訪談中，受訪者扮演一種較強勢的角色，在定義訪談的內容和方向（Mischler, 1991），有人稱這種訪談為一種引導式的會話（a guided conversation）（Rubin & Rubin, 1995）。

對於結構式／非結構式訪談，有一些人在辯論到底哪一種方式比較有效。使用半結構式訪談你可能會很有信心地從數位受訪者間獲得可比較的資料，但是你卻失去瞭解受訪者他們自己如何結構那些議題的機會。即是這樣的辯論會活化整個研究學界，但是我們覺得你大可不必選邊站（take sides），你只要依照你的研究目標選擇適合的一種加以使用即可。再者，在同一個研究中不同階段可以使用不同的研究方式；例如，在研究一開始時，使用較自由流動的方式與探索式訪談可能比較重要，因為這個階段你的目的是要對研究的議題，各相關觀點的範圍有一般性的瞭解。在這個調查式的階段完成後，你可能會想要讓你的訪談更為結構化，以便獲得較多樣本之間的一些比較性資料，或者聚焦於在初期訪談時出現的某特定的議題（另外，對於結構與訪談類型的討論，請參見第二章有關分析性歸納部分）。

好的訪談讓受訪者可以輕鬆自在地、自由地述說他們的觀點（較完整的討論，請見Briggs, 1986），好的訪談會產出豐富的資料──可揭露受訪者觀點的文字資料，逐字稿（transcripts）應該很詳實並有許多例子。好的訪員要會使用專注的態度、點頭、適當的臉部表情，來跟受訪者溝通他的研究興趣與關注焦點，當受訪者使用一些令人不熟悉的詞彙時，訪問者可以加以澄清，例如：「你意思是什麼？」、「我不太確定是否抓到你的意思」、「你能否再解釋一下？」訪問者也要試探受訪者所說的意思，使其儘量明確。例如，當問受訪者有關於過去的事情時，訪問者可以建議受訪者回憶過往那個時候，試著將當時的情況還原說出。訪問者可能也會要求受訪者說說看當時所說的話是什麼，受訪者可以經由引導或教導對研究者特別感興趣的問題做回答，他們需要鼓勵，使他們能詳細說明。

　　對質性訪談者很重要的一個策略，是儘量避免詢問有關可以直接回答是或不是的問題（yes / no questions），多使用探索式的問題可以讓受訪者對於特殊的問題回答更為詳盡。例如，「你認為你在讀小學時是不是一位好學生？」這樣的問題讓受訪者可以只用一個字來回答（是或否），但是，如果換成另一種問法則不同，如：「請告訴我你覺得你在念小學時是什麼情況？」這個問法可以促使受訪者有比較詳細的說明。訪問者不要害怕沈默，沈默可讓受訪者整理其思緒並想想接下來的說法。除非受訪者講得明顯離題，明顯的不是研究者所感興趣的話題（昨天的球賽怎樣怎樣），否則訪談者不要打斷受訪者的說話，而改變對話的方向。

　　雖然並不是每個人都一樣能言善道或有概念，很重要的是，質性研究者不要太快就放棄一位受訪者，有些受訪者可能需要多一點時間來暖身。質性訪談研究的資料是一點一滴慢慢累積，每一次的訪談可能建基於其他訪談，或互相關連，因為研究者是從一個研究中所有的訪談來瞭解事情。或許某些訪談比某些次訪談得到更多資料，你也無法從每一位受訪者那裡得到一樣密度的資訊，但是，即使是一次不好的訪談，也可能對你的研究有一些貢獻。

我們的經驗告訴我們，研究者會誤判得自訪談的資料，經常研究者會覺得這真是一次很棒的訪談，一直到讀了訪談逐字稿才發現蠻失望的；相反的情形也有，有時候研究者自己覺得不太好的訪談其實產出相當好的資料內容。這種情況很常見，因為你覺得訪談過程好不好的判斷，經常是你對受訪者的感覺，及你在對話過程中覺得舒不舒服，這些感覺對於所得到的訊息內容未必有很大的關係。

對於各種訪談的情況並沒有規則可以一體適用，不過有一些一般的通則倒是可以提出來讓讀者參考。最重要的原則是要仔細聽清楚受訪者說些什麼，處理每一個字句的態度，就好像每一字句都可能解開受訪者對世界觀點的謎一般。如果你不清楚到底對方說的那個字句是什麼意思，一定要再次詢問加以澄清。問問題的目的在澄清問題，不是在挑戰對方；如果你真的無法瞭解，先假定自己是真的茫然不知，不是受訪者言不及義，而是你自己還無法理解，回去認真再次聽聽錄音帶、再次仔細思考。訪談需要有彈性，試試不同的技巧，包括開開玩笑，或有時可以有禮貌的稍微挑戰對方；有時候可以請求受訪者仔細地說明那個故事，或你也可以與他們分享自己的經驗。

雖然我們曾說，某些質性訪談比較像一般的會話，而較不像一個正式的、高度結構式的意見交換，不過質性訪談在許多方面都與典型的會話不同。最常見的是在一般會話中，參與會話的人不會很密集專注到底對方在說些什麼，他們會忙於試著去說服對方，或批判他們的邏輯，或將他們所說的與其生活經驗或先前的觀念做連結。常常人們也不會那麼專注於對方，很容易分心或覺得有點無聊；或者雙方的身份差異也會在談話中有一些社交儀式出現，通常地位較低者會服從地位較高者。所有這些事情，在訪談中都會提醒你給接受訪談的人一些完整的注意（undivided attention），把他們當成像專家一樣，你可以從他們的想法中去發現你所感興趣的事務。一個好的訪談需要很深入仔細的傾聽。

當Bogdan與Taylor（1994）開始以生活史訪談法，對住在前州立學校（ex-state school）的住宿生進行研究時，有關於要求被貼上智能不足標籤的受訪者談論其自身經驗的研究還相當少（州立

學校是該州對於專門收容智能不足者機構的名稱）。他們所讀的文獻顯示，那些被冠以智能不足者表示，他們其實並不是智能不足。早期的研究者都認為，那些受訪者在說謊，他們會以否認掩飾自己（Edgerton, 1967）。早先的研究者們曾經求證澄清過，那些受訪者是真的智能不足，所以那些堅稱自己不是智能不足者，被認為是故意在做錯誤的聲明。同樣的，Bogdan與Taylor訪談的受訪者也說他們不是智能不足，不過Bogdan與Taylor不把他們的說法當成是編造出來的謊言，而是小心仔細地聆聽，探索受訪者們認為他們自己不是智能不足的意義為何，他們的想法到底如何。例如，受訪者述說他們對於障礙或遲緩（retarded）這個字眼的偏見與刻板印象，覺得他們並沒有像那些字眼所指涉的那麼差勁，他們拒絕被污辱。況且，受訪者一直被安置在與其他真正智能不足者一起的地方，那些人有些不會說話，無法照顧其基本的身體功能（生活自理），在受訪者的眼中，他們與訪談研究者較接近，與那些一起被收容者差距較大。研究者不僅沒有用心理學的「否認」概念來反駁受訪者的觀點，研究者把受訪者的說法認真採納，開始反問那個名詞附加在這些受訪者身上的功效。透過仔細聆聽受訪者的心聲，研究者們開始質疑將人們分類成正常與異常的兩極化分類方式，而非進一步去使該分類方式更具體化。

瞭解受訪者的想法是訪談研究的中心目標，訪談的目標不見得能回答全部的問題，也未必能涵蓋研究問題的全部，而一個結構鬆散的訪談綱要（a loose interview guide）或許可以提供一些架構讓研究雙方做接觸。研究者必須在乎整個研究訪談的大目標，是在瞭解，不是在設計、弄花招、疑問，或以其他方式、發明策略或技術以獲得訊息，研究者要隨時準備好有時可以對其原來的計畫鬆手，躍上訪談情境中所出現的機會。例如，Bogdan在前面提過的對智能不足者研究的計畫中，後來去受訪者家中進行訪談，研究者準備好寫下的一系列問題去訪問受訪者。他一到現場，受訪者Pattie就請他坐下來，他環視四周，看到桌上擺著三張裝框的相片，旁邊還有一台電唱機及一疊的唱片。Pattie打開冰箱拿出汽水請研究者喝，並說冰箱裡沒有什麼好招待的，及她上街購物時所遭遇的困

難。受訪者開始述説在機構之外調整自己的生活及適應上所遇到的種種辛苦。研究者問她照片裡的人是誰，這個問題就讓她開始一連串長長的解釋，一一介紹照片裡的人，説她對他們的觀感，及他們與她現在的情況的關係。接著研究者提出對那些唱片及受訪者所喜歡的音樂的看法，這又引起受訪者述説一堆她的音樂品味及她個人的社交生活。到這個時候，大約兩個半小時過去了，是該結束訪談的時候了。透過這次實地訪談，研究者開始瞭解Pattie現在的生活，對她來講什麼是重要的，她現在有什麼樣的困難，即使一開始所列的一系列問題都沒有直接問到，一切也都進行得很好。

你如何引導受訪者對其經驗與觀點深入思考，並有完整且深度的表達呢？好的傾聽經常可以激盪出好的述説，其他形式的正向增強也是管用的。當受訪者在述説其生命故事的起起落落時，適當地表達你的感受與同理心，適當的眼神接觸（eye contact），讓受訪者知道你對他（她）是認真的、在乎的，這會有助於讓受訪者敞開其心胸，毫無保留地述説。

我們覺得，在從事開放式的訪談時，有一個方式可以更有效，也可讓你感覺比較舒服的是，你要把受訪的對方當成一位專家，你要向他介紹你自己，以概括的説法解釋你的研究興趣，及你為什麼要訪問他（她）。例如，假設你對高中教師及他們的生涯有興趣，你可以以下列的説法開始你的研究訪談：

> 我對於探索更多的高中教師生涯有興趣，Smith小姐告訴我，你是一位很好的對象，我可以向你請教。雖然現在只是為了一門我所修的課程來做這個訪談，不過我對這個主題很有興趣，可能會繼續發展成進行我的學位論文。到現在雖然我還沒有對主題的焦點弄得很清晰，不過我相信跟你的談話一定可以幫助我釐清很多的疑問與模糊之處。接下來我要請教你的是有關於教師及他們的生涯，是不是可以從你本身開始，談談你自己及你成為一位教師的生涯與想法。

有好幾個理由讓我們很喜歡這個方式，首先這個方式讓受訪者有參與感，這是一個別邀請的方式；除此之外，它將訪談設定成受訪者是一位專家，而研究者是一位前來求教與學習的人。第三，它

告訴受訪者你尊重他（她）的觀念與意見，所以前來學習。你不僅想請她們說說她們的故事，而且也鼓勵她們分享她們的觀念與觀察。當你用這樣的方式進行你的研究訪談時，你不僅可以獲得很好的描述性資料，也可以產出許多抽象概念，讓你可以思考有關於你的研究主題。

在量化研究中，強調的是以標準化的程序蒐集訪談資料，當面對受訪者請他們填寫問卷時，訪員被期待應該對所有的訪談表現相同的行為，他們被要求、教導必須遵循標準的操作程序（standard protocol）─穿著打扮要相近、演練一樣的標準、熟記指導語、每一次讀問卷題目的方式要相同，假如受訪者問問題時，不要提供其他多餘的訊息等等。這個信念主要是，假如將對受訪者的刺激標準化，你會比較知道如何控制受訪者的反應，因為你已經控制了研究者本身的變異性。但是在質性研究中，誠如你所知的，質性的訪談是相當不同的，質性研究者不相信透過標準化的程序可以獲得更為有效度的答案，他們相信就是因為那不同的問題之遣詞用字，對於不同的受訪者方可以刺激出不同的反應。對不同的受訪者，問題的詞句有不同的意義，因此，受訪者不需要對相同的問題來做回答。例如，假使你問一位工廠的組合作業工人與一位外科醫師相同的一個問題：「你喜歡你的工作嗎？」兩者可能都會說他們很喜歡他們的工作，不過，外科醫師回答該問題時的考慮點經常是該工作的內在性質（intrinsic nature）─他（她）實際所作的事與其所帶來的滿足與成就感。反之，對於作業工人而言，他們可能會考慮工作的外在層面（extrinsic aspects of work）─薪資所得、健康因素與退休金，及他們在購買生活基本所需之後所剩餘的錢財可以購買多少消費品。

質性研究者相信，對著每一位受訪者朗讀相同的問題，無法對於他們的回答有任何的保證。他們相信，每一位受訪者是需要以不同的方式來跟他們做接觸的。其目標是讓每一位受訪者感覺到放鬆、開放，能夠以有意義的方式談論某些主題，探索其中話語與問題的不同意義。因此，為了能夠真正獲得研究主題的內容，質性研究方法主張你應該隨著情形不同而調整你的穿著，調整你的行為表

現，與調整你的研究訪問問題。所謂保留彈性的意義，是不要用先前決定的一套程序或標準對你所面對的情況與受訪者做反應。Becker（1951）在其學位論文研究中研究芝加哥地區的教師，他以不同的方式面對不同的教師，他感受到，對年輕的新老師他可以比較直接地詢問他們對政治的感覺，然而對於年紀較大的老師，他必須較迂迴繞彎（circuitous）。

你可以從檢閱訪逐字稿來判定一個訪談是否是好的訪談，如果受訪者述說的部分很長，訪談者的部分較為簡短，通常你可以認定那是不錯的訪談，所得的資料很豐富。假如受訪者說話的段落被打斷，且研究者評論的部分佔很大比例，這個訪談可能較差，因為得不到很多來自受訪者豐富的資料。

在你的訪談研究時，如果受訪者顯現出嚴重的壓力狀態或情緒反應怎麼辦？研究者應該避免以攻擊式的催促方式，逼著受訪者一定要說出他們覺得難過、傷心或屈辱的事情，這樣會傷害受訪者。大部分的研究者並沒有臨床上的訓練，所以他們可能無法辨認一個人是否正經歷深度的抑鬱、或其他的心理狀態，使他覺得受到傷害，所以要留意。你或許不應害怕讓受訪者表達其心中想法與經驗，但是不要壓迫式地催促他們。假如你擔心受訪者的心理狀態，可以保持敏感度，當他們需要被幫助時，你可負責任地做一些應該做的事情，對他們表示你的支持態度，甚至鼓勵他們去求助。

有些對於質性研究者討論的議題圍繞在，到底研究者是不是用說服或誘導的方式讓受訪者說出或揭露自己的事情？例如Finch（1984）曾經提出他的擔心，他表示女性研究者面對女性受訪者好像非常容易地就可以獲得想要的訊息，特別是當受訪者她們少有機會可以述說生活中中心的議題時，這樣的極端容易真的是那麼容易嗎？會不會是研究者在剝削受訪者對她的信賴感？研究者要小心，不要這樣做（Stacey, 1988）。有一個方式研究者可以避免陷入這樣的情況，那就是在訪談時，向受訪者強調自我揭露（self-disclosure）的重要性，即研究者也要適度地揭露自己的經驗與受訪者交流（DeVault, 1990; Lather, 1988）。

誠如我們先前所介紹過的例子，對曾住過州立學校的智障生的訪談研究，相片與事件相關記錄都是可以引導與受訪者對話的刺激物。當你在受訪者的家裡或教室裡與他訪談時，可以問他有關於掛在牆壁上或展示出來擺著的照片或物品，表示你的興趣。在一個對父母親訪談其對孩子發展情形的看法之研究中，研究者故意問父母親是否他們有孩子的照片；那個研究訪談是在家裡進行的，而大部分的父母親都會很樂意把他們的家庭相本拿出來，跟研究者來分享。那些相片很可能就成為架構整個研究訪談的腹本（protoco1）。所以，如果情況可以的話，你可盡量問些問題，有關於所看到的照片、獎盃或其他周遭的東西。

　　假如你要求人家要跟你分享他們的生活內容，很重要的是，你不能隨便對人家有價值評判（judgmenta1），否則他們將會覺得受到貶低。例如，即使一位老師對學生有種族歧視的言論，也會讓你覺得難過，所以，你必須控制自己的反應，隨時提醒自己，你的目的是要去知道他們的觀點，不是去教導你的受訪者接受你的觀點或意見。或許你會覺得與你所聽到的觀點有價值衝突，你仍要鼓勵受訪者多說說他們的想法與感覺。例如，受訪者對研究者經常有一些刻板印象，他們會認為大學裡的人感覺起來就是應該怎樣。他們許多人會認為所有學院派的人就是「超級自由作風者」（super1ibera1s）或「激進者」（radica1s），因此，當他們自己是保守思想者，他們寧願不說出他們自己的想法。很重要的是，你要去創造一種氣氛，讓他們能夠自由自在地表達他們的觀點。受訪者經常會有如以下的開頭說法：「你們在大學裡比較高，不會這樣子想，我這樣的經驗你也不曾經有過...」、「你可能會覺得我這樣的說法是在吹大牛，但是...」、「你在書本裡讀到的跟你在實際上第一手遇的情況，有很大的落差...」。從另一觀點而言，如果你既不尊重他們的觀點，也不坦誠地表達你自己的經驗，要與他們建立良好的研究關係是相當困難的。

　　團體訪談（group interview）是把研究者帶入受訪者世界的有用方式，在這情形下，很多人被帶到一起，他們被鼓勵述說有關研究興趣的議題（Morgan, 1988）。你可以把教師、父母或校長們

帶到一起，讓他們說說他們的工作情況，或談談對於與孩子相處的那些人的觀點，這經常是一種得到頓悟或深入看法的好方法，找出可以在個別會談中更深入去探究的方向。當大家圍繞在某些主題在討論時，受訪者們經常可以激盪出一些你隨後可以更進一步探索的議題。團體訪談對語言教師與校長是一個利器，也可運用助手來幫忙。對於青少年對某些事情的觀點之研究，團體訪談特別有用。雖然在團體訪談裡研究者常要處理冷場、有人故意為難、使用適當語言的問題，這些情形在混合性別的團體中特別會出現，不過，有一點要注意，在年輕人的團體中，如果有其他與其年齡相仿的年輕人加入，可以刺激他們說得更多、更廣。

有許多研究者廣泛地使用「焦點團體」（focus groups）為其研究工具（Stewart & Shamdasani, 1990），其起源是對市場行銷（marketing）的研究，檢驗行銷策略與產品發展方向。評估與策略研究者發現焦點團體的效度好，現在焦點團體成為許多類型研究早期源頭的一部份。焦點團體是一種團體訪談，被架構成一種形式，具有明確定義的目標，通常由一位帶領者與八到十位受訪者組成；帶領者要介紹討論主題，鼓勵參與者對主題提出看法或評論，大家輪流發言，形成一種動態的團體對話（dynamic group dialogue）。

焦點團體與各型式團體訪談要面對的問題，包括要控制有些喜歡霸佔別人時間的人，與把整個談話的主題保持在與研究主題相關的方向上。當團體訪談要進行錄音時，另一個問題就來了，除非錄音帶能事後儘速地轉譯成文字，否則整個訪談過程難以重新建構。另外，確認那個聲音是誰在說話，及同時間有好幾個人一起在說話時，都會增加錄音帶轉譯工作的困難度。

在訪談中使用錄音機時，要特別考量一些實地研究關係的問題，我們將在第四章中討論錄音機使用的問題，不過這裡我們把問題聚焦在研究者與被研究者關係的考量上。如果你決定要使用錄音機，要先問問受訪者介不介意。當你與受訪者接觸，在詢問同不同意錄音的點上，有時是挺棘手的事。不知是因為害羞或害怕被拒絕，許多人很難提出這個問題，但是絕對要記住，沒有先經詢問同

意，千萬不要錄音。要強迫自己一定要問這個問題。有些受訪者並不在乎被錄音，有些會問你要如何處理那些錄音帶，他們需要你向他們保證，他們跟你分享或揭露的私人訊息不會對別人洩漏而犧牲他們的權益。另外，有些人會認為，一旦他們所說的話被錄成錄音帶，這些錄音可能會回過頭來糾纏他們（例如，如果他們說出曾做過一些違法的行為，會讓他們遇到麻煩），他們需要再次保證。有些人就會直接說不，而你必須接受他們的想法。在不能錄音時，如果是參與觀察研究中的簡短訪問，你應該在該次訪談後立即做記錄；如果是較長的訪談，你可以隨筆記一些簡單的字，幫助你補充記憶。有時候受訪者在他們開始說之後會改變主意，對於一開始就拒絕錄音的人，你要提供機會讓他們隨時可以改變心意（說不定，隨後他們會同意被錄音）。

到底錄音機需被擺在研究者與受訪者間關係的什麼位置呢？Edward Ives (1974) 是一位口述史學家與民俗專家，他認為當在進行訪談時，錄音機應該被當成看不見的的第三者。當受訪者有手勢或以手表示東西的尺寸時，這些非口語的線索必須被翻譯成口語，以便能錄下事後將之譯成文字。訪談研究者不要試著去引導既定的答案，也不要讓他們覺得說出自己的答案是難為情的。有一個研究在探討國小學童性發展，有一位受訪女學生說她記得是在三年級時開始有第二性徵發育，後來她又說應該是在四年級結束時。訪談者回答說：「那聽起來好像是喔！」這樣的回應使得受訪者覺得自己好像不被信任，好像研究者不太相信她的說法，所以後來她說她不太記得一些事情了，因為訪談者對他的懷疑使她自己也產生混淆。這位訪談者不經心的說法，似乎在指涉受訪者的發育有點違反一般正常發育的原則，引起受訪者覺得不受信任（Biklen, 1973）。

好的訪談者需要有耐心，你常常會不知道為什麼受訪者會那樣子回答，但是要有耐心等候他們較完整的解釋。訪談者也要像偵探一樣，能把片段零碎的對話、個人的歷史與經驗拼湊在一起，以便發展出對受訪者觀點的瞭解。

影像錄製與實地工作

　　從事質性研究的研究者，進行實地研究工作時，使用錄影機的情況差異很大，下一章我們會較完整地討論各種視覺資料及其使用，這裡我們討論的是與實地研究議題有關的視覺資料。

　　雖然有一些研究者依賴很多靜態與動態視訊材料，甚至以錄影為他們蒐集資料的主要方式，但是大多數的質性研究者並未如此。雖然照相機在資料蒐集上有很大的協助潛力，但大多數的質性研究者不太好意思使用；有些人對於使用照相機與相關設備並不熟練，不太有信心使用；有些人雖對使用照相機還算熟練，但是他們有點怕麻煩，覺得會影響他們做其他事情。另外，有些研究者把照相機的使用和旅遊與偷窺作連結，他們不想這麼做。有許多人認為，在進行質性研究時帶著照相機，會增加研究的可見度(visibility)，因為他們想要避免過度惹人注意，所以不想使用。

　　其實照相機可以不干擾、不複雜的方式使用，例如，可以拍下一個實地的物品清單。研究場域的物品與設施如果能拍攝下來，遠比光用文字紀錄可以提供研究者更多的訊息，例如，布告欄、書櫥的內容物、黑板上書寫的文字、傢具的排列方式等，都可以拍錄下來，作為日後分析與研究之用。這些拍攝的事可以在方便的時間進行，當那裡沒有其他人在的時候，而且拍照也可以延後，配合你的方便，讓你能專心、小心地進行訪談與觀察。你也可以在與受訪者建立好關係以後再進行拍照或錄影，比較不會嚇到他們。研究者也可事先記錄，做好他要拍攝物品的清單，或者標示出那些用口語錄音過於複雜或模糊的細節，稍後可以視訊方式加以蒐集。當適當的機會來時，那些照片可以很快地拍攝，而且所需要的技術專長很少。

　　除了布告欄、書櫥之外，大部分的人會想去拍攝其他很多東西，他們想拍行動中或做某些行為的人，他們想將其受訪者在自然情境中的狀況留下視覺記錄，藉由這些記錄來協助他們記憶研究內

涵與協助管理其資料。研究者也會想將這些照片放入其研究報告冊子中，以讓讀者能藉由圖示對研究對象有更深刻的認識。Mitchell Duneier (1992) 就催請了一位攝影師去幫忙拍攝Slim與一起用晚餐者，希望把照片放到書中（書名叫做Slim的餐桌）。假使研究者的目的不止要獲得物品的清單或陳列，則整個拍攝記錄工作會變得更為複雜。

在研究場域裡拍照，會使人際間的互動關係產生一些改變，這些影響對於觀察或訪談當然都有一些與原來不同的地方。一位觀察者出現在研究場域，會改變觀察的情境；一位攝影者出現在研究場域，必然也會改變當場的情形，而且這種改變通常是更加戲劇化的。

人在其環境中會逐漸地習慣而可能會忽略其中的任何事物，攝影師也不例外。如果攝影師一直出現在那裡，且成為受研究者熟悉事物的一部份時，攝影師終究不再是一個引起注意的刺激物。有一位攝影師回憶他在一個教室裡待了一段時間，有一位對他不熟悉的學生進來，問他是誰，有人簡單地向他說：「喔，他就是那位攝影師」，接下來那些學生就不再特別去注意他在做什麼了。這種因熟悉而變得不特別去注意的過程通常很快，在某些情況下，例如，一群活力旺盛的青少年，對於一位出現在他們周遭的攝影師，從一開始注意，到忽略他的存在只花了十五分鐘，到半小時的時候就幾乎忘了攝影師的存在了。某些其他情形下，有些人可能需要養三天的時間，才能在攝影機前面表現得自然，回到他們原來的自然表現。這個削弱敏感所需的時間，在研究設計時就應該計算在內。如果該研究是要針對某一特殊的事件進行攝影，研究者要預留足夠的前置時間，讓被研究者在攝影機前表現自然時，剛好也是該事件出現、研究者真正有興趣攝影記錄的時候，而且攝影師出現在現場的時間也要安排得恰當的密集，讓他的出現可以達到受研究者因熟悉而不再敏感，不至於每次他出現都要讓被研究者重新再適應一次。

讓攝影研究者變得較不那麼引起被研究者注意的第二種方式，是試著去分散被研究者的注意力，如果研究場域裡有其他的事件或活動在進行中，則被研究者比較不會去注意攝影機鏡頭，不過通常

事先做安排是很重要的，且要知道研究場域裡正常的活動規律地進行也是必要的。通常當一位攝影研究者來到現場時，被研究者常會疑惑到底他們「該怎麼做」，只要這個不確定性未獲解決，他們常常不願像平常一樣的表現。如果現場有人可以幫忙，例如教室裡有老師可以幫忙，則研究者要事先與老師溝通作安排，幫忙把他介紹給學生認識，讓他的初訪不至於對學生們太干擾。（例如老師可以向學生說：「他（攝影研究者）只是來看看我們平常每天在做什麼」或「我們不用特別去注意她」）在較不結構化的情境裡，最好有一位與被研究者熟悉的局內人幫忙作介紹，向受研究者解釋不用特別作些什麼，以去除受研究者可能的特別表現，特別表現會污染研究的結果，研究者期待能觀察到被研究者自然的表現。如果沒有特別的人可以幫忙，研究者就要準備好回答許多被研究者可能有的疑問（例如，你是誰？你在做什麼？你要我怎麼做來配合？）當攝影師開始工作以後，他們就會漸漸地回復平常的表現。

　　大部分這些與研究相關的評述都牽涉到一群人在一個明確界定的情境中，所以有些建議並不適用在對單獨的個人，或受研究者在各種活動與地方來回移動的情況。當只有攝影研究者與受訪者單獨在一個地方時，攝影者不可能變成看不見或不被受研究者注意到；當被研究者經過其他地方，而那些地方的人不知道攝影的目的與性質時，研究者要保持不受到注意也很難，甚至不可能。這些情況都說明了攝影研究者要保持不受到注意的難度。一位觀察者陪同一位被研究者從事一天的活動，包括從早餐到晚餐、購物與訪友、或者獨處，都不特別難；不過，如果研究者還隨時帶著一台照相機，隨時捕捉受研究者所經歷的每個事件時，就顯得有點怪異、且十分的叨擾了。這裡要說明的是，不管任何的研究方法，都有其限制，超越了那些限制的話，就會變得不具生產力或奇怪；然而，這並不是說一位質性研究者都不可以跟著被研究者去拍攝上街買日用品或搭公車，而是說攝影的密度與不干擾性在某些情況下會喪失（會失去該方法的周全性與效度）。因此，在設計一個質性研究時，研究者要能先瞭解這些限制，並加以彌補。

在研究中當你的被研究者本身也在照相時，你的攝影比較不會引起敏感。例如，被研究者在畢業典禮上、家庭聚會、運動競賽、與其他特別的活動時，也通常會拿出照相機來拍照，這些時候被研究者彼此以驕傲的態度互相注意對方，他們認為那時候他們最棒的；在這公開的時間裡，他們也可能會盛裝展示自己的亮麗耀眼。所以，研究者在這些時候進行拍照與攝影，只要是在正常的拍照場合下，會被當成溫暖、友善、肯定的行為。

研究者進行拍照或攝影所牽涉的某些問題，可以透過請有經驗且懂得質性研究的攝影師加入研究團隊而獲得減緩。當然啦，請攝影師幫忙也會引起其他的問題，與受研究者協調使其接受是一個問題，不過不會像你想像的那麼多問題。我們認為，攝影師在一個研究計畫裡可以扮演一個特殊的角色，因為好的攝影師不是好的觀察研究者，再者攝影師拙於與人互動。這聽起來似乎有點矛盾，難道拍照與攝影不是觀察現場最好的方法嗎？事實上，我們要表達的是，只有人們把自己變成一位好的觀察者，才能對現場的情況保持高的敏感度，並能將整個情節做最完整的回憶（當然啦，當中仍有限制）。攝影師工作的情況很不一樣，對攝影而言，兩件很基本的操作考量是視框（framing）與時機（timing），也就是說，要把什麼東西放入鏡頭，及什麼時候是按下快門最佳的時間點。並不是說哪一個研究方法比另一個方法好，而是，它們是不同的資料蒐集方法。一位好的攝影師會切割或凍結事物的關係或人的行為，那是無法以口語述說的方式加以重新建構的；但是觀察研究者能夠將攝影（拍照）無法傳達的整個事件的組織結構，做整體感覺的呈現與傳達。因此，攝影師與觀察研究者協同合作進行某些研究，可能是一種理想的方式。

儘管前面我們說了很多有關視覺記錄可能會使得建立共融關係遭遇問題，也有人倡言主張，拍照可以是增進關係的方法。例如，拍了照片沖洗出來後，可以與被研究者分享或送給他們，這可以讓你與他們更加靠近。拿你為他們拍的照片給被研究者看，可以引導出更多的對話，並產出更豐富的研究資料。

三角檢證法

近來在討論質性研究時，三角檢證法被討論甚多，在Denzin與Lincoln（1994）編著的書中，這個名詞在主題索引中就曾經出現了17次。因此，我們很難找到一本質性研究的學位論文，作者沒有在文中特別強調三角檢證法（triangulation），使讀者們相信他（她）的研究是非常謹慎地完成的。不幸的是，這個名詞被用得並不精確，所以已經變得讓人不容易瞭解其真正的意涵。這個名詞原本是借自三角學（trigonometry），為航海與調查方面所使用。你無法在地圖上僅依靠你與某一個物體的空間距離來確定你的精確位置，因為那只能讓你與該物體畫在同一線上，你還需要另一個物體的相對關係來幫助你，所以你可以依靠兩個相對關係的交叉點來確定你的精確位置。你的位置加上其他兩點位置，可以被當成像三角形的三點，因此，只要你知道三角形其中一邊的長度，你就可以計算出另外兩邊的長度。

三角檢證法首先被社會科學所借用，其目的是要傳達一個重要的理念，就是為了要建構事實，研究者需要不僅單一的資訊來源。例如，要很有信心地指出某一列火車在某一天抵達某一站，你所需要的訊息不僅依靠某一位在列車上旅客的日記記載（那位旅客的記載可能有誤）。如果你同時掌握到火車時刻表與旅客的日記，則你會更有信心。另外，讓你更具信心的情況是，你有火車時刻表與旅客的日記，加上有火車到達該站當地當天的報紙報導。當三角檢證法被導入質性研究中，它仍然帶有其舊的含義，就是對事實的驗證。不過還有其他意義，就是許多資料的來源要比一個單獨的資料來源好，因為多重資料來源可以使研究者對研究現象事實的瞭解更為周全。也有其他學者將此原則延伸為多個研究對象、多位研究人員、不同理論模式、及不同資料蒐集技術的使用。不過，我們建議不要使用這個名詞，因為它使研究者產生混淆的比澄清的還多，它對研究者恫嚇的比啓蒙的多。假如你的確使用好幾個不同的資料蒐

集技術，例如訪談、觀察與官方文件資料，你就直接將它們説出來；如果你從多位研究對象那兒獲得資料，就直接說出來；如果有多位研究人員共同蒐集資料，就直接説出來。簡言之，就是把你所做的明白清楚地描述出來，不必使用三角檢證法這個不精確與抽象的名詞。（如欲進一步知道有關該名詞的討論，請參考Blumer, 1967; Bryman, 1988; Denzin, 1978; Glesne & Peshkin, 1992)。

離開研究實地

在研究實地的前幾天你會感到笨拙與不被接納，當時間一分一秒過去，你逐漸覺得比較舒服，感覺變成該實地的一部份；接下來，如果你已經完成所設定的目標，而必須要離開時，會怎麼樣？分離可能是困難的 (Maines, Shaffir & Turowetz, 1980)，經常研究者會變得對那裡產生興趣，並會喜歡所研究的那些人。要離開了，你會覺得好像要拋棄他們了，尤其你所研究的對象是一些生活不幸的人、或窮困的人、改變其困境機會渺茫的人時。當你覺得你離開之後可能會失去獲得新資料、得到新發現的機會時，這種感覺也會出現。即使一個人有許多的理由可以用來讓自己不要離開研究實地，拖延終究會有結束的時候。

許多人離開研究實地的方式，不是一下子就驟然離開，而是逐漸減少去那裡的頻率，最後才完全離開。以這樣漸進式的過程，可能對研究者與被研究者在心理上比較有幫助。常常研究者在終止資料蒐集之後，又突然發現他們需要再做一些實地資料蒐集。為了預備這樣的權宜情況所需，在蒐集資料完成要離開的時候，很重要的是，要預留再度回去的敞開之門。這種情況完全要看你與機構（研究實地）的把關者之間如何協商，或許你需要盡一些義務，例如，呈送你的研究報告，或在離開該機構之前與機構的人員討論你的研究經驗。

實地工作

　　許多實地工作者表示，他們與研究實地的人們維持不錯的聯繫，會定期去拜訪他們，並回去參與他們的活動。有時候有些研究者會與被研究者成為一輩子的好朋友。許多質性研究者都表示，他們會定期進出研究過的地方，甚至對同一個地方、同一群人進行長期縱貫式的研究。

Chapter 4
質性資料

◎ 良心建議
◎ 實地札記
◎ 撰寫實地札記的過程
◎ 錄音訪談的逐字稿
◎ 文件
◎ 攝影
◎ 官方統計及其他量化資料
◎ 結語

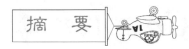

　　像礦工轉動石塊尋找黃金，研究者也必須在研究過程中，搜尋有價值的資源。因此，一方面說來，在研究者某些特定需求下，一般事件都會變成研究資料來源。

　　一般而言，研究資料是指研究者從研究領域所收集之初步或原始的資料，這些特定資訊形成了分析的基礎。研究資料包含研究者主動進行的記錄，比如「訪談逐字稿」、參與觀察之記錄。研究資料亦包括其他人具有研究資料價值的創作及研究者的發現，像是日記、照片、官方文件、及新聞報導。

　　研究資料既是證據，也是線索。仔細蒐集、紀錄研究資料，是很具體可察的事實，能避免所寫的研究論文流於查無實證的假設。能有系統嚴謹的蒐集研究資料，才能使質性研究與其他科學結合，研究資料包含所需深思探索之特殊課題，及可深入探討之豐富人生百態。

　　質性研究資料包含以下數種不同方式，一、實地札記(fieldnote)，實地札記又分為兩種：描述式—著重於描繪觀察中的實況場景、人物素描、動作、及對話；省思式—多捕捉觀察者的心理層面、想法、關切的要點。

　　另一種形式的質性研究資料是錄音訪談的逐字稿，用來保留訪談者的當時情況，是許多訪談研究的主要資料。

　　研究資料另一種資料形式為文件，可分為個人文件、自傳、學生記錄及個人檔案、官方文件、內部文件、外部通訊、流行文化文件、及攝影。有時這些文件可以用來提供更多線索，或者可以是訪談及參與觀察紀錄的支持性證據。

有一個人在野外散步，看見一隻黃頭鷺自一叢灌木啄下一顆紅莓，飛到另一叢灌木上，丟掉原先第一顆的紅莓，再啄另一顆紅莓。若這個觀察者是一個鳥類學家（ornithologist），專門研究鳥類飲食習性，就可能會詳細記錄—蒐集資料。但若是這一個人換成是教育研究者在某一個假日外出散步，便有可能會忽略這一些關於黃頭鷺的細節，且不會加以記錄任何資料。相同地，考古學家（archeologists）所認為的資料，在別人眼中可能為一無是處的廢物。（許多古代遺留的廢物堆置場正是這類研究之最佳場景）。若研究者看到一個學校校長的備忘錄（memo），立即知道這份資料多麼具有價值，如果他知道該備忘錄的潛在研究價值的話。像礦工撿拾石塊、然後仔細檢視這一塊礦石以發現是否含有黃金成分，研究者也必須在研究過程中，搜尋具有研究價值的資源。在研究者特定研究架構的接觸下，即使一般事件也能成為研究資料。

「資料」（data）一般指的是研究者從研究場域所蒐集之初步材料，這些特定的初步材料形成了資料分析的基礎。研究資料包含研究者主動進行的記錄，如訪談逐字稿、參與觀察札記。研究資料亦包括其他人創作的作品及研究者本身發現的資料，如日記、照片、官方文件、及新聞報導文章等。

研究資料既是一種研究「證據」，也是研究「線索」。若是謹慎地蒐集，那些資料會成為牢固的事實，讓你避免寫報告時流於缺乏事實根據的猜測。當資料是經嚴謹、系統地蒐集而來時，可使研究者立基於實證世界，並使研究能與其他科學做連結。研究資料包含需要深思探索之特殊課題及人生百態，這些都是你要探索的。

本章將以探討資料及資料蒐集為課題。本章課題與我們所談之實地工作緊密相關（請參閱第三章），但在此章我們將特別強調資料蒐集的內容與技術面的問題。

有些質性研究特別只依賴一種資料形式，例如訪談逐字稿，但大部份使用多種不同資料來源。雖然我們會分別討論不同形式的資料，但是要謹記在心，其實在研究中很少會把各種資料隔離使用（通常是統合運用）。以下我們從仔細討論質性研究的基礎—實地札記—開始介紹。

良心建議

在詳盡提供實地札記及其他形式的質性資料之前，我們先提供一些建議。確保你所得的資料系統井然有序，擬訂執行計畫並確切施行。當你身處研究情境，資料從四面八方湧向你時，就很容易草率、不經心的保存資料。若不能清楚掌握檔案資料存放之處及對資料其他特質有所瞭解，容易導致後來的研究與分析上遭遇種種挫折。由於有著現代電腦科技及電腦在取得及處理資料方面的優勢，所有實地札記及訪談逐字稿應立即輸入電腦，使用先進文書處理方案及檔案系統儲存。大部份質性的電腦資料分析軟體無需特別流程或格式以進入資料檔案內容。你可以輸入實地札記或訪談逐字稿，如在文書處理程式下輸入任何文章一樣。若決定用某一質性資料分析程式，並依指定的資料處理格式，輸入資料，所輸入的文字檔便能輕易轉換，符合這些需求。在開始研究前，就知道使用哪套軟體作分析是一項事半功倍的作法；但是，就生手而言，這常是不切實際的，可以稍後再做出決定。為了確實了解要使用的程式，可參閱使用手冊所附的文本輸入法說明。

對於任何存放於電腦中的資料，確定要拷貝一份存檔。這樣可能顯得老套，但我們總覺得另行印出一份紙本加以存留，會更安心一些。研究的特殊性自然會影響資料檔案保存型態。但有個一般共通的建議：替每個所寫的實地札記及正式訪談逐字稿建一個檔案，取個能輕易查明內容的檔名，將札記與訪談逐字稿存放於不同的檔案、列出清單，而且試著依蒐集的順序排列。

你實地調查中所發現的文件也為資料的一部份，要存檔起來。是否將其輸入電腦，是依這些資料文件的性質、數量、及使用方式而定。這些問題可以讓你決定將這些文件掃瞄入電腦是否具有意義，不過通常是不具意義。這些發現的資料通常格式不一，或需費力耗時掃瞄，圖畫及攝影作品也一樣費時、消耗人力。不同於一些

電腦專家的說法，其實，真正好的掃描設備價格昂貴，也要大費周章才能操縱得當，若想擁有好的影像，又需要大量儲存空間。因此，對於缺乏贊助經費的研究計畫，大部份在研究過程中都把所發現的資料文件需以資料夾或檔案櫃等方式來整理。若把各種資料都留存一份列印出來的檔案，可以直接將蒐集到的資料文件以時間先後插入實地札記中。

實地札記

　　從觀察、訪談、或其他研究場合回來之後，研究者通常較喜愛在電腦上立即輸入發生的事件。研究者會詳細描述了參與者、事物、地點、事件、活動及對話。另外，作為記錄的一部份，研究者應該在實地研究上清楚記錄個人想法、使用的策略、省思或感想、及預設立場，並呈現出記錄的格式。這些都是「實地札記」(fieldnotes)——以書面文字記錄的方式，來呈現研究者在質性資料蒐集過程中，所聽聞、經歷的實況、產生的想法或思考。

　　參與觀察研究的結果成功與否，特別依賴詳盡、正確及廣泛的實地札記，其他形式的質性研究也一樣。在參與觀察研究中，所有資料皆視為實地札記；實地札記這個名詞泛指在研究中所蒐集的資料，包括實地札記、訪談逐字稿、正式的官方資料、各式文件、正式的官方統計數據、圖畫照片及其他資料來源。在此章，我們以較狹義的方式來解釋這個專有名詞。

　　研究者明白實地札記是參與觀察研究的核心，但有些人忘記這些記錄對其他資料蒐集法亦是一大補充。例如，在錄音訪談中，研究者若能當場做筆記作為補充，訪談的含意及內容便能抓得更精細準確。錄音機無法捕捉訪談過程中的視覺效果、親身感受出其中的意義、以及主觀印象、及訪談前後的其他意見。實地札記能提供所有研究者的個人筆記，這有助於研究者追蹤計畫的發展，顯現研究計畫如何受蒐集資料過程影響，協助研究者瞭解自己是如何受資料蒐集過程所影響的。

　　在談其他資料形式中（此章後半部），我們會扼要討論實地札記的特點。在此，我們將著重於實地工作者與參與觀察研究相關的部份。雖選擇談論參與觀察研究中的實地札記，這裡所談的，大多直接與用其他方法呈現的實地札記有關，比如訪談。

　　一項有關課程的研究蒐集了一組實地札記，這一堂課有來自市區中學的殘障學生，複製的記錄列於表4-1。這些記錄載於第六次校園觀察後，因本書的目的稍作改寫並編輯。我們列入這些記錄，作為完整資料的例子，以描述稍後的論點。建議你在接下去研讀前，快速略讀表4-1，將之作為參考。如我們討論的，有多種實地札記的方式。表4-1是其中一例。

　　開始之前，來點鼓勵吧！看看表4-1的例子，你可能認為，不可能在一次短暫的觀察中即記錄那麼多資訊—你本身的記憶力、書寫能力、及精力並不足以應付這樣的挑戰。有信心點！別在尚未嘗試前，便宣告放棄了。你們其中一些人可能只出去一次，不曾完成一項記錄；然而，對其他人而言，提升記錄的技巧是刺激好玩的。有些人真的是迷上觀察記錄了。你的記錄能力會提升的；經歷幾次記錄後，看來不可能的超級任務就會迎刃而解。

　　我們先前建議將所有實地札記以普遍、先進的文書處理方案輸入電腦。視窗軟體使你能方便地使用滑鼠更改文本。雖然輸入資料不見得較迅速，但是做特殊記號、編碼、複製、或移動文本是快速多了。有時候，我們遇到一些初學研究的人，表明他們不會打字、或是電腦文盲。我們很難想像不懂這些技巧要如何做質性研究。解決之道是，去上密集班或換另一種研究取向吧！在第五章我們會討論其他使用電腦整理分析資料的好處。

表4-1 實地札記的範例

日期：1980/3/24
Joe McCloud
早上11:00到下午12:30
西木中學 (Westwood High)
第六次記錄

Marge 老師的第四節課

　　我在10點55分到達西木中學，Marge老師告訴我這是她第四節課開始的時間。我穿著平常：運動汗杉、長褲、羊毛運動大衣。第四節課是所有神經受傷或有學習障礙學生一天中唯一相聚的時間，大部份人稱之為「Marge老師的課」。在其他時間裡，一些學生，三三兩兩聚在一起，至多四個，會到Marge老師教室的學生都是來尋求協助他們在其他正規課程中的作業。

　　那是個溫暖、四十多度的華氏氣溫、感覺上充滿希望的春天。有輛警察巡邏箱型車，就是那種後方設有長凳的車型，專用於大型突檢，停在學校前方大型停車場的後側。沒有人坐在裡頭，從沒聽說過警車在這裡出現的理由。學校前面圓環停了輛聯邦軍用車，車子側方有識別的標誌，車子是卡其色。當我走出我的車時，有個禿頭的男人，年約四十幾歲，著軍服，從大樓走出，鑽入車內坐下。另有四個男孩、一個女孩也走出學校，全是白人，穿著老舊的工作服，休閒T恤上印有圖案文字，加了件薄外套。其中一個男孩，四個中最高的，在看到後側警車時，發出像豬叫的聲音。

　　　觀察者評論：我很納悶，因為我認為這些孩子並不是把警察當成豬。不知怎麼的，我把現在的狀況與另一個時間1970年的早期聯想在一起了。因為根據自己的經驗，這件事緊密連結我中學時代的刻板印象。有時我覺得，西木中學與我的中學大不相同，但警車使我想起自己的學校來。

　　我走下教室長廊時，剛好是下課、換教室的時間。一如往常，男孩與女孩站在一起，就在置物櫃旁。我看到了三對小情侶。有時傳來喊叫聲，沒有老師在門外。

　　　觀察者評論:在學校下課、換教室的時間裡，走廊上通常較沒有人在監督。

　　我記得兩名非裔黑人女孩一起走下走廊，長得又高又瘦。頭髮精心用珠子編織成辮子。我順道經過辦公室，告訴校長Tarbot先生的祕書，我已經到了大樓。她親切地笑一笑。

表4-1 實地札記的範例（續）

觀察者評論：我現在在學校裡，覺得很自在。不知道為什麼，覺得自己已經有了歸屬感。走下走廊時，一些老師向我打招呼。一路走來我跟經過的孩子打招呼。有兩次，我與經過走廊的孩子四目對視，有些尷尬，輕鬆的說聲「你好嗎？」似乎能打破他們的防衛心態。

　　我走進Marge老師的教室，她正站在教室前方，這一班看起來要比先前一節她自己導師班中的人多一些，那節課是在第二節後。她看來正在對一班學生說話，且正要開始。她和我先前訪問她時的穿著一樣——乾淨、整潔、有質感而輕鬆。今天她穿了條紋運動外衣、白襯衫、及黑色休閒褲。她抬頭看著我，微笑說道：「啊！今天比上次的人多些。」

觀察者評論：與我所觀察的其他課堂相比，今天這一節的人數較多，。她似乎有體認到這樣人數的小團體，比較費力，也許，她把自己與一般教室中有三十個學生的老師作比較。

　　有兩個年近三十的女人坐在教室中，只剩下一把椅子。Marge老師大致上告訴我：「今天我們有兩個從中心辦事處來的訪客，一個是就業諮商師，一個是物理治療師」我不太記得她是不是這樣說的。我覺得有些尷尬，因為來晚了。我坐在留下的那張椅子上，就在其中一個從中心辦事處來的女士旁邊。他們穿著裙子，帶著小記事本，打扮得比我曾看到的老師們的還要正式些。坐在那裡觀察。

以下是今天教室的座位的配置圖

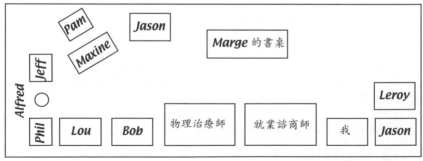

表4-1　實地札記的範例 〔續〕

　　Alfred（Armstrong先生，教師助理）到處走著，在Phil及Jeff身後站住。Marge老師邊說邊沿著桌子移動，她一開頭便對全班說：「現在我要你們記住，明天我們要到羅威公司（the Rollway Company）作教學參觀。我們在老地方集合，坐巴士去，8:30大門前見。Sharp老師要我提醒你們，參觀羅威公司不是特別為你們而辦的，不像是以前去美國通用汽車公司（G.M.，General Motors），他們帶你去參觀未來你們可能得到工作的地方。這次只是一般性質的觀摩，大家都會去。這次你們看到的很多工作不是你們未來要從事的工作，有一些只提供給具有工程學位的人擔任。你們最好穿舒適的鞋子，因為可能要走上二或三個小時。」Maxine及Mark說：「喔！我們不要走路。」

　　她停了一下，以要求的口吻說：「好了，有任何問題嗎？你們明天都要到。（停了一下）我要你們帶張紙，寫下一些問題，這樣你們可以在那個工廠問一些問題。」她開始發紙，此時，坐在我旁邊的Jason發出感到厭煩的噴噴聲，問道：「我們一定得這樣做嗎？」Marge老師說：「Jason，我知道這對你來說太容易了。」Marge老師帶著一點諷刺的口吻，但不是要挫他的銳氣。

　　觀察者評論：這像是兩個熟人間的諷刺對話。Marge老師已認識其中一些孩子數年。我必須由其中暗示性的互動得知她與孩子的關係。

　　Marge老師接著說：「好，你想問哪些問題呢？」Jason大聲喊說：「保險。」Marge回應：「我是問Maxine，不是Jason。」她只是實話實說，沒有生氣的感覺。Maxine說：「工時—上班時間及薪水。」另外有人喊出：「福利。」Marge老師把這些東西寫在板上，她轉向Phil，他坐在Jeff旁邊。我相信她故意跳過傑夫，Armstrong先生就站在Phil旁。Marge老師問：「你有沒有想到什麼？」Phil答說：「想不到。」Marge老師說：「說實話，Phil，你該醒醒了！」然後轉向Joe，他是個白人男孩。來過這裡幾次，我只看到Joe及Jeff是白人男孩，另有兩個白人女孩。Joe說：「我什麼都想不出來。」

　　Marge老師轉向Jason，問他是不是還想到什麼。他說：「有，你可以問他們每年生產多少產品。」Marge老師說：「是的，你可以問些產品問題。那Leroy，你有任何想法嗎？」他說：「沒有。」Armstrong先生站在一角，低聲告訴Phil：「你現在知道去應徵工作，該問些什麼了嗎？」Phil說：「訓練，該受什麼樣的訓練？」Marge老師答道：「對！沒有錯，訓練。」Jason大聲答道，但沒用喊的：「需要什麼樣的學歷？」Marge老師繼續抄寫著學生的回答。

質性資料

表4-1　實地札記的範例　〈續〉

觀察者評論：Marge老師上課時十分生動活潑，若事先沒看過她的課，會以為她只是特地演示給中心辦事處的人看看而已。

　　Marge老師接著問：「現在你們記下這些問題了嗎？有寫在卡片上嗎？我們去參觀的時候，你們可以至少都問一個問題嗎？別問有人問過的問題。你們都有可問的問題了嗎？你們現在都知道Sharp老師喜歡你們問些問題，如果你們不問的話，她也會對你們說一些話。」你們明天第五節都不用來，我們若回來晚了，你們可以在午後第一節去買午餐，第二節帶進來吃。

　　我仔細瀏覽這間教室，注意到一些學生的穿著。Maxine穿了件黑休閒T恤，有一些燙印字母，燙印的品質很好，看起來不便宜，她穿Levis的牛仔褲、Nike跑鞋。Mark大概5呎9或5呎10高，穿了一件長袖鱷魚牌襯衫，相當時髦，但是褲子皺皺的，籃球鞋沾滿黑泥巴，兩隻鞋的邊線都因破損分開了。Pam穿了一件淡紫色棉質毛衣，裡頭是直條紋襯衫，有扣子可扣住衣領。她的頭髮很有造型，好像是去昂貴髮廊做的。Jeff就在她旁邊，坐在輪椅上。他抬高一隻腳，沒有穿鞋，好像是扭傷了。Armstrong先生（Alfred）穿了白色有光澤的襯衫，前排開了兩個鈕釦，下面是單色男用長褲，沒腰帶的那一種。Phil穿了米黃色毛衣，裡面穿的是白襯衫，穿了一件暗色長褲，及紅色球鞋，很髒，領口一圈污垢，他是這群人中最不精於打扮的。Joe穿了常見的白色舊休閒T恤及牛仔褲，沒梳理過的長金髮，臉上長了青春痘，超過6呎高，穿的慢跑鞋很乾淨，看來像是新的。他是唯一一穿慢跑鞋的男生，其他人穿球鞋，Jim高約5呎9或5呎10吋，他穿了紅毛衣。Jason戴黑色高爾夫球帽，某大學的休閒T恤，外加米色薄外套，男用長褲屬深色系，大學T恤是紅的帶V字領，因為經常刷洗而褪了色。Jason的眼睛顯得紅紅的。

觀察者評論：兩個孩子告訴我，西木中學像是模特兒走秀。我很難看出什麼叫時尚。Jason用這樣的字眼表達似乎表示他對衣著最敏感。

　　Marge老師說：「好了，今天要作測驗。」她去拿了些問題卷發下去，上面列了許多問題。一面是空白支票及一些填答說明。另外，給了張存款單及列了許多數字的支票簿的對帳單。學生們應該要把所有數字填在正確的地方，以達到收支平衡，開出一張支票及存款單。這節課花了許多時間作這件事。Marge老師說：「好了，你們可以開始了。記住，這是考試。」Maxine問了一個問題，她只說：「記得這是考試，我不能回答問題。」Jason說：「那你至少能告訴我們如何拼這個字？二十（twenty）這個字怎麼拼出來？」Marge老師不理會。她走向Leroy，告訴他：「Leroy，你該用鉛筆，而不是原子筆。若寫錯了，會沒有辦法改正。你的鉛筆在哪？」他朝Jason看了一下，Jason把他的鉛筆還他，然後，Marge老師從自己的桌上拿了隻鉛筆給Jason。

表4-1 實地札記的範例 〔續〕

她走向教室另一頭，Bob也在用原子筆，她説：「Bob，用鉛筆，不要用原子筆。」Jason喊了幾次：「Katz小姐、Katz小姐。」他試著要瑪琪老師過來幫忙。Armstrong先生注意到了，Jason問他一些填寫存款單的問題。Armstrong説：「如果我回答你那個問題，就等於幫你考試了。」

我靠向就業諮商師，問她的工作內容。她説在這個城市工作兩年了，還在大學唸研究所。我問她來訪視的原因。「我聽説了這個課程，希望了解有學習障礙的孩子是否適合就業諮商。我未曾看過這個班，所以來看看，看這些孩子過去得到什麼服務，未來又能提供何種服務給他們。」我接著問她和她在一起的那位女士是什麼人，她説她是個物理治療師，一起過來看看是否能提供什麼服務，她是新來的。

> 觀察者評論：我真的覺得這兩個女人在這間教室裡顯得很突兀，她們穿著不合宜，十分不搭調。

考試中，Marge老師到處走動，看學生在做什麼。她説：「你們好聰明。現在就只要給你們一筆錢存到銀行裡去就行了。」測驗中，她説了三、四次：「你們好聰明」來讚美學生。

突然，Marge老師四處看看：「Mack在哪？喔！ 對了，我告訴他一定要和媽媽一起來。嗯，我想一定就是這樣了，他沒來就表示他媽媽不能來。」

Marge老師走過來與就業諮商師交談。就業諮商師：「如果將這些孩子放在主流的正規班級？」Marge老師回應：「喔！他們和其他孩子一起上正規班，這是唯一共同上的課。」諮商師説：「Jeff如何上體育課？」Marge老師説：「他們都列在正規的體育課中。Jeff可以用游泳池，因為池子經特別設計，所以殘障者可以使用。」諮商師又問：「課後有孩子受其他治療嗎？」Marge老師説：「Jeff每週去一次腦麻痺性治療診所就醫。」Marge老師説話時雖輕聲細語，但一段距離內還聽得到，我確信坐在我旁邊的Jason，可以聽得一字不漏。諮商師説：「我注意了Bob一下，他握筆方式像初學者一樣。」Marge老師説：「他們都是那樣的，不只閱讀，寫字也真的有問題。」

Marge老師説：「在這堂課開始前，大部份孩子並未標籤為學習障礙（L.D.─Learning Disabled），如果有的話，也只是屬於情緒障礙，實在沒有地方可以收容（安置）他們，他們被安置在這、在那課程，但卻不十分符合他們需求的課程中。」這時，她提高聲音，我相信Jason可以聽到「情緒困擾」這些字眼。

表4-1 實地札記的範例 〔續〕

觀察者評論：我在想學生們是否像我一樣對這些標籤這麼敏感。把這些字眼在學生面前使用，令我相當難過。

就業諮商師說：「除了那些坐輪椅的外，還有其他孩子可以接受治療嗎？」Marge老師說：「我真的不知道，你們想做些什麼？」就業諮商師說：「喔！只有諮商、物理治療這些作法並不能創造奇蹟，但還是可以做些事。我記得有位腦麻痺性兒童的家長說，孩子能說出來的第一個字是「車」，現在她如何開口告訴孩子，他不能做個機械員。」

觀察者評論：這樣的評論不知從哪冒出來，完全沒根據。我覺得這個就業諮詢顧問很緊張，她還年輕，而Marge老師只讓人感覺友善，但不會讓人覺得很溫馨、親切。

Marge老師有時在這堂課中，會說些話打斷學生的活動：「我忘了把這個給我班上的學生了。（她的班由一般普通的學生組成。）喔！我真是太糊塗了。她拿起一張紙。Jeff問：「那是什麼？」Marge老師說：「一個暑期計劃，有關參觀大學院校，你們可能感興趣的學校。」Jeff作了個手勢，好像他不感興趣。

觀察者評論：這是今天Marge老師第二次提及大學。真的讓人思考以進入大學就讀為升學導向的中學是怎麼回事。我想知道這些孩子聽到大學這個字眼時，是什麼感覺。

Marge老師開始告訴就業諮商師有關學校政策的問題。她說：「問題在於那些愚蠢的學分制度，加上為了得到文憑所需考的考試。根本就是強迫他們去念一些學科，而這並不是他們需要的。他們該有些能力本位的課程，針對生活技能來測量，在課程結束前教他們一些實用東西。他們不該在這裡白白浪費四年。」就業諮商師又詢問了現在學生念些什麼科目。Marge老師說：「有個孩子修生物課，然後，有人是修微積分課。」就業諮商師說：「哇！真厲害，需要使用到電腦嗎？」

觀察者評論：這位就業諮商師不了解Marge老師所關切的問題。

Marge老師聽起來有點生氣：「嗯，若有電腦，我們就會使用的。我們有錄音帶，而且盡可能提供學生他們的需要。」就業諮商師說：「我們現在正想打算將幾台電腦放在辦公室，我無法確定你可以有一台使用，但在訂購中。」Marge老師說：「現在，有一個孩子有交上一些列印出來的作業，他媽媽幫他輸入的。他想上大學。我不認為他可以，除非他帶著母親去。」Marge老師壓低聲調：「他不太實際，想做名林務管理員。」

表4-1　實地札記的範例（續）

　　Marge老師接著告訴就業諮商師：「大部份孩子在C.E.T.A.。現在C.E.T.A不是一項長遠的生涯工作，但至少是份可以做得來的工作，讓他們做點事。問題是出在文憑。他們可以通過考驗，修完學分，但拿不到文憑。只有「可教育型的心智障礙的學生」（E.M.R. —Educable Mentally Retarded）能得到某種通融的證書。我這些孩子，他們最少可以口頭進行一些技能考試，但是他們還必須通過其他項目，寫作、閱讀、及數學，我不是太悲觀，但是我知道明年沒有學生可以過得了這些考試項目。」

　　當他們交談時，也許有十五到二十分鐘，每個人都很認真，Armstrong先生在學生間走來走去，大家問他問題。他不會幫助他們解答，只會協助解釋題目的意思。

　　這兩個從中心辦公處來的女士謝謝Marge老師，起身離去時表示：「我們會再來。」事實上，其中一個女人沒有說什麼。他們離去後，Marge老師告訴全班：「那兩位女士是從市中心辦公室過來參觀的，一位是就業諮商師，另一位是物理治療師，我如果知道名字，我會介紹給你們的，但是，我不知道其中一個的名字，那就很尷尬了。Joe McCloud（指著我）坐在那邊。你們知道他定期會來做觀察研究的工作。他對像我們這樣的班級非常感興趣，他是從大學來的。」

　　Marge老師說：「儘可能做這些加減題目。你們若在家裡做這些題目，可以用計算機就比較容易些。」

　　觀察者評論：班上大部份孩子都很窮，我難以想像他們會有計算機，但我想她這樣說是具有鼓勵作用。

　　教師助理Armstrong先生來到Leroy這邊：「你拿這個幹嘛？這是考試。」Leroy抬頭，臉上掛著笑容：「哦！我想學看看怎麼做。」顯然，Leroy以不應該的方式看著書本來回答試卷問題，這件事就以此收場了。

　　Jason寫完交上試卷：「我鐵定可以拿一百分，題目太容易了。」他問能不能去洗手間。走出去時，Marge老師說：「五分鐘。」稍後他回來，嘴上咬著鉛筆，Marge老師問：「你幹嘛咬著我的鉛筆？」Jason說：「我只是含著它。」Marge老師說：「還我。」他把筆從嘴裡拿出，還給Marge老師，Marge老師說：「看看，你的齒痕印在我的鉛筆上，你這種還筆的方式也太棒了。」

　　觀察者評論：這裡語調有些生氣，但沒有敵對含意—Marge老師與Jason頗親密的，所以表達比較直接，是老朋友了。

質性資料

表4-1　實地札記的範例 〔續〕

　　Marge老師把試卷收齊，Jason說：「看看誰做錯了，我知道我全對。」收卷時，瑪琪老師對Jeff說：「現在，你可以在第六節的時間把它做完，有些人可以明天做完。」

　　觀察者評論：這件事給我的印象是，原來這不是真的考試。

　　Jason說：「他們明天要怎麼做完，如果我們八點半就坐公車離開了的話？」Marge老師說：「有些人是其他節才來，不在第四節來。」
　　下課鈴聲一響，大家開始離開。我忘了誰把Jeff的輪椅推出去的，還是他自己。Phil注意到Jeff的腳抬高起來：「怎麼了？你的腳彈跳起（sprung）來了啦？」意指腳扭傷（sprained）。Marge老師說：「「，很好，腳彈跳起來，Phil，試看看用扭傷這個字眼。」Mark與Laura咯咯偷笑。

　　觀察者評論：因為聲調的關係，Marge老師說話像在開玩笑，我不覺得是一種壓抑，比較像是玩笑話，她的語調不帶敵意，孩子好像真的喜歡她。她對其他班的孩子也一樣，孩子也會對她開玩笑。

　　每個人都回去了，Armstrong先生過來，瑪琪老師也走過來，他們坐在我身邊，我們開始交談。我問Mack去哪了？瑪琪老師說：「Mack是個問題，他就是不來，他去別堂課，就是不來這一堂。我一直打電話，但老是聯絡不上他父母。有一天，是Mack接的。我聽到他媽媽說她無法接聽因為太累了。他爸爸整天工作，晚上是牧師。他們住在河洛街上。」我問：「是什麼樣的牧師？」Marge老師說：「Alfred，你可能比較清楚。」

　　觀察者評論：Alfred住在Mack家的附近。

　　Alfred說：「那是一個全天開放的教堂等等。很小的教堂。」
　　我問：「為什麼中心辦事處的人來這裡？」Marge老師說：「喔！她說她10:30要來，但直到11:45才來，如果在10:30，我可以跟她談談，那時較空，我不想拒絕她的來訪，所以，我請她進來坐下。我不知道她有沒有觀察到很多東西，不知道接下來她會怎麼做。」
　　我問Marge老師對中心辦事處的人感覺如何，她說：「他們不知道我在這裡的情形，我甚至不存在。」我說：「你要向那單位什麼人報告？」她說：「沒有人，不過也許是Joe Carroll。但是，Bullard負責特殊教育。讓我想想，Carroll負責一些特殊教育課程，我猜是他們正要開始的新課程。我真的不知道Bullard的工作是哪些，當然，他不是下決定的人。我會去見Carroll。他是特殊教育課程的主管。」

表4-1 實地札記的範例 〔續〕

我問是否有些人會過來看看這堂課的情形，她說：「喔！有位Claire Minor老師負責這樣特殊的課程，來看過一次，看看我們是不是還活得很好，但從那次後，不曾再見過她。我打過電話請Carroll來過一次，因為我需要一些東西，他是來了，但是後來他就再沒主動來過。他們不來看我做些什麼。他們完全不知道我在做什麼，我不在意。他們一定覺得我沒問題，我可以處理自己的事情，但是若有新老師，也許他們會來，但是，當然，他們應該知道我們到底做到什麼程度以及他們自己又做了些什麼。我覺得如果有問題，他們會尋求幫忙，但是他們真的完全無法掌握我到底做了什麼，你會聽到人們一天到晚談來談去，但是他們卻不會作出什麼樣的決定。」

我說：「你能給我一些不能作出決定的例子嗎？」她說：「喔！對了，有關Jeff，我一直打電話到辦公室去要一台殘障專用巴士，這樣Jeff可以和我們一起去羅威公司，另外，我不能讓Mike留下來單獨待在這裡。他可能最後去不成了，因為我們沒有特別的殘障專用巴士。」

我要求其他例子。她說：「年初教師助理的問題，我原先的助理辭職，我打電話告訴他們，Carroll告訴我今年不會有教師助理來。他們說我將與走廊另一邊的資源部門的老師共用一位助理，這不可能，因為我們衝堂。你永遠不能知道她班上有多少學生或是我的班上有多少學生，所以，我抓狂了，我大聲尖叫。最後，我去見校長Talbot先生。他真的也很擅長大吼大叫，但也不能解決問題。最後，我提及教師會。我告訴他們我會打給教師會，這才解決這一切問題，他們很怕這個組織。在你知道之前，他們打電話給我，說會派Alfred來。大約在10月1日。這該是個先驅性（實驗性質）的課程，沒有助理，如何進行先驅性的課程？是的，然後他們打電話給我，當我提到這個組織的時候，他們說一個年輕助理會來幫忙。」

我問Marge老師這個課程怎麼開始的。我說我上次來的時候還沒弄懂。她說：「我想看看，你知道Leroy，看過他。他是全班最糟糕的一位。他因竊盜及惡意攻擊別人被判了五年緩刑，他是去年初來的，Lou Winch替他做了測試，發現他神經受損。從來就沒有人知道他有任何問題，他就透過學校的功能這樣一路走來，可是沒學到什麼。有個負責特殊教育的老師不相信他能在目前這樣的體制裡一路走來，卻沒學到什麼，他被確定是屬於「情緒困擾」。他疑神疑鬼的，就連你提高聲量，他也會受到極大的影響。有一次，在圖書館時，我提到負責監督他假釋的觀護官，他對我大叫：『別在大家面前談到他。』就好像沒人知道似的，每個人都知道他有個緩刑的監護官。他們把Leroy的案例在學區委員會中討論過。他們說需要給孩子一個像這樣的課程，和Lou談過之後，我自願接這個工作來做。我的資源教室裡還有一位叫Mel的，我去年是資源室的老師。我希望你在走之前，和Mel見個面。他一直都還沒進來。」Alfred說：「對，他已經在某個食品店找到工作了。」

表4-1 實地札記的範例 〔續〕

Marge老師說：「反正大家開始談到需要一個方案，LouBrown在Miron Junior high有較設備齊全的教室提供給神經受損及有學習障礙的孩子，我們知道有些孩子會過來這裡，所以有這樣的需要，就是這麼一回事。」

我提到我認為孩子很認真做測驗。她說：「對啊！你給他們一項任務，他們會整個人投入去做。現在他們不能做得完全正確。像Leroy，他不簽上自己的姓名，倒是會寫上毛衣、長褲品名。」

我提及Mark看來穿著相當時髦，還穿了件昂貴的襯衫。她說：「他其實不是一直都穿這樣子的。有一天他穿了件破爛的休閒T恤。我去過他家，在東大街上。他們現在搬走了。Mark從沒上過正規班，總是在特教班。在Rosetree時，他是在Alfred那一班。當地殘障委員會注意到他，他們鼓勵他母親提起訴訟，因為沒有適合他需要的課程。在他母親還沒有準備好要訴訟之前，他們就告訴他說即將會有適合其需要的這個課程要開始上課了。我的意思是，這個委員會其實並不希望她提出訴訟，這有點像他們是私下安撫時提起的。Mary Willow是Alfred過去一起工作的那個人，她真的很棒。」

Marge老師開始談到我還未見過的Luca Meta。她說：「有個男孩其實不該來這裡上課的。他的父親對負責特教的Bullard施壓，他要兒子上特教班，所以他就來了。Luca不需要生活自理技能。他好像已經從職訓課程中學了些東西，但是，接著她說他父親要他做個林務管理員，嗯，我不知道。」

我告訴Marge老師和Alfred，我星期六晚上去參觀了西木高中的表演。我問他們參加表演的孩童與上特教的小孩關係如何。我大致問了在學校，學生之間相處得如何。她說：「嗯，我認為呈現兩大極端。沒有中間地帶，這是我的印象。你該注意到表演中只有一名黑人，黑人孩子喜歡來這，因為有許多其他的黑人，其他一些學校沒有那麼多黑人。但是，他們不是像你想的那樣混得很好。星期四是表演五十年代的日子。每個人都該盛裝，像五十年代一樣。這場有點像是五十年代的那種。很少很少黑人會打扮，他們不太要求穿著，只和他們自己人待在一起，而午餐時間你若去自助餐廳，白人跟白人一起用餐，黑人和黑人一起。現在中上階層的黑人則與白人一起。有些不同。」

突然，Marge老師告訴我，她自願擔任了排球隊教練。她說：「我必須習慣與不同程度的孩子交談。我在這總說得很慢，不用難讀的字眼。排球隊該是不錯。我自己也練球，那也給我一個機會練習。」

我們持續談論兩極端差異的一些學生個案。Marge老師說：「有些老師跟我提到他們班上，因為兩極端的孩子混在一起，有些學生能完成作業，有些不能。」我問他們是否有孩子是來自內城領有福利救濟的家庭，及有些來自從事專業工作的家庭。她說：「有，大致上是這樣。」

表4-1　實地札記的範例　〔續〕

這並沒有説明得很清楚，但我記得她提到：「學習障礙標籤表示一個較好的班級。」意指學習障礙（L.D.）班級的小孩較不會惹麻煩。

我忘了怎麼開始的，但她開始談及班上孩子的家庭背景。她説：「Pam就住在這附近，就在那邊，是來自父母是專業人士的家庭。而Maxine就不同了，她住東邊，家裡有六個孩子，父親不富有。事實上，他做維修的，管清潔維護工作。Jeff住在Dogwood，屬中產階級。」我問了Lou。她説：「Lou，可憐的孩子，他是長期神經受損，我不知道他將來能做些什麼，他有個姐姐，兩年前畢業了。我最擔心他，不知道他將來會變成什麼樣子，他這樣遲緩，我不知道他能做什麼工作。他父親來過，看起來跟他很像，你要告訴他什麼呢？他將來能做些什麼？他要怎麼辦？洗飛機？我跟就業諮商師談過，她説機場有些洗飛機的工作。我的意思是，他要怎麼去洗飛機？掃飛機棚如何？他也許可以做得到。還有母親，他媽媽覺得Lou是上天對她的懲罰。你能想像這樣的態度嗎？她一直抱著這種態度，我真想知道到底她要如何面對這個孩子？」

「接著我們談到Luca，他不折不扣是上等階級的小孩。相反的，Leroy就是另一極端、截然不同的孩子。我不知道他們有多少個孩子，但是很多個就是了。他媽剛摘除一邊的腎臟，每個人都知道他在緩刑期。事實上，每當學校遭竊，大家都看著他。他常常去體育館，每次他一去，東西就被偷。現在，他們再也不讓他去體育館了。他的觀護人很沮喪，所以明年起就不讓他再來了。」

中午十二點了，這表示我必須離開學校了，我們約好了下次時間。Marge老師説：「你什麼時候都可以來，我們星期二有校外觀摩。」我説我可能星期三第四節會來。她説些有關學生開始閲讀公寓出租的廣告，想去租房子的事情。

她説：「對了，我那時正在説話，你也許剛好聽到我們需要的是一個基本能力培訓課程。我已經教完一次這個課程，如果他們曾修習的話。讓孩子花四年坐在這裡虛度光陰，學些對他們來説一點意義都沒有的課，是很荒謬的。他們該去外面工作。如果畢不了業，他們該學到一些生活技能訓練，像是今天做的一樣，寫支票及存款單。到校外之後，沒有人會教他們如何做這一類的事，一旦他們有足夠的能力，生活技能，能獨立作業，就是可以出外的時候了，不過現在是一點可能都沒有。」

這時候她突然談到Phil的家庭，她説：「他來自好家庭，他是個很好很好的男孩，屬中產階級。」

表4-1　實地札記的範例　﹝續﹞

在訪問的過程中，我問服自願兵役是否是個可能的就業機會，她說：「那是另一個問題。大部份孩子不能通過當兵的測驗。」有個節目叫「六十分鐘」報導他們如何協助孩子作弊以能過關。因為他們若得不到文憑，就不能加入服自願役的行列。我希望想辦法能讓孩子作弊，因為文憑對這群孩子是大有用處。若Phil沒得到文憑，他會十分十分難過，但是我不認為他有能力得到一張文憑。提到Pam，拿不到文憑會毀了她，畢不了業的話，簡直讓她無處容身，因為她參加田徑隊的一群朋友每一個人將都可以得到文憑。

我們離開教室。Alfred與Marge老師陪我走到空空蕩蕩的走廊。我問她，孩子在這個班級的感受如何？她說：「這個嘛！因人而異，Pam覺得困擾，像她歷史課沒過關，就必須上暑期輔導班，她沒通過的原因是因為她不告訴他們她參加這個特殊的課程，所以得不到任何課後輔導，也就自然沒通過測驗。」Marge老師一路送我到門口，而Alfred在教師辦公室前就逕自離開了。

在走到門口的這一段路上，Marge老師說：「記得我先前告訴你，即將到這裡來的那個男孩？他是牙科醫生的兒子，住在Swenson的男孩？嗯，我聽到有關他的事，我發現他真的是「可受教的心智障礙者」，又是個過動兒，我真的要花相當多的心思在他身上。如果明年班上有二十個學生，我真的需要多一名教學助理。」我說聲再見，走向我的車子。

實地觀察記錄補述

前天晚上，我在一個宴會上遇到一位女老師，她就在西木中學教書。她問我在西木中學做些什麼，我解釋了。她說過去在班上從未像現在這麼多孩子是從那個特殊方案過來的。她提到Luca在她班上，表現相當好。我記得她是這樣說的：「他的閱讀並不好，但與班上其他孩子相比較，是很聰明的。」她說他寫了份報告給他，是用打字的。她說Leroy在她班上，但不常見到他，我提到說可以約個時間跟她談談。

> 觀察者評論：今天早上，我與Hans談了「統合教育」(inclusion)。我們開始談Jones Markey學校，也許如能多個一二個殘障兒童來到班上，使其他殘障兒自在些。交談中，我開始了解也許很多我們所看到關於「統合教育」具有敵意的反對聲浪，與這些孩子或「統合教育」本身沒什麼相關。或許真正經歷壓力或面臨轉型的學校，正是最反對「統合教育」的學校。我們不該將「統合教育」單純地解讀成只有反對或贊同兩面的議題。應該了解到的是，學校每一次遇到的問題都不同。在Macri中學，有個老師視特殊教育方案為學校將關閉的澂兆，校長卻認為此種現象卻正是學校即將轉型、可以存活下來的跡象。因感受與解讀方式不同，這一觀點十分重要。

表4-1 實地札記的範例 〔續〕

　　做實地札記至少有一額外的好處，特殊教育可以是減輕問題，也可以是引發更多問題，工作札記可以改善報告撰寫的品質及速度。所有作家都會告訴你最有效學習寫作的方式就是只有「多寫、再多寫」。一般人很少有機會一頁接一頁具體描寫事件、始末、細節。即使要求最嚴格的大學課程所規定的寫作數量，跟現在你做實地札記比較起來，亦是小巫見大巫。幸好實地札記不像一般寫作的要求，我們可以期待的是「實地札記」是流動、不斷在改變的，完全出自於腦海最深處，展現個人特有的風格。除此之外，「實地札記」鼓勵以第一人稱「我」來寫作、記錄，沒有人會審視其中不夠嚴謹的句法結構或錯誤的拼字，只是「實地札記」的最先決條件應該是力求「完整」、「清楚」。另外，你不會有不知道要寫什麼的問題。在此領域中察覺、觀察到的事件都會延伸出無數句子、段落。藉實地札記，一些人已從寫作的恐懼中解脫出來，由一小時原來只能寫半頁的緩慢速率中解脫，漸入佳境。

實地札記的內容

我們的定義明顯的呈現兩種不同性質的實地札記。第一種是描述式的（descriptive）實地札記—著重於描繪觀察中的實況場景、人物、動作、及對話。另一種強調個人省思式（reflective）的實地札記—強調去捕捉實地觀察者的個人心理層面、想法、關切的重點。以下我們將分別討論這兩種實地札記。

描述式的實地札記

描述式的實地札記（Descriptive Fieldnotes），是最冗長的部份，代表研究者盡力客觀記錄實地中發生的一一環節。目的在捕捉生活的各個片段。但是也要注意一點，所有的描述事實上也只代表某一程度的選擇及評斷—決定到底要記錄什麼，使用精準的字詞—質性研究者在這些限制下，雖心裡很清楚絕對無法全然捕捉場域的種種實況及細節，仍在研究目標的範疇內，全心全意的儘量將所有資訊非常生動、精準地呈現在紙上的文字間。

當我們提及研究者儘可能清楚描述，意指無論他們看到什麼，應該完整、忠實寫下，而不要摘要式的、帶有評鑑味道的紀錄。例如，不要說：「這孩子看來一團糟，」你可以換成這樣表達：「這個孩子，約七八歲，穿了件褪色、沾滿泥巴的粗布衣服，雙膝的地方都磨破了。他的鼻涕約有半英吋長直流到嘴邊，臉上有一小片是乾淨的，先前似乎以溼溼的手指頭擦過。」不要說：「這間教室有過節日的氣氛。」，而該描繪當時掛了什麼在牆上、天花板上、佈告欄裡貼了什麼、有什麼聲音發出、在做些什麼動作。可以的話，直接記錄、引用別人的話，而非摘要式的紀錄。

描述時，切記禁用抽象字眼（除非你理所當然的引用訪談者所談的內容）。舉例來說，不要說老師在教室前面「教學」，而是去描述老師確實在做些什麼，說些什麼？要明確表達。老師如果正在說話，就引用或描述這些字句、或說話內容。或許你對何時、何種情

況下，教師會使用「教學」一詞來表示自己的行為感到興趣，但是你自己應避免使用這樣籠統的用語。一般來説，避免使用這些字眼片語，像是管教（disciplining）、玩耍（playing）、個別指導（tutoring）、練習（practicing）、好人（nice person）、好學生（good student）、沒做什麼（doing nothing），而是詳細呈現上一個人的言行舉止、外觀模樣。你想精準的切入你所觀察的世界，而抽象字眼只會使你粗淺略過、而不是仔細解析每一個細節。

也許很難避免表面或過度評鑑式的描述。我們在本書結尾提供了附錄，也許有助引領你進入較深層的探究。這些附錄使你能敏鋭的感受出學校中有那些方面的問題可供研究，但不是要你隨身攜帶這些問題、尋求答案，而是用於引發出你本身的好奇心，以增廣視野的廣度。

如你所見，經由檢視表4-1的實地札記，描述性的實地札記包含以下幾方面：

1.人物素描

包含人的外表、穿著、言語舉止的風格。你該找尋一個人的獨特之處，從中得知其獨特點或與他人的互動關係。因為表4-1是第六次研究記錄，對人的描述不會如早先繁複。因為現場實況中的人先前已描述過，在第一次詳盡的描述後，接下來的只要記錄有所改變的地方。

2.對話的重新建構

訪談間進行的對話要錄下來，訪談者私下告訴你的也一樣。記錄包括對話的段落及摘要，但如我們先前建議的，該努力相當豐富的呈現訪談者所言。引用訪談者的話，該特別注意記錄該現場獨有或特別使用的字句片語，手勢、口音、及面部表情也該一併記錄下來。新手研究者在做實地札記時，會時常感困擾，因為他們不知道在何時要精準地為將引用的句字加上引號。應該了解到的是你不可能毫無誤差，抓住訪談者之字字句句。引號的使用不是指呈現精確的逐字原句，而是表示這個引句近似訪談者所言。如果你認為你已

全然捕捉訪談者所言，便可加上引號。如果不確定訪談者說了什麼，在上引號前，表明自己不確定是否無誤。用個片語，像是「Joe說了類似的話」，然後寫下自己所謄錄的話。如果的確極為模糊不清，就只要摘要寫下你能記得住的部份。

3.描述現場實況

　　實地札記中，以鉛筆繪出空間傢俱配置圖是很有用的。把看到的簡單錄下音來，譬如黑板、佈告欄的內容、傢俱、地板、及牆壁也都可包含在內。另外，該在觀察中捕捉對建築物或地點的感覺。比方，在走向研究學校時，其外型看起來像什麼、讓你感覺如何？

4.特別事件的記錄

　　包含參與該事件者的名單、當時情境及活動的性質。

5.活動的描寫

　　包含行為詳盡的敘述、嘗試記錄每一個行為、及每一個小動作之先後順序。

6.觀察者的行為

　　在質性研究裡，受訪對象是指在現場場域中接受訪談及被觀察的這些人，但身為訪談者自己也應審慎自我檢視。因為你是資料蒐集的工具，評估自我的行為、理念、及任何可能影響蒐集分析資料的事項，是十分重要的。在這一部份談到的省思式的實地札記關心的就是這一類記錄。自然的，一些描述式的記錄中也該包含這部分資料，像是你的穿著、舉動、及與訪談者的對話。雖然你想辦法減低因為自己在觀察現場的影響，但是總是多少無法避免的。仔細記錄你的行為絕對有助於評估一些負面的影響。

　　熟練、有經驗的實地觀察者認為，豐富的資料或豐富的實地札記是指對當時情境及對參與者的意義之敘述及對話，做忠實的、優質的實地札記。豐富的資料可以呈現很多證據，從眾多線索中，你能整合解釋研究資料。

省思式的實地札記

　　除了描述式資料外，實地札記中的字裡行間也反應出個人對於研究過程的詳盡描述。在此部份的記錄，你可較為主觀地記錄訪談過程。強調猜測、感覺、問題、想法、預感、印象、及偏見。省思另外包括陳述未來研究計畫，澄清及更正記錄中的缺失誤解。希望你能全然呈現研究過程：坦承錯誤、失當之處、個人偏見、及好惡。思考你認為自己學了什麼、構思下一步計畫、預想研究的結果為何。省思的目的並非治療（therapy）。雖然有些人表明記錄調查有助改善現狀或復原，不過，省思的目的在於改善記錄方式及內容。因為你把重心放於資料蒐集及分析，沒有其他工具、機器、或嚴密的編輯過程，你必須極為關注自己與場域的關係、計畫的進展及分析。為了做好研究，必須能自我檢視、正確記錄使用方法、過程、及分析過程的進展。事實上，在省思式的實地札記及描述式實地札記中完全取得平衡是有點困難的事。有些研究者過於記錄省思式的實地札記，最後只能寫出一本自傳。千萬要牢記，省思式的紀錄是達成較佳研究的工具，而非目的。

　　實地札記中省思式的實地札記部份是由一個特殊的方式註明的。表4-1的記錄使用括弧及「觀察者評論」（observer's comment）來註明。如表4-1的記錄實例，觀察者評論分散在不同的記錄之間。在實地札記結束之際，作者也會花時間省思這一天的歷程，思索在建立什麼樣的理論，寫下額外的訊息，下次的觀察計畫。偶而，研究者會記下其他關於研究過程的「思考片段」（think pieces），這並不作為任何特別記錄的一部份。這些較長的「思考片段」部份，添加於記錄最後，稱為「備忘錄」（Glaser & Strauss, 1967）。有一點該注意到，一些研究者，特別是那些受過人類學傳統之質性研究者，偏好將描述式及省思式實地札記分開記錄。（Werner& Schoepfle, 1987b, p32）。他們寫下兩種不同的記錄，在研究日記中記錄下他們個人的感想、省思。

　　我們已大致告訴你省思式實地札記的內容，但是，現在我們將

這些資料加以分類，以便更精細、明確地呈現。觀察者評論、備忘錄、及其他資料包括：

1.資料分析的省思

此時，思考一下所得知的事物、呈現的主題、展現的模式、各資料間的聯繫、其他想法及臨時的突發奇想。長期著重於分析的省思稱為「分析式備忘錄」(analytic memos) (Glaser & Strauss, 1967)。評論、備忘錄的重要性及角色會在第五章詳加討論。對省思的形式的描述可在本章及表4-1找到。

2.研究方法的省思

實地札記包含研究歷程、策略，及對研究設計的決定。它也是一個提供你評論你與特定研究對象共融關係以及研究甘苦的地方。由訪談者滋生出之特別問題或其他兩難處境都可能是省思的課題。試著加入你解決問題的方法。評估達到的目標及未做的項目。對研究方法的省思有助於你思索面臨的研究方法方面的問題，以便能做出明智決定。一旦經歷過研究歷程的洗禮之後，討論研究方法能使你為自己做的研究作一些適當的評價。

3.道德兩難及利害衝突的省思

實地研究工作使你能完全融入受訪者的生活，因此，有時你對研究對象及自我專業領域的價值觀及責任感，便形成衝突點。在第一章中，我們討論一些道德上的兩難困境。觀察者評論及備忘錄不僅幫助你記錄這些要點，也協助你整理出這些資料。

4.觀察者心境的省思

雖然質性研究者對於研究對象的看法會保持開放心胸，通常還是會在著手研究時，將自己的想法融入其中。這些先入之見關係到宗教信仰、政治意識形態、文化背景、社會地位、學校經歷、種族或性別，還有其他項目。像其他人一般，質性研究者有個人的意見、信仰、態度、偏見，他們自我思考，要想辦法在記錄中展現個

人的觀點。有趣的是，在蒐集資料時，偶發的事件，會打破你先前的假設，啟發新的思考模式。在研究初期，這些一定會如雨後春筍，難以掌握，用腦筋所想像的並不一定與實際的研究經驗吻合（Geer, 1964）。智障的研究對象不如你想像般的愚笨，青少年不如你認知的瘋狂，你會喜歡上原本以為你會討厭的學校，以為一些學校原以為很棒、卻是十分灰暗無光的，或者你以為某些課程應該做某些事，可是事實卻與你所想像的大有出入。

第一次的省思經常會出現在正式進入這個研究場域之前。你儘可能預先設想、描述當時現場中的人事物及對研究結果的期望，將他們放在記錄最前面一部份，可以稍後拿出來對照驗證，與實際研究過程中所呈現的情況做比較。

作為觀察者，你應該留意自己的先前想法。然而，我們認為你的實地札記會呈現出一個現象，一些最初的預設立場及單純的想法會受研究實際經驗的考驗後，有些會站不住腳。質性研究需要長期與人及情境接觸。持續蒐集的證據會推翻無根據的假設。省思非常有助於記錄完整的過程。

5.待澄清的重點

除了所有我們建議你深思熟慮的地方外，作為研究觀察者，也可加幾句話在記錄上作為附記，或清楚指出長久以來可能的困惑之處。你也可以更正先前記錄的缺失。例如，你可能記下一些不知如何發生的事項，在先前的訪談觀察中，你搞混兩位老師的名字，在稍後持續的探訪中更正過來。

在介紹其他形式的實地札記前，能清楚明白質性研究並不是很單純、容易的一種研究是非常重要的。研究者了解他們永遠無法達到某種程度的理解及省思的純記錄，這裡指的就是記錄中不會有觀察者的影響。研究目標應該是明確、用心記錄他們的身份、想法、在研究過程中事件的真實發展狀況及想法來源，他們致力將此列入記錄，以成就更好的研究成果。

所有的研究方法都各有優缺點。有些人表示質性研究取向之缺點主要是大量依賴研究者為主要工具。另一方面，其他人認為這是

它的長處。沒有其他研究工作能以這樣的過程進行，研究者竭力、盡心記錄，以此為研究計畫之一部份。實地札記的省思方式只是嘗試性的理解、適度控制觀察者的影響力是一種模式。實地札記的省思部分強力主張研究應該猶如所有人類活動，都是一個主觀的歷程。

實地札記的呈現型式

在我們從實地札記的內容跳到談論其蒐集過程之前，我們先對記錄的呈現型式提供一些建議，並回答在此階段可能產生的疑問。

首頁

雖然有多樣性的呈現格式及內容，我們建議每份記錄（指某一次特定的觀察訪問所寫的記錄）的首頁都有一個標題，包括諸如下列訊息，比如：何時進行觀察（日期與時間）、記錄者、觀察發生地點、在整個研究中此份記錄為第幾份。如我們稍後會討論到的，你該盡可能在觀察當日就做好記錄，若無法做到，也需要記下記錄的日期。我們也可以給每份記錄一個題目（像「與校長的第二次訪談」或「對大學董事會議的觀察」或「學期的第一堂課」）。這個題目可以快速提醒你訪談內容—是抓住記錄內容的關鍵。標題有助依序保存記錄，留下當時記錄的實況，也使日後回溯資料較容易些。

段落與頁邊空白

大部份質性資料分析都需要一個編碼（coding）的過程，（見第五章資料分析）。若實地札記以分成不同段落的紀錄來呈現，編碼及其他方式的資料分析就能較容易做到。在做實地札記時，每次都會有不同的、全新的一種改變—交談的題目、當其他人進入研究情境時，或其他可能的改變，就要另起一個段落。當某些事情有所

懷疑時，也另起一個段落。另一個可以使你的實地札記在分析資料過程時派上用場的方法，是在每頁左方留下大量頁邊空白，這為註記（notations）及編碼預留下空間。一些編碼方法需要在頁側填寫行數。在開始記錄前，你該已經閱讀過第五章，看看有哪些分析法可以選擇，其可能影響記錄的格式。

好了，那你現在就思考以下這些相關議題，同時眼睛看著表4-1的記錄，你可能想知道：一份典型的實地札記該有多長？該加入多少細節？整個研究的實地札記該花費多久的時間？

實地研究的風格及研究目標會影響這些問題的答案。如果你有一個較明確的重點，你的記錄也許會精簡些。此外，隨著你的研究經驗增加，你會繼續在此研究場域中記錄的同時，就直接持續進行資料分析工作，較不像開始時大量隨意、沒有目標的記錄。

在到一個嶄新的研究定點時，頭幾回的參訪中，研究者經常會較密集的記錄所有訊息。在這個階段中，研究重點通常是定位不清的，而研究者也尚未決定什麼是訪談重點。作為研究者，你廣佈羅網，記錄寫得密密麻麻，常常花大把時間在記錄上，比花在觀察的還多。當研究重點縮小於某一特定的主題上，或你作更有方向的觀察，以填入現場實況的記錄，你就有可能改變先前的做法，花費較多時間在觀察上，而非在密集的記錄上。

通常你所觀察到的直接會影響你實地札記的數量。比方說，當研究一個大學班級，你可能不會記下實際的演講內容（像教授在解剖課中所說的內容），而是你會記錄所問的問題、學生相互的評論、演講的大致形式、教授習慣用來描述作業的關鍵片語字彙及其他訊息。所以，一小時的授課時間所撰寫的記錄，可能不像觀察學生下課後在交誼廳內道聽途說、閒聊八卦的二十分鐘來得多。

我們提供兩個例子，以顯示研究者的想法具有的實際關係。在一項研究中，我們有興趣研究的是，住院及實習醫師如何在教學醫院幼兒加護病房受訓時，學習與父母溝通。我們會參加一個花費很長時間去專門討論某個案的會議，但在這樣的會議後，只記錄數頁。這類的研討會不僅有太多醫學術語難以理解，而且更重要的是

—事實上，很少提及父母—可以斷定的是我們是不需要數小時去作有關沙眼、特納氏症候群（Turner's Syndrome）等等的記錄。

同樣的，在一項課堂研究中，一班女學生將成為合格的助理護理人員，研究者發現除了對身體護理的主要認識，這些女性也被教育要具有一項特殊的專業工作觀點。她的記錄反應出必要的細節：

R老師（Mr.R.）接著討論了「基礎護理」。「基礎護理」，她說，「是以病人為導向，經常，一個RN（合格護士），一個LPN（領照實習護士），一個 NA（助理護理人員）及八至十個病患...這型的看護，RN可以隨在醫生一側，聽他說些什麼—這裡有許多醫生會問護士的看法；另外，她可以記下他說的話，在最後提醒醫生：『現在，你想提供醫囑嗎？』，這是理想的方式。」（Solomon, 1996）

這一段顯示，授課教師實際的評論是很重要的。

若你想研究教師，也許會把小學教務會議的內容列入考量。或許你對區別Houghton Mifflin與Open Court Basal基礎讀本的特色沒有興趣，那就對會議上「誰主導討論」、「以什麼方式提供了什麼樣的訊息」感到興趣吧！你也許發現，瞭解各種不同版本的基礎讀本是如何吸引教師，是很重要的。除此之外，校長對教師建議的內容可能也是重要的，因為可以觀察得知校長與教職員間的關係如何。

撰寫實地札記的過程

你在一年級教室待了快一小時，發生了不少事情，孩子在練習時，老師二度來到你這裡，向你解釋她擔心明年會發生在這些孩子身上的問題。她對一些孩子很了解，孩子似乎不太把你的存在當回事，你相信他們如同往常一樣遊戲著，如你自己所看見的。你記錄了不少資料，知道必須離開，以能在晚上有其他的計畫前，留些時間來做實地札記。因為要專注於記住發生的種種事情而自己精神十

分緊繃，也充滿焦慮感，心中想著要自己如何完成這些費時、傷神的工作進度。你說聲再見，走向門口，朝向你的車子走去。你寧可做其他的事，也不要作實地札記。你其實很想順道去看看老朋友或去逛逛街，但是你還是得丟開這些想法。乖乖坐在車內，快速記下所觀察的主題、綱要。也要紀錄下關鍵片語及重要課題，並列下發生事件的先後順序。你極力掙扎著，一個認輸、屈服的念頭油然而生，「既然已有了觀察時的綱要，我應該就可以隨時完成記錄。」

　　然後，回到公寓，獨自靜坐房裡，電腦在一旁。你壓抑自己打電話給從事類似研究工作的朋友的念頭，本來想告訴她今天研究場域上發生的事情。坐在電腦前，從綱要開始著手，重新組織、建構數小時的觀察紀錄。你依照時間順序排列，試著重新建構主要事件及對談內容。接下來想一想無意中的某種閃失或剛好錯過的好機會可以區分這截然不同的兩種記錄格式，即時寫下這些省思，當作是觀察者評論的部分。

　　下午一點鐘開始寫作，三點整，抬頭一望，不知時間如何悄悄消逝的，忘了吃飯。一開始，很難強迫自己坐下來工作，現在卻與椅子難分難捨。字句從指尖流過，這樣的專注情形不曾在做其他事時發生。你徹底丟掉自己對寫作及遣辭用字的看法。你現在懊悔跟別人約吃晚餐，討厭在未完成工作前得離開，你真心希望你能完成這部分的工作，這樣才能如釋重負。你再衝刺一會兒，終於在五點完成工作了，留下剛好足夠的時間準備出門。

　　在淋浴梳洗過程中，你腦筋仍然反覆思考今天所得知的及它與其他事情的關聯。你突然想起來你忘了寫下與教師助理John的對話。淋浴過後，你立刻回到電腦前，記下那段對話及其餘想法。你最後一次起身，決心一切資料都已經夠多、夠完整了。你心底深處掛念它，晚餐時，你特地在餐巾上寫下一、二個記錄。隔天早上，你立即把那些潦草的字跡，輸入昨天的記錄中。

　　我們不知道以上所言的記錄方式是否別人也如此，不過對我們而言，這是真實的。這個過程強調完成這樣一件工作前的許多掙扎歷程與實務。

　　許多人擔心自己記憶的問題。記憶力其實是可以訓練的。最重要而且立即見效的是善用你現有的能力。然而，記錄過程時，有幾點訣竅是有幫助。在我們這個故事中的當事人描述了主要的幾項：

1. 馬上做事：切勿拖延。在觀察後愈久才動手記錄，你能記憶起來的愈少，而你也愈不可能著手記錄你要的資料。

2. 記錄之前，切勿談論觀察：談論觀察事項分散重點。此外，易生困惑，因為你會開始質疑自己寫在紙上的內容，以及自己又到底對同事說了些什麼。

3. 找個寧靜、不容易分心的地方，以準確的工具來做記錄、工作。

4. 務必撥出適當的時間完成記錄：要經由練習，才能正確評定需多少時間完成記錄。尤其在頭幾回觀察記錄中，至少給自己比觀察多三倍的時間作記錄。

5. 開始時以快速筆記為主：勾勒出綱要，加上關鍵片語及發生事件。有些人畫了現場配置圖，用來再次瀏覽當日的經歷。像我們現在談的這位朋友一樣，有些人立即記錄，離開觀察情境後便開始工作。其他人則在電腦輸入時，已有相當完整的綱要了。

6. 依序記下觀察的時間順序及流程：有人依課題記錄，不過，依時間順序是組織綱要最好的方法。

7. 將對話及發生事項，打從心底流露於字裡行間：有些人事實上一邊將對話說出來、一邊紀錄、寫下來。

8. 在完成一部份筆記後，如果發現遺漏什麼，再加上去：相同地，完成記錄時，記起未加入某事件時，把它附加在後面。不要想把所有事情一次記完，稍後總會找出空檔補上紀錄。

9. 一定要清楚知道記錄是費神、費時的，但如同Vermont農夫所言，當在暖春之際提到冬季，「那可是甜蜜的痛苦，就好像春天是因為你的付出而換來的。」

我們已討論過實地札記重新整理過程，就像研究者總在電腦上整理一般。雖然打字機愈來愈不普遍，一些人還是會使用。此外，我們常見有經驗的實地工作者會以聲音用口述錄音機或一般錄音機來作記錄。這可以有效快速錄下記錄。然而，觀察者時常遺忘為了對這些資料編碼或分析，必須花相當長的時間去從事逐字稿的謄錄工作。如果你自己必須親自謄錄逐字稿的工作，這些過程所花費的時間遠遠超過在第一時間就直接將資料輸入電腦。將錄音帶內容謄寫成逐字稿是非常勞民傷財的事，這就是為什麼專門打字的自由工作者可以索費昂貴的原因。

如果有祕書幫忙，錄音法是頗為實用的。除非所從事的研究計畫有經費贊助的管道，不然，很難有這樣的協助。即使你運氣夠好，有錢請人謄寫逐字稿的記錄，再多費用也難找到有經驗的打字者，能如你所預期的完成工作。何況一般打字者在謄錄時，不如記錄者本身的準確。研究者通常較偏愛每一次觀察之後，儘快讀過所寫的記錄。很少有專業打字者能跟上持續進行研究的速度。

如你所見，我們建議你打字或寫下你的記錄。雖然耗時，但是打字留下來記錄好處多多。可以改善你的寫作能力，自己寫記錄，能更了解資料。在現場中蒐集資料時，了解離去後必須重整記錄，會強制你在蒐集證據時更專注於每一細節。在記錄時，能逐行逐字將經歷生動活現呈現出來會更加強你專注的能力。因此，實地札記鼓勵觀察者重新播放一次發生的事件：再度聽到、看到事件進行有助於勾起記憶。這個過程也幫助觀察者專心回憶觀察到的種種。電腦能保存資料，然而觀察者心中才保有這些思考過程，更有助於回溯資料內容，這就像是另一個資料來源。

表4-1的記錄是在一個屬於正式訪談後記下的。但是實地札記也用在較不正式的接觸場合中。譬如，你去參加派對，與一個老師談天，談到學校對其本身的意義，你可能回家記錄對話。研究期間，你與研究對象的電話交談，也該放入記錄中。經常第一份研究記錄應該說明你打給對方的第一通電話的內容及如何獲得進入研究管道的過程或方式。

　　實地札記應該更詳實描述，但不該以研究者先前對場域的假設為根據。打個比方，一個學生發現，他不知道他第一次在急救室觀察記錄中所寫的句子，是反應出實際關係抑或自己假設的關係。他寫了，「她的丈夫站起來。」他把這個句子，改為「跟她在一起的男士站了起來。」他也學了如何抓住細節。他更正這個句子「我轉向右邊的女孩，」為「我右手邊的女孩，穿了件咖啡色絲絨襯衫、藍色牛仔褲，看來約十一歲。她坐著，雙手緊握放在膝上，頭往後歪著，閉著雙眼，我轉頭與她交談。」他的這份記錄反應出較多觀察，較少自己先入為主的想法。

　　一些研究者在訪談後詳盡記錄，以保留訪談者的當時情況。他們依賴的是這些記錄，而非錄音機本身。然而，過於冗長的訪談難以全部具體重新回溯或捕捉住要點。若研究本身包含大量訪談或訪談是研究中主要的技術時，我們建議使用錄音機。我們稱此類訪談整理出來的文字為「逐字稿」（transcripts）。逐字稿是許多訪談研究的主要資料。在第三章中，我們詳談了「錄音訪談」的過程。這裡我們簡略提及一些技術問題，提供一些建議。一些先前有關參與者觀察實地札記的訣竅，亦適用於此處所提的逐字稿。

 # 錄音訪談的逐字稿

逐字稿的格式

　　在表4-2中，我們包括了一份訪談記錄之首頁，內容為一女教師，年約四十幾歲，談論在小學的教學生活。這份訪談屬於一個大型研究計畫的一部份，其中檢視小學女教師對工作的觀點。逐字稿呈現的方式多種（見Ives, 1974；Wood, 1975）在此提供此頁做為典型範例。

表4-2 訪談逐字稿〔摘錄〕

與Kate Bridges訪談
時間：1981年1月9日

Kate Bridges同意成為我的計劃受訪對象。她在Vista 市立小學任教，這學期休假，要到加州住一陣子。我邀她共進午餐，她熱情地同意了。她是一個可以聊很多話的人。

I：邊吃邊談，好嗎？

K：如果你不介意的話，我很願意邊吃邊談。

I：太棒了！那我們開始吧！你教書多久了？

K：從1970年開始，我很喜歡之前二十年的工作。我想你現在找上的我，現在正面臨一個關鍵轉換期。

I：太好了！

K：我以前覺得教學帶有一種使命感。也就是說，它不只是我十分投入的一件工作，或對扮演好一個作母親的角色比較容易的工作。大學三年級時，我有一次站在宿舍窗邊，看著外頭美麗的花園，突然間，當老師的念頭就油然而升了。

I：啊？

K：我知道，我就是知道。我從來沒有質疑過。我依然沒有對當老師有所質疑。現在的問題是：有沒有可能在目前公立學校的現況下，當一個老師？

I：哦？

K：成為你想成為的那一種老師。

I：我懂了。

K：當我想到除了教學之外可以有的各種選擇及可能性，就很難以想像自己如果從事其他行業會怎樣。我可以想到一百萬件可以做的事情，像是家庭諮商。我有一些朋友在從事這個行業，我們已談過也許可以一起做。如果二十歲重來一遍，我想到也許從事別的工作，我想像得到做許多我喜歡的事情。但談到真正想做的事，是教書，教小學。我喜歡教小孩。我母親從我在中學階段就開始當了二十年的五年級老師。最近剛退休，她總覺得還不夠好。

I：教書不夠好？

K：在小學教書不夠好。她認為該在中學或大學教書。

I：地位的問題。

K：對，沒錯。最近她對我說：「妳為何不去進修，成為一位大學教師？」我不想去大學教書，我一點興趣也沒有。我可能喜歡當實習教師的督導，提供一些協助，我過去有做過。

I：喔！

K：但我真的想做的就是教這一群九歲的孩子。

如同實地札記，在每份訪談開頭應該都有一個標題，這對未來組織、整理研究資料很有幫助，當需要某種資料時，就能輕易回想起特定的部份。在此，標題包含訪談者、訪談開始時間、訪談地點、及任何其他能幫助你想起訪談內容的訊息。對於有眾多研究對象及必須經歷數次訪的研究中，在開頭的標題上標明這次訪談對象者是很有用的。像實地札記，標上開頭題目是有益的，尤其當你在做生活史的訪談時，所選的開頭題目，要能簡單記錄訪談內容的摘要，例如，「幼年生活」、「上學第一天」、或「與布朗老師的這一年」。

　　在輸入逐字稿時，每一次不一樣的受訪者談話時，要另起一行，左邊註明訪談者的身份（例如，「Ｉ」代表訪問者(interviewer)）。受訪者意見的文字應為主要的部分。但這並不意味不須加入你訪問的問題及評論。我們需要這樣的資料適度評估受訪者的反應。當受訪者說了一段太長的獨白，需要適度分成一些段落，以利編碼工作的進行。除外，留下左方頁邊空白，以做編碼及個人評論之用。

　　錄音機會讓人假設研究是輕鬆、容易的。除了簡短的記錄描述現場及受訪者，訪問者通常不需要擔心訪談後的繁雜記錄。正因為這樣，研究者會誤認機器可以做所有工作。如我們先前論及錄製實地札記的警告，蒐集訪談錄音帶，而卻沒有一適當系統謄寫逐字稿記錄時，會導致計畫執行的失敗。除非經過多次練習，否則很難估計謄寫逐字稿會花多少時間。非常容易錄下過長的訪談對話，遠遠超過你能力所及可以謄寫出來的逐字稿。

　　如果你選擇錄音、謄寫訪談內容成為逐字稿，最好的金科玉律為「別想太久」。質的訪談當然應該是開放式的談話內容，而且流暢自然的。不是說你應該強制將訪談變為簡答的形式。相反的，我們建議你的是要限制訪談長度。選擇合理的受訪人數，在每個訪談中，多花時間談些對日後逐字稿的謄錄有實際意義的內容。你不會希望訪談者的談話天花亂墜，而是著重在某些重點上。你應該要了解，通常在一小時的訪談中，應該就可輸入大約二十至四十頁的資料。若你打算自己謄寫錄音帶逐字稿，這可能會讓你花費幾百小時

的工作時間。而如果有人會替你打字輸入，那當然也就意味著一筆巨額的開銷。

我們對錄音設備有些建議（見 Ives, 1974; Wood, 1975）。好的錄音設備是十分昂貴的。其實不一定要用昂貴的器材，但應該要易於操作、狀況良好、能清晰錄製所要的內容。因為許多高價錄音機是設計用來錄製音樂的，超過你需要的品質。既然帶子的音質影響不大（除非，你必須錄製老師在課堂上教民俗音樂的情形），一台高價用來錄製音樂的錄音機就大可不必了。

錄音機必須在很好的狀況下可以使用。在第一次訪談前，必須演練你的設備一遍，在訪談前及訪談中，都要時時檢視機器。雖然有點麻煩，也要經常性地檢查錄音設備，你會發現這樣作法及其結果絕對是值得的。因為設備運作不良，我們曾經損失太多次訪談內容，而我們把設備的「應該可以運作」視為理所當然。使用電池的錄音機特別令人頭痛，將幾乎聽不到的錄音帶輸入成逐字稿的這種挫折感代價真高。你可以事前預防許多問題，事先確認你的設備清過磁頭，狀況優良，或可借或買台新錄音機，值得花時間留意購買的錄音帶品質。

訪談中為了收音清楚，麥克風的架設也是重要的。為自己及受訪者的聲音作錄音測試。將麥克風置於不一樣的位子找出那個位置最好。有個研究者在一場長時間的錄音訪談中，將錄音機置於訪談者座椅下面。他認為放在那裡最好，因為看不到，結果錄音機的收音效果不佳。不要想要將錄音機隱藏起來。這樣可能會阻礙收音效果，可能比看得到的機器更讓受訪對象分心。

如果計畫自己謄寫逐字稿，試著使用文字轉錄器（transcriber）（值得買一台，如果你能張羅到一些錢）。文字轉錄器並不會為你打字，但它相當能節省時間。文字轉錄器是像錄音機中的回帶部份，有個腳踏板，能控制停止、回轉、及開始播放錄音內容。一些型號有特別的功能，如能減緩聲音速度或調整行數時，只要踩踏板時，機器會自動跳過。而有較新的電腦程式使你能透過附加的麥克風，可以一邊聽一邊記錄，然後直接轉換為電腦上的文字檔，對質性研究的研究者而言，這樣的工具是非常實用的。

　　若有人幫你謄寫逐字稿的記錄，為了確保準確度，你該與此人密切合作。留意標點符號，以明確表達你所聽到的意思，真是難上加難。所以，讓兩位不同打字者謄錄寫同一份逐字稿的記錄時，會有不少分歧之處。最能原貌重現發生事件的，當然是錄音帶。如果你有錢買足夠的錄音帶，我們建議你保存帶子，以能在完成逐字稿的謄錄後，做再次檢視的工作。

　　因為以逐字稿來謄錄訪談內容耗時耗資，沒有研究經費的研究者常走捷徑。其一捷徑是自己鍵入逐字稿，但這會忽略許多你在研究過程中應關注的訊息。抄捷徑雖有些危險，但冒險常值回票價。另一選擇是盡量完整地謄寫前幾份訪談內容。（當提到「完整」時，意指無妨捨棄冗長的閒話家常），然後精簡謄錄後來的幾份訪談內容。隨著研究的進行，你應該更能掌握研究重點，更得以去蕪存菁，只選擇你所需要的精華部分。

文件

　　我們先前談過，研究資料主要由研究者蒐集到的材料經過組織、整理而成。研究者作實地札記，進行訪談，其後謄寫成逐字稿。另一種資料形式為文件，我們在第二章中簡略提過。這些可分為個人文件（personal documents）、官方文件（official documents）、及流行文化文件（popular culture documents）。有時這些文件可以用來當做為訪談及參與觀察的參考或相關資料。受訪者描寫自我或有關自我的文件，像是自傳、個人書信、日記、備忘錄、會議記錄、簡訊、政策性文件、提案、倫理規範、個人哲學理念的聲明、年鑑、新聞稿、剪貼簿、給編者的信、給親愛的艾碧的信（Dear Abby）、新聞報導、人事檔案、學生檔案記錄及資料夾，皆包含在資料中。其他文件可以在機構或組織的檔案、校長的抽屜、建物頂端閣樓儲藏室或具有歷史性的檔案室中找到。

這類資訊的品質非常多樣化。一些資訊只提供事實性的細節，如會議日期。其他資料甚至能提供豐富的資訊來源，能充分描述資訊製造者對於自己所處世界的觀點。雖然主要研究資料來源絕大部分仍為參與觀察或訪談，但以研究對象為主而蒐集的資料被視為研究的一部份。

最近，研究者對文件這類資料來源特別有興趣，然後可能更進一步以訪談或參與觀察作為補充資料，以探究人們如何解讀這些文件資料，而不是經由空幻、不切實的判讀。一些研究者開始從大眾媒體取得視聽等資訊進行研究：脫口秀、流行唱片、MTV及其他錄影帶、連續劇等等。流行文化文件可以從當地錄影帶出租店的架上找到，或稍按幾下電視、錄影機、或收音機上的遙控器或按鈕而得到。最主要的工作是找出資訊來源或接近可以得到資訊的管道，以大眾媒體研究來說，要能從各形各色資訊中決定研究專題。

現在我們回頭探討一下不同形式的文件資料。

個人文件

在大部份質性研究的慣例中，「個人文件」這個詞泛指任何第一人稱之敘事，描寫個人行動、經驗、及信念 (Plummer, 1983；Taylor & Bogdan, 1984)。將書面資訊視為個人文件，是由於其會自然地呈現出個人對某些經驗的看法 (Allport, 1942)。蒐集這些資料的目的在於「取得詳盡證據，知曉現時人物對社會現況的看法，其中的各類因素，對參與者有什麼意義。」(Angell，1945，P178)。依此法，個人文件包含訪談蒐集的資訊材料。因此，許多我們所言的逐字稿，被視為個人文件之一部份。不過，在此我們只討論受訪者自己所寫的資訊材料。

由受訪者所寫的個人文件常是研究者不經意發掘到的，而非刻意求得的。有時，研究者確實請人替他們寫些東西或幫忙蒐集資料。Clifford Shaw (1966) 曾要求一起工作的犯罪少年，寫下生活故事，稍後作為研究之用。教師常要求學生寫作生活的點點滴滴

（比如「我的家庭」，或更平常的「暑期生活」）。提到道德議題時，教師也許能幫忙引導學生寫下研究者正在研究的課題。經由教師的協助，一位瑞典的研究者蒐集到學生如何想像自己未來家庭生活的資料（Halldan, 1994）。另一位研究者得到七百份資料，青少年描述了放學後的活動。Jules Henry根據二百位學童對以下問題的反應，發表了他的發現：「你最喜歡、最不喜歡爸爸（及媽媽）哪一點？」（Henry, 1963）。每年Stockholm的Nordic 博物館要求瑞典村落的人寫篇文章，評論其對社區的看法。一位研究者要求訪談者描述鎮上的怪人，及這些人怎麼被對待的。一份研究，著重於教師如何在學校與家庭取得互動，要求教師寫一年的日記—他們真的做到了（Spencer, 1986）。要求寫作的好處為，能引領作者至研究重心，聚合一群人寫單一事件或課題。

　　以下我們想簡單談論一些研究者沒有要求的某些個人文件。

私人日記

　　如Allport（1942）所言，「自然流露、私人的日記是個人文件中的極致表現。」他指的是個人的作品，對於個人生活中的事件，做恆常而持續的描述及省思的評論。Allport對私人文件的印象，反應出他對年輕女子的描繪與其初嘗及笄生活的各種層面。這或許有些老套，也是一種日記的表達方式。負擔家庭大計的成年人，恐怕少有時間反芻生活、記下想法。無論日記來源為何，教育研究者尚不知將其納入研究中。因為日記經常是在經驗立即影響，而寫下的，它特別能有效地捕捉當事人的心情及最深層的思維。當然，日記並非為取得而生的。因為是如此的貼身，使它們價值連城，陌生人難求。

　　日記可在訪談或參與觀察的過程中浮現。這些受訪者，與你建立起關係，可能不經意提及現在或過去寫日記的習慣。這可能需要一些勇氣問：「要是我看你的日記，你的感受會怎樣？」但這可能是得到此類文件的唯一方法。你能不能讀，依你與受訪者的融洽關係及這本日記對作者的價值而定。很可能，若是由受訪者提供你這個資訊，是在試探與你分享資訊的可能，你該趁此機會加以探求。

另一個聽來可笑的建議是，夾張廣告在報紙裡或另行公告你有興趣得知某些資訊，及你想如何使用這些資訊（Thomas & Znaniecki, 1927）。你會驚訝於人們願意與值得信任或單純進行研究的人分享其心靈深處的想法。

　　歷史學家在研究上極為依靠日記及其他個人文件。他們在當地歷史學會、各式檔案室及人們放置在閣樓的箱箱紀念品中找到資訊。對教育研究者而言，教師的日記細載了最初的教學經驗、學生的問題及其他資訊，這都是一大發現。

　　有其他資訊類似於日記，但不是那樣的隱密。有些特別目的的日誌，像是教師保存下來的工作記錄簿。教學計畫記錄是有趣的，尤其若是包含了個人的評論。此外，有時候父母記下了孩子的成長過程，其中有些盡可能每週記錄孩子做了什麼事情。這樣的資訊是重要的，可從中了解父母如何看待孩子及對子女的期許。旅遊及其他活動記錄，雖不如日記般深情流露，還是提供你感興趣的研究對象的生活細節。

個人信件

　　朋友及家人間的來信，提供質性研究另一項豐富的來源。這些資訊有助於顯示通信者之間的關係。若作者在信中試圖分享問題及困境，由此可洞察作者的經驗。許多人到學校去，或出外接受教育機構的工作。家信描述了他們的生活及其經驗的性質，提供了豐富的教育體制的資訊。上面我們所談和許多關於日記的方法同樣也可以應用在信件。雖然信件比起日記是較普遍的溝通方式，近來大量使用電話及電子郵件溝通，減少寫信的機會，不過這項資料來源可能對歷史興趣者有即時的幫助。

　　雖然寫給報社編輯的信不算個人信件，這些論及學校議題的書信對於質性研究者而言，乃是另一項資訊的可能來源。其他較個人的資訊來源像是寫給 Ann Landers及Dear Abby專欄作家的信件。仔細閱讀這樣的資訊幫助你深入了解，譬如洞察青少年面對的問題。當然，該牢記在心，刊登信件不是隨機挑選的。它們代表的是專欄作家或其同事的選擇。

自傳

出版自傳提供機靈的質性研究者一項隨手可得的參考資源（Denzin，1989）。事實上，有上千個這樣的文件出版，其中大部份包括人們廣泛的談論教育經驗。有由輟學者、偉大教師、世界領袖、青少年、學者、醫生、偽造支票者、毒癮犯、及一般人所寫的自傳。自傳的範圍廣闊，從隱私的（包含在豐富的日記可掘出的資料）到瑣碎表面的內容，包羅萬象。

對於所有個人的文件資料，很重要的是，瞭解這些資料是因何目的而產生的。自傳的目的紛雜而難以一一細數，可能的原因包括：

1.個人某些特定的原因。
2.為了出風頭。
3.想為個人的生命作定位。
4.喜愛寫作。
5.留下個人的想法
6.減輕壓力。
7.增加財富。
8.外在壓力促使。
9.協助治療。
10.為了改造及加強團體合作。
11.科學興趣。
12.公共服務及典範。
13.渴望流芳百世（Allport，1942，p.69）。

動機影響文件內容。一部詳盡的自傳，是為了敘說自身經歷的故事。如同主要資訊提供者為研究者所扮演的角色，它帶你進入想要研究的領域。特殊領域的人士所寫之自傳，例如，少數民族人士的自傳，特別是描述教育的部份，能引領對此議題有興趣的研究者進入這個特別族群所面臨的教育經驗。

不該將小説排除，它是質性研究中具潛力的可能資料來源，雖然其使用比自傳來得麻煩，原因是「難以將虛實釐清」。(Eisner，1980) 他們無法真實代表作者的經驗。然而，若是作者擁有對社會體察的第一手認識經驗，其小説內容便有助於增長視野及洞察能力。

官方文件

這是指學校等組織與公司團體，為了特定消費所需而製作文件。尤其是官方組織，以製造大量書信及文件著稱。大部份人有些鄙視地談論這些堆積如山的文件，當我們視這些官方文件為「資料」時，更是投來懷疑的眼光。我們談論的文件是如備忘錄、會議記錄、簡報、政策文件、提案、道德規範、全套檔案、學生檔案記錄、立場聲明、新聞公告、個人手冊等等。許多研究者認為，這些資訊相當主觀地代表倡導者的偏見，給局外人看的組織運作成長圖是不切實際的。因為這樣，許多研究者視其一文不值，從資料中刪除。毫無疑問，質性研究者卻視這些資料為資產。記得，質性研究者對一般認知的「事實」不感興趣。他們找的不是學校的真實面，想了解的是眾人如何定義學校，這樣的興趣激勵他們走向官方文學。從這些文獻，研究者可以了解官方的看法，及不同學校教職員工溝通的方式。大部份我們所指的「官方文件」，研究者垂手可得，雖然其中有些列為機密文件。我們會簡略討論官方文件的幾種型態、他們的使用及在取得中可能遇到的特殊問題。

內部文件

內部文件指在組織內部流通的備忘錄及通訊文件，例如，學校系統。這些資訊傾向採層級制，由上往下流動，從學校領導中心辦公室到教職員工。而其他資訊則以相反方向流動，不過很少與向下流動的潮流相同。部門會議記錄及其他聚會記錄常以橫向方式傳

遞。內部文件能透露官方命令、內部規則及規定等系列的資訊。它們也能提供線索，包括領導風格，潛藏組織成員的價值觀點。私人祕密的備忘錄是存在的，而大致上，秘密資訊不會以書面形式流傳。如果研究者與該機構或組織的關係良好，便能取得大部份內部文件資料。

對外通訊

對外通訊指組織為公共消費所產生之資訊：業務通訊、新聞公告、年鑑、與家長通信的短箋、表明立場的公開聲明、學校接待日節目單的廣告、小冊子及個人手冊。如我們先前建議的，這項資訊有助了解官方對課程、行政架構、及組織其他方面的看法。應注意的是，愈來愈多學校雇用專業公關專家製作這些資訊。大致上，雖然學校行政人員會檢閱並認可這些文件，所以資訊並不直接為負責單位所製。你可能可以善加利用這些對外文件，如果你能得知製作人的身份及製作的理由—換句話說，如果你能知悉社會背景的話。一些對外文件對於學校體制增加財務支持的策略，具有良好的指標，而其他例子中，它們則直接表達掌管學校者的價值觀。

對外文件通常易於取得。事實上，他們常大量製造，供多於求。經常，行政單位會留下剪貼簿及檔案，待數年後，供需要者使用。剪貼簿可能包含地方新聞有關學校相關事件的報導。Casella (1997) 為了研究教學觀摩手冊，函購了旅遊手冊，列在紐約時報旅遊版後方。Daniels (1997) 為了索取白人至上主義者團體的手冊及其他出版品，以假名設了個信箱。但當他們要求捐獻時，她覺得在道德上無法捐錢給自身鄙視的團體，因此她反倒使用了Klanwatch機構檔案室的資料。請求你想研究的組織是否可提供一些資訊，這能節省大量的時間。

學生記錄及個人檔案

除了已討論過的官方文件外，學校替每位學生建立個人檔案，

大部份也包括教職員工檔案。學生檔案尤為鉅細靡遺且重要。包含了心理報告、考試紀錄、出席狀況、教師的軼事評註、他校就學資訊、及家庭狀況。這些檔案從就學至工作，一路跟著學生。

　　傳統的研究者常用這樣的檔案記錄做研究，但很多人表示這些記錄幫助有限，因為並沒有呈現孩子的真實情況。質性研究者完全同意這樣的說法。他們有時會想從檔案中取得成績記錄或教師名單，大體而言，質性研究者追查學生記錄，並非因為這些記錄告訴與學生有關的事情，而是為顯示記錄的保持者（心理學者、行政人員、教師）對學生的看法如何。Taylor官僚文本（1996）的研究追蹤官僚文本的不公，包括從社會福利、罪犯裁決、至攸關五人性命的健保系統。基本架構上，檔案所包含的資訊—信件、教師評價、及成績記錄—代表了對孩子的看法。這只是片面之描述。其中沒有包括引用學生或家長的真實談話。除了學生記錄，加入與學生或家長的訪談會印證更多的內情。

流行文化文件

　　質性研究者對於使用一些方法來研究大眾流行文化漸增興趣。流行文化文件包含錄影帶（Schoonmaker, 1994）、教育宣傳片（Ellsworth, 1988；Farber & Holm, 1994；Giroux & Simon, 1989；Kennard, 1990；McRobbie, 1991；Trudell, 1990；Whatley, 1991）、搖滾樂（Holm &Farber, 1994；Review, 1995；Willis, 1990）、雜誌（Homn, 1994；Lutz & Collins, 1993；Provenzo & Ewart, 1994；McRobbie, 1991）、電視（Bacib-Smith, 1992；Livingstone & Lunt, 1994； Press, 1991；Schwoch, White & Reilly, 1992； Willis, 1990）、愛情小說（Radway, 1984；Christian-Smith, 1988, 1990）及廣告（Barthel, 1988；Kellner, 1991；0'Barr, 1994）。如先前提到，這些文件以二種方式作為研究：最先，作為文本，以節目台詞、歌詞、及電影劇本當作為實地札記的資料；其次，當作研究的一部份，以觀眾的解讀為研究計畫的核心。

女性主義者、批判理論家、傳播學者首先對流行文化文件列為文本感興趣，原因是媒體在大眾建構意義的過程中，扮演重要角色。如果媒體流行文化是我們「符號互動」的一部份，研究這些文本，便可得知其對人們日常生活是如何造成影響力。例如，研究者有興趣知道，電視、雜誌、廣告及其他形式的流行文化如何影響對女性特質的看法、男人對男性特質的想法或年輕一代如何看待階級及種族的意義。研究的目的在形成視覺資訊，或文本對社會的建構。比如這些資訊可能包含諸如抽煙如何在廣告中建構健康形象(Kellner,1991)、年輕女孩閱讀的浪漫愛情小說如何塑造女性特有的氣質 (Christian-Smith, 1988)，或在電影「熱舞」中，如何建構社會階層 (Giroux & Simon, 1989)。對於諸如此類的關注點，都因為文本如何還未有系統的研究，對其解讀也就十分值得探討與深思。

　　然而，這樣的資訊顯示，研究者察覺觀眾會受到影片、廣告、雜誌上意象的吸引而直接吸收資訊。換句話說，觀察毫無疑問能回應流行文化文件的符碼。早期研究檢視出流行文化文件的意象具有意義，因為這些研究使用解釋策略檢驗這些意象，但是，卻毫無線索得知讀者、影片及電視觀眾、或搖滾樂迷如何解讀這些文本。研究者需要反映出為何觀眾會接受節目中的片段，如同製作人希望的；但是卻對另一部份不以為然，甚至忽視其中有意義的特點。新一代的研究者以人種誌為取向研究，女性作為星艦迷航記 (Star Trek) 或其他科幻節目的影迷 (Bacon-Smith, 1992)，其反應如何，他們如何討論所看的電視節目 (Press, 1991；Willis，1990)，他們對於租看錄影帶的反應如何 (Schoonmaker, 1994)。這種研究強調「令人驚訝」的可能性 (Willis, 1980, P90)，其凝聚了研究者的省思、研究形成概念的派典及觀眾的觀感。以符號互動論或文化研究為派典的研究者相信研究文化文件的反應是一大關鍵。

　　如果你有興趣把流行文化文件納入研究，以下指導方針也許有所幫助：

1.利益團體如何閱讀流行文化文件

　　此研究會有二種型式的實地札記、文件本身、訪談逐字稿，或對某一流行文化特定團體的訪談和觀察，所做的參與觀察記錄。你可能觀看一特定連續劇，如General Hospital替每集寫記錄。你閱讀過這些記錄，找尋重要的主題、點子、及用字。你可能訪問本節目男女觀眾，探知他們看電視的習慣、對本節目的了解、喜好的改變、或與不同角色的共鳴。如果你討厭連續劇，但對流行文化感興趣，你可以看一個特定的喜劇，著重其中的種族意象，訪問數位觀眾。Lutz及Collins (1993)，分析國家地理雜誌如何描繪非西方人種，他們參閱了文本及照片，辨識這些看法的來源。他們也訪問了雜誌編輯群，詢問工作對他們的意義。此外，他們訪問國家地理雜誌的白人讀者，從中了解他們如何解讀雜誌對非西方人種的建構。

2.你個人的喜愛很重要

　　若研究者不喜歡所研究的流行文化型式，研究難以進行。因此選擇一個研究計畫，使你能採用自己喜愛的研究模式，並能從中得到快樂。若以課題為考量，流行文化有意義的一點為，能教導我們不喜歡的事物，卻能樂在其中，所有研究必須能證實這二點。如果你不喜歡某項運動或是連續劇，像這樣的電視節目會令你想關掉電視機的話，你不該絞盡腦汁去研究。這種研究的反思依賴於是否能帶給你愉悅，對你是否意義深厚。一些學生以流行文化為質性研究計畫，選擇他們願意花時間觀看和閱讀的型式，像是「Seventeen」雜誌、「On the Road」、MTV節目、或歐普拉 (Oprah Winfrey)秀。你與受訪者都必須對流行文化感興趣，這樣研究才有意義。

3.決定研究重點

　　每一個研究或許都不會如強調訪談與觀察般們同樣強調節目文本、雜誌文章、影片劇本。在研究初期，你可能不知道在哪方面最感興趣，你該從蒐集資料的過程中決定某些部分是你要的。你的研究可能著重在觀眾對流行文化文件的真實經驗，如果你對這方面的資料最感興趣的話；或是做文本分析，若那是你的興趣所在。一些

研究者與電視觀眾交談，對節目本身記錄不多，超出資訊提供者所談相關電視節目的範圍。例如，Andrea Press (1991) 寫了個簡短章節稱為「從電視談女性的職場、家庭、及社會階層形象：黃金時段中的前女性主義、女性主義、後女性主義」。但是，本書精華為探索勞工及中產階層女性如何解讀本節目。Schoonmaker (1994) 較少談及錄影帶本身，而著重在店主及顧客對錄影帶的看法。其他的研究較多以節目本身、廣告、歌詞、及資訊提供者的觀點為核心。Trudell (1990) 描述了影片本身及配合影片提供給教師使用的課程教材，並討論了學生的反應。

4.個人及團體的訪談或觀察

如果你對特定團體感興趣，你可能想與這群人觀賞電視節目，然後一起討論。你是否能在團體或個人中找到資訊提供者，端視研究計畫或所遇團體而定。Radway (1984) 研究了愛情小說讀者，她真的現場觀察Dot與Smithton讀者協會的讀者，這個小組為其他女性評論愛情小說。在Radway開始研究前，這些女性已彼此見過面，所以小組氣氛自然。Radway的研究著重於小組與文本。其他可能像是帶群年輕人一起觀賞電影、錄影帶、電視，彼此討論看到了些什麼。我們知道有個教師在放學後，放了「John Singleton」的影片給非裔美國學生看，傾聽他們談論看到了什麼。我們知道另有學生，請求一位少女與她一起閱讀像「Seventeen」、「YM」雜誌的朋友，過來談論閱讀的方式、看到的資訊、閱讀中好惡部份。

5.有系統的組織文本資料

當研究以流行文化文件為研究資料，必須系統化管理資訊。你需要節目、影片、或廣告的詳細資料，如訪談觀察資訊提供者所需的細節一般。若以電視節目為資訊，錄下節目幫助很大，這樣你可以一步步謄下節目台詞。若是採用雜誌或廣告，影印下來，這樣可多次翻閱，以找出不同方式以字彙或主題來作為編碼根據。你也許能以軟體程式把這些資訊輸入電腦再加以分析。

攝影

　　攝影（photography）久來與質性研究關係密切，如我們想在這裡探討的，攝影技術可用在許多方面。照片（photographys）提供突出的描述資訊，經常用來了解主觀性的一些事物，而且需要持續的歸納分析。

　　攝影技術一開始便與社會科學研究密不可分。其中一位早期從事社會攝影記錄片的攝影師為John Thomson，他的著作「倫敦街頭生活」（Street Life in London）於1877年出版，描繪倫敦的貧民生活。十年後，Jacob Riis的攝影小品描繪紐約市的新移民，其中包括近似坍塌的學校教室內景，他教導人們都市的真實情形（Riis,1890）。社會學家Lewis Hine率先以相機展現美國人民的貧困生活，他對童工的攝影記錄催生了開國以來數條童工法令、及對義務教育的立法。他說：「若能用言語來表達，就不需背著相機到處跑。」（Stott,1973）。

　　社會科學與攝影技術關係密切久遠（Edwards, 1992），但直到最近照片才吸引許多研究者（Becker, 1986b；Wagner, 1979；Ball & Smith, 1992；Harper, 1994）及理論學家（Bolton, 1989；Chaplin, 1994；becker, 1995）的目光。視覺社會學（Visual Sociology）期刊致力於攝影及社會科學的探索，若你想多尋求攝影與質性研究的資訊的話，我們向你推薦此本雜誌。對攝影的興趣，爭論已久，有些人宣稱實際上攝影技術無法客觀表達實況，因為其扭曲了想呈現的事物（Sontag, 1977；Tagg, 1988）。其他人反駁某些人士聲稱攝影為研究一大突破，因為其促使研究者了解並研究生活各片段，這是其他取向的研究無法達到的；但他們同意Hine的意見，影像比文字或任何陳腔濫調善於傳達資訊，一張照片勝過千言萬語。

　　一些人對兩方立場爭論不休，但大部份社會科學家既不全然接受，亦不否定攝影技術。他們的問題是：「它對我有什麼價值？我如何在工作中善用這項技術？」他們詢問這些相關特定研究問題的疑問，並將特定的照片擱在心中。

　　用於質性教育研究的攝影技術可分二類：由別人提供的照片或由研究者親自攝取的照片。

找到的照片

　　此類照片隨手可得，因為由別人取景拍下（Dowdell& Golden, 1989）。具歷史性的協會有許多收藏，包括許多私藏的老舊照片（Mace, 1990）不少學校及人群服務機構照片藏量頗豐，可回溯至草創時期。一些大學設有檔案管理員，專管機構歷史資產，管理員可向你展示一長列攝影記錄或其他視覺材料。這些資訊近在咫尺，卻極少列為資訊。年鑑、上課照片、及年度活動、到戶外遠足的照片，從早期至近代，皆應有盡有。學生常有自己蒐集的照片，他們把其中一些放在皮夾或皮包裡，隨身攜帶。報社設有照片收藏室，雖然這些資訊通常有所管制。縣府的企劃室存有管轄區的空照圖。有些照片可在跳蚤市場或車庫大拍賣掘到。試試看當地人蒐集具地方色彩之明信片、陳年文獻俱樂部或展覽館都可參考。例如The Post Card Collector（明信片收藏者）是專為明信片迷而設的專刊，內有文章介紹各式各樣明信片，包含攝影的，還標明可取得的地點。還有類似的出版品介紹其他型式的視覺資訊，有無限的可能性，尋覓的過程也很有趣。我們的攝影歷史，至少長達一百年之久。

　　在研究情境中找到的照片可提供我們了解已不在世的人或活動舉辦的實況。如所建議的，學校常蒐集有照片、年鑑，有時還有視覺歷史的相簿。教職員工為以前學生拍照的照片使我們得知以前的學生或工作伙伴，儘管不曾照面，也可感受到他們的生活像怎樣。雖然照片不能代替現場的重要性，卻能呈現過去的情形及參與者的模樣。再者，這種照片可納入研究報告，提供不同觀點的交流。

照片解釋了場域的大致模樣，也能提供特定真實的資訊，與其他資訊結合。例如，退休歡送會的照片展現了參加者、及坐位的排法，或許表示這是輕鬆、非正式的場合或人際關係。研究中收集的社區空照圖顯示了人口分佈、地理位置、及教育系統的關係。

　　照片確實提供了真實資訊，重要的是我們要了解，研究者找到或有人提供的照片，是為了某一目的找尋的或有其特定看法。為了不單只是粗略使用，必須獲悉拍攝人員的目的與心思（Fancher, 1987）。因此，照片如其他所有質性資訊：使用時，必須放置於適當的背景脈絡中，並在採用資訊及了解前，必須知曉其能呈現何種東西（Fox & Lawrence, 1988）。有位作者，為了開始研究畸形藝人在穿插表演中的表演歷史，探訪馬戲團的紀念物品倉庫。他偶然取得的資訊主要包含出售的公開照片，這是團主希望補貼收入而賣出。起初，他視這些照片為描述藝人的資源。當研究者開始閱讀多位藝人坦率的回憶錄及自傳時，才了解到展出的照片是以詐欺手段拍攝，以吸引顧客。這些照片因而不被視為畸形藝人的真實描繪，而是為了提高娛樂商品的價值而產生的符合特定格式的展示表現。研究者因而改變方向，觀察提升展示的方法，而非揭露藝人的真實自我（Bogdan, 1988）。

　　照片可顯示出攝影師覺得現場的重點為何、上司給的命令、或拍照者的要求。一些人認為這可能使拍照太主觀、扭曲事實的「本質」。其實，照片在此提供了另一用途，能與質性研究的觀點密切結合；就是說，我們研究照片時，能探查人們的價值觀、喜歡的形象等的線索─喜歡如何被拍照，及如何替人拍照。以此解讀，照片猶如視覺的修飾。看著照片及其他視覺資訊，以了解被壓迫的團體是如何被控制他們的人所拍照，這對後殖民研究者（Alloula, 1986；Graham-Brown, 1988；Sharpe, 1993；Said, 1993）、非裔美國人研究（Lyon, 1992；Durham, 1991；Willis & Dodson, 1989）、女性研究（Kozol, 1994； May, 1988）而言，是大有興趣的，這裡只列舉出一些具有學術研究興趣的領域 （也見Graebner, 1990；Squiers, 1990） 照片雖無法全然無疑地證實所有事情，在與其他資訊結合下，可增加無數的證據（Bogdan, 1988）。

照片還有另一功能。他們可能表現出反常現象，不與研究者所建構的理論吻合。當照片影像與發展中的分析相斥，卻能促進一步的分析洞察。例如，在先前提過的畸形藝人表演，剛開始時，研究者預期殘障者的地位飽受貶抑，他偶然得到的影像支持他的觀點，但其他的並不清楚地說明他所期望的情況。許多照片似乎嘉許肯定藝人的地位。比方許多人常描述侏儒出身高貴、天份過人。這些影像促使更深的思維。一項研究中，我們取得1920年代的照片，場景為一所為智能障礙生所設的州立學校，我們發現所有的照片顯示學生整潔體面、有禮貌、是來自中產階層的小伙子，這與專家在當時對障礙者所提出的認知有顯著的差異。當時正流行優生學運動，專家贊同智能障礙者是社會的無賴—對人的健康生活有極大之損害。我們企圖透過文字與照片間的矛盾，促使多方討論這些論點。

研究者亦利用照片去探索人們所界定的生活圈；照片呈現人們視為理所當然的事物，他們所預設的是毫無疑問的。比方，學校與人群服務機構經常照相，向媒體公布其贊助的活動，也替學生、客戶照相，以存放在機構官方紀錄中。研究者可能可出機構對照片中學生、及救濟對象的假設：救濟對象照相時，穿了什麼？擺什麼姿勢？舉例，當我們檢視為募款而拍的照片時，這個募款把救濟對象界定為智能障礙者，所以他們把其救濟對象們塑造成孩子、小丑、無助的角色。

接下來幾段，我們提供一個歷史記錄，簡介攝影技術、流行玩意收集、及前人留給我們思索的些許圖像。我們著重在一些老舊圖像，在研究或旅途中，你可能會不經意的取得這些影像，卻不自知。

雖然第一批照片為營利而產生—為了售賣—讓我們回到1840年代的銀版照相法。直到1860年代，派典間才掀起一陣照片風。1860年之前，你可以照相，但科技不進步，無法大量複製照片。複製問題一旦解決，照片營利的可能性急遽上升，取得照片的可能性劇增。第一個風行販賣這些影像的形式稱名片（carte de visite）。此名源自於與法國名片近似。照片黏貼於2 1/2×4英吋輕薄的紙板上，由攝影師及攝影批發商出售。人們有自己與家人的照片，十分

普遍。他們把照片放在相簿中，可秀給客人欣賞。但是，相簿也包括其他人的照片—戰爭英雄、牧師、政治家、總統全家合照、皇室、作家、藝人（包含奇特藝人）及其他名人。也有風景及靜物照，但人的肖像最流行。這些照片相當風行、且容易蒐集，因而一些人成為收集名人卡的狂熱者，忍不住不斷的購買、收藏照片。在1870及1880年代，較大張的4 1/2×6 1/2 英吋框裝版卡（cabinet）取代了較小型的名片卡式樣。框裝版卡片的照片也以肖像為主，用途與早期小張的照片大同小異。到了十九與二十世紀的交替時期，玩框裝版卡片的風氣沒落了。沒有任何特別形式加以取代，反而是各樣的攝影種類及大小規格興起。

二十世紀前二十五年，其中一種最流行的照片形式為明信片大小的照片（picture post card）。美國到了1905年，大量採用明信片式的照片，因為郵政法令更改了，取得容易而廉價，橫掃美國及其他部份西方國家。人們購買保存及送給友人。每個受過基礎讀寫教育的人似乎都在蒐集。大量製造販賣。大公司整批印刷，但最有趣的是由工匠精製。作為照片使用的明信片，其中豐富記載小鎮的人民及生活。學校明信片—描繪校內校外、教室、運動隊、及畢業典禮等都大量存在。一些明信片由業餘者所製作。到了十九與二十世紀的交替時期，柯達公司製造了相機，可在街上使用，並能快照轉為明信片。明信片不是主要的照片樣式，但一經當地專業攝影師與業餘攝影者之巧工，就可變成主要的照片風潮了。若你有全家的舊照片，翻到背面，可能看到印了一行字「明信片」（post card）。

無論是名片卡、框裝版卡片或明信卡的照片都是小小一張，也有較大張的照片。不用來陳列於相簿裡，很多照片都掛在牆上，作為家中、公眾及商業建築的裝飾品，像是學校、法院、圖書館、消防站、工廠、夏令營、兵工廠、兄弟會大廳。有一種廣受歡迎的樣式、並特別讓質性社會科學家感興趣的是廣角團體照（panoramic group photo，有時稱yard-long photographs）。跨越二十世紀時，相機已發明了，鏡頭一律能以垂直弧度移動方式拍攝場景，能移動光線通過尚未曝光的膠卷，形成大比例、拉長的影像。有些相機能180度的弧度轉變，製成六尺長、八尺高的影像，可納入數百

人。（大部份還是採用小張，能容納較少人的）。 如大部份早期的照片，全景照片（panoramic）所用的底片與後來洗出的照片大小相同。不像現今大部份照片，照片是小張底片的放大版本，不過這些早期的照片卻是意外地精細清晰。看著照片時，常感覺另一年代的人栩栩如生地站在面前。1950年代或多或少不再使用，但是半世紀以來，人們喜歡這個形式。藉由製造大量慶祝、集會、遠足、或近乎所有其他事先規劃的社交活動—婚禮、畢業典禮、生日會、班級旅行、集會、建築物落成典禮、退休歡送會等等，攝影師表達出自己的想法。

拍攝全景照片的攝影師一般最常見的獲利方式是售賣照片給所有照片中的對象。許多這樣的照片，在地下室、閣樓翻出、塵封多年後，可在家中、車庫大拍賣、及古董行挖掘到。這類照片因其大小不是收藏者所要選擇的樣式。有一些檔案室，蒐集大量全景照片，由當地技藝工匠所拍攝，包含Vermont北部的McAllister（Borsavage, 1979）及肯薩斯州的Goldbeck（Burleson, 1986）的作品。這些照片多是以教育及人事部門為主題的照片。

還有其他照片樣式。例如，立體卡片有一段長長的歷史，由企業大量出產，為娛樂派典而製，透視立體的視覺效果，可以看到景象呈現以立體方式呈現。雖不像全景的團體照一樣具有視覺特殊效果，也有其他照片以廣角鏡頭拍攝。我們雖然可以再攝影的談談其他主題，但本書只允許我們在眾多的攝影影像歷史中，挑選一種作為範例，並簡介其能作為資訊的可能性。我們只是略觸皮毛，大略談過了照片的可能用途。需一些想像能力及用心才能找到合適的照片，及使用這些相當具有研究價值的照片（Dowdell & Golden, 1989）。

研究者自製的照片

由教育研究者運用相機攝取鏡頭，採先前提過的方法，相機可拍出照片加以使用。研究者能精挑某些事實的資訊，例如，研究者

可拍攝空照圖，以利捕捉人口分佈及與學校的相關位置。我們認識一位社會科學家，受邀協助市容美化設計者完成整頓市中心廣場的計畫。為了解市民一天中如何在特定時間使用這些空間，架設了相機設備於面對廣場大樓的窗邊，每十分鐘自動拍攝一次，計畫讓相機在每次快門開與關之時，能拍攝到整個區域。這樣的技術可能很容易地與其他方法結合，例如：研究操場、大學廣場、或其他室內空間的使用。

也許，相機最常用來協助參與觀察的研究（English 1988；Walker, 1993；Preskill, 1995）。 相機經常大量使用於記載研究過程中容易忽略的細節，因此需要照片影像以當作仔細檢驗或省思之功能。研究者自行拍照，這些照片在隨後可用來細查人事物的線索。當相機被列為資訊蒐集工具的一部分時，組織單位、參加特定文件者的外表、座位安排、辦公室佈局、書櫃所放之內容均可納入研究用資訊。完整的教室攝影照片就可當作可貴的文化資產。

相機的另一研究用途是可以讓研究者把相機交給研究對象，請他們自行拍照。研究者不親自使用相機，可更清楚明白研究對象如何詮釋他們自己的世界。在某一研究計畫中，在一個專為殘障者設計的公寓住宅區的輪椅上綁上相機，當輪椅在住宅區間滑動行進時，一張張照片便能拍攝下來真正使用住宅區的殘障者是如何看待為他們而設計的一切設施，將有助於提高建築師的敏銳度。

研究者拍攝、挑選、呈現給訪談者看的照片，能進一步影響到資訊的蒐集（Schwartz, 1989）。在一項研究中，研究者嘗試了解一般學生（非殘障生）如何看待班上重度殘障生。研究者訪談這些學生，與他們談班上的其他同學（Barnes, 1978）。 不以點出兒童的名字或描述他們的方式，研究者放幻燈片讓這些孩子觀賞，要求他們描述、討論圖片中的學生。另一研究中，地理學者嘗試了解派典對某些環境的看法，他們放映荒郊野外森林區的圖片，要求一群市區居民，包含市內小學生討論這些圖片。

照片即分析

到目前為止，我們已討論過，照片可作為資訊或成為蒐集資訊的催化劑。近來，攝影於社會科學研究中的角色爭辯不斷，不過照片的使用是最不受爭議的。較大的爭論點為照片的分析，也就是說，研究者主張這個影像本身就是一種抽象、不夠具體的說明，或是真的可以客觀呈現研究場景或某一論點（Goffman，1979；Trachtenberg，1989；Harper，1994）。這個爭議延伸不少問題：研究者或任何人所拍攝的照片能捕捉到學校內部生活的真實面嗎？能掌握其他研究取向難以表述的實際本質嗎？人們所照的照片對於他們想要描繪的東西是否過於敏感？或拍攝者會因著重在人生的黑暗面而扭曲事實？他們會將毫無舉足輕重的一小片段當作永恆？相機是不是像打字機（Becker，1978）無法表達自身的立場？相機會不會只是一件工具，依賴拍攝者的技術及視野？或者，拍攝者、相機、及想傳達的言外之意間是否有什麼相互關係？

有些問題是對攝影有興趣的質性研究者必需認真思索、掙扎。教育研究者尋求的是「理解」，照片雖無法解答，卻是尋覓事實真相的可能工具。相機的發明與廣受運用，改變我們看待及經歷我們真實生活世界裡的一切。我們已討論了在教育研究中使用照片，另外重要的是，要視照片及攝影師的世界做為研究題材。我們必須了解社會與攝影行業是如何相互影響。當我們充份瞭解如此先進的觀點，才能深入探討照片分析的價值。攝影技術可為教育研究者的工具，但需要被當成是重要的文化資產及文化的製造者。

技術與設備

你需要成為優秀的攝影師，才能夠在質性研究中善用攝影技術嗎？有點同意又有點不同意。George Eastman因為實現此一承諾，即「你按下這個鈕，其他的事就交給我們。」，而賺進許多財富。

研究過程中，可能不是那麼容易，但是某些情況下也差不多是這樣簡單容易的事了。

第一個問題是：「照片想要展示的是什麼地點？」若只是為了替研究地點拍照存證，就不需要什麼特殊技巧。但若想捕捉住人際間行為的細微事件，就需要訓練一下你的拍攝技術了。關鍵在於能先清楚明白想要的照片的內容為何。只要能明白想要的景物，任何人都能輕易拍攝一張照片。因此，訣竅在明瞭找尋何物，尤其在研究探索階段，當時機剛好來臨時，對研究過程中正在尋覓的東西要十分清楚。

特殊的拍攝技巧用於處理較複雜、不單單只為存證而留下來的資訊，此時需要能判斷當影像轉化為平坦長方形時，會是什麼景象。拍攝黑白影像時，此項技術尤其重要。業餘快照攝影者的作品就充分說明了由真實世界轉換成3×5英吋大小的平面時可能會出現的問題。最顯著的例子包括頭部被切掉、人不見了、背光讓前景形成一片黑影、或是拍攝到周圍環境、卻將人拍太小。如果知道照片預期的內容，這些缺失可能輕易克服，然後要確定景物確實位於相機的取景器內及或者還有其他一些須要注意的細節。

稍為再深入攝影的複雜層次，你也必須培養出敏感度，知道什麼會在照片中出現。肉眼可以區分出照片無法解讀的細節。色彩明暗、質感、亮度的小細節可能無法顯現出來或過於誇張。太細節的部分可能無法在底片上顯示出來。如果這些資訊可能轉變成重要資訊，就應該拍攝特寫鏡頭。

研究計畫不該是你第一次的拍攝經驗。這些技巧都不難學，但確實要學，這值得你花些時間多做幾次練習，學習一下研究類型的拍攝技術，也許就夠用了，清楚找出該包含什麼樣的景象，然後找個地方嘗試拍攝。但不要苛求得到好的照片品質—要求拍到自己期望好的照片。好的研究不能依賴偶而得之的好照片。當然，你的技巧會日臻成熟。

到底需要什麼樣的設備呢？很不幸，我們的建議跟錄音機一樣—操作良好。因為正式的研究從單單的一個想法至最後發表，經歷

久遠，所以攝影資訊需要盡可能很好。由於影像品質會因複製而逐漸變差，若有品質不好的底片，後果就很難收拾了。

以照片進行質性研究，最後的阻礙通常為照片的「公開使用權」。對出版品而言，必須取得照片中的人物的簽名同意可以「公開使用」、「對外發表」，才得以出版照片。父母或監護人必須替代未成年者簽名。計畫一開始，便該逐步取得公開使用的相關權利，因為這是超乎想像的費時費力，非常難達成的一項工作。只要開始一項研究計畫、前往某一場景時，就應該已取得同意參訪及拍攝的權利，但這不同於「公開使用照片權」。所以，除非也取得「公開使用照片」權益，否則你將會保存有一堆根本無法使用的攝影資訊，計畫只好宣告而終止。

 ## 官方統計及其他量化資料

研究進行之際，質性研究者通常會無意中得到他人所有的量化資訊。如我們提及的，學校保存及不斷增添大量資訊。教師也可能因個人目的而選擇保存某些資訊。行政單位蒐集種族結構、語言種類、殘障狀況、運動傷害數目、出席率、輟學率、成就測驗分數、暴力行為次數及勒令停課情形、及其他量化統計等資訊。質性研究者有時候也會發現自製某些的統計資訊是有用的。質性研究者到底應該怎麼看待這些量化資訊呢？

量化資訊可以像一般用在質性研究中的資訊一樣，可以是表明研究場域的某種趨勢—比如，學生增加或減少了？它能提供某一教育單位的人口描述性資訊（年齡、種族、性別、社經地位）。這些資訊能替你廣開研究大門，找尋解釋的答案。量化資訊通常還是會包含以質性寫作方式來呈現描述性的統計。

在研究中，統計資訊也可以用來檢視你逐漸改變的思考歷程。例如，你可能從觀察學習到，男學員在職訓班中不會表示職訓是人生大事，而對女學員而言卻是。你可能拿這個「進行中的（未定案的）假設」（working hypothesis）與官方出席記錄作比較，假定這些出席記錄具有實證的嚴謹度。你不會以這些出席記錄證實你的發現，卻去探討自己對此現象的解讀含意。要是女性出席記錄不像男性一樣高，你可能被迫做出的解釋。

檢視真實的官方統計與訪談者所說的作比較，有助於探討自己的概念。例如，近來有某一研究者，研究一新的閱讀課程的實施，經常聽到教師指出，自從新的課程納入以來，小學生的閱讀水準是如何的突飛猛進。當研究者追查這個說法時，發現閱讀等級並沒有提升；事實上，教師從未看過閱讀等級提升的實際資訊。教師對新課程的熱烈支持反應在他們的資訊報告，而非在資訊本身上。

如我們所言，量化資訊由他人（評估者、行政人員、或其他研究者）蒐集，跟其他資訊一般，稍有幫助，不過，質性研究者批判自己蒐集量化導向的資訊。並不是數字本身毫無價值。相反的，質性研究者會以逆向思考去反問這些數字如何顯示了受訪者或資訊提供人的假設。不同於完全只依靠量化資訊找到精確描述事實的方向，質的研究者關心的是，訪談者如何運用量化資訊的數字來呈現其世界的真實面（Gepart, 1988）。他們有興趣的關注點是統計數據對於訪談者的常識及已有的理解是支持的或相互抵觸的。

質性研究者堅持不會相信量化資訊的表面價值。他們會敏銳地觀察某個數字資訊形成過程中人與人之間的互動情形，及數字對研究對象的想法及行為是有多大的影響。對於研究數字產生過程的興趣不該與統計學家研究計數與估計混淆。質性量化資訊取向強調了解計數如何發生，而非該如何產生。

以下提供八種方法讓你思考可能在學校或人群服務機構能蒐集到的量化資訊，增強你對質性研究觀點的靈敏度：

1.誤用「真實比率」名稱

量化測量的過程產生了比率與度量，這些資訊不是自然而成

的。比率與數目計算代表研究對象對人、事、物的觀點。此外，不會因為研究對象以數字衡量人、事、物，就意味著對如何達成某一比率或數目有自然形成的共識。例如，學校的暴力行為比率，依賴資訊蒐集者在特定時間、地點對某一現象的判斷及他們的工作態度。當我們能正確判斷一個特定行為，認為其可以或值得計算在內，才能製作暴力行為的比率。（參閱National Institute of Education，1978，其舉例出校區如何各自定義暴力）。 社會科學家、政策研究者、或政府官員可能挑選任何一種方式，計算及發展一套準則，以達成建構「真實比率」的方法，但是，無論得到何種結果，都是先前的假設、概念、及逐步發展的過程的產物。宣稱有「真實度量」方法，即聲稱一種定義及一種方法比其他的要優良，絕不應該與真正絕對的唯一「真理」搞混。

人是用哪些方法來定義及計算別人要求要量化的事物？什麼因素會影響這些定義及他們進行的方式？不同資訊蒐集人進行的過程有所不同嗎？到底計算什麼與如何計算的理解是怎麼建立的？

2.挑出人、事、物，量化將改變其本身的意義

量化統計數據有可能突顯出向來被視為理所當然之事項，使過往模稜兩可的論點具體化。例如，要求保存種族背景的統計數據，可能會讓派典比較注意兒童來自的不同種族，也改變他們對隸屬於何種種族背景的偏見。關於少數族群或殘障兒童、運動傷害、暴力行為、校園藥物濫用的統計資訊，比起數字描繪的現象，更為豐富的描述；這些都會改變我們下次經歷這些事情的看法。

數字計算對人、事的意義有何明確影響？

3.量化數據具有時間面向

量化數據應要回溯其歷史根源。任何的度量或數量計算都應該放在特定的時空去解讀。換句話說，數字不應該單獨存在，而是會與產生這些數據的社會歷史背景相關聯。已公佈的數據變化—無論是出席、校園藥物濫用、成就測驗分數、學習障礙學生人數—不一定符合真實行為的變化或計算對象的人格特質。說是「概推」尚言

之過早，但我們對殘障兒童數目的觀察說明，我們如果愈關心某一特定現象、愈是以其為重心，比率自然就會愈高。Sarason 與 Doris（1979）探討了義務教育與智能殘障比率的上升，表示要瞭解智能殘障的比率，必須與我們對「誰該受特殊教育」的定義相互結合，可是到目前為止，這樣的認知尚未有共識。

4.量化過程涵蓋許多參與者，因此應該明白這是不同階層的現象

　　華盛頓以及在全國對於某一測量的議題，可能與其在各州、各地方政府所得到的看法不一。相似的，教育局長對一道指令的解讀可能不同於校長。當然，一般派典可能以會讓數據資訊提供者感到困惑的方式，接受資訊資訊。一位地方報紙的記者寫下：「一個孩子不見得是州教育局處理孩子的方式。依照教育工作者計算的方式…一個孩子可以是半個孩子、完整一個孩子、一又四分之一個孩子、一又十分之四個孩子，或有時候，一個孩子，事實上，等於二個孩子。」（Bogdan & Ksander, 1980, P303）

　　開始數據測量的原始意圖為何？經歷各個不同階層的人如何理解其動機、淵源？接受資訊的不同階層的人是如何了解其中的意義？其結果如何符合資訊蒐集者所了解的他們所做的事情？

5.人本身與統計數字的「動機」會影響意義、過程、與產生的
　　　　　　　　　　　　　　　　　　　　　　　　　量化數據

　　研究假設通常會與數據結果扮演的角色大不相同。比如，當聯邦贊助某一機構經費，用來資助某一特定族群，就會努力達成某個比率，不管是否真正改善了受資助人的現況或做出其他調整。當一筆撥給學校的經費需依產生的量化數據去計算，則這個量化數據計算便會傾向於資助單位最喜好的標準。逐漸地，各州或各地方政府，因為追求數據的命令，發展出複雜的通報系統。這些命令與結果真是值得仔細研究、推敲的。

　　專家與量化數據形成的關係是一大重點，因為他們經常處理這些相關的數據，而且與這些數據利害攸關。一項盲人服務的研究呈現出，是否為法律公認的盲人一般是依對盲童所做的量化數據測量

而定，而測量的方式是由專家設計的，以此作為區分，其他大部份的人都是視覺正常（Scott，1969）。診斷為學習障礙的族群，說明了研究數據測量的重要性。一些專家報導，有高達百分之四十的學童為學習障礙者，另一群專家則抗辯：「診斷為『學習障礙』是很勉強的。」

作數據測量的人對其行動的後果所知多少？贊助經費若與某一數據相連，會如何影響數據測量結果？不同專家團體如何影響不同數據計算？某一「外行人」所做的計算又與數據專家有何不同？

6.數據會因研究情境內的互動過程而受到影響

數據能營造出讓人覺得何者是重要且有意義的，進而使人從事一些能帶來利益的特別活動。例如，在課程結束來個標準化測驗，可能改變了課程內容及本年度的課堂活動。達到優秀成績的高比率可能成為教育單位的主要活動。

數據如何影響教育體系的正常活動？成功的數據測量與成功之間是什麼關係？

7.教育環境中，資訊提供人可能易受社會過程及行政體系的壓力而改變，這與影響工作團隊的壓力相同。

工廠員工與其他職業團體的研究提供了有用的概念，像是定額限制、假貨、自吹自擂的情況、加入新會員，及目標改變，這描述了團體過程及行政體系壓力對生產所造成的影響。什麼概念釐清了官方資訊的製作？常聽到資訊蒐集者用的字詞包括拼湊成的因素、數字遊戲、篡改資訊、還有塞滿華麗詞藻。這些字詞代表什麼？潛在的社會過程及壓力對資訊製作者的影響為何？

8.在美國教育體系中，計數與其產品有很深遠的影響及慣常的意義

其他社會，依循宗教系統來解釋日常生活。在美國，我們依據科學，以數字來表示。計算結果與產生的比率代表理性。在教育體系，數據的象徵意義是什麼？如何利用數據上的數目與外界溝通？行政人員如何在內部利用這些數據？除了一般的認知外，數字能有什麼功能？

我們不主張拒絕量化資訊的蒐集，因為這樣整個美國教育體系會崩潰。相反的，我們的目的在於建議，教育機構中普遍量化的性質呼籲我們應該從質的觀點來研究數據及其相關的內容，質的角度會讓我們把解讀數據視為「理所當然」，轉移到其適合的情境去解讀它。在研究過程中會碰上量化資訊的討論，是為了使人以更敏銳的質性研究觀點去解讀所呈現的「硬資料」(hard data)。

結語

　　我們描述了質性資訊的取向及其各種可能利用的格式，但無法鉅細靡遺。一些人大量使用錄影機設備及影片探討質性研究；我們尚未納入這部分的活動。其他人歸納分析主題及媒體與課本中的女性形象、少數族群，這些議題長久來遭受忽略。學校年鑑、文學雜誌提供另一領域的資訊，不過，我們只在討論中稍稍觸及。有各樣的資訊存在，我們該向前邁進、精益求精，希望不止了解到資訊不僅是在研究中蒐集的產物，也應從研究的框架中，窺探事物的真實面貌。作為一位優質的質性研究者，在某一層面上，要能學會此一觀點：特定的細節是實用的線索，幫助你探究研究對象的真實世界。質性研究包括將引領事及物深入你的靈敏思維，從中辨識出資訊之價值。換句話說，能領悟事物產生的理由，而其如何影響你調查事物的形式及可能的資訊，也包含知道何時要放棄你所懷疑探討的某些資訊，何時又懂得對資訊的重要性能鍥而不捨的追究、探討。

　　記得這個標誌牌：「我來這蒐集資訊。我所做的如何才能與目標息息相關呢？」如果你已相當認同研究者的角色，就必須遵守這一點。而你能在合適的某一個時機取得足夠的資訊，以完成最初設定的目標，而這時，去解釋你為何留下來繼續研究則已經是空洞的字眼。是該說再見的時候了，讓我們接下來在下一章中談談資訊分析這個課題。

Chapter 5
資料分析

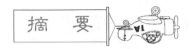

　　資料分析是有系統地搜尋和組織研究中所蒐集的訪談逐字稿、實地札記、及其他資料的過程，以增加研究者對資料的理解，並向其他讀者呈現研究者的主要發現。分析涉及處理資料、組織資料、將資料區分成容易處理的單位，加以綜合，尋找組型，以發現具有重要性的組型，並將所學習到的重要意義告知讀者。在大多數研究計畫中，研究的最終成果是論文、書籍、報告、論文發表，或規劃行動。資料分析即在於促使研究者能從散亂的描述性資料中，逐步發展成一篇完整的論文報告。

　　本章的目的在於協助讀者學會處理資料分析，包括在實地工作中的分析，在資料完成後的分析，發展編碼的分類系統，將資料依據編碼系統加以組織，編碼和分析中的影響因素，處理資料的工具等各項主題。讀者將能學會有系統的資料分析步驟，並應用於自己的資料分析過程中，為一篇嚴謹的質性研究報告奠定良好的基礎。

資料分析(data analysis)是指有系統地搜尋和組織訪談逐字稿、實地札記、及其他你所蒐集到的資料，以增加你對資料的理解，使你有能力向他人呈現你的研究發現。「分析」包括與資料共處，組織資料，將之分解為容易處理的單位，加以綜合，尋找組型，發現重要的和值得學習的，以及決定你要告訴他人什麼內容。對大多數的研究計畫而言，研究最終所要呈現的成品，是論文、書籍、研究報告、口頭發表，或者是應用性研究所要的行動計畫。資料分析可以促使你從一堆散亂無章的描述文字中，逐漸產出上述這些成品。

當研究者初次進行研究計畫時，無論是詮釋和理解所蒐集的材料，分析的工作均顯得龐雜繁瑣。對那些從來沒有做過分析經驗的研究者而言，在這個階段常會發現他寧可多花一些時間停留在研究實地蒐集資料，也不願投入龐大的分析工作中，於是愈加感到萬分焦慮：「我好像沒有獲得什麼好的東西」、「我只是在浪費時間」、「這是不可能的任務」、「我的研究生涯會終結在電腦前這一大堆無法分析的實地札記中」。在我們大多數人第一次面對分析工作時，這些恐懼害怕的情緒總會隱現在我們的心中。雖然分析是相當複雜的過程，但這個過程也可以有系統地分解成數個階段，涵蓋一系列的決定和操作，使資料分析成為容易處理的過程。

本章的目的在於協助你去學習如何處理資料。我們會介紹到一些說明或討論資料分析的文章(Becker, 1970a; Cassell, 1978a; Lofland, 1971; Schatzman & Strauss, 1973; Spradley, 1980; Strauss, 1987; Miles & Huberman, 1994)，但曾有新手研究者抱怨質性研究文獻總是對分析著墨太少。這可能是因為無論學者在文獻中如何討論資料分析的過程，還沒有分析經驗的人總是會覺得他們仍然不知道如何進行分析，於是想知道更多。我們在本章中所提供的資訊，相當基本且實用。我們希望你能開始進行分析工作，因此我們提供了一些具體的建議，讓你知道如何進行分析的程序，使其在概念上是容易處理的、並且在技術上是具體可行的。不過，如果你真的想學習如何操作，你必須先蒐集了一些資料，和資料共

處，嘗試不同的分析策略和風格。我們並沒有快速的資料處理方式，也沒有簡易的程序可適用於所有的研究計畫中。

在我們開始分析工作之前，我們要提醒你注意前章所討論到的重點。由於質性研究有許多不同的類型，因此也有各式各樣處理和分析資料的方法。我們僅先將資料分析的策略區分成兩大模式。第一個策略模式中，資料分析係和資料蒐集同時進行，在資料蒐集完成之時，分析工作也大致就緒。這個策略通常是有經驗的實地研究者所採用的，當你知道你所蒐集的資料有何涵義，你的研究工作也會更有效率和效能。第二個策略模式係指資料分析之前須先完成資料蒐集的工作。由於每一個質性研究都涵蓋要對研究發現有所省思，並在實地工作中做出研究設計的決定，因此即使研究者採用此一策略，也多融合了第一種策略的精神，很少是純粹的形式。

我們的判斷是，研究初學者最好是採用「在實地中分析」(analysis-in-the-field)的模式，但等到大部分資料蒐集完成之後再進行正式的分析。在實地研究中與參與者相處並建立共融關係(rapport)的難題，對初學者而言是相當複雜且耗費時間心力的，以致初學者較無法積極地投入於分析的工作。他們同時間要應付的雜事已經太多了。此外，新手研究者也常未具備堅實的理論背景，使他們在研究場域中能很快地明白其相關的議題和重要主題。從事持續性的分析，有賴研究者能立即觀察到所呈現出來的概念性和實質性議題，而這些並不是一個新手研究者能應付裕如的。

雖然我們建議在資料蒐集時暫緩全面性的、持續性的資料分析，但某些分析仍必須在資料蒐集的同時來進行。例如，你必須奠基於對資料的深度思考和敏銳判斷，決定一個分析的焦點。如果沒有這個焦點，資料蒐集的工作就會沒有方向，以至於你所蒐集的資料可能很難足夠充實，使你在稍後還能完成分析的工作。雖然你總是會蒐集到比你所需要的或所要使用的還更多的資料，但是有一個焦點會讓分析的工作更為順利進行。在你已完成一或兩個研究，對研究已能駕輕就熟時，你就可以在實地工作中儘早開始正式的分析程序了。

在實地中分析

　　下文所提示的重點建議，將有助於在資料蒐集的持續性歷程中進行資料分析，並促使你在離開實地之後，能更有效地完成最後的分析工作。

1.強迫自己做出縮小研究範圍的決定

　　就像我們先前所說的，在大部分的研究中，資料蒐集如同一個漏斗。首先，你廣泛地蒐集資料，尋找不同的研究對象，探索物理和社會空間，以對研究場域、研究對象和你有興趣探索的議題獲得廣泛的理解。在你奠基於具體可行和你有興趣的議題，發展出一個研究焦點之後，你必須縮小資料蒐集的範圍。這個任務最好是在你已做過三至四次的實地拜訪或幾次初步訪談之後進行。你所要做的決定，例如：「我會以這個學校的一個三年級班級為焦點」、「我希望更深度探索女性對青春期的記憶」、「我主要關心的是兒童會如何經驗這個方案」、「我打算訪談在大型高中教書的女教師」、「我主要的研究焦點在教師和學生之間的溝通」。

　　你可以盡情享受最初的探索自由，但也要強迫自己儘早做出決定。因為每一件事都是這麼新奇有趣，而且你所要探究的世界浩瀚無垠，要做出選擇事件很困難的事。你必須訓練自己不去追逐每一件事，為你自己想要到處走動的習性設下一些限制，或提醒自己不要使資料無限擴張到散亂無章以致無法決定要做些什麼。你擁有了愈多關於特定主題、場域、或研究對象的資料，愈需要儘早做深度的思考，而且當你試圖進行最後分析時也會產生更多成果。

2.強迫自己對想要完成的研究類型做出決定

　　在第一和第二章中，我們曾討論過質性研究的許多不同類型，例如組織個案研究、觀察研究、生活史等。許多有成就的研究者偏好這些不同類型中的某一研究傳統，蒐集的資料就直接導向該一研

究類型。其他有經驗的研究者就較有選擇性，但仍會對他們所要進行的研究類型做出理性的決定。作為一位研究初學者，你可能不會與某一特別的研究傳統有所關連，或者也不具備充分的知識來蒐集特別類型的資料，但你仍應該對於一些議題了然於胸，例如：你是否想要對研究場域做豐富完整的描述？或者你有興趣對特定的研究層面建立理論？你對人際互動中分分秒秒的細節感到興趣？或者你所關心的是較為一般性的社會歷程？雖然我們建議你要儘早決定所要從事的研究類型，但我們也明白這很難在研究之前做到。即使你能夠區辨不同研究類型之差異，你可能除了一心要完成研究論文之外，並不會感覺到對你的研究有太大的主控權。

試著遵循某些模式來引導你的研究工作，但如果你無能為力，你也無須焦慮。

3.發展分析的問題

在我們對研究設計的討論中，我們曾提及某些研究者帶著一般性的問題進入研究之中。這很重要，因為這些問題為資料蒐集提供焦點，並有助於資料的組織整理。你所提出的問題與你試圖要進行的研究類型有密切的關連性。因此我們建議你在進入實地之後，要對你帶進實地的問題進行立即的評估，以瞭解這些問題是否需要做重新修正，來主導研究的進行。

例如，當我們開始進行一個對長期失業者提供工作訓練方案的研究時，我們帶進研究的問題是：「這個方案中的哪些因素可以促使受訓者產生有效的改變，以增強其就業能力？」在初步觀察之後，我們發現參加這個方案的受訓者並不一定是長期失業者，而且方案中所提供的訓練大多與就業的準備無關，於是我們只好放棄原先的問題，而修正成：「當方案中所提供的內容偏離官方目標時，這個方案會如何進行？」（Bogdan，1971）。

其他與研究問題有關的例子，包括一位研究者在她開始投入時間於一個幼稚園班級之後所詢問的：「這些兒童每天在學校中做些什麼？」在一個研究中，我們曾經非常關注一群教學醫院幼兒加護病房中所收容的病童，在開始我們的實地工作之前並沒有設定特別

的焦點，但立即依據下列問題來組織我們的研究工作：「在這個醫療單位中，父母和醫療專業者之間的溝通本質是什麼？」，這個問題在稍後又被區分成三個小問題：「誰和父母討論有關幼兒的事情？他們會說些什麼？父母聽到了些什麼？」

有時候，剛接觸質性研究的人常會詢問一些這研究取向無法適切回答的問題，這些問題經常是受到先前量化研究傳統的訓練所影響，試圖要發現每一特殊現象的因果關係或比例。例如，有一位曾有多年擔任護士經驗的研究者，對所有參與一個以減低未來心臟病發作風險為目標的病患教育方案的心臟病患，展開觀察和訪談。她也對病患遵守訓練方案為他們訂定規則的情況甚感興趣。即使她對這個方案如何影響病患行為的一般性興趣很容易運用質性研究取向來探索，她卻錯誤地提出另外兩個進一步的問題：「誰較為服從規定？男性或女性？」以及「二者服從規定的比例有何差異？」。用來引導質性研究進行的問題應該更具有開放性(open-ended)，且須與歷程（process）和意義（meaning）有關，而不是與原因（cause）和結果（effect）有關。

例如，在一個對教學科技如何鼓勵教師更有效運用媒體的研究中，我們詢問下列的問題：「當媒體專家試圖要以不同的態度對待媒體時，會發生什麼事？」在一個以學習遲緩者為對象的訪談中，我們詢問的問題是：「被稱為『學習遲緩者』如何看待他們自己？」

質性研究者經常會將「實質理論性問題」（substantive theoretical questions）和「形式理論性問題」（formal theoretical questions）區別開來。我們上述所列舉的問題屬於「實質的」（substantive），也就是說，這些問題係聚焦於你正在研究的場域和對象。要將實質理論性問題改變為形式理論性問題，須改變字詞的組織方式，在某些情況下，只要簡單地去除部份片語或連接詞即可（Glaser & Strauss, 1967）。例如：將「當方案中所提供的內容偏離官方目標時，這個方案會如何進行？」變成「當方案活動相當偏離其預定目標時如何持續運作？」；「在這個醫療單位中，父母和醫療專業者之間的溝通本質是什麼？」變成「父母和

專業人員之間的溝通本質為何？」；「當媒體專家試圖要教師以不同的態度對待媒體時，會發生什麼事？」變成「當外部專家試圖改變教師行為時，會發生什麼事？」

在你必須觀察許多不同場域，以及你應用理論性取樣（theoretical sampling）的研究之中，實質性的問題會自然地轉換成形式的問題。如果你能在實地中進行大量的分析，形成問題，並在跨越諸多場合蒐集資料之後盡可能地回答問題，你所進行的就是形式紮根理論（formal grounded theory）（Glaser & Strauss, 1967）。就如同我們所談到的，此一在實地中進行的複雜分析模式，對研究初學者是很艱鉅且難以達成的。大多數的研究初學者多會在某一特定場域之內或以某一群體為對象，來進行其研究。我們建議你最好是將問題維持在實質性的層次，以便於引導資料蒐集的工作，但依據觀察者所記錄的評論和備忘錄，來推斷實質理論和形式理論的關係。在你已完成資料蒐集之後的正式分析中，你還可以做更進一步的推斷。而且，在你撰寫研究發現時，你可能也會試圖將實質的發現連結到形式的理論性議題，以反映你的研究發現對一般人類行為的理解。

除了形成或提出問題之外，我們發現，寫下能捕捉研究計畫之意圖的一些陳述句，是相當有用的。這些陳述句最好是簡單扼要，以一或兩句話為限。假如有一位對你的研究興趣或研究實地一無所知的知識份子，詢問你：「在你的研究中，你究竟試圖要發現些什麼？」，你可以運用釐清式陳述句（clarifying statements）來回答：「我試圖瞭解這個幼兒加護病房中，父母和工作人員的溝通。」、或者「我試圖瞭解年輕女性從初中到大學的發展歷程中，對自己身體意識的改變。」你應該要能清楚明白地提供一個令人滿意的答案，不會讓詢問者感到混淆困惑或索然無趣。如果你能想出一個像上述這樣的陳述句，你就能釐清你自己的研究目的—這是分析的關鍵鎖鑰。

4.依據你先前觀察的發現來規劃資料蒐集的時段

定期檢視你所記錄的實地札記，並規劃下一個資料蒐集時段所要探尋的特定目標。詢問自己：「什麼是我還不知道的？」為了回答這個問題，你必須仔細思考你目前已經知道的，以及你的研究可能的發展。決定你是否要花更多時間在某一處，安排去看一些特定的活動，或計畫去訪談一位特別的對象有關一些特定的問題。例如，在幼兒加護病房的研究中，如果你將研究焦點設定在工作人員和父母之間的溝通，研究者就必須參與工作人員與父母一起討論有關病童病情或進展狀況的會談。在與父母的會談中，有關他們知道了些什麼以及他們如何知道的問題，都會被提出來。

雖然我們建議你要奠基於先前的觀察來規劃下一個時段的觀察，這些計畫也可能會功敗垂成。你可能在進入實地之後，才發現你根本不可能做到你希望做的事。然而，雖然你可能沒有辦法控制你的研究對象在研究實地中會做些什麼，良好的計畫仍將有助於你的聚焦和強化你的研究方案。

5.將你所產生的想法記錄於觀察者評論中

實地札記通常會包含「觀察者評論」（observer's comments）。如同我們在第四章中所討論的，觀察者評論是在實地札記中的一些段落，讓研究者可以記錄他的想法和感受。初次進行研究的人常常不會花足夠的時間去推斷。然而，與其因唯恐遺漏活動中的重要徵兆訊號而作詳細的描述記錄，不如隨時記下在你蒐集資料過程中靈光乍現的重要洞察。無論何時，只要你對所見證的事件或所參與的對話產生強烈的感覺，記下在你腦海中閃現的意象。當某些事情的發生讓你憶起在其他場域中發生的事件時，記下這些心理上的連結（mental connections）（這對於從實質理論轉移至形式理論特別重要）。當字詞、事件、或情境重複發生，記得要在觀察者評論中提起，並推斷其意義。如果你認為你對於先前困擾你的一些事情，產生了突破性的理解，記錄下來，並加以闡述說明。如果你注意到特定的研究對象中有一些共通的現象，更要在觀察者

評論中指明出來。這樣做的目的是刺激你對所見所聞產生批判性思考（critical thinking），而不只是一部記錄機器。表5-1提供一個從主流研究所擷取的觀察者評論的實例，對分析有相當的幫助。

6.將你所學習到的寫在備忘錄中

　　在你已經進入實地五或六次之後，強迫自己一再閱讀你的資料，將你所浮現的想法寫下一至兩頁的摘要（summary），並建立這些摘要之間的連結。定期撰寫這些摘要的備忘錄（memos），讓你有機會省思研究場域中所出現的議題，以及這些議題如何和較大範疇之理論性、方法論和實質性議題相關連。

　　表5-2所呈現的備忘錄是對於一所高中內進行的關於神經損傷和學習障礙兒童方案的第六次觀察之後所撰寫的。此類備忘錄的形式和內容可以有相當大的差異，我們所呈現的僅是其中的一個實例。備忘錄通常只對與研究有密切關連的人具有意義，所以作者對此一備忘錄中的部份內容並不十分清楚或不具意義。我們曾在第四章中討論到，備忘錄可以包含關於實地工作技術和研究策略的材料，我們也在表5-3中提供這樣一個實例。此外，撰寫備忘錄還可以幫助你度過研究中期的挫折阻礙，引導你發展更精密的研究，而且也記錄下研究者的反省思考。表5-4呈現一個博士研究生在進行其博士研究歷程中所寫下的備忘錄。

　　當你的研究有所進展，你的備忘錄也會更具有分析力。有些可能指向同一個想法；其他的可能是具有推斷力的思考片段，使你的發現與其他情境或資料產生連結。你不須花費太多時間心力在備忘錄上，像在寫一篇形式論文一般。運用自由風格（free style）、非形式語言（informal language），讓想法流洩而出。在你完成資料蒐集、進入形式分析之時，你會有更多時間去沈思你在備忘錄上所說的內容。

表5-1 觀察者評論之實例

下列是從一個對學習障礙兒童融入公立學校班級的研究中所擷取出來的觀察者評論之實例。如果你的札記充滿了像這樣的段落，最終的分析會比較容易。

註：Fairview小學的校長指出讓一般教師（非特殊教育教師）到這個班級中教自閉症的兒童音樂課，是「回歸主流」（mainstreaming）。我在大學中從來不曾聽過任何人以這樣的方式來界定回歸主流。聽起來倒像是讓老師回歸到這個班級的主流。

註：當我聽到老師說坐在輪椅上來到大廳的這個孩子並不是殘障時，我覺得很不尋常。她的意思是說這個孩子並沒有獲得任何特殊的服務，而且也沒有為他個人擬定任何的個別教育計畫(IEP)。依照這樣的行政措施，這個孩子並不是殘障，但任何看見這個孩子的人都會認為他確實是個有肢體障礙的孩子。我必須要探索對殘障的不同覺知。某些孩子看來和正常的孩子沒什麼兩樣，但他們卻在殘障者的名單上。我必須進一步瞭解詳情。

註：這已經我第三次從不同來源聽到這樣的訊息了。回歸主流兒童的日程計畫表都已經排定了，所以有些老師的班級中並沒有學習障礙的孩子。怎麼會這樣？其他老師對這樣的情形有何想法？看起來這個學校已經區分成贊成回歸主流和反對回歸主流的兩大勢力了。

註：Marge老師對於她剛參加的工作坊似乎沒什麼好評，這個工作坊的目的是讓老師們為接受學習障礙兒童在其班級中做好準備。她一再強調的是「我應該做什麼？」而不是「這些兒童所遭遇的難題本質是什麼？」，似乎和其他老師所談論的方向一樣。不過Lowell Sharp和Minguel好像對瞭解這個難題產生的原因較感興趣。那些特別關心此時此地問題的人，倒是沒有提起工作流動性的問題，這很有趣。其他人都正在選修大學的課程，也討論到要改變他們的領域。我懷疑我所覺知到的現象是否真實，如果是的話，這到底意味著什麼？

表5-2　實地札記備忘錄

　　許多主題、想法和值得進一步探究的領域，都已經浮現出來了。我將他們條列出來。

1.學生為了協商其在學校中的地位，對班級和標籤的使用。

　　有時候，某些孩子並不希望和這一個方案有所牽連，因為他們說他們會覺得接受特殊教育是一件丟臉的事。當Phi和Pam在教室中時，他們就希望教室門是關著的，但他們談到會和上他們課程的老師協商，顯示他們參與這個方案也獲得了特定的益處，讓他們有機會可以不必參加學校中特定的活動。Phi也談論到軍方徵兵的問題，他說，如果軍方想要徵募他去當兵，他就會告訴他們他是殘障者，但是他絕不會告訴女孩子是他不想去當兵。這讓我思考對「障礙」(disability)的選擇性使用方式。Alfred討論到參與這個方案的孩子曾經如何看待他們有一個笨頭腦的情況，但現在他們認為是因為頭腦的問題讓他們經常很不對勁。我還必須要再尋找一些關於這些孩子如何使用標籤和班級的資料，以及他們何時會選擇用這個標籤來定位自己，何時不會。

2.教師對回歸主流概念的使用。

　　當我第一次開始這個研究時，我以為一般班級的教師會或不會願意接受障礙兒童在其班級教室中，取決於他們對障礙兒童的感覺和經驗。雖然在某些班級中似乎真是這樣，但大多數教師對這個方案的接受傾向，看起來卻與其和障礙兒童接觸的特殊經驗無關。某些教師感覺到行政單位一般來說並不支持，而要他們接受這個特殊的難題，真是「受夠了」。當我說「行政單位」，我意指對方案之執行和結果具有主導權的上級中心辦公室。其他人則認為學校校長一直都很認真工作，讓校務的推動更為順暢有效，所以如果校長希望他們能投入於這一項新的方案，他們會全力以赴。這情形仍需要大量的資料來佐證，但進一步去省視每一個人對回歸主流所持的看法，以及聽聽老師們如何討論這個在學校中出現意見分歧和興趣差異的議題，應會有相當的幫助。同時，這也提醒我去注意特別的教師如何看待不同的特殊教育班級。例如，Marge告訴我她喜歡有學習障礙的兒童，因為他們不像資源教室中那些有情緒障礙的孩子不停地製造麻煩。

表5-2 實地札記備忘錄（續）

3.障礙兒童的類別。

在很短的時間內，我獲得了許多有關教師如何覺知不同類別障礙兒童的資料。我剛提到Marge的評論，但支持這個方案的教師也各有其分類這些兒童的方式。例如，O'Rourke老師在描述「他的孩子」時，說起有三個孩子並不屬於這個方案。有兩位是因為父親強迫他們進來（其中的一位對這個方案來說是太聰明了，另一位則太遲緩）。第三個孩子，是因為他從去年就認識了，他發現學校並沒有其他可以提供給這個孩子的。他的班級應該有十二個孩子，但有些孩子從來不會來學校。如果有三位其實不屬於這個方案，另外三位不會定期出席，就只剩下六位了。這引發的問題是，究竟這個方案要服務的是什麼樣的孩子。有些孩子被認為「真的很有問題」，有些被認為「會有起色」，有些「很令人操心」，有些「今年或十六歲之後就不會在這裡了」。此外「好孩子」和「檢角」也是我經常聽到的說法。我必須要更有系統地獲得一些資料，以及一般班級的教師又如何分類這些孩子，和特殊教育教師的分類有何不同等。有一些線索指出了兩類教師可能會有不同的分類方式。此外，我也很好奇想要知道心理學家對這些孩子的分類方式，會與教師們有何不同。

4.這個方案和學校結構或環境的關係。

我已經在我的札記中記下許多關於學校的一些討論。有兩個人說學校包含了兩種類別的孩子：非常高成就者，以及非常低成就者。有人告訴我，那些高成就者是居住在學校鄰近專業人士家庭的孩子，而那些低成就者主要是內城市的孩子，許多來自領取社會救助的家庭。這是一個很有趣的覺察，因為這裡一定還有許多學生並不符合這兩個類別。我懷疑對這些學生身份的覺察會影響老師們會為這些學生做些什麼。參與學習障礙方案的孩子，符合哪一個方案呢？我也觀察到，即使白人和黑人之間並沒有敵意存在時，孩子們建立友誼的型態仍有著種族的界限。例如，白人的孩子在餐廳中會聚集在一起吃飯。只有當黑人的孩子來自專業人士的家庭背景，而白人的孩子亦同時，白人和黑人孩子才有可能混在一起。參與學習障礙方案的孩子，有來自富裕和貧窮家庭的；也有黑人和白人。重要的是要探索學校中種族和經濟地位的型態，如何反映在為學習障礙孩子設計的方案中。

表5-3　關於方法論的備忘錄

備忘錄

訪談者就像變色龍

日期：1981年3月31日

　　教師彼此之間相當不同。即使我已經在Vista城市投入了許多時間，聽到他們之間有著很多共通的觀點，我仍然對這些老師們的莫大差異感到驚訝。和這些教師訪談，並且與他們建立融洽的關係，意味著在訪談期間，訪談者就像是變色龍一般。一方面，你並不希望對你沒有感覺的事假裝你的感覺；另一方面，在此一試圖了解其他人觀點的詢問中，我發現自己每一次訪談與受訪者的互動和行為表現皆有所不同。當我將昨天與Brigit和Bill的訪談作一比較時，我看到自己幾乎像是兩個不同的人。與Brigit訪談時，我每詢問她一個問題，她就會給我一個長長的答案。我只要點點頭說「嗯哼」，表示對她的說法很感興趣就好。訪談不是很正式的，但卻是以任務為中心，且直接了當的。

　　我和Bill的訪談則更是隨意的。他會在談話的時候一邊咒罵，沒什麼架構或主題。我發現自己會順著他的語氣。例如，他不斷重複地說：「幹××！」，我試圖像對待Brigit那樣符合他的語勢，所以我會說一些像「狗屎！」等這類的話。我不認為Bill能像Brigit那樣專注於訪談，這可能使得他說話的語氣有所不同。

　　我從這裡發現，在訪談中訪談者就像是個善變的變色龍一般，為了有一個良好的訪談，我必須調整自己去適應受訪者的不同風格。我認為此一策略能讓我詢問更多具有挑戰性的問題。如果你設法去符合他們的風格，他們會將你當作朋友，於是你就可以挑戰他們所說的一些事。當他們覺得是對另一個像他們那樣的人（而不是對外來者）說話時，他們會較願意去回答一些較具挑戰性的問題。當然，你必須小心謹慎為之。如果你試圖做一些實在不像你做的事，他們會覺得你是個騙子。因此，我認為這樣的方式應該要能擴張而不是扭曲訪談的內容。

表5-4　個人省思備忘錄

備忘錄

在我腦中的微弱聲音

Trace Haythorn

訪談了一些人之後，一個有趣的歷程開始浮現出來。我感覺到，在我訪談的歷程中，充斥著多重的聲音。最主要的聲音當然是來自坐在我對面的那個人，他對著我說話，所以我也努力專注地聆聽這個特別的聲音。但我的專注經常會被其他的聲音打斷：

● 預料的聲音(the voice of anticipation)也小心地傾聽受訪者在說一些什麼，編造新的問題來促進我自己對受訪者所說之意義的澄清和理解。

● 研究議程的聲音(the voice of research agenda)帶進先前擬定的、與一般研究問題有關的問題。

● 先前經驗的聲音(the voice of prior experience)力圖將來自訪談和觀察的資料與我自己的知識加以統整。這個聲音在訪談中相當明顯，花費許多力氣要來處理訪談的內容。它相信它所投下的力氣是重要的、值得的，但並不明白它卻經常壓制了受訪者正在建構的意義。

● 良好方法論的聲音(the voice of good methodology)聽起來像是Bob Bogdan 和Sari Biklen所生的奇怪混血兒，經常提醒我去注意詢問好的問題，以獲得能提供好的資料之回答。

● 焦慮的聲音(the voice of anxiety)嘰嘰喳喳地發自內心深處，不斷地告訴我遺漏了一些重要的事情，或是我沒有能力完成這個研究，因為我根本不夠資格、不夠聰明...等。（我真的很討厭這個聲音）

● 務實的聲音(the voice of practicality)一直看著時鐘，估量這個訪談花費了多少時間，總是擔心這卷錄音帶要花多久的時間才能謄寫得完。

很顯然地，這些聲音之中，有些確實很重要，須多花一些時間來處理。但在訪談進行中，這些聲音很容易彼此產生誤解。我的目標是盡最大能力來統整這些聲音，使它們成為我研究的助力，適度地聆聽這些聲音，而不會讓它們打斷研究或訪談的歷程。

7.在研究對象上試驗你的想法和主題

在第三章實地工作中，我們曾討論到主要資訊提供者（key informants）並非都是善思能察且能清楚表述的。他們常是初步研究中的主要研究資源。在一個有關「統合教育」（inclusion）的研究中，在進行初步觀察的時候，你可能注意到教師對某項特定議題的贊成或反對，你以此詢問主要資訊提供者：「我注意到你可以依據教師對主流立場的支持或反對意見，將教師加以分組。」看看這個想法如何造成該位教師的震撼，他可能同意或不同意，並且對你的想法究竟是對或錯提出解釋。在一個對教學醫院之幼兒加護病房所進行的研究中，我們將研究中發展用來說明看護人員對病童父母進行非正式分類的架構，提出來和被選出的主要資訊提供者分享。他們卻提出了我們並未提及的父母類型，並且指出我們在區分父母時過於明確，而一個「連續向度」（continuum）較為適合用來描繪他們對於病童父母的想法。

雖然你用研究對象來當作資源，但重要的是不能完全依賴他們的說詞。他們會以特別的方式來看待事情，此一風險很可能會干擾他們協助你釐清和分析的能力。在教學醫院的研究中，有一位善思能察的醫生否認醫生們對於哪一個病童「能否存活」（nonviable）的判斷是有問題的，他主張具體明確的判斷標準會減低判斷的差異。然而，我們的實地札記充斥著許多認為此類決定是有問題的看法。這位醫生拒絕和我們談論有關此類判斷或決定的問題，並不表示這個議題不值得進一步探索；只是意味著這位醫生並不是能幫助我們釐清這個議題的適當人選。

我們曾在前一章中提及，向特定的研究對象透露你學習到了多少，可能是不明智的，因為這反而會使得他們退縮。要明智地選擇協助者。由於不是每個人都要被詢問，也不是所有你聽到的事項都對研究有幫助，因此在適當情況下，主要資訊提供者確實有助於促進你的分析，填補描述上所不足的缺口。

8.當你還在實地中時即開始探索文獻

　　雖然學界對於質性研究者應該何時開始作文獻探討，仍有所爭議（Glaser, 1978），但我們相信當你已沈浸在實地中一段時日之後，開始瀏覽你所研究領域的相關文獻，將會促進你的分析。現有文獻中有哪些至關重要的議題？過去的研究發現對你的研究場域有些什麼啓示？你的視野觀點和你所閱讀到的文獻有些什麼異同？現有文獻中有哪些是被忽略的？除了閱讀有關你研究實質領域的文獻之外，廣泛的閱讀也有助於分析。我們也發現，讓研究者閱讀非相關領域的質性研究文獻，也是相當有幫助的，因為這些質性研究文獻能讓研究者更加熟悉其他人如何處理他們的資料，並為自己的研究提供可遵循的模式。在你進行研究的同時閱讀相關的文獻，可能的危險是：你會在文獻中發現許多概念、想法或模式，強力地干擾你，使你無法從其他角度來省視你的資料。試著避免將你的資料胡亂塞進現成的概念架構中，你的文獻閱讀應該是要激發你思考，而不是代替你思考。雖然在研究中去闡述他人的分析架構，也是被認可的，但仍要試著讓自己保持足夠的距離，以形成自己本身的概念，或擴展他人的研究發現。

9.玩賞隱喻、同義詞、和概念等

　　短視近利是大多數研究的弊病。我們投入於某一特別地區來蒐集資料，會被一些事件的特殊性、細節所強力吸引，以至於很難將你的資料關聯到其他場域或我們自身廣泛的經驗。此時，你應詢問這樣的問題：關於這個研究場域的不同層面「使我想起了什麼？」然後，嘗試使用各種的隱喻（metaphors）、同義詞（analogies）或概念（concepts）來捕捉這些發現。

　　在一項將身心障礙學生融合進一般公立學校的研究中，我們心理上自然地將我們所見到的和我們所知道關於族群融合的嘗試加以比較，看看兩者之間有何異同。但一個更具有冒險性的心理架構，應是我們自己卸除此一歷史的時間架構的負擔。在一個特別的「提早入學方案」（Head Start Program）的研究中，我們觀察到人們如何計算身心障礙兒童的數目，使我們對1600年代居住於Salem地

區的人們如何看待這個被視為邪靈的群體感到疑惑。我們以經驗性指標、專家判斷、自我指派等方法來區分研究對象，這些方法和1600年代Salem地區所使用的方法並沒有太大的不同。然而從這個觀點來看，專業人員雖是依據兒童所顯現的癥候來進行診斷，對於這些癥候的診斷結果卻有非常大的差異，從被視為「邪靈」（witches），到被診斷為「情緒困擾」（emotional disturbance）。雖然這聽起來有點誇張，但應該可以使你思考研究問題的方式更為開闊。

　　另外一項可以擴展分析視野的方法，是將你在特殊場域中所觀察到的具體事件和關係，提升到較高的抽象層次。我們曾提及，改變陳述句的措詞，是提升抽象層次的方法之一。另一項方法是創造一些簡短語詞來捕捉資料所呈現出來的「精神」。例如，在我們所做的關於長期失業者訓練方案的觀察中，我們注意到在受訓者中，具備最多技能、最聰明、最有找到工作潛能者，獲得來自工作人員最多關愛的眼光。玩賞著此一關係，我們試著用「教師寵物原則」（teacher's pet principle）的簡短語詞，來描述此一最少需求的人獲得最多服務的現象。

　　在教學醫院的幼兒加護病房，我們注意到看護人員不只診斷這些病童，而且將父母加以分門別類。依據他們對父母類別的判斷，他們決定要告訴父母關於其病童的情況，以及如何讓他們參與其病童的處遇。我們使用「對第三者的診斷」（diagnosis of the third party）的簡短語詞，來捕捉醫生對其病患以外的其他人做判斷的現象。在你提出類似這樣的簡短語詞之後，你必須說明在什麼情況下或在哪些場域可能會發生此一現象。這個歷程能幫助你更深入地思考你研究場域的不同層面，以及如何和其他場域做一比較。透過這個歷程，你的「想法」才會變成「概念」。

10.使用視覺設計

　　晚近最受矚目的分析技術是視覺設計（visual devices）的使用（Strauss, 1987; Miles & Huberman, 1994）。平面圖（graphics）和流程表（charts），圖表（diagrams）、連續向度

(continua)、表（tables）、矩陣（matrices）、方位圖（graphs）等都常使用於分析的所有階段中—從計畫到完成成果。

　　我們發現在進行研究方案的初期，如能將研究可能涵蓋的內涵，以視覺圖表來呈現，會相當有助於釐清研究方法的選擇。此時，對研究內涵的粗略素描是非形式的，較像是隨筆繪圖，而不像精緻的建築藍圖。這是我們在參與觀察研究中所做的事。我們從畫圓圈開始，以呈現我們在幾次初步拜訪後，所想到的有關人們的不同類別。例如，在一個犯罪少年拘留所，我們所畫的圓圈指的是少年受刑人、管理人員、專業人員、外部諮詢顧問、行政人員、州政府官員、訪客（受刑人的家人和朋友），以及工作人員的家人和朋友等；也可能有一個圈圈指涉參與協商量刑的律師及刑事司法體系的其他人。當我們發現某一個圓圈所代表的特殊類別事實上包含了相當不同觀點的人們—例如，代表受刑人的圓圈中還包含初犯和累犯，對犯罪有相當不同的看法—我們就為每一個類別再畫一些獨立的圓圈，或在圓圈之內又畫出不同的圓圈。然後，我們就畫上箭頭，從不同的圓圈指向其他的圓圈。這些箭頭代表某些類別的人對另一些類別的人的觀點。例如，受刑人的圈圈就有一個箭頭指向專業人員，代表受刑人對這些專業人員的觀點；而專業人員也會有一個箭頭指向受刑人（以雙箭頭符號表示）。我們試圖將代表不同研究對象的圓圈類別加以群聚，將彼此有密切接觸者放在一起。我們也會在此類繪圖中加入其他符號，代表對這些不同類別研究對象具有重要意義的物體、場所和過程，且以箭頭符號來表示其對這些物體、場所或過程的觀點。所以，在犯罪少年拘留所的研究中，我們可能會以長方形來象徵這所高中，而以其他符號來象徵工作等。我們試圖將所有的事件加以組織，以提出一個能表示事件相互關係的關係圖。然後，仔細省視這個關係圖，詢問下列問題：「哪些類別的研究對象是我們最感到興趣的；」、「他們如何吸引我們的興趣？」、「如果我們有興趣瞭解這些人和其他人的關係，是哪一些其他人？」、「哪些場所和物體對這些研究對象是有意義的，是否應將之含括在我們的研究中？」。最後，我們將不感興趣的圓圈、箭頭或其他符號畫上叉叉，並將感興趣的畫線強調。

如果你有興趣的是發生了什麼事、彼此間的關係、組織機構、或其他隨時間演變的人類群體，畫出流程圖（flow diagrams）可能會有助於描繪你的研究。某些人也許認為這些圖示的方法浪費時間，或是他們腦海中會自動進行的事，而無須用筆繪製出來。但對於其他人而言，圖示法是相當有用的，可以展現研究的不同向度，並有助於思考研究的優先順序和研究設計。你不妨嘗試使用看看。

視覺圖像的精緻複雜程度有莫大的差異，從粗略的速描到謹慎製作的專業模式。某些視覺設計僅是在實地札記中隨手記錄的草稿，表示關係或反映乍然出現的洞察，有助於讓你將難以用文字描寫的複雜事物顯像出來，並能摘要你的思考以向他人（同事或論文審查委員）呈現你的研究發現。經常運用視覺圖像設計的研究者，甚至會在其手稿中描繪出其研究所形成的理論模式。

在實地中分析的要訣

在進入下一個段落「資料蒐集之後的分析」以前，有三個一般性要點要提醒你。就像我們在先前段落中所提出的想法和程序一樣，這些要點也同時適用於持續性分析和最後分析。

首先最需要注意的是：不要害怕去作推測。初次研究者經常會因為缺乏信心，而對於形成想法過於謹慎。擔心憂慮要獲得細節資料和明顯的事實，會使得研究者不敢跨步向前。我們並不是說細節和事實不重要，因為想法必須立基於資料之中，但事實和細節只是用以釐清思考和產生想法的手段，並不是目的。如同Wright Mills提醒我們：「事實錘鍊推理能力，而推理能力是任何學習領域的安全護衛。」（Miles, 1959, p.205）。Barney Glaser，一位發展質性分析的核心人物，也曾經告訴我們：好的想法對人類行為科學具有最大的貢獻，而「發現很快會被遺忘，想法則否。」（Glaser, 1978, p.8）。

質性研究的初學者當發現他們正在作推測時，常會有罪惡感，因為他們常被教導：除非確定知道那是事實，否則不要說任何話。

然而，對質性研究取向而言，推測（speculation）卻是具有生產性的，協助你把握必要的機會去發展想法。你無須去證明這些想法，他們在你的觀察下，必然是似真的。不要延遲思考，因為所有的證據都不會顯而易見。利用你所擁有的資料去思考。

我們所提供的第二個建議是表露（venting）（Glaser，1978）。當你進行研究時，想法和理解會定期浮現出來，你很可能會因此一創造性歷程而感到興奮有趣。這是很振奮人心的。仔細尋思這些想法，會讓你產生力量。此時你有兩個方法：和你的朋友或同事談論你的想法，或者寫下備忘錄、觀察者評論、和文本等。當我們提醒你，和其他人討論事情會阻礙你的分析，可能聽起來會顯得有些違反社會常理。但我們還是要警告你，和其他人討論你的分析，可能相對會減低在白紙上寫下你的思考所需花費的心力。因為，當你談論想法之後，你的想法會變成公共領域中「每一個人都知道的事」，於是你可能就不會急切地想要記錄下來。因此，資料分析必須加上你在電腦前工作的獨處時間。先將想法寫下來，再和其他人討論。

最後，當你在蒐集資料的階段檢視你的資料時，你最好能約略記下你的想法，即使是不合常理和不切實際的想法或是其他推測，你都該記錄在獨立的檔案中，或者將你的評論寫在札記上（如果你這麼做，記得在評論上註明它們是事後才寫上去的，並標示出日期。這有助於你追蹤你的思考。）如果你檢視的是紙本文件，就在實地札記或逐字稿的頁邊空白處寫下你的評論。將研究對象所使用的關鍵字詞或短語圈選出來，並將看起來特別重要的段落劃底線標示。當你處理的是複印本文件時，它們看起來就應該像是使用過的──滿佈線條和記號、雜亂的頁邊，以及咖啡污垢。我們建議你最好使用鉛筆，稍後才能擦拭掉令人混淆的記號。

資料蒐集完成後的分析

你剛剛將研究的最後一次觀察實地札記繕打完成，你準備要將之存檔。呈現在你眼前的是，所有你在研究中辛勤工作所蒐集到的資料。然而一種空虛感油然而生，腦中盤旋著這樣的問題：「我現在要做什麼？」

許多有經驗的觀察者知道要做些什麼，他們趁機休息一下。他們讓所有材料塵埃落定，去度個假，或做一些因為長期忙於資料蒐集而忽略了的事，然後神采奕奕地回到資料堆中。不要立即處理分析，有著許多好處。你可以和實地工作的枝枝節節保持適當的距離，而且有機會去思考你和研究對象之間的關係。你對早已感到厭煩的資料會湧起嶄新的熱忱，所以你有機會閱讀咀嚼，並深思你的想法。不過，休息太久就會出現一些問題，可能是一種不願去從事眼前艱鉅任務的拖延戰術，卻會造成你和實地札記的內容失去聯繫。最嚴重的問題是你可能必須再度回到實地去蒐集額外的資料，然而因為你休息太久了，回到實地本身就是一個大難題。也許很難再找回先前的研究對象，或他們早已改變了職位身份；或者研究場域也早已事過境遷，和你離開時所見的已迥然不同了。

對於暫時將資料放在一邊的好處及該休息多久的討論，並不適用於在規定期限內一定要完成任務的研究者，例如要繳交課堂所要求的作業，契約上有限定日期，或預定了要分享研究發現的會期。

發展編碼類別

想像你正處在一個大型體育館中，地板上堆滿了成千上萬的玩具。你的任務是要依據你自己所發展的架構，將這些玩具加以成堆分類。你在體育館中走過來逛過去，注視著這些玩具，拾起一些，仔細檢視。你想到許多可以將這些玩具分類成堆的方法，例如，依

據這些玩具的形狀、顏色、製造國家、製造日期、製造廠商、使用材料、用來遊戲的類型、適合的年齡群，以及它們代表活生生的東西、或者是無生物的東西。

像這樣的活動，就是質性研究者所做的，建立一套編碼系統（coding system）來組織資料。雖然質性研究者的任務更為困難，場域更為複雜，要組織的材料也不會那麼容易能區分成不同的單位，分類系統也不會是不證自明或有清楚的分界點。

當你展讀你的資料時，一些特定的字詞（words）、短語（phrases）、行為組型（patterns of behavior）、研究對象的思考方式（way of thinking）和事件（events），會一再重複出現，並凸顯出來。建立一套編碼系統，包含幾個步驟：你蒐尋資料以找出規律性（regularities）和組型（patterns），以及你的資料所能涵蓋的課題（topics）；接著，你寫下能表徵這些課題或組型的字詞或短語。這些字詞或短語就是編碼類別（coding categories），是你可以用來分類你所蒐集到的描述性資料的手段或工具，使得在特定課題之下所涵蓋的材料能夠完全地和其他資料區分開來。某些編碼類別是你在蒐集資料的時候就想到的，要記錄下來以供未來之用。在完成資料蒐集且開始將之分類之後，建立編碼類別的清單，是資料分析的重要步驟。

當我們討論體育館中的玩具時，我們提到一些分類時可能使用到的架構，包括製造廠商和顏色等。標示製造廠商的符號（或編碼類別）可能是Mattel、Fisher Price、Creative Playthings等，而標示顏色的符號可能是粉紅色、藍色、紅色、黃色、和五顏六色等。如果你在體育館中，被告知將玩具分類的目的是讓這些成堆的玩具可以送回去給製造廠商，此一編碼的任務其實是比較容易的。在質性研究中建立編碼系統，面對的是同樣的變數。特殊的研究問題和關注，會產生特定的類別。某些理論取向和學科，會建議特殊的編碼架構（coding schemes）。要列舉出所有可能用來發展編碼系統的編碼類別和理論取向，並不在本書所要討論的範疇之內。我們所要做的是列舉一些編碼語系（coding families），建議一些你可以考慮用來編碼的方法。

　　我們依本書目的所列舉的這些編碼語系或種類，並不代表已被普遍定義的編碼常規（coding conventions）。這些語系可能彼此相互重疊。不必去掛慮你自己所發展的個別代碼究竟屬於哪一個語系，我們的目的只是幫助你去瞭解「代碼是什麼」（what codes are），並為編碼的可能性提供一些特定的想法，而不是要提供一個你只能呆板地借用的唯一架構。

　　在每一個編碼語系之下，我們會界定其意義，討論哪些種類的資料可以依此來加以分類，此一編碼語系最常被使用的時機，並提供一個實例來呈現資料單位如何能適當地加以編碼，以表徵此一編碼語系。

　　作為一位研究者，當從事特定的研究時，你可能會有特殊的關心，並立足於其他學者所揭示的單一研究類型。在其他研究中，類別是混和的。記住，任何資料單位（units of data）（句子或段落等）都可以用超過一種的編碼類別來加以編碼。此處所呈現的編碼語系應該要能提供你一些發展編碼類別的工具，用來將你的資料分門別類。

場域/脈絡代碼

　　場域/脈絡代碼（Setting/Context Codes）指能分類場域、課題、研究對象的最一般性的訊息。允許你將研究置放在較大脈絡情境下的材料，可以在此類代碼中找到。在大多數研究中，一個代碼就足以涵蓋此類材料。在這些代碼之下，許多產生描述性文獻（小冊子、手冊、年刊）會被安置關於場域、研究對象或課題，地方性報紙的文章和其他媒體也會有篇幅涵蓋這些訊息。此外，人們用來描述人物、場域、及場域如何融入社區等的一般性描述，也都可以編在這裡。描述性統計和其他描述場域的量化資料，也可以被依此來編碼。舉例來說，這個語系中的特殊代碼，可命名為：「小學的描述」（Descriptions of Elementary Schools）、「城市中的高中」（Midcity High School）。其他特殊代碼的命名，取決於你的研究對象。

下列是一個可歸類於此一代碼的資料之實例，是一位校長在一個研究方案的第一天對一位研究者描述其學校時所說的話。

Johnson高中有850個學生，其中有百分之九十會上四年制的大學。我們所服務的社區，住的大部分是中上階層的專業人士，擁有良好的教育，所以良好的教育也是他們希望能提供給他們的子女的。我們用在每一位學生身上的錢，比本區內其他的高中還要多。我們擁有比其他學校更優良的學生。至於足球，這又是另一個故事了。我們一直很難將學生組成一個團隊。讓我提供給你我們學生所考上的大學名單，我也會給你一份學校簡介，說明我們學校的哲學、目標和課程方案。

學校提供給研究者的材料，也應該被編碼在「場域/脈絡代碼」之下。

情境定義代碼

情境定義代碼（Definition of the Situation Codes）的目標是用來安置研究對象所描述關於場域或特別課題的資料單位。你感興趣的是研究對象的世界觀，以及他們如何看待自己與場域和你的研究課題的關係。他們希望能達成什麼？他們如何界定他們所做的？什麼對他們是重要的？他們是否有一個特定的觀點導向，影響他們如何界定其參與（宗教、政治、社會階級、女性主義、生活權利等）？你很可能會省視不同的參與者：學生、教師、行政人員和父母等。你可能會為每一類參與者建立編碼類別，而這些參與者之間也可能會有其他的區分，可作為編碼類別的基礎。

在一個有關女性對其小學經驗之知覺的研究中，「情境定義代碼」包括：「女性主義覺察」（Feminist Awareness）、「現在自我之意象」（Image of Present Self）、以及「詮釋過去的影響」（Influences on Interpreting Past）等（Biklen, 1973）。

下列由一位教師所敘述的談話，是符合此一語系的資料實例，其代碼是「教師對其工作之觀點」：

　　對我而言，教書是我的生活。我不會將兩者區分開來。當我淋浴時，我會想著：『如果我這樣來呈現我的教材，而不是像上學期所做的那樣，會怎麼樣呢？』有時候，在淋浴時我會不知不覺地花上二十分鐘來思考這個問題。我的先生認為我太瘋狂了，但其實他也是那樣。我們並不熱衷於參加宴會或度假，工作幾乎是我們生活的全部。

研究對象的觀點

　　研究對象的觀點（Perspectives Held by Subjects）此一語系的代碼指涉的是所有或部分研究對象所共享的思考方式，並不像整體的情境定義那麼一般性，但指出對情境之特殊層面的觀點導向。這些包括共享的規則和規範，以及一些一般性的看法。這些視野觀點經常以研究對象所使用的特殊短語來表示。在教學醫院幼兒加護病房的研究中，有兩個經常使用的短語，反映了研究對象所共享的理解，並成為研究者用來分類資料的代碼，那是「你從來不會知道」（You can never tell）（指涉你無法預期那些病童會發生什麼事）、和「要誠實但不要殘酷」（Be honest but not cruel）（指涉你應該告知父母，但不要使用會令他們悲傷的字眼）。

　　下列是從這個研究的「你從來不會知道」代碼所擷取出來的資料單位。

　　我那時和一位實習護士Carol在一起，她在育嬰房工作。有一位護士Joan走進來說：「如果你想看看究竟怎麼了，快來這裡。」我跟著她走進大廳，那兒有三位護士站在護士台旁邊，護士台上站著一位剛會走路的小女孩。在小女孩旁邊的一位女士，我想是她的媽媽，穿著一件優雅的印花洋裝。小女孩穿著一件寬鬆的短褲，和成套的上衣。Joan壓低聲音對我說：「她長得很好。當她第一次來到這裡的時候，絕不會比那些在育嬰房的嬰兒還大，我以為她一定長不大。但是你看她現在—你從來不會知道這些孩子會怎樣。

研究對象對人們和事物的思考方式

　　研究對象對人們和事物的思考方式（Subjects' Ways of Thinking about People and Objects）此一代碼語系指涉研究對象對彼此、外來者、和構成其世界之事務的瞭解。例如，教師對其所教的學生性質會有自己的定義。在教師的眼裡，有著許多不同的學生類型。在一個幼稚園的研究中，研究者發現教師們可能認為兒童是「不成熟的」或是「準備好要上學的」。而且，教師會依據兒童的穿著打扮及對兒童家庭環境的評估，來將兒童加以分類。因此，「教師對學生的看法」（Teachers' view of students）即是該研究中所使用的一個編碼類別。

　　在我們對教學醫院幼兒加護病房的研究中，我們發現專業人員採用一個更為精緻的架構來分類病童，例如依據這些病童在看護中心所經過的特定發展階段來分類，包括：「餵哺者和生長者」、「不能發展和活動」、「非常虛弱的嬰兒」、「優質寶寶」、「慢性病童」、「吸奶嘴孩子」、「長麻子孩子」等。在相同的研究場域，病童的父母則被稱為「優質父母」、「不很好的父母」、「麻煩製造者」等。「專業人員所見的病童」（Patients as seen by professional staff）和「專業人員所見的父母」（parents as seen by professional staff）則是本研究所使用的編碼類別。

　　除了將人類研究對象分門別類之外，在某個對學校環境的研究中，甚連垃圾的不同類別也被記錄下來，並加以分類。

　　下列文字即是從一個對都市高中的研究中所擷取的實例，涵蓋了「研究對象對人們和事物的思考方式」的分類代碼，如「教師對彼此的定義」（teachers' definitions of each other）。

　　Judy開始談論學校中的其他教師，她說：『你知道的，這裡的教師都很好。我沒辦法想到有哪一個我會不想和他說話。當然啦，這也有些不同，有些類型的人就是會抱怨個不停—他們認為這些孩子即使表現不錯，都還是應該下地獄。這些孩子並不會那麼令人討厭啊！但他們通常不會想要做一些什麼來幫助這些孩子—這裡確實有一些人如此。

他們聚成一群，都是男性，十分守舊。但是也有一些辛勤工作的人，他們並不會因此氣餒，仍然願意繼續努力....』

歷程代碼

歷程代碼（Process Codes）是可用來歸類事件發生之序列、隨時間之改變、或從某一種狀態轉換至另一種狀態的字詞或短語。為了運用歷程代碼，研究者必須省視事件發生序列中的人們、團體、組織、活動和觀點的改變。典型的歷程代碼包括時間、階段、經過、步驟、生涯和年表等。此外，時間序列中的關鍵點（如轉捩點、里程碑、轉換等）都應該包含在歷程代碼語系之中。

歷程編碼架構通常應用於組織生活史。編碼類別即是研究對象生活中個別重要段落的期間。一個人以教育為敘事重點的生活史，可能會涵蓋的編碼類別像是：（1）早期生活、（2）遷移至紐澤西州、（3）學生生活的第一天、（4）倪爾訓教師、（5）在倪爾訓教師之後的小學生活、（6）進入初中的第一星期、（7）成為青少年、（8）初中畢業之後等數個主要的階段。此處所建議的代碼，反映出研究對象如何組織其生活史的時間序列，並非一致性的時間長度，或由研究者所加諸的期程。在發展生活史的編碼系統時，研究對象的分類架構經常會被作為代碼。

歷程編碼架構通常也會應用在組織機構的個案研究中來組織資料。此時，組織機構隨時間而發生的改變即是研究的焦點。同樣地，對有計畫的社會介入的研究，也會以年表編碼架構（chronological coding scheme），來作為表徵歷史的主要依據。

在某些研究中，歷程編碼類別具有相當的決定性；在其他的研究中，歷程編碼可能僅是研究者所使用的許多方法之一。例如，在一個對班級教室的研究中，下列是可能會使用的歷程編碼類別：「教師生涯中的階段」（stages in the career of a teacher）、「學校一年」（the school year）、「學校一週」（the school week）、「被青少年同儕團體接納的步驟」（steps of acceptance into an adolescent peer group）、以及「輟學的歷程」（the process of dropping out of school) 等。

　　舉一個可能會歸屬於「教師生涯的階段」的資料單位，作為歷程編碼的實例。

　　我已經在這裡五年了。雖然我並不像Marge和Sue那樣認為自己是老鳥，但我也不是菜鳥了。當我看到那些剛進來的教師，我會告訴自己：『你還有許多要學。』我真的是這樣。

活動代碼

　　描述經常發生的行為種類的代碼，就是我們所謂的「活動代碼」（Activity Codes）。這些行為通常是非形式的，如「學生抽煙」、「開玩笑」、「影片放映」；或其他在場域中經常發生的形式行為，如「學校中的早操」、「午餐」、「出席情況」、「學生拜訪校長辦公室」、「班級遠足」、「特殊教育個案研討」等。可歸類為活動代碼的資料單位相當明顯。下列所述是擷取自一所小學特殊教育方案研究的一段資料單位，是有關如何將一位情緒障礙兒童安置在特殊班級中的會議。

　　雖然這個會議在十一點就應該要開始了，但當我在十一點五分到達開會的教室時，卻發現沒有一個人在那裡（註：這是我所參與的第三個會議，另一個會議十分鐘後開始時剛好有一半的人參加）。第一個到達的人是Brown先生。

事件代碼

　　事件代碼（Event Codes）所指涉的資料單位，係與研究場域中或研究對象生活中所發生的特定事件有關，這些特別的事件並不經常發生，或是僅發生過一次。例如，在我們所做過的一個訪談女性有關其小學生活經驗的研究中，月經開始來潮幾乎是所有女性所提及的事件（Biklen, 1973），於是這個事件就成為編碼類別之一。在一個參與觀察研究的課堂上，成為編碼類別的事件則是那些

可喚起研究對象高度注意和大量討論的事件。在你研究之前所發生的事件，也是經常討論到的課題。在一些參與觀察的研究中，下列事件可能是編碼類別：「教師的怒火」（firing of a teacher）、「教師的罷工」（a teacher strike）、「騷動」（the riot）、「學校的盛會」（a school pageant）等。

　　下列所述的片段，是擷取自研究者和一位教師的對話中，被歸類於「騷動」這個代碼之下所涵蓋的資料單位。

　　這天我們有了麻煩，你可以看到比平常任何地方所見到的還要多的警車。大多數的孩子們並不知道到底發生了什麼事。守衛Brown先生也不知道跑到哪兒去了。事情發生得太過突然，學校還沒有辦法因應這樣的變局。

策略代碼

　　「策略」（Strategy）是指人們完成不同事情所使用的方法（methods）、技術（techniques）、計策（tactics）、策劃（maneuvers）、謀略（ploys）、和其他有意識的作法。例如，教師常運用策略來控制學生的行為、教導讀書技巧、完成整學年的學習、完成工作任務，或者經營所期望的班級常規。學生也應用一些策略，以便於通過考試、和朋友聚會、協商衝突的要求等。校長也應用策略來解聘教師、開放新的職位、或降低學生的缺席率等。下列引述文字可歸類在「控制班級之技術」（techniques to control class）的代碼之下。

　　Mrs.Drake走進班級。沒有一個學生坐在自己的位子上，全都站著講話，有些還講得很大聲。Jamie開著她的收音機。Mrs.Drake就以透露著怒意的講話聲調，説：「我們現在開始」。她等了一會兒，什麼事也沒有發生。接著，她傾身向Jason説了一些我聽不到的話。然後，Jason就很大聲地喊倒：「宣佈！宣佈！我要宣佈一件事！」每個人都停止交談，看著Jason。他説：「這堂課開始了，大家冷靜下來。」每個人都坐了下來。Leon卻大聲説：「Jason，我的老天，你應該要告訴我們加薪的事。」Mrs.Drake微笑著回應：「你沒有聽到嗎？」

此時，重要的是不必去歸因人們行為的動機。當你將人們的行為視為策略和計策時，記得要將你的判斷和他們的判斷區分開來。

關係和社會結構代碼

人們之間的一般行為組型無法被組織機構的架構圖正式界定，我們會將之歸類在「關係」（relationships）的代碼之下。像是黨派、朋友關係、情侶關係、同盟關係、敵對關係、和督導／學生關係等有關的資料單位，即是關係代碼語系。被社會科學家稱為「社會角色」（social roles）、「角色組型」（role sets）、「職位」（positions）等較為形式界定的關係，代表了這個代碼語系的另一些成員。對研究場域中關係的整體描述，則稱為「社會結構」（social structure）。此一領域的編碼，能發展出對整體社會結構的描述。

下列所述之資料單位即是與關係有關，可歸類為「關係／社會結構」代碼（Relationship and Social Structure Codes）之下，如「學生友朋關係」（student friendships）。

這一班的學生剛從家裡來。有四個男孩子－Tim、Harry、Peter和Brian－站在門邊，有兩人坐在課桌上，正在講話。他們昨天也是這樣。Mary和Sue一起走進來，然後坐在彼此的旁邊；Beth和Allison也是這樣。（註：男孩子們似乎總是聚集成群，女孩子則兩兩成對。此點，我必須再加以檢核。有些孩子似乎彼此不相往來，有些孩子就經常聚在一塊兒。）

方法代碼

方法代碼（Methods Codes）語系所涵蓋的材料，不同於程序（procedures）、難題（problems）、歡樂（joys）、或困境（dilemmas）等等。對大多數研究而言，一個標記為「方法」的代碼可能就綽綽有餘了。然而，某些研究者所進行的是有關方法論的研究，焦點在於如何進行研究，而不是研究場域中的實質性或理論

性課題（Johnson，1975），此時，所有的編碼類別應該都與「方法」有關。本書的許多章節和標題，都可依方法來加以編碼。事實上，本書是我們自身研究經驗的產物，在準備撰寫本書之時，我們再三閱讀我們自己和學生們所蒐集的資料。因此，從此一角度來說，本書章節的劃分，即是我們用來組織我們所得資料的一種編碼系統。如同我們稍早所建議的，許多研究中都會應用不只一類的編碼語系。從事「方法論研究」的學者也可能應用「歷程代碼」來組織其資料，而研究活動的序列就是其代碼（如研究設計、場地選擇、關係建立、資料分析等）。

　　而從資料單位中所提取的觀察者評論，也經常被歸於「方法」代碼之中。以下所列述的文字，是擷取自一個學前教育方案研究的觀察者評論資料。

（註：我覺得自己在這個場域中和那些三、四歲的孩子相處，是一件非常奇怪的事。我並不擔負任何形式的責任，這讓我覺得有些尷尬。昨天，當我們一起遠足到一個博物館去參觀時，我試著像病童一樣地排著隊。但這一點用處也沒有。尤其當我在隊伍中的小伙伴根本拒絕和我手牽手時，我更感到不舒服。因為其他小朋友都彼此牽著手。）

預先設定的編碼系統

　　在第二章討論到設計和評鑑研究時，我們曾經提到研究者有時係接受他人委託，來探索特定的問題、研究場域或研究對象的特定層面。在這類情形下，編碼類別或多或少是被指派的。在我們所進行的一個對身心障礙青少年的研究中，我們發展出一個課題清單（如表5-5），使進行這個研究的協同研究者可以依據此一清單來蒐集資料。之後，此一清單即成為編碼類別。許多評鑑研究的編碼系統，反映了研究贊助者和進行研究者之間的協議，使用來分析資料的代碼也是來自此一協議。

表5-5　個案研究的觀察綱要

　　下列是你可以蒐集資料的一般領域，在每一個一般領域之下，列舉出一些特定的主題。我們只對這個領域中與回歸主流和障礙兒童有關的資訊感到興趣。例如，如果學校在教育革新上享有盛名，我們就會有興趣知道這個學校教職人員對改變的態度傾向。

對學校的描述(Description of the School)
　　(對學校的背景脈絡提供數頁的說明)
　　● 物理空間
　　● 歷史發展
　　● 學生人口
　　● 鄰近地區
　　● 教師
　　● 特殊事蹟
　　● 名譽聲望
　　● 知名畢業校友，或與學校有關的知名人士
　　● 地理位置

班級或方案(The Class or Program)
　　● 學校中的地理位置
　　● 它的歷史發展─障礙兒童的方案如何或何時開始成立（包括：安置程序、如何將兒童分派到方案、教師的參與、家長的選擇）。
　　● 對班級中物理空間及空間使用的描述（包括：學習中心、獨立的房間、為肢體障礙兒童規畫的空間和設施、牆上的佈置、座椅安排、教師講桌的位置、空間條件等）。
　　● 組織結構─包括主管權責（做決定）、資源及人員的分配等。
　　● 年級結構
　　● 在職進修方案和機會

教師和/或其他人員(The Teacher and/ or Other Personnel)
　　● 風格
　　● 身體外觀的描述
　　● 教師的歷史
　　● 對現在這個工作的觀點，特別是如何試圖整合障礙兒童
　　● 對障礙兒童、行政組織、家長等的觀點及其影響
　　● 他如何看待他所做的事
　　● 典型的一天
　　● 和典型的障礙兒童的關係
　　● 班級中的其他人員（助手、實習教師）
　　● 與這個班級有關的資源人員（角色和觀點）
　　● 特殊教師的運用─美術、音樂、體育─他們與這個方案的關係、觀點和重要性
　　● 與其他一般性教師同僚的關係（如何被看待、團隊合作、支持等）
　　● 誰被教師認為是支持者

表5-5　個案研究的觀察綱要（續）

界定爲障礙的兒童(Children Defined as Disabled)
- 他們和典型的兒童有何異同
- 同儕關係—他們的社會關係、教師的影響
- 典型的一天
- 身體外觀的描述
- 臨床的描述（障礙的嚴重程度、獨立性）
- 學校和家庭歷史
- 他們被班級中的其他人如何對待或看待
- 物理空間位置—坐在哪裡...與教師和其他兒童的相對位置
- 其他人用來描述他們的字詞
- 教師如何界定兒童的進步情況（與其他人的異同），社會目標和學科目標之間的平衡
- 個別教育計畫(IEP)
- 與教師接觸的數量和性質（和典型兒童做比較）

典型兒童(Typical Children)
- 身體外觀的描述
- 學科表現的描述
- 穿著打扮
- 家庭背景
- 他們如何和彼此及和教師相處

課程(Curriculum)
- 內容（使用的教材、採用的設施、個別化？）
- 歷程（誰的團體、小團體、個別化、一對一、統整的或不同服務方式）
- 投入於障礙或典型兒童身上的時間
- 個別教育計畫（是否有提供IEP？由誰來撰寫？如何執行？是否適當？）

家長(Parents)
- 教師和家長聯繫的性質和數量
- 家長是否要求兒童安置於回歸主流教育方案中？
- 家長對班級和方案的投入
- 家長在障礙兒童個別教育計畫中的參與
- 家長對方案之包容性和成功可能性的觀點

校長和其他支持性及行政人員(Principal and Other Supportive and Administrative Personnel)
- 他們的角色及其與方案的關係（包括展開行動、兒童的安置、與家長的聯繫等）
- 他們對這個班級和方案的定義，包括是否及為什麼這是個成功的方案？
- 對班級中已經完成或尚未進行的事項的描述（包括材料、人事資源、正向公共關係、在職進修機會等）

對編碼和分析的影響

我們建議的編碼類別，是提供你在編碼和分析資料時的一些想法。這些建議僅在於提供你尋找代碼的一些線索，但並不意味著分析只產生自資料之中，而不能產生自研究者所持的視野觀點。社會價值和理解世界的方式，都會影響研究者認為哪些歷程、活動、事件和觀點值得記錄下來且加以編碼。

研究者秉持的不同理論觀點，形塑了他們如何探究、考量、和理解資料的意義。例如，女性主義認為社會價值體系會改變我們對性別的考量，並以此作為分析的類別。Smith （1987）即認為，女性主義不只會影響訪談時的顧忌和敏感度，更重要的是，它會影響研究者對資料的理解和分析。

同時，當我們進行資料分析之時，我們是在關注的課題上進行對話，因此我們也排除了其他對該課題的考量方式，而以我們所認可的方式來分析和編碼。我們所做的一個有關女性小學教師對其工作觀點的研究中，由於研究者發現女性似乎並未對其工作表現高度的投注感，其資料分析也就不同於社會學文獻對兩性應有同等工作權的背景知識 （Biklen, 1995）。因此，分析係奠基於研究者的視野觀點和理論導向，並在與研究對象的對話中形成。

對於研究初學者而言，理論在質性研究中的地位是很難被定位的。某些人從事質性研究係依循特殊的理論導向，如探討權力、性別或衝突等的社會學理論。這些理論在資料蒐集之前，具有相當重要的影響力，由此一模式所主導的研究者，甚至據此來架構其研究方案。其他質性研究者雖未明言，但也可能根基於特殊的研究派典，只是有時候連他們自己都未能覺察到。例如，Bosk （1979）對外科醫生的研究乃依循功能社會學 （functionalist sociology）的理論，雖然此一理論從未曾在其書中討論或提及。

仍然有許多從事質性研究的研究者，一開始並不清楚其對理論的廣泛理解，是否影響了他們如何進行其研究工作，或是否對其資料具有重要意義；然後，他們會轉向在資料蒐集的過程中所突顯出

來的特殊理論。學習質性研究的學生經常很難從已經發表或出版的研究中，學習到研究者的理論觀點究竟於何時出現，是因為我們被鼓勵以一種特定的方式來撰寫論文，使它看起來就像是資料和理論的密切結合。從下文所列舉的兩個實例中，我們可以看到在不同的研究方案中，如何將理論結合進分析之中。

實例一：Lesley Bogad對媒體素養（media literacy）甚感興趣。她自稱為女性主義者，希望研究青少女的媒體素養。她與女性主義理論的連結，從研究初期就影響著研究的進行。首先，她有興趣探究性別的問題；其次，她感覺到媒體對女孩如何建構性別有著重要的影響力。當她訪談資訊提供者時，她卻看到她對媒體素養的假設是錯誤的。她對媒體素養的定義過於狹隘，以至於無法反映出她們所討論到的不同媒體形式；她也發現媒體素養所涵蓋的範疇，不僅止於對媒體本身的討論。任何對媒體素養的定義，應該也要包括對意識型態、權力、社會差別等的素養。這些發現促使她相信，以這些特質為強調重點的文化研究（cultural studies），更能作為其研究之架構。

實例二：Eckert（1989）被訓練成為一位語言學者，教授人類學，她的研究是有關青少年如何習得特殊的社會認定（social identities）。她相信，在她展開其研究之前，社經階級是認定形成（identity formation）歷程的中心，人們所處的特殊機構再製了人們的階級位置。『全世界學校教育的設計，都是在使年輕人為其在社會體系中所扮演的角色做好準備，以使文化和社會體系得以永續傳承。』（Eckert, 1989:7）。她所不知道的是，對高中學生來說，階級在社會認定形成中如何地運作。她的研究促使她去探討來自工人階級家庭的學生，其家人和鄰居的組成和參與如何造成他們和不同年齡的人形成團體，並與成人隔離。他描述了一個被許多工人階級年輕人稱為『崩盤』（burnouts）的歷程。另一方面，中產階級的學生卻傾向於和同年齡層的人形成團體，也因為家庭的組成促使他們習於和成人建立合作的關係。這些學生經常會被標示為『騎士』（jocks），而且被認為是好孩子。每一種類別的學生使用學校的空間有所不同，與其他學生和成人的關係也有所差異。即使有些學生並不見得符合特定的單一類別，但這兩種類別仍具有相當的影響力。

以上所列舉的兩項研究方案，係在方案進行的不同時間點上投入理論。更精確地說，每一個研究者在整個研究歷程中的不同時間、以相當複雜的方式，和理論相遇。然而，兩位研究者都對其研究發現感到驚喜，從他們的資訊提供者身上學到其理解世界的方式。投入理論，並不意味著蒐集資料僅僅只是填補空白的歷程。理論有助於我們處理我們在研究歷程中所學到的矛盾和牴觸，帶領我們深入資料更重要的層面，並擴展理論之內涵。

處理資料的機制

在你完成資料的蒐集之後，你如何處理這些資料？記住，「資料」兩字係指在實地工作歷程中所蒐集到的描述性材料之書面檔案（如訪談逐字稿、實地札記、新聞文章、官方資料、研究對象的書面記述等）。你自己的備忘錄、想法摘記、觀察者評論、圖表，及你所獲得並記錄下來的洞察等，也都應該以同樣的方式來加以處理。藉由某些機制來處理資料，我們係指將這些描述性材料實際分類成堆、檔案夾、電腦文件檔等所使用的技術和方法，以作成擷取這些材料的索引。組織這些材料，就是為了便於閱讀和提取，使你能明瞭資料中有些什麼是值得學習的，以及你撰寫些什麼。可運用於處理資料的技術是無價之寶，使你在完成實地工作之後的努力有方向可循，也較能有效管理可能產生混亂困惑的時間。秉持一個架構來工作是相當重要的。

現在已有許多不同的電腦軟體套裝程式可用來分析質性資料，在我們撰寫本書之時，相信也有更好的軟體已設計出來（參見HyperResearch、Nudist、Ethnograph、HyperQual和Qualpro等。對特定程式的綜合探討和使用細節，請參閱Weitzmann & Miles, 1994; Richards & Richards, 1994; Teach, 1990）。有些從事小型個別研究方案的研究者，仍然偏好手工分析，而不去使用任何特別設計的電腦程式。我們將只說明這些運用某些機制來分類材料的

基本策略，無論你是否應用電腦來進行分析，我們所要說明的應該都適用；而如果你決定要採用特定的電腦程式來分析你的資料，我們的說明更會有所幫助。此一機制策略有著許多不同的形式，取決於你要分析到多細節的程度、你的個人偏好、你所擁有的可用資源（秘書協助、金錢、電腦、時間等）、你所蒐集的資料數量，以及你的目標。

我們還應該提及，有些研究者甚少使用這些處理資料的機制，他們用「眼睛瀏覽」（eyeball it），意即，他們瀏覽過資料之後，憑記憶來撰寫其發現。如果你所蒐集到的資料數量很少，或者你目標不大，或者你是一個天才，用眼睛瀏覽的技術也許是有效的；即使如此，我們也不建議你使用這樣的策略。因為這真的很難，即使不是不可能，去深入思考你的資料，除非資料已經分類妥當，並擺在你的眼前。

我們假定你已經遵照我們在討論實地札記時所提供的建議來做了，所以你的札記和逐字稿都留下寬闊的頁邊，而文本也可以分解成許多段落。

第一步要做的是一個簡單的整理房間的工作：一一檢視所有的檔案，並依序排列整齊。大部份的人都喜歡他們的檔案有良好的組織排列，檔案的頁碼經常會依據資料蒐集的時間先後順序來編序。然而，如果你擁有不同類型的資料（從訪談、實地札記、官方文件中蒐集得來），你可能會希望將類似的材料聚集在一起，並依此來加以組織排序。這兩種整理資料的方式並不會有太大差異。你的目的是以你所希望的方式來安置你的資料，因此重要的是建立一個不令人混淆的歸檔架構（filing scheme）。最好在你分析資料之前，能將所有原始資料拷貝存檔，即使你改變了資料編輯的順序，或做任何的調整變動，你都可以回溯到已經儲存的原始資料。因此，你務必要將這些原始資料儲存在一個相當安全的地方。

在資料已經加以組織排序之後，找一個較長的、不會被打擾的時間，謹慎仔細地將你的資料讀過至少兩次。我們建議你一定要找到不會被打擾的時間，否則你的專注力會一直被其他的工作任務所

打斷，你就較難以對你的資料獲得整體的理解。特別要注意觀察者評論和備忘錄。當你閱讀你的資料時，你也應該要能對潛在可用的編碼類別發展一套初步的清單。隨時在身邊放一疊白紙或你可以就近取得的獨立檔案夾，如此，當你想到一些可用的代碼時，你就可以很快地記下來。在你的札記中，也應該要能夠含括一些想法的清單和圖示，用來描繪你所注意到的關係（Miles & Huberman, 1994）。

在發展代碼之時，注意檢視研究對象所使用而你並不熟悉的字詞和短語，這些特別的詞彙可能會指向研究場域中一些值得探索的重要層面。如果這些短語本身並不能作為編碼類別，設法找到一些全稱性的字詞作為代碼，以涵蓋這些字詞或短語（參見Spradley, 1980的相關討論）。

在產生了初步的編碼類別之後，試著將之分派到不同的資料單位（可用縮寫的方式來表示）。你可以做一些修正，然後再度閱讀過你的資料，試著將編碼類別分派到所有資料的單位。如果你使用了特別為質性分析所設計的電腦程式，詳細研究其使用手冊，瞭解如何將代碼分派至資料中。此處，「資料單位」（units of data）意指實地札記、逐字稿、或文件的部分片段，可歸諸於由編碼類別所代表的特殊課題。一般而言，資料單位經常是實地札記或訪談逐字稿中的整段文字（paragraphs），但有時也可能是句子（sentences），或者是一連串文字段落（a sequence of paragraphs）。你將編碼類別分派到資料單位的初次嘗試，實際上僅是試驗看看你所創造的這些編碼類別是否有用。編碼類別可一再加以修正，在不斷的試驗中，新的類別會被發展出來，而舊的類別也會被捨棄不用。重要的是，你必須要瞭解你並不是要去找出最正確或最好的編碼系統，因為什麼是最正確或最好的，均會因你的目的而有所不同。在你完成更多研究方案之後，你可能也會再度省視你的資料，並以不同的方式來編碼。

試著以有限度的代碼來建立一套編碼系統，例如包括三十個到五十個代碼左右即可。這些代碼要包含你最能確證其存在的課題，以及你最想要探索的課題。試著玩賞不同編碼的可能性，在你發展

出新的編碼清單時，再次檢驗它們。仔細思索新的編碼架構，以及如何撰寫論文的可能性。你甚至可以試著依據這些編碼類別來草擬一篇論文，將之作為論文的課題或章節，看看它們對你的研究能有什麼幫助。

這個時候，你也可能會經驗無法決定的難題。你所擁有的資料，可能不足以說明你原先感興趣的課題，這時你也許需要依據目前所擁有的資料來重新調整你的研究課題。你也可能列出長長一串代碼清單，試著加以剪裁，讓它們變短一些。如果你列出超過五十個主要代碼類別，它們之間也許是有些重疊的。雖然你很難決定要丟掉哪些資料或類別，但資料分析事實上是個「資料減縮」（data reduction）的歷程。限制代碼的數量，絕對是必要的。而且，在某些時候，最好是現在的分析歷程，你所發展的代碼應該要能固定下來了。

代碼可以在不同的層次上加以歸類。主要代碼（major codes）較具有一般性和通則性，包含廣泛的活動、態度和行為。次級代碼（subcodes）係將主要代碼再加以區分成較小的類別。在一個以年滿三十歲以上、有小孩的女性為對象，以瞭解其工作和家庭生活經驗的研究中，主要代碼「兒童照顧」（child care）包含了五個次代碼：歷史、財務、協商、偏好、和責任等。一個對性別文化和教學的研究中，主要代碼是「聯合會關係」，而次級代碼則是支持、衝突和轉變—更進一步將教師彼此之間的關係予以分類。為了要發展次級代碼，研究者首先要先確定主要代碼，然後仔細閱讀每一代碼所涵蓋的材料內涵；如果代碼所包含的資料可再進一步分解以方便處理，發展次級代碼可讓你的分析更為深入（參見Strauss & Corbin, 1990）。

在你已經發展了編碼類別之後，列成一個清單，並為每一個代碼設定一個縮寫或號碼，並在清單上依照代碼的英文字首或阿拉伯數字的前後次序排列。這樣做應該是有助於促進對編碼系統的記憶（參見表5-6，對於長期失業者訓練方案的研究中所使用的編碼系統）。現在，你必須一一檢視所有的資料，並在每一個單位（段落

或句子）上以適當的編碼類別來作註記。這有賴你謹慎詳細地檢閱這些句子，再對這些材料所應歸屬的代碼做出判斷；也涉及對每一資料單位的起點和終點做出決定。資料單位經常會彼此重疊，而特殊的資料單位可能不只適合歸類在某一個類別。因此，許多資料單位的頁邊可能會有多於一個的代碼註記。不過，當你分派代碼之縮寫或號碼到資料單位時，你必須要精確地指明該代碼所包含的句子是什麼。我們所列舉的實例是一份已經過編碼的實地札記（表5-7），提供了資料分析的一種方法。

當研究者處理像這樣的複印文本時，他們經常會用編碼類別來註記這些原始的札記副本，你最好在影印機上再製一份副本，然後將原始文件妥善保存。

如果你使用了質性資料分析程式，藉著軟體程式的協助，你會區分出資料單位的疆界，並附加上象徵代碼的符號（縮寫或數字）。當你已經將這些代碼符號安置在文件檔案的適當地方，電腦就會抽取出具有相同代碼的資料單位。例如，在一個對三年級班級的研究中，有一個代碼是「學生友朋關係」（student friendship），只要你再電腦中下一個指令，你分派到該代碼的每一個資料片段都會被抽取出來。你即可檢視這些在螢幕上呈現的資料，將之列印下來。當資料抽取出來之後，程式也會自動地標示出它們被取出的地方（文本中的頁數和行數）。而你也可以創造一個新的檔案，包含所有以特殊方法來編碼的資料，然後在該檔案中處理次級代碼和其他更精緻的分析。

每一個資料單位都可以被分派到多個代碼，代碼也可以彼此重疊。文本的部份段落也可能同時被分類成幾個不同的類別。電腦程式也可以計算每一個代碼在資料檔案中出現的次數，於是研究者也不再需要準備許多份副本、成堆的卡片或收藏各種札記的檔案夾。如果你還是比較偏好在複印文本上處理資料，你可以在任何時間列印出全部或部分的資料；而且可以輕而易舉地再做編碼，發展新的編碼系統，並且再加以改變；新的代碼也很容易可以隨時添加進來。教導質性研究的教授們，應該有能力協助你找到或選擇一個好

表5-6　長期失業者訓練方案的研究中所使用的代碼

1. 受訓者的出席情況
2. 訓練中心（物理層面、名譽聲望、其他方案）
3. 參與方案的公司
4. 工作人員對其參與的定義
5. 工作人員眼中的受訓者
6. 公司人事經理眼中的受訓者
7. 受訓者眼中的工作
8. 受訓者對訓練和工作的觀點
9. 受訓者對工作人員的看法
10. 受訓者對其他受訓者和自己的看法
11. 受訓者的招募（他們如何及為何參與這個方案）
12. 受訓者的背景
13. 繼續留下來受訓者
14. 工廠參觀
15. 方案的成功（對成功的評量，不同人對成功的看法）
16. 方法（獲得任用等）
17. 長期失業者
18. 開玩笑
19. 追蹤
20. 受訓者之間的關係
21. 說謊
22. 中途輟學
23. 轉介會議
24. 枯燥乏味
25. 殺時間
26. 貧窮方案
27. 在職訓練
28. 方案歷史
29. 受訓者的麻煩
30. 有效率的工作
31. 工作的代價

32. 兒童	38. 罰則
33. 鄰近地區居住條件	39. 金錢
34. 大企業的參與	40. 主事者
35. 諮商	41. 被偷竊的電視
36. 公立就業服務	42. 會議室
37. 時間（受訓者的定義）	43. 訓練活動

表5-7　手工編碼的實地札記

實地札記
威斯達市小學教師休息室
日期：1981年2月3日

教師的工作

　　我進到教師休息室，看看有沒有人正好在那兒。我今天運氣不錯。Jill Martin坐在第一張桌子上，正在批改作業。Kathy Thomas也在那邊抽著煙。我說：「嗨！Jill，嗨！Kathy，我可以加入嗎？」「當然」Jill說。「你和你先生剛去過中國，不是嗎？」我說：「是啊，怎麼了？」Jill轉頭向Kathy說：「你研讀過中國了嗎？Sari有一些幻燈片，可以放映給我們看喔！」Kathy對我說她正要研讀世

主管權責

界社群，即使「他們」拿掉了六年級的社會課。「你可以告訴我『他們』是誰嗎？」我不解地詢問她。她說：「你知道就是『他們』啊！」

自主權

　　Jill和Kathy對於「他們」規定老師要在課堂上教些什麼，感到很沮喪。「他們」就是負責將州政府所修訂之六年級社會課程傳達給老師的「中心辦公室」。州政府「將所有我們認為重要的事」從課程中拿掉了，取而代之的是要六年級學生研讀「經濟地理」。

做自己的事

　　Jill和Kathy都認為「六年級學生並沒有辦法將經濟地理學好」，而認為有關非洲和亞洲的世界社群是更重要的學習內容。他們說，他們計畫無論如何還是要教學生他們想要教的內容。Kathy說，「他們這幾天可能會來視察。」「哦，Kathy，你是一個叛亂者嗎？」我問道。「不是」她回答，「我只是要做我自己的事」。

學生家長

　　在我們聊了一會兒之後，Jill轉向我說：「你很有興趣知道我們所關心的事，我猜，其中一件事是學生家長。」她開始描述她昨天下午剛參加的一個家長座談會，和學生

學生家長

的父母及心理師一起開會。她說：「真正讓我難過的是，他們加諸於我要改變學生行為的責任」。他們似乎只提供口頭上的服務，就想要「控制」這些兒童，因為他們說：「對父母來說，明白兒童必須要為自己的行動負責任，的確是很困難的。」

的分析程式；而大學的電腦中心也通常會提供相關的訊息，有些大學甚至會將質性分析套裝軟體安置在其校園網路中供學生來使用。

此處，我們僅能提綱挈領地揭示電腦可以發揮的基本功能。有些更精緻複雜的程式，研究者會用來檢驗代碼之間的關係，發展更抽象的分析概念，形成命題和主張；有些程式會追蹤研究者環環相扣的推理歷程；有些則用來建立和測試理論。某些高科技軟體其實是相當具爭議性的，批評者認為這些程式比資料來要複雜難懂，以至於很容易遭致誤用，產生資料分析的幻象。因此，新手研究者要務必小心使用。也許等你更有研究經驗時，再來探索它們的用法，較不會被它們堂皇的表象所蒙蔽。

至於那些沒有使用電腦軟體協助進行資料分析的人，可能使用了剪貼和蒐集資料的檔案夾策略。這是在電腦軟體發明之前用來處理所有資料的方法，很接近電腦所從事的工作，只是你必須完全靠手工來進行，因此速率上會較緩慢，也更容易產生錯誤。作法上，通常適用剪刀將一些札記加以裁剪，使得不同的資料單位可以被放置在檔案夾中，然後將每一個檔案夾貼上一個代碼的標籤。在使用此一策略時，你需要遍覽所有已經依據頁碼及行數加以編號的札記，並在每一個資料單位之旁加上一個代碼。將札記依據頁碼和行數編號的目的是為了能夠記錄這些資料來自何處。因為某些資料單位會以多於一個類別來編碼，你最好要準備多份資料的副本，便於多次利用。

只要你比較電腦所能做的事和使用剪貼檔案夾所需花費的時間心力，你會發現應用電腦的好處是相當顯而易見的。儘管如此，學者對於新手質性研究者是否應該要使用特別設計的電腦軟體程式，仍有相當分歧的意見。有些曾經嘗試過的人，肯定電腦程式的好處；有些卻詛咒電腦程式的害處。這些有關電腦運用的爭論，圍繞著你所花費在學會如何使用電腦的時間，是否相等於你利用它工作所節省的時間（其他的爭論請參見Pfaffenberger, 1988; Clark, 1987）。如果你早已熟悉電腦，精於學習如何使用新的程式，且適當的軟體程式唾手可得，那麼你不妨在你的第一個研究方案就應用

電腦程式來幫助你分類和提取資料。如果你的第一個研究方案相當龐大，可能會有數以百頁的札記和逐字稿，那麼你也可以應用電腦來輔助完成不同層面的資料分析。如果你強烈地相信你在質性研究方法論上的第一次嘗試，絕不會是最後一次－研究會是你職業生涯的重要任務—那麼，你最好現在就學會使用電腦程式。當你決定要使用電腦程式時，你最好選擇使用你周邊的研究者也熟悉且建議你採用的程式。

結語

　　我們在這裡有些突兀地終結對資料分析的討論。實際的分析歷程會相當地不同。分析會持續進行到撰寫論文的階段，我們預定在下一章中討論。如果你感覺到你已被堆積如山的資料困住了，下一章會帶你邁向研究最終的產物往前推進。

Chapter 6
質性研究報告撰寫

◎ 撰寫報告時的選擇
◎ 其他寫作訣竅
◎ 評鑑質性寫作的規準
◎ 文本
◎ 動筆開始寫作

　　本章旨在探討質性研究的寫作，共分為下列小節：（1）撰寫報告時的選擇、（2）其他寫作訣竅；（3）評鑑質性寫作的效標；（4）文本與（5）動筆開始寫作。作者的主要關注在前兩項，並花了較多篇幅說明。有關撰寫報告時的選擇，作者分別就下列項目來討論：有關論點的選定有關研究者在文本中的呈現方式、設定的讀者群、相關的學門、緒論的內容、論的核心概念與呈現證據的策略、以及結論的寫作等。在寫作的訣竅中，作者在下列寫作階段或向度上提出了若干很實用的建議，包括：形成初稿、呈現風格、重寫、預想讀者可能出現「雖然，但我...」的反應、在每開頭處力求簡潔、確認寫作時依循的理論觀點、專門術語與代碼、呈現研究對象的心聲等。在評鑑質性寫作上也有若干規準可以遵循：有無說服力、作者對於寫作內容能否掌控、對學術領域有無貢獻等。

質性研究報告的撰寫方式種類繁多，不一而足。有時你會坐在電腦桌前，面對龐大資料，卻不知道如何開始。最糟糕的是你覺得一切變得失控了；也就是說，你會覺得不知道該怎樣遣詞用字才好、不知道使用主動語句或被動語句才好、也不知道如何將你的論點加以組織，才能更明確地展現你的研究企圖與發現。其實，如果要重新獲得控制感，只要你遵循若干技巧就不難達成；而且不要將寫作視為只做一次的重大決定，而是要當作是一連串決定的過程。

　　寫作過程中最重要的議題是言之有物。如果你對所要陳述的並不明確，那你往往就會顧左右而言他，或是迂迴繞道，專注在一些次要的情節之中。明白你所要表達的主旨，會使你努力朝向那個目標前進。當你的寫作目標不清晰時，所產生的作品也會同樣的反映模擬兩可的曖昧情況。

　　根據質性資料來寫作，是會比根據一個理念來寫作容易一些。撰寫之前的實地札記與分析所形成的代碼式敘述是很好的開端—至少已經有了一些文字在電腦中了。你不僅有了一些描述性的資料在眼前，而且還有一堆觀察者所做的評論與分析性的意見，這些都可作為各個小節寫作的起點。這樣你就擁有寫作的基礎了，接下來就可以加以改寫、擴增，以便形成報告或書刊的最後形式了。

　　你根據手邊資料所要形成的撰寫計畫，會影響寫作的內容與寫作的組織架構。例如，如果你要寫的是研究學位論文，就要注意一些既有的論文格式。至於期刊論文與研究報告的寫作風格就自由多了，容許比較多的變化與創新。但是無論你寫什麼，總要有個前言(beginning)、正文 (middle) 與結語(end)。在前言，先要交代本文章的主旨，說明內容與範圍。正文則說明你的研究發現與交代形成的歷程，並加以申論與辯證，這時還可以討論你的創見、整理出資料合於所宣稱的證據來說服讀者。在結語時可以摘錄前文所述，你可以將幾個分立的論點加以整合；也可以根據你的研究發現，針對未來的研究或實務提出建議；這是最後的整理，彷彿是餐後的甜點或咖啡 (一些有用的傳統寫作手冊可參見Baker.1996; Kierzek & Gibson 1968; Strunk & White, 1972; 還有Friedman & Steinbert, 1989; Williams, 1990)。

　　上述只是作品的骨架而已，寫作過程還涉及多種的風格與組織方式。雖然有時你的寫作受制於教授或督導的意向（也就是說，你被指派去做原創性的研究，並以特定期刊的格式來撰寫），有時在這種限制中你仍然有某些空間容許選擇寫作的方式。你寫得越多，作品的品質會有更多的提昇，寫作也會變得更為容易。

　　從哪裡開始著手寫作呢？其實你早已經開始了。如果你遵循本文前幾章節的建議—如果你已經縮小了焦點、尋找到了主題、確定了你的研究屬於何種形式、在實地觀察時已經累積紀錄與評論、而且已經依循某個機制將資料與文獻作了初步的分類—你已經開始寫作了（Wolcott, 1990; Atkinson,1991）。但是實際有關風格、格式與焦點的寫作呢？本文要呈現的是將論文寫作當作是一連串抉擇的歷程。以下會討論其中一些必須做的、最重要的決定，以及舉例說明各種可能的決定。

 # 撰寫報告時的選擇

　　寫作成果有賴於你做的下列決定：如何建構你的片段訊息、確認作品的讀者是誰、以及其他若干議題。通常來說，作者都會歷經這些抉擇的歷程，卻未必能逐一指認出來。如果你能考慮這些選項的各種可能性，而且能有意識地選擇適合作者論點的角度切入，就會在寫作過程得到比較高的掌控。本節將介紹一些你在寫作時必須做的決定。為了行文方便，本節對於這些選項的陳述表面上是彼此各自獨立而不相干的，實則上它們卻是一貫的。例如，寫作是否要跨越不同學科領域，端視你的讀者而定。

選定你的論點

　　優良的非小說作品都有清晰的焦點。作者會先陳述寫作宗旨，然後完成這項任務。確定焦點，就是作者決定要告訴讀者些什麼訊

息。最好能用一兩句子簡要說明此一目標。這樣的焦點本文稱之為論點（argument）。一篇文章中所謂的論點是指作者在某項議題採取的觀點，這是優良的學術作品中的核心概念，但不意味著這些論點是為辯論而辯論。也就是說，當讀者閱讀你的作品後能說出：「這位作者所要說的是：有關青少年女孩性經驗的脫口秀總是不脫離專家所界定的範疇」；或是說「作者說：本世紀初，你能買到以安置低能兒或障礙者的機構為封面的明信片，因為這些機構是社區中的重要機構」；或是「作者提到：他們針對高中數學學生的研究涉及三個主要的議題。」

當身為作者的你有了論點，你是在強調某些觀點。你的寫作不應該帶領讀者在你文章主題的觀點轉換中擺盪漫遊。下列的寫作方式是應當避免的：「起初我想到這個觀點，其後我覺得那個觀點比較合理，最後我終於理解事實並不是這樣的．．．．．」你的觀點應該與讓你有強烈感動的研究發現一致（Williams, 1990, p.98）。除非你寫的是你對原始資料的觀點是如何轉變形成的，或除非你的觀點是文章的核心，否則你觀點的形成歷程不足以強到可以成為你的主要論點。

論點的類型有許多種。第一類是類似理論的論題（thesis），是你先主張、並加以論述，以支持的一個命題。一個論題可以由整合你的研究所顯示的、與專業期刊文獻對於你研究主體的論述而來，例如，「研究者採取下列的觀點．．．．．」；或是可以與實務工作者宣稱或你的研究所顯示對立者，例如，「呈現於本文的模式採取了一個相當不同的班級實施方式」。一個論題可以論證：由局外人置身現場所產生的非預期性的改變，比計畫下的效果更為重要。一個論題是一個好的焦點；它是可辯論的，且可以形成興趣。但是凡是可議論者都不免被攻訐。在發展一個引起議論的論題時，都不免於對你的案例誇大其實，這是一個危機；你是在攻訐一個無人可達成的境界（這是所謂的建立「稻草人」（straw man））。如果你選擇攻訐的是已經被駁倒了的，你的陳述只是錦上添花。學術界要的就是以特別重要論題取勝，它們的宣稱是語意主要概念的，而非與風格有關。在寫作對於論題的選用上要十分地謹慎。

　　其次，論點也可以主題（theme）的形式呈現。它雖然有論題著重的主要概念（big ideas），但卻不像論題那樣地有明白外顯的、好像要宣戰似的聲調。主題是指由研究資料湧現的概念或理論：「一些指標性的趨勢、大師級的概念、或是重要的區別」（Mills, 1959, p.216）。主題可在不同層次的抽象化過程中形成，可針對人性、言行、情境等作大至通則性的描述，小至特定情境中的敘述（Spreadly, 1980）。在資料分析那一章的討論中，我們呈現了若干潛在的主題。「教師寵物原則」（teacher's pet principle）與「對第三者的診斷」（diagnosis of the third party）都可成為論文焦點的主題。志在建立理論的學術研究者將「類屬主題」（generic themes）的建構視作為研究過程中最令人激賞的目標 （Glaser & Strauss, 1967）。誠如 Lofland 所說：一個類屬主題架構（frame）就是「當一個外顯的結構或是歷程被凸顯出來，且能夠發展出一個抽象的層次，使得其可被應用於比較廣泛的情境，而非特定情境或特定的意識型態之爭、或其他局部片面的關注焦點」（Lofland, 1974,p.103）

　　一個課題（topic）可以作為論點發展的第三種可能。課題就像是主題（theme）一樣，充滿在你的筆記上，但是它比較像是你探討領域中的一個特殊觀點下的一個單位，而不只是一個相關的理念而已。主題是概念性的，課題則是描述性的。在資料分析的那一節討論中我們提供了若干課題，像是：「好老師是什麼？」、「加護病房中的溝通」。

　　以呈現論文的目的來看，我們區分了論題、主題與課題三者的不同。可作為你預定提出論證的不同形式。論點通常都是三者的旁支，兼具有上述三種內涵。我們尚未提到所有可能的型態，其他的型式也是可能的。例如，一篇論文的論點可以說明他人已經提出的概念或是主題的用途。如果你從事的是評鑑性的研究，論點常會呼應你簽約接下此份工作時同意去探討的問題。但是沒有一個作者會只使用一種型式而排斥其他格式。

　　選定在你的論文中將採用何種型態，端視你對所研究領域熟悉度以及所需要的是什麼而定（當然你的決定也可能會受你的指導教

授或是雇主意見的影響）。例如，如果現有文獻不能詳盡描述一位教師日常一天的生活，以此為具課題性主題的論文將對教學領域的研究有所貢獻。另一方面，如果你研究的領域已經發展出許多文獻了，你的論點的主題或是論題將使你的寫作更有價值。將你的論點圍繞著一個人人熟知的、已有其他類似主題的論文發展出來的概念性架構，會讓你的寫作更為容易，也會使你獲得一個愉快的研究經驗，但是可能引不起大眾的興趣（可能沒有人願意給你出版機會）。如果你要為某特定單位依據某契約評鑑一個方案的成效，即使是寫成一篇理論性強的、具有主題性的論文，可能也不會被接納。

你選定的論點也端視你的技巧而定。新手通常制式地或削足適履地依據課題或是主題的形式來進行論證。比較有經驗的作者、以及對所屬領域研究背景擁有廣博知識者，就比較能依循著主題或理論論題來寫作，但是它們也都是由與課題有關的領域中來選定主題。

在選定你主要的理論、主題或是課題時，最主要的是要看你所蒐集、分析與編碼的資料本身。你不能選定一個資料本身薄弱的領域來發展論證焦點。選定焦點的簡單方法是：縱覽你所有的已經編碼的類別，然後看哪一個類別能發展形成最大量的訊息。所有用來處理質性資料的電腦軟體都提供了計數能力，能協助你計算資料基本單位數、以及每個代碼下的引述句子數與字數。如果你選定了「檔案法」（folder method），以手工方式處理資料，檢視各個檔案，並選取其中最豐富的一個。如果你的若干代碼下都有豐富的原始資料，重新閱讀這些資料，注意其中是否有共同的可信賴的層面。同時，也瀏覽你的現場備忘錄，檢視一下能否在各代碼之間找到關連，或是你早已經記錄下來的主題。

你使用的論文課題應當能顯示你的研究焦點。例如在「被審判者並非審判人（法官）（The judged not the judges）：有關心智遲緩的局內人觀點」（Bogdon & Taylor, 1976）中，作者呈現了一位被貼上「心智遲緩」標籤者的觀點—針對特殊教育、以及針對所謂「智能不足」者而設計的方案。另外，「誠實但不要無情（Be

Honest but Not Cruel）：在幼兒加護病房中專家與家屬的溝通」一文中呈現的是在該病房中醫療人員對於與家屬溝通的共享觀點。雖然論文的課題是在寫作最後才決定的，在開始寫作初期最好就要試著找出課題，這樣會加速寫作時論點的確定。

選定你在文本中的呈現方式

近十年來，作者在學術期刊或手稿上撰寫質性研究報告時，對呈現自身所用的代名詞有了轉變。過去比較多採用不涉及個人的「我們」（we）或是「研究者」（the researcher）來指稱，現在則比較轉向採用具有個人色彩的「我」（I）。主要的理由有下列幾項：首先，使用「我」比較誠懇與直接；採用「研究者」的方式在某些學術圈內則被認為比較自負，而且也被認為是用來獲得權威、但卻從而產生了不良後果的工具。採用「研究者」的另一項特點是顯示幾乎不存在的、所謂的「客觀性」（objectivity）。因為研究者都是具有特定觀點的個人，他們所設計與執行的研究也不免會將那種獨特風格反映在寫作中。有些作者仍使用比較正式的風格。我們建議你以你覺得舒服但能顯示你品味的方式來寫作，只是可能無法切合所有讀者的喜好。

你在文本中的寫作風格，也反映於你在情境中採取立場的程度。在質性研究寫作中，近年來已經流行將作者的自傳、政治立場與自我反省等包括在內（Ellis. 1995b, 1993；Krieger, 1991）。有些作者認為在學術文章中述及自身會使作者的偏見被顯露出來，並與其他作者有所區隔。有些人則認為那種省思式（reflective）/或自白式（confessional）的作法比前述作法更為誠實，因為此舉可以讓讀者知道你是能夠覺察到自己的主觀性。此舉也向讀者警示：要將作者所述的、可能產生的主觀性列入考慮。其次，其他人也許就是他們研究對象中的一員（例如一位教師研究他的在某些質性研究圈中，自白是用來向讀者表明主權的新作法），使用此種策略可協助讀者發展出對研究主題更深入的理解。

所有的自我表白皆在獲取讀者的青睞，但是他們並不會具有同等的效力。例如自白認錯可能會被解讀為膚淺，也會導致你的作品遭致不良的評價，或是成為不被尊崇的一個理由（Patai, 1994）。雖然自白有其效用，仍有其他許多方式讓讀者相信你是誠實的，不一定只能依賴自我介紹的方式。個人的偏見是值得憂慮的層面，但是不宜阻礙你、或是主導你的寫作，妨礙了你對於其他重要內涵的撰寫。雖然有些作者成功地將研究者的省思發展成為一種特色（genre）（Linden, 1992），太多的省思仍會令人乏味，而且誤以為作者重視自身優於研究參與者。讀者們並非被動地吸收你所敘述的每一件事，而毫無批判能力。他們的批判力正如同能夠自白的民族誌研究者，這些研究者的省思寫得彷彿自己不在現場一般。就像其他的寫作風格一樣，自我表白是否有效，端賴作者是否能有效地加以運用。

設定你的讀者群

作者應當詢問自己：到底要寫多少與研究方法細節有關的訊息？我的論點應當多具體才好？採用哪種寫作風格比較妥當？當你帶著上述若干問題進行寫作時，解答它們可藉由試著想像誰是你的讀者群來進行。如果你寫作的是一篇期刊論文，可以思考的是：「該期刊的評論人或是訂閱者對於我所敘述的內容也想知悉、而且感覺妥當的會是什麼？」、「是否還有他們想知道而我沒有說明的部分？」如果你的讀者是特定領域的教授或是論文口試委員，上述的顧慮同樣存在，只是要多想一想：有關他們的觀點你了解了沒有？從某一方面來看，這好像是從層面的觀點來思考寫作歷程，而且總是將你的寫作對象很具體地放在心上考量。

團體或是個人都會有其關於寫作的慣例（convention）．當你考慮到寫作的讀者群時，你已經將讀者所習慣的風格慣例考慮在內了。然後，你可以要不就重視這些慣例，否則就嗤之以鼻、聊備一格。這也是你做的決定。你可決定在你論文中理論化的程度，對特

定讀者詳盡解釋特定課題的程度，以及考慮你的讀者群是否瞭解任何與文化有關的研究。

面對你的研究參與者（subject）又如何呢？在寫作過程中你不是也應該考慮他們嗎？除了極少數應用性的評鑑研究類型外，你論文或專書的潛在讀者都不是你的主要研究參與者。這不表示你不應當將他們納入考慮，甚至主動將他們收入論文中，即使是他們之中沒有一個人可能會閱讀你的大作。雖然這不是寫作上的主流，有些作者還是會推薦或是以身作則進行若干研究，並以研究參與者在你的研究中具有雙重角色，既是研究對象也是研究伙伴。他們可能會對論文初稿先睹為快，甚至對於文本中的次序等也會提供改進意見，部分參與者甚至是聯名並列的論文作者。這些都引發了與該研究的審查、控制、表徵或不當的表徵（misrepresentation）、以及價值與變動性（viability）等有關的 議題。限於篇幅，本文並不針對上述所說的取向作進一步的闡述。一般而言，這些涉及你的研究參與者的既定格式，以及表徵他們的方式只有一個要點：就是盡可能以參與者看待自身的方式來呈現。你在寫作過程中，或是在使用描述參與者的詞彙中，不要只顧及自己的想法，切忌貶抑他們。在描述參與者時，使用參與者偏好的詞彙（如果你的參與者是男同性戀者，他們偏好用guy來稱呼自己，而非homosexual這種稱呼，你就要尊重他們的心態）。雖然你的參與者不一定是研究報告的主要讀者，但是你需要將此謹記在心中—想想看如果參與者碰巧讀到你的文章中出現他所不喜歡被稱呼的詞句，他們將情何以堪；所以請設身處地預想參與者可能會對你的用字遣詞的反應。你要經常將原先所想講的、與參與者所可能的反應放在心上，且加以修正調整，並非基於審查的心態，也或者考慮到參與者將如何懲罰你；而是，你這樣做為了求取真誠與公正。將參與者的可能反應放在心上可以使你的寫作更具有反省性，並完成一份成熟的初稿。部分研究者會將他剛完成的初稿拿給資訊提供者閱讀，甚至相互討論。另一方面，參與者通常不會對你的寫作表示不滿，也不會耗費他們的寶貴時間來閱讀。在最後關頭還是要由研究者對於所生產的文章負最

後的職責。在某些項目上，研究者（或作者）可能無法與參與者面對面溝通。參與者可能會被分割成不同面向。參與者可能希望在述及他（們）時，能被以一種比較恭維、或是英雄姿態呈現，而不是如同研究人員所實際見聞的發現。有時，此種現象意味者：研究者必須維持自身的立場，在寫作歷程中可能會惹人生厭（因應之道訣竅之一：將你所見聞與他們自我的評價並列對照都寫出來）。

　　雖然你必須堅持避免貶低或是物化你的研究參與者；也要警覺避免另一個極端：過於美化（romanticize）他們。有時，研究參與者這個詞引人興起一種全然無辜、受壓迫與受蹂躪者的形象，像是地球上的一粒鹽。有些參與者因具備許多資源而變得強大；參與者可能是說謊家、善於欺騙的的惡棍，會傷害他人或是做出邪惡的事情。你要敏銳與誠實；但是不必成為這些研究參與者的公關代言人。

選定你的學門

　　在撰寫研究報告時，你所選用的詞彙、考慮議題的方式、以及其他的關注都可能有兩種情況：不是反應某個特定學門（例如社會學、哲學等）的取向，就是綜合多種學門來架構你的論述。如果你的寫作謹守特定的學門（disciplines），該學門或學術領域的讀者將能熟悉你的詞彙以及你所採用的概念—即使你的表達方式是創新的。例如角色、生涯、專業主義（professionalism）等詞彙都是社會學者所熟知通用的。至於在教育行政或人類學等領域，則更傾向於採用其他不同的詞彙與概念。如果你的寫作是謹守特定的學門，在採用你的同儕所熟知的詞彙與概念時，你往往不會察覺到這種用法的影響力。

　　然而，你可能會發現：這些特定領域常用的詞彙無法傳神地探討一個議題，或是你的研究發現是跨領域，無法只限於特定的一個領域。Amy Best（1977）在她針對高中畢業舞會的研究中發現：跨領域的文化研究取向比較能適用她的研究方案，因為文化研究取

向特有的用語與概念比較能夠解釋她所蒐集到的資料，尤其是有關青少年準備高中畢業舞會的歷程。女性主義者很早就傾向相信：女性研究必須具備多元領域的連結。你的決定會受到下列因素的影響：預定的讀者群、所屬研究所的規定、你的評鑑目標、或是預定投稿的期刊等。

決定你的緒論

　　既然所有的作品都會有個緒論（introducion），如何寫作緒論有其重要性。本文遵循Becker（1986a）的建議：總是等到寫作末期才寫緒論，因為到那個時候你才知道你所需要介紹的內涵與文章全貌。

　　緒論通常會先介紹背景知識，以便於讀者瞭解本文焦點的重要性。策略之一是將該研究置於相關文獻的脈絡中或是當前辯論的議題中來談；另一個策略則是說明你預定完成的任務。在緒論中通常會以簡介該篇文章其他部分的整體架構作為結語。雖然研究方法的討論可以放入緒論中，但是所佔的篇幅與呈現的特定位置則視情況而定。一般期刊中的文章大致不會出現研究方法。通常在研究型的文章中則有必要告知讀者下列資訊：研究採用的策略、研究歷經的時程、研究參與者與研究場域的數量、原始資料的本質、研究者與研究參與者之間的關係、資料的核對、以及其他足以協助讀者評估你研究歷程與紮實程度與研究參與者本質等資訊。有時候上述資訊會被放入附錄。書籍的格式尤然。例如「街頭社區」（Street Corner Society）（Whyte, 1955）等早期名著就是將與採用方法有關的重要的、對該著作有貢獻的文獻放入附錄。

　　有關緒論還有一些比較直接的建議：在緒論的第一頁即開門見山且簡單扼要地告訴讀者你所撰寫的主題，例如「接下來本文要探討的是有關小學學童在遊戲場遊玩的參與式觀察研究」，「本文是筆者針對美國中西部中型城鎮Outskirt的郊區高中所進行的青少年

友誼研究，研究歷經為期兩年之久」。如果未能提供給讀者與本文有關的整體圖像，讀者在閱讀時會失去焦距。在我的閱讀經驗中，至少有三分之一以上的文稿不符合上述原則，由於在閱讀文章時非常不容易找出前後文的關連，著實令人沮喪。有時我們讀了二三十頁後才明確地知道文章的主旨與重要性。那時候我們可能早已經忘了前面所閱讀的內容了！

　　文章的開端最好能先提供與研究主題有關的簡短歷史或典故，協助讀者把握該文章的重點或是核心概念。例如，一篇收錄於期刊、前文述及的新生兒研究中，作者是這樣開啟緒論的：

> 在第二次參訪一個重症治療的新生兒加護病房時，我們見證了一個預告在本文報導的研究焦點。一對夫妻前來探視他們0.75公斤重、患有嚴重病的早產兒男孩。他們是住在郊區貧戶，約二十多歲，那天早上遠從128公里以外開車來訪。這對夫妻將他們在醫院福利社買來的康乃馨黏貼在嬰兒塑膠盒子似的保溫箱子病床緣圓柱形鐵條上。兩人靠近嬰兒彼此對話，這位父親對著這個彷彿要破碎的嬰兒說：「你就要回家了，小子」。他的母親也補充說著：「家裡一切都為你準備好了，就等你回來了！」一位就在附近不遠的護士似乎也聽到了這些話語，走過去對他們倆說：「現在，你們必須面對現實，這小孩病得十分嚴重。」小嬰兒當天晚上往生了。這對夫妻得知噩耗後簡直被悲痛擊潰了。這位母親說這個結局簡直是晴天霹靂。醫院人員與病童雙親的溝通成為本研究以新生兒病房實地研究的焦點。具體而言，我們關懷的議題是探討：誰告知病童父母有關病童的病況？如何告知？從父母角度而言，他們所聽到的訊息又是什麼？(Bogdan, Broun, & Foster, 1992, p.6.)

　　以故事作為緒論開端能提早引發讀者深入文章主題核心概念，引介場域中存有的部分情緒，也能提供一種預告研究內容的感覺。這一類的故事必須緊密貼近論文主題才能夠有影響力—以告訴讀者你為何要說這個故事作為開場白，以及這個故事如何與論文主題有所關連。雖然在若干年前，以故事作為文章開頭較不利於被某些學術期刊接受刊登，這幾年來情況已經明顯緩和許多，部分期刊甚至鼓勵更迷人的寫作風格與不同的寫作格式。

選定論文核心概念與呈現證據的策略

在組織你的論文主體—也就是本文所謂的核心概念（core）上，你可以有若干方式。論文的核心形成了文章中的最主要部分，也是論證的主要來源。你的工作是呈現你在緒論中提到的主要研究宗旨：推進你論文核心思想中的論題、呈現你的主題、闡明你的課題。驗證你的論點，在於你是否有能力在論文中間段落中持續加以闡明討論。也許你會發現在論文中間段落中缺乏充分的資料，此時你面臨了或是改變論文焦點、亦或是將焦點加以擴大的抉擇。另一方面，你可能也會發現，寫作素材太多，超過你原先預定的篇幅。此時你的焦點就必須再求緊縮。

在承接文章緒論之後的寫作，要以論點的鋪陳為主軸。包含在文章內容的文句段落必須與論點有關。核心部分可分段落；每一段落應當有個課題。檢證每個段落是否應當放入文章之中的辦法，是試著去回答一個問題：「這一段與我的論文焦點有直接關連嗎？」

段落的本質、你所涵蓋的內容、以及段落間的相互關連性等，都源自你對於編碼資料的進一步分析。當你研究焦點中釐清出若干可編碼的類別後，你應當開始進行處理：反覆閱讀、找出規律組型（pattern）、要素（elements）。你可以比照最初擬採某種機制將全部資料大致分類的方式，來處理個別的、歸入某個類別的資料。此時的素材資料份量應當大為減少，因此也會比較容易處理。採取某項機制加以分類的目的，在於分解出份量較少的各類資料檔，以便於充分掌控與處理。

在檢視特定已經編碼的類別之相關原始資料時，你應該尋找進一步的分類，以便於衍生出次類別（subcategories）。例如，你在一個教室場域中觀察所得的類別可能是：「教師對於學生的定義」。在閱讀此一類別下的原始資料時，你可能會發現這位教師會運用不同的詞語去描述他的各類型學生。他的心中有一些特定的類型（typology）？用某種分類系統將學生歸類成像「好學生」、「臭小子」、「可憐蟲」、「中輟生」、「討厭鬼」以及「麻煩製造者」

等重複出現的語詞。此時，「教師對於學生的定義」是一個概括的詞句；「各類型學生」可以成為一個次類別的編碼系統，其中如「好學生」等可以成為「次級代碼」(subcodes) (Spredley, 1980)。這些類別可成為文章中不同段落的主要或是次要課題。

　　各種可編碼的類別均可進行類似上述的分析。所謂「各類」(kinds of) 的次類別是比較常用的描述，下列其他編碼歷程的用語也有人使用，包括：「...的步驟 (steps in)」、「...的方式 (ways to)」、「...的成分 (parts of)」、「...的結果 (results of)」、「...的理由 (reason for)」、「之處 (place where)」、「用於 (used for)」以及「...的特徵」。這些次類別系統是進一步組織原始資料的工具，因為它們有助於激發作者構思各段落如何統整在核心概念的大傘之下。例如，文章的主要內容可以呈現這些特定的類型以及其中的要素。但是你也不要為了形成這些特定的類型而困擾，這只是進行分析與呈現的一種方式。論文中核心的論題才是你的焦點，每一個段落可能以不同形式呈現，重要的是井然有序地逐一呈現你的各個研究觀點，以便於支持你的核心論題。

　　無論你的主要論文內容為何，每一個段落小節都應該以類似於整篇論文風格的方式來呈現。每一段落都應該有前言、正文與結語。前言告訴讀者本小節的內容概要、如何與論文焦點相關、以及接下來即將呈現的內容。在正文部分要呈現的是前言中所訴求的目標，置於結語部分則是總結本段落的內容。想要維持段落小節的內容一貫，你必須經常自省：你正在書寫的內容是否與你在小節開頭的前言所訴求的宗旨有所關連。

　　分析質性研究者的寫作思路歷程有幾種方式。首先，Spradley (1979) 稱之為「轉譯」(translation)。這一種釐清的方式指出：研究者是將他們的所見所聞呈現於文字，使得讀者有著如同研究者身歷其境的理解。另一種描述質性寫作思路的方式反對上述轉譯的說法，而類似於素描，似乎將研究者當作一張白紙，只是透過紙筆純粹地傳遞資訊提供者的觀點 (Clifford Marcus, 1986)。Clifford (1986) 主張作者可以只擷取「一部份事實」(partial truth)，取其不僅是反映證據的某個層面，也反映作者所採用的用語。

原始資料呈現的證據，可以形成一個研究場域中可類推的通則，留存於讀者的心中。事實上，質性研究者就是要對讀者表明：「以上是我的研究發現，這裡有我支持上述看法的詳細資訊。」他們的工作還包括要選定哪些證據來展現研究者的論點；此舉可成為通則與個殊之間的平衡點。寫作時必須清晰地展現出：你的通則（所見所聞的摘要）需緊密地建立在你所敘說的內容（可累加後導出通則的詳細描述）之上。接下來讓我們更具體地觀看若干平衡通則與個殊的抉擇：引述原文與如何導入實例。

精湛的質性研究論文善於運用源自原始資料的描述，用以展現論證，並呈現紮實論述。在質性研究論文中事實上並沒有正式的慣例說明如何建立真理。你的工作就是要說服讀者你所述的十分可信。引述研究參與者實際說過的話語、從實地札記衍生出簡短的段落，以及呈現其他原始資料，可以說服讀者，並且更貼近你所研究的人群。引用語不僅呈現了參與者的真實用語、說話的方式，同時也呈現出他們的樣子。

接下來的例子中，作者探討義大利移民在加拿大所經歷的學校生活，他採用的敘寫方式在同一段文字中混合了資訊提供者的引用語與作者的描述與分析：

> 對於已經學會尊重學校、以及對於學習負責認真的學童，要能夠完全融入外語環境的經驗是十分具有殺傷力的。一位十五歲的男孩說：「我覺得自己好像是一塊木頭」。而且另外一位來自Cantanzaro的十三歲小孩：「彷彿我不知道自己完全不瞭解英文似的，而且也不能理解他們表達的訊息似的。」即使最簡單的問題對他而言都是一種折磨：「當老師問起我的姓名時，我不敢回答，因為他們發音我名字的方式與我的發音方式有極大的不同，那種語音真是難聽極了。」這是一位來自Molose的十二歲女孩所說的。 (Ziegler, 1980, p.265)

這種引用語與作者的詮釋交織成一種流暢的文體，也能流暢地融合個殊與通則。

還有一種呈現原始資料的方式，是陳述並運用若干實例加以闡明。這種闡明抽象素材的方式常常運用於比較正式的研究，例如用

於學位論文。以下呈現的正是此一模式的一篇學位論文實例，該論文基於訪談成年女性所獲得有關其小學學校經驗談。此一實例摘自一篇說明受訪者對教師的回顧的文章。

　　另一項明顯的證據存在學生群中，也就是涉及研究參與者用來評鑑其教師的指標是：教師是否關心與喜歡他們的工作。如果一位教師認定他不喜歡小孩或是不喜歡教學，就會被歸類為差勁的教師：

　　「接下來的一年，我的教師是Lolly小姐。他就是一點也不喜歡小孩。在教學專業中，她簡直就是一個錯誤示範。」(#104)

　　「小學二年級的老師是一位懷孕的年輕女老師，我猜她在她的那一段生活階段中還沒準備好要教書吧！她寵愛的學生有兩三個，都是男孩，如果還有一位可能是個女孩吧。我跟那位老師處得很糟糕。」(#320)

　　「四年級時是一位名叫Aidan的女老師。我真的不知道應當如何說她。她身為教師卻不關心教師的職責，她的教學無聊透了。她的音調平淡，而且會一而再、再而三的重複說一件事。那時我做了不少的白日夢。」(#325)

　　上述每個實例都提供了所要展現的通則，而觀點則略微不同的面向 (Biklen, 1973)。在這個案例中，原始資料與預訂建立的通則是有區隔的。上一個案例中，個殊與通則卻是並列的。在這些實例中，所要展現的是如何將散布分立的個殊連結到通則，以及如何將通則引導出與個殊的關連。而且，你可以交織運用分析與實例（就像是加拿大的學校教育那個案例），或是你可以先敘述通則再呈現實例。不論哪一種模式，你都必須表明你運用這些原始資料實例的目的何在。以下的一些實例提供的是各種描述與引用語的呈現方式。

　　在下列這一段引文中，作者運用了所謂的「張三李四如是說」(as so-and-so said) 方法，並提供一個實例加以闡明：

> *作爲一位交通警員，她受限於只能處理看得見的事件。當女警員*
> *Prestons女士在遊戲場咆哮地向對她回嘴的Lewis説著：「我不管你是*
> *怎麼想的，你現在一句話不准説，也不許去看。」或是如同女警Crane*
> *所説的：「我只希望Joe不要老是堅持己見説他的意見才是對的。只要*
> *他不辯論，我就不計較了。」只要學生守規矩，只要他不公然抗拒，*
> *教師就能掌控一切。（McPherson, 1972, p.84）*

你可能也注意到了，作者在呈現實例後就做了一個結論式的詮釋。這個結論式的語句可強化詮釋部分，或是提供一個新的轉折。

第二種呈現原始資料的方法是使用冒號。冒號意味著其後所呈現的文字，會闡述之前的敘述：

> *觀察者也對於系統有些影響。例如Geoffrey一直都不太願意成爲他所*
> *看到自己懲罰性格（punitive）的一面。Geoffrey在他自己的筆記中*
> *這樣記載著：*

> 『*當教室中有問題產生時，例如Pete的行爲問題，觀察員在場這個事實*
> *對於我會怎樣處理就會有不小的影響，會和平時表現不一樣。雖然我*
> *本身的表現可能正如同那位觀察者所認爲他所看到的一樣。明天起，*
> *我要更爲自覺、像平日一樣地舉止表現，或是盡可能地接近平日的我*』
> *（9/11）（Smith and Geoffrey, 1968, p.61）*

上述這個實例中，這位參與觀察者 Louis Smith 呈現了來自一位教師Geoffey的日記，作為原始資料的一種。運用冒號，可使轉譯過程中的文句寫作不像其他模式那麼需要字斟句酌的結構。

另一種呈現原始資料的方式是融合在文本之中，如此一來，它們幾乎成為你所述説的故事的一部份。採用此一策略，你直接結合了對話與描述於敘事之中。對讀者而言，你彷彿正要訴説一個故事；你不會像其他形式一樣那麼明顯地區隔你的論點與你所呈現的資料。以下這個案例説明作者在訪談監獄中少年後的心得：「那位少年最後將會以殺人罪被捕收場。」

> *Bobbie Dijon總是她班上最高的女孩：只比少數男孩矮一些。在她三*
> *到五年級時，有些同學會嘲笑她。但是在她十二歲時，她就已經十分*

高大強壯，再也沒有人敢嘲笑她了，因為他們害怕Bobbie會揪住嘲笑
者狠狠地揍個半死，這些事情是有人目睹的。這是她難纏的一面，但
其實是極小的一部份，除非有人挑釁激怒她，否則不會顯露出來。

在這個案例中，得自於訪談的描述並非單獨另行列出；而是不
拘特定格式流暢地穿插於故事情節之中。

明顯地來說，結合實例與原始資料的方式不一而足。採用一種
以上模式可以增加寫作的變化性。但是同時要留意的是：為了對你
的寫作有所監控，你必須確認所採用的模式能反映出你的寫作意
圖、鎖定的讀者特性、以及最重要的是你想要傳遞的訊息。

前文提到，你的論文應該妥善地呈現取自實地札記與其他素材
的原始資料。但是這並不意味著只要大量地呈現原始資料，不要討
論與說明整合這些資料的規準。有些生手由於受原始資料的豐富性
所感動，誤以為這些資料是自明的，可以自行顯示作為證據的本
質，也是讀者可以自然地理解其重要性的。他們表示不願意損害描
述本身的意境或是研究參與者的敘述。讀者通常被當作是冷靜的。
寫作與引用話語其實不是簡單的一件事，呈現原始的實地札記通常
是要為了重新定義你的思路而鋪路，以及進一步預備分享作者領悟
到的感動。

在質性研究寫作中也有純粹只呈現敘述的空間。通常是用在呈
現第一人稱的生活史中。在這種格式中，通篇主要呈現的可以都是
研究參與者的話語，作者只是輔以簡短的緒論，以及最多再加一些
結論。但是即使是在這一類的生活史中，所有的文句也都會謹慎地
加以編輯與組合。

決定你的結論

你必須做結論（conclusions）。你有哪些可以加以考慮的層面
呢？其實你有若干選擇方向。通常你會清晰銳利地反覆敘述與檢視
你的論點，並且你需要詳細說明且呈現研究的啟示。許多研究報告
以進一步的研究建議結尾。事實上沒有哪一件事是不需要進一步研

究的;這種信念可以使研究者的生命更有意義。但是心理治療師莫不認為更多的人需要心理治療;電視機製造商也都認為更多的人需要購買電視機。即使你的想法真誠,但不可避免地必須承認一個事實:你落入了陳腔濫調的窠臼。這種陳腔濫調的危機在於:老掉牙式的結論排擠或掩蓋了你原先已經發現的、有關你的研究的精確研究成果,以及研究的重要性。呼籲進一步的研究原本只是一種寫作竅門,不能用於作者詞窮語塞之際,否則作者在論文結尾的虎頭蛇尾,將無法完整且一貫地持續之前良好作品風範。結論是文章的精華,建議你要堅持到底。

　　質性研究者在寫作方面有時變得有些像近視眼。他們無法退後一步,邊寫作邊思考:他們所研究的內容是所屬社會中較大社會單位中的一環而已。當書寫到研究發現時,尤其是書寫結論之際,你應當謹記在心:你所呈現的無非是冰山之一角,只是更大世界中一小部分觀點的近距離觀察而已。例如,在探討醫院中新生兒加護病房,研究者可能被誤導,誤以為下列決定都只能在病房中進行:與醫療保健有關者、哪些病童應當救活或放棄、醫療保健資源的分配等。在那篇已經發表的、本書各章也屢次用來作為案例說明的論文中,作者特別提醒讀者一個理念:瞭解該病房必須設身處地於美國醫療保健體系的脈絡之下。他們再三指出:該醫療體系如何從該病房所採用的高科技觀點下來強調保健以及危機介入,而非事先獲利的。特別重要的是,Smith (1987) 曾經指出:我們在研究中需要如何地貫穿到研究參與者的觀點,以及微觀的研究與所身處的系統。如果這些並非你研究設計所考慮的層面,你必須提醒你的讀者去警覺到這些是你論文的限制。

其他寫作訣竅

當作只是初稿

　　希望前面有關論文的討論提供了你如何進行寫作的建議。化整為零，也就是將素材分解成可掌控的較小單位再來作進一步的行動，是相當重要的事。最先是形成一個研究焦點，然後再來將論文核心架構起來。試著先寫一段落，告訴自己你正在寫的並不是最後的版本，你只是先產生一份草稿而已。強迫自己開始寫，將你的想法轉化成文字。你永遠都可以在之後的階段中改寫修正。當作是初稿可以減輕寫作壓力，可以延緩你閱讀作品後整體性的批判，可以將不恰當的情緒暫時放在一邊。所謂的「初稿」（draft）通常都比較容易轉化成最後的成品，只要若干的編輯與修正遣詞用字即可。

呈現風格

　　有人會建議質性研究者不要採用單一的、傳統式的方式，呈現研究發現（Lofland, 1974；Ricardson,1994）。有些特定的質性研究學派會採用特定的寫作格式；你可以透過他們所採用的寫作格式來區分他們。然而，多元化是被認可的。你可以選定某一特定學派加以模仿，例如所謂的「俗民誌」、「構成俗民誌」（constitutive ethonography）、或是「微觀俗民誌」（micro-ethnography）等學派。你可觀察該學派的寫作風格，並將以臨摹（Van Maanen, 1988；Richarson, 1990b）。如果你尚且不確定自己是否有能力發展出個人的寫作風格，此一技巧倒是不錯的建議。透過不斷地練習，你的呈現風格可望逐漸成形。

　　呈現風格（styles of presentaion）可以視作是一個類似光譜連續體兩端中的一點。在其中的一端，是比較正式、比較傳統的寫作呈現方式，這種風格可能是教誨式的。在另一端則是比較非正式或非傳統的呈現風格，採用此類風格者可能會說一段故事，或是只在論文快結束時才提出結論。基本上這是以歸納推理的方式來呈現的。接下來我們來看看當你的寫作朝向這兩個極端之一時，有哪些需要抉擇的層面。

　　呈現資訊的風格已經有若干現成的格式。如果你選定其中一項，你必須涵蓋某些素材，並加以組織，以便於具備某些要素。例如，如果你選定使用微觀俗民誌，你將會聚焦於單一場域的、詳細研究過的行為。你的研究致力於人際互動中比較特定的層面，以便於將現場不斷地細分到最小單位。在寫作微觀俗民誌時，你可運用此種組織過的因素，將事件不斷分解的歷程，組織出你的寫作呈現風格（微觀俗民誌的優良寫作案例可以參考Florio, 1978；以及Smith & Geoffrey, 1968）

　　在鉅觀俗民誌（micro-ethnography）中，你可以鋪陳一個複雜情境中的整體類別，確定要涵蓋與你主題有關的各種層面。這不是說你只要選定一種特定的寫作格式，論文的寫作就會水到渠成；而是說你可以運用某些已經卓然成形的質性寫作慣例，藉助他們發展出特定格式來組織你的呈現方式。

　　在比較傳統的呈現風格中，研究結果與論點通常都是以教導的方式呈現。作者在論文一開頭會先聲明本論文（包含碩博士論文）或書中章節的主要論點，接下來會向讀者逐步地提供與這個論點的各個主要層面相關的觀點，並輔以來自原始資料的實例。在這種風格中，蠻有趣的是：原始資料的編碼是以歸納法的方式整理的，呈現的時候卻是朝向演繹的方式。因此作者應當致力於顯示這些原始資料的蒐集並非旨在證明一個事先已經持有的觀點。

　　最能遵循著歸納法（deductive method）的呈現風格，可以針對現有理論探討的論文為例，所持的理論觀點可以在原始資料完整蒐集後，才加以選取，因為這樣似乎可以解釋研究者的發現（例如

McPherson, 1972)。在英國當代許多教育領域的質性研究中有許多理論展現的例子。例如，Sharp & Green, (1975)。被稱為「標籤理論」(labeling theory) 也是常用來展現理論的概念。

在這呈現風格光譜的另一端，是比較非正式或非傳統的呈現風格，可以被稱為「素描寫作」(portrait writing) 或「故事敘說」(storytelling) (Denny, 1978b)。這一類的呈現風格在學術圈中是比較有爭議性的。如果你有意嘗試其中的一類，或是你想要在你的大學中以該種文體作為正式論文來投稿，你最好先諮詢系所上資深教授的意見，看看是否會被貴校接納。閱讀這種風格的論文彷彿在閱讀一則故事，作者在脈絡中製造出各種氣氛。例如，Cottle描繪了美國Boston市區涉及等候公車議題中雙方的感受。他協助讀者瞭解雙方衝突的觀點。在下列實例中，是一位家長對於新聞報導其兒子將被校車載送的政策所作的回應：

> 如果說Ien McDonough因為這則新聞而沮喪，她那高大英俊、有一頭捲髮、髮色略微發紅且鼻梁高挺的丈夫Clarence則是異常地憤怒。有一個晚上當我到他家訪問時，他咆哮著說：「他們是衝著我來的。他們這樣是針對我而設計的，那些人真是混蛋！我跟你說，他們真的會這樣做。我跟你說，沒人能逃過他們的手掌心。你的生活單純美好，像一片一塵不染的玻璃：定期上教堂，每週工作四十小時，不輕易更換工作、日以繼月，忍住所有抱怨委屈都只放在自己的心上；但是他們仍然這樣子對待你。」(Cottle, 1976a, pp.111-112)

作者在上述描述中已經用文字勾畫出整個情境來。

在實地札記中許多素材可以作為戲劇以及短篇小說的精彩對白 (Reinharz, 1992; Paget, 1990; Turner, 1982; and Richardson, 1994)。有些作者甚至宣稱自己的作品是質性研究詩篇 (見下列文獻的評論 Richardson, 1993, 1994; 以及 Schwalbe, 1995)。其他作者則在寫作上演練其「表現科學」(performance science) (McCall & Becker, 1990)。我們在寫作上的討論並未包括上述風格。運用此類風格進行質性寫作確實精彩可期。但是作為初學者，你最好先熟悉比較傳統的呈現風格。

重寫

　　第一次的論文初稿通常都會遭到重寫（overwriting）的命運。通常它們會有太多的贅詞，或是包含讀者可能沒有興趣要理解的內涵。作者通常傾向於認為每一件事情都是重要的；其實這種重要性的想法可能是針對作者而言，讀者並不會這樣地認為。要讓作者刪去他已經寫出來的東西實在很困難。你可以開啓一個檔案，以便於存進去你在寫作過程中曾經使用過的、但最後捨棄不用的句子、段落與小節。試著通篇閱讀審視你的論文初稿，果敢地忍痛割捨其中需要放入上述檔案的內容。試著長話短說。雖然讀者起初會擔心說得不夠詳細，但是讀者卻往往覺得作者怎麼老是將同類的觀點一再地重複敘說。如果一篇論文超過四十頁，你可能應當將它分割成兩篇論文，或是你可以考慮改寫成一本書來出版了。先試著估計一下你的論文將會有多少篇幅，然後選定你的焦點與論文核心架構，致力於在預定的篇幅中完稿，不要超過篇幅。仔細閱讀你的手稿，將刪去後不會改變意涵的字句刪除，或是尋找那些刪除後意義反而更為明確的字句　　（Becker, 1986c）。

　　我們通常閱讀的質性研究報告多十分冗長，作者會告訴我們如此冗長的篇幅是因為文本建立在質性資料之上。這個理由並不充分。一般而言，長篇大論的論文往往是資料處理不夠充分的紀錄。那些是草稿，而非最終的完成品。寫得多比寫得少其實更容易得多。這時，你需要的是更加地努力工作。

　　只說一次就好！你所要告訴讀者的重點，只要說一次就好了，只要說得清楚就可以結束了。切忌一再地重複同樣的觀點。新手作者通常會給人一種印象，他們不知道是對自己的論點缺乏安全感、還是認定他們的讀者太愚鈍。整個段落，甚至整個小節都在重複著前面已經提過的論點。作者本身有時也深知這種重複性：「就如我前文所述的...」、「此點支持與詳盡地說明了我先前提出的論點」、「總結我到目前所說的...」。當你進行無止盡地重複論述時，你是在令讀者感到乏味，使他們麻木，以至於忽略了你真正希望他們吸收而你無暇細說的重要訊息。

「 雖然如此，但是... 」

在質性研究的寫作中，你呈現觀點、描述、解釋，以及導引出原始資料顯示的內涵。細心的讀者可能會懷疑批判。他們的回應可能是：「是的，雖然你的結論是這樣，但我認為...」即使你運用來自原始資料的引言來展示你的申論，也在其他部分呈現你針對證據分析的可能面向，讀者仍可能追問：「難道對你的研究發現沒有其他可能的解釋嗎？」「所有的研究參與者都表達出同樣的觀點嗎？」

重要的是你提出讀者可能想要詢問的問題，並且在論文中加以闡述。通常在論文核心架構中要加以處理，也要呈現不同的觀點，並說明你選取的觀點是如何與你的原始資料相一致。如有研究參與者存有少數族群觀點而你並未加以討論，你應在文中加以提及。你應當假定你是你論文最糟糕的評審者—提出的都是最難回答的問題，並且逐一加以因應。無論你採用何種呈現風格，確定那種風格容許你對你的研究資料提出不同的解讀。

在開頭時保持簡潔

不要太快提供讀者太多複雜或是細節的資訊。作者對於自己將要呈現的素材十分熟悉，但也因此忘記了讀者並非如此。從讀者所知道的部分開始，而不是從你所知的部分開始。在論文的第一段要簡潔直接，為讀者提供必要的資訊，以便於為瞭解後續比較複雜與細節性的論點奠底。如果你希望比較高明的讀者能欣賞你的深刻思考與論點，將你的這些資訊保留到比較後續的段落。你也可考慮將這些素材放在註記或是附錄，讓你的文章更為流暢易讀。

你的寫作係從誰的觀點著手？

在質性研究中，你通常報導研究參與者的理念、觀點、思考方式等。研究通常包括不同類別的研究參與者—學生、教師、行政人員等—而且每一類別中仍可就研究參與者的觀點，來加以區分成若干次類別。身為研究者以及研究撰寫者的你，須了解研究參與者的想法。我們通常把你對他們觀點的看法稱作為「分析」。重要的一點是：當你在寫作時應當明確的顯示你究竟是從你的觀點、或是他們的觀點著眼的。而且如果你是根據研究參與者的觀點而論述，你也需要說明是哪一類的參與者。再者，當你寫作時，在你將所觀察到的參與者言行歸諸於某類行為動機時，你必須十分地謹慎。例如，你可能看到一位教師在與一位學生交談後，要求學生坐到角落去，但是你不宜在沒有訪談過教師、了解他（她）的真正想法下就自行認定教師行為的理由。你不可只根據所見所聞就認定教師是在處罰、或是控制、或是殺雞儆猴、或是保護該學童（即使是你剛巧聽得見教師與學童的對話，對事件有了較多的理解）。如果你太快做了這種判定，你就是以自己的想法替代了參與者的想法了。在寫作過程中要克制此類情事發生。

專門術語與代碼

我個人偏好是明確的筆法，協助不僅屬於你專門領域的讀者，也協助那可能對你討論的議題內涵所知不多、但是對你的關注焦點有興趣的讀者。因此當我們在寫作時涉及到的專門術語（jargon）、口頭禪（cliches）、陳腔濫調（platitufes）、眾所週知的事（truisms）、以及代碼式字詞（coded words）時，寫作處理方式也透露著你關懷讀者的程度。

專門術語是高度專門的或是技術性的用語（例如參與者職務、形象互動）。口頭禪是指被過度使用而失去原本意義的詞語（例如

多元文化、角色）。陳腔濫調是指沒有新意的敘述，雖然有一種重要或是深奧的意味，但是因為被過度使用或是不精確地使用而失去了原意（例如，策略性計畫等）。眾所週知的事則是指那些可自我證明（self-evidenct）而不須要額外說明的詞句（例如社會是複雜的、權力是無所不在的）。留意那些常識之見—無需要重複說明的理念（例如，教學有其困難性、所有的孩童都有學習的潛力）。

　　上述所提供我們以為適合說明名詞的實例，其實有其危險性（Katz, 1995）。我們是否提供了正確的方式來描述上述名詞仍有爭議時，一方面，還有更深刻的議題需要探討。某個層面來看，對甲方而言是陳腔濫調、眾所週知的事，對於乙方來說可能是深具意義的概念（Hewitt, 1995）。以「策略性計畫」、或是「社會建構」、或是「表述」（discourse）等詞句為例子，對於一般人而言，這些可能是意涵深奧的，在特定的專業學術領域中則是溝通上具有精確意涵的重要理念。但是這些詞句尚未廣泛應用到其他領域，以至於使它們的意涵（在大眾的眼中）變得模糊了。再者，在抽象學術化的遊戲中，它們通常也被其他比較容易理解的字詞取代了。它們適合學術專業的定義，或是應當被當作是基礎而神聖，但卻是一直被誤用的社會科學概念。我們並無意於宣稱應要禁止使用上述語詞，只是在此提醒在使用時候應當留意謹慎。當你發現自己一再地使用這些抽象名詞時尤其需要警惕—當你使用頻率超過每段落一次、每頁若干次，或是次數超過頁次時；當你被某個特定的概念或是理念所吸引時，試著要充分加以理解，將它的意涵與啟示加以內化，然後才基於那個觀點來寫作，而且考慮使用你自己的用語。如果你要使用讀者所不熟悉的詞句，或是那些當由於使用不廣泛而涵意不明的語詞時，要特別作名詞解釋，額外使用若干字句來闡明你所指為何。當你定義概念時，切忌完全運用引言，將前人對此一名詞的定義直接移植過來使用。試著清晰地用自己的詞彙註解，這樣讀者才能體會你的理解，而且你也比較能確認你知道你所描述的意涵。

　　在某個情境中的專門術語，在另一個情境可能是一種代碼。有時候，我們在寫作中使用的字詞是一種代碼性字詞。例如，當我們

說：「帶有種族與階級的認同」，這些字詞變成了一種縮寫式的代碼性字詞，以深刻、特定與持久不衰的方式宣稱，而非描述我們對種族與階級的認同。或者當我們提到「學術性」寫作時，學術性這個詞被當作是一個縮寫，指的是學術是如何地被視作為帶有知性的面貌，或是學術是如何地存在於一座象牙塔之中。代碼性字詞是有用的、重要的，但有時是令人厭煩的。正如同其他代碼一樣，它們的的重要性在於能向你的讀者顯示你獨特的方式，以及你的政治的、行動主義取向、或是理論上的歸屬。除了作為一種顯示的訊號外，這種詞語也可作為一種縮寫，用於你所討論的、比較冗長與比較詳盡的描述。而且有時以這種代碼來說明也是很重要的。

當然限制也是存在的。當讀者一再地看見同樣的代碼性字詞，有時會不知覺地省略過去，因為這些字詞會變得太熟悉或是太老套了。這些字詞也可能會顯示出你原先並未設定的意涵，因為這些字詞本身含有比你所意指更多的假定。再者，原先並不了解這些代碼的讀者，更可能無法以此與你溝通。

這些都是你在做決定時就必須選定的。

讓參與者發聲

在這將近二十多年來，所謂的「發聲」(giving voices) 已經與質性研究變得息息相關。這個理念來自女性主義以及其他解放運動，係指對那些一向沒有機會對其生命表達看法者能增權展能 (empowering)（有關研究參與者心聲概念的疑難問題，實例請見 Ellsworth, 1989; Lather, 1991b; McWilliam, 1994; Orner, 1992）。此外，發聲也一直被用來指稱將心聲轉化成為文字的形式，以便於讀者知悉。

質性研究的初期，研究者即意識到、並運用寫作讓參與者的心聲被外人所聽到，如此可避免這些人乾脆保持沈默而不再表達他們的想法。人類學者Oscar Lewis反省他於1950與1960年代針對西班牙裔貧窮家庭所做的著名研究：「我所致力的是讓那些鮮為人所知

的民族有表達心聲的機會。」（Lewis，1965，xii）。早期芝加哥學派社會學者針對犯罪青少年、無業流民、與移民者等的研究中也有類似的論述。一九六〇年代，Howard Becker在「我們站在哪一邊？」文中指出：提供社會中聲譽比較低者表達觀點是具有某些政治特質的，因為他們不像社會階層較高者那樣容易地受惠。雖然質性研究提供讀者接近以往他們可能無法有機會接觸的人們的生活世界，也在某種程度上讓這些人們的故事被外界聽到，但是研究參與者從未真正地述說他們自身的故事。雖然你可能致力於此，某種程度來說你也成功地讓讀者知曉你所研究的人群的可能狀態，但是最終提供這些說明描述的永遠是作者自己。純然地發聲是一種浪漫的觀點，不能精確描述研究者的實際所為。

一般性的建議

1. 試著以主動而非被動的語態來寫作。
2. 一般性與同義字專用字典是重要的工具。清晰與模糊的區別常常顯現於你所選用的字詞。如果你覺得你似乎無法說明你真正想要表達的意涵時，不妨查查字典，看看是否換上其他的字詞會變得比較精確一些。
3. 試著去參加寫作團體，或是找到一位寫作伙伴閱讀你的作品，並提供建設性的回饋（正如你閱讀他們的一般）（Stall, Thompson, & Haslett, 1995）。提防一味地抱怨你的寫作的人。試著去評估讀者閱讀，你的作品後將會如何真實地感受回應（Schwalbe, 1995）。試著去傾聽，而非自我防衛，這對作者而言是十分困難的一件事。只有真正在乎你成長的人才，會投入並與你討論文章的優劣處。
4. 博覽質性研究的優良期刊作品。這個歷程可以讓你獲得各類寫作呈現方式的一些方向感，以及提供優良寫作範本。誠如我們曾經說過，寫作模式繁多，從比較正式傳統的寫作模式，到比較非傳統的實例都有。廣泛地閱讀，以便於瞭解讀

者如何呈現原始資料、如何建構論點、如何組合字句段落、以及如何組織呈現風格。當我們想到要對照質性研究的優良實例時，比較正式的風格可參考Charmaz,1991； Chase, 1995；DeVault, 1991 以及Karp, 1996。比較非傳統的風格（就我個人的印象來說）可以參考的作品有：Thomas Cottle, (Cottle, 1976a, 1976b, 1977)，以及Robert Coles系列探討「兒童危機」的作品（例如，Coles, 1964, 1977）。

許多作者說過：寫作有助於個人思考。然而那不是寫作的唯一理由。大多人的寫作是期許有成果的一產出能與人分享的文本。即使你的第一個研究努力只是為了提供給你的論文指導教授，你不該就此止步。尋求更廣大的讀者群。不要因為身為新手研究人員而自我設限，怯於考慮將你的論文出版。

評鑑質性寫作的規準

在本章中，我們已提供了許多有關寫作的建議。上一章我們也提供如何進行分析的建議。雖然我們的章節呈現使得兩者看來是有區別的，實際上寫作與分析是一體的兩面。屬於質性研究最後成品（包含學位論文、研究報告、期刊論文或專書等）的品質，端視作者能否同時做好統整與論述。

在前述提及寫作與分析的建議時，我們暗示了評鑑最後成品的規準（criteria），但是尚未明顯地加以說明。當你閱讀以質性研究為主的作品時，如何加以評價呢？當你判斷某件學術作品是優或是劣時，你所指為何呢？質性研究知名人士如何評判質性作品呢？這是一個令人困惑的話題；只有在近二十年來人們才開始加以議論（Lincoln, 1995）。探討此一議題的一個困難，在於其超越了量化

研究者使用的語言、概念以及慣例常規—如客觀性、適當的程序、信度與效度等。當並無可資評鑑質性研究的標準化規準、且我們也對未來是否會有該類規準存疑之際，以下所描述的是評鑑該類作品時應當思考的向度。我們討論的是你的作品是否有說服力、有可讀性、以及是否能有貢獻。

有足夠的說服力嗎？

你相信作者所說的嗎？作者常採用許多策略以取信讀者。首先，你可以詳細說明研究程序，以及原始資料蒐集的過程。有多少研究參與者？所有的訪談或是觀察進行的時間有多長？當你運用合宜的原始資料以說明及證實你的論點時，也同時有效地說服讀者。在本章中我們已經廣泛地討論這一點了。另一個有效的策略是反駁其他可能的分析或解釋。你的呈現風格與技巧可以豎立你對於文本的權威性，如此也有助於取信讀者。其實這裡並沒有簡單的答案。正如之前所提到的，你不妨介紹一些與你有關的背景，這樣一方面可以建立你的可信性；但是另一方面，如果介紹不當、或是挑選的讀者不適合時，反而損害了你的努力。

作者能掌控其寫作嗎？

本章所提供與列出的所有策略，都是希望作者更能掌控其呈現風格。當你能掌控你的呈現風格時，能使你手寫你口，將你所希望呈現的部分一一實現，而不致使寫作偏離了，你既定的主題和方向。當寫作在你掌控之中時，你就能確保呈現風格適合你的讀者。你能在學位論文中以比較正式的風格呈現你的原始資料，也可以比較非正式地呈現於類似Phi Delta Kappan這一類的期刊之中。換句話說，你能運用自如地呈現同一筆原始資料。你能以比較容易理解的方式寫作，或是你也可以比較學術取向、或以比較理論化的方式寫作。

如果你能掌控你的寫作，就可以專注於發展比較清晰的邏輯思路（此處不必然是一個理性主義的邏輯），讓你的讀者易於依循。你能夠發展你想要論述的觀點，而且在初稿時如覺得不適當可及時加以轉變。讀者能辨別作者是否能掌控她（他）的寫作。讀者也能評估文本本身是否引人入勝。如果你對自己的寫作頗能掌控，你一定也能改寫作品，使其具有更高的可讀性。如你所呈現的故事夠有趣，而且也能夠引伸出你的論點，讀者也必定能夠記住它們。當你能夠掌控寫作時，你可以運用所提出的論點、引領讀者到達你想要達到的境地，引導讀者尋幽探谷，最終仍會帶領他們回到正題上來。而且你的寫作可以橫貫事實、理論，直到你個人的反思。你的讀者也總是知道他們正在閱讀的是哪一層面。

作品有貢獻嗎？

你可能會讀過一篇文章，然後説：「這篇文章文筆流暢，作者所言都很有說服力，但是那又怎樣呢？」當讀者興起「又怎樣呢？」的疑問時，他們關心的是這篇論文在更寬廣的層面上來説，對於提昇我們對於人類行為知識的瞭解是否有價值。這個層面包含若干議題。讓一篇文章有所貢獻可以有許多方式。貢獻這個議題通常可以放在一個更特定的脈絡上來看待：對什麼而言是有貢獻的？是對特定領域的文獻、特定的研究傳統、一般性的理解、特定的專門領域（例如護理、特殊教育）、或是對人類行為的知識？是如何達成其貢獻的？該論文中敍述到某些過去從未被詳細記載的層面嗎？提供了未曾被聽聞過的心聲嗎？發展出新的紮根理論？駁倒了某個既有的理論？有一小部分作品的貢獻會直接讓你感受得到，無須額外的解釋。在其餘的多數作品中，作者常需要告訴讀者如何才能更有效地閱讀欣賞你的作品。他們思考的是你的貢獻在哪裡，以及這些貢獻如何與過去的研究貢獻有所關連呢？

另一個令新手研究人員困惑的議題涉及文本的理論性或是概念性的貢獻。如果有人讀了你的作品卻作出下列回饋：「這是一篇好

文章，但是你的寫作缺乏概念性或是理論性。」你將如何因應呢？
質性研究者通常會區分描述性以及概念性的質性寫作。一篇研究總
不是非此即彼那麼容易區隔。一般而言，如果寫作中比較著重於描
述特定情境以及研究參與者，就會被歸入描述性的寫作。至於概念
性或是理論性的寫作，則比較會提供你所探討內容的意涵，以及這
些意涵與你所探討的更大概念性或是理論性議題的關連。有兩種方
式可以使得你的論文成為比較理論性。首先，可以明顯地採用來自
他人理論的概念，來處理你的原始資料；或是運用這些資料去對既
有的特定理論有所貢獻。第二，寫作本身可以發展出紮根於原始資
料的理論，演繹式地成為「紮根理論」。當讀者質疑你的作品不具
理論性或是概念性的時候，他們可能是以上述兩種方式或是其中之
一來判斷的。概念性的寫作通常圍繞著理念或是概念加以統整，而
不是圍繞著你所探討的特定議題中的敘述性特質。好的描述能有助
於我們的理解，但是讀者也會期待有關那些敘述的深層理念。

文本

　　直到最近，俗民誌與其他類型的質性寫作者才開始意識到：作
者所說以及敘說的方式，會受到他們所蒐集的原始資料以外的因素
所影響。為了何種寫作目的、為誰而撰寫、作者寫作時所處的歷史
時刻、特定寫作格式、政治與社會勢力，以及作者自身的經歷，都
會滲入文本的建構之中。下列因素都會影響文本建構的一些層面，
而不能視為所謂「科學」取向的、天經地義的自然流露：例如採用
以第一人稱（我或是本研究者）或是第三人稱寫作、採用的敘述方
法、採用誰的觀點、論點的結構、使用的隱喻，以及你表現出的權
威程度。近二十年來，由於後現代的辯論以及文化研究與文學評論
（特別是解構主義者）等領域的作品層出不窮，社會科學家開始去
探討他們所產生的作品，以更加瞭解所謂的「知識」成果（在人類
學方面，請參見Van Maanen, 1988; Denzin, 1989, 1994）。

文本的著重，已經促使質性研究者更為警覺到個人價值觀如何滲入其研究成品之中。這類的強調也促使人們注意到質性研究者最重要的任務「寫作」之上。過去有關方法論的期刊專書都只強調實地工作，或是研究設計。然而，後現代社會科學家已經顯示：「相同」的故事可藉由不同的格式來寫作，因此也可能轉變成「不同」的故事版本（Van Manen, 1988）。

　　你可以把這種針對質性文本的不恭敬，看作是攻擊社會科學寫作的合法性—俗民誌只是小說而非科學等說法。但是你也可以把它當作是一個擴展寫作方法的絕妙機會。如果我們瞭解質性研究結果的書寫是一項詮釋性的專業知能，且文本可以採用多種格式，則研究者即可解脫出來，避免受傳統慣例所桎梏，自由採用創意的表達方式（McCall & Becker, 1990; Becker, 1986c）。當前社會科學家對於文本解構的趨向是，部分人類學者已經將現階段人類科學寫作稱之為「實驗性的時刻」（Marcus & Fischer, 1986）。

動筆開始寫作

　　許多作者經常都是拖拖拉拉的。大家都可以找到無數的理由拖到晚一點才開始動筆寫作。即使我們最後好不容易坐上書桌前，總是會為自己找一些分心的事情來做：泡杯咖啡、削削鉛筆、上個洗手間、再找一些文獻來讀讀，有時甚至放下筆來再回到研究實地中。記住：在寫作上，你永遠不會準備得夠充分；寫作是你必須下定決心並且克制自己、堅持不懈的一件事情。人們總是以為我們是多麼的幸運：「對你們而言，寫作簡直是易如反掌；對我們而言，簡直比登天還難。」(Becker, 1986；DeVault, 1994)。　正如一位作者說過：「寫作很容易，你所要做的事情就是靜坐在書桌前，盯著空白的稿紙發呆，直到額頭冒血為止。」能夠輕鬆寫作者，通常都是因為他們已經發展出良好的工作習慣、規律、信心、以及技巧，但是這些沒有一項是輕而易舉的。很少人是天生善於寫作的。大多數人在寫作時必須十分專注，以致於經常手心冒汗、精神緊繃(Woods, 1985)。要不斷地提醒自己你有話不吐不快。那樣就是很好的動機，足以讓你克服猶豫不決的惰性，提筆開始寫作。

Chapter 7
質性研究在教育上的應用

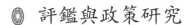

- ◎ 評鑑與政策研究
- ◎ 行動研究
- ◎ 實務工作者使用的質性研究

　　傳統上，學者往往將研究區分為兩大類型，亦即「基礎研究」與「應用研究」。「應用研究」是指那些可以將研究結果，立即地應用於有關實務的決定、方案的改進、與實務的變革。

　　在本文的討論，將分成三種大範圍討論質性研究之應用類別：評鑑與政策研究、行動研究與實務工作者的研究。我們所討論的三類應用研究，皆有他們的變革關係，而且由不同的人根據不同的理由參與研究。

　　質性途徑，是一種尋求描述與分析複雜經驗的研究方法。就資料蒐集部分而言，它和人際方法相似，研究者必須去仔細傾聽，密切地提問與詳細的觀察細節。但是，其目標不是治療的。特別是行動研究（action research）有兩種不同的形式。在參與式的行動研究（participatory action research）當中，是針對一個方案或政策進行研究，藉由研究人員與方案人員共同合作，進行設計與研究歷程。該研究團隊中有誰？研究目的是什麼？想從研究中獲得什麼？研究者與「當事人」的關係是什麼？在有關研究場域與主題等方面的研究者之假定是什麼？報告是誰寫的？該研究有效嗎？在該特定情境下「有效」的意義是什麼？這些問題說明了有關參與者、目的、團體關係、假定與結果等主要關注的問題。

研究乃是基於許多不同的目的和對象而進行。傳統上，學者往往將研究區分為兩大類型，亦即「基礎研究」與「應用研究」。在此架構下，「基礎研究」（basic research）所代表的研究，是指可以協助增進我們的一般知識，而很少或不關心其所生產知識之立即應用。「應用研究」是指那些可以將研究結果，立即地應用於有關實務的決定、方案的改進、與實務的變革（Schein,1987）。「應用研究」（applied research）與實務有著比較明顯的關係，它有著許多不同的接受對象（教師、行政人員、政府官員、家長、學生），但是所有形式之共同點，乃在於其關心立即的實務意涵。

　　本章的章名，可能指出我們毫無批判地接受有關「基礎研究」與「應用研究」兩者之間的這項嚴格而有時是敵對的區分。每一個研究類型的研究者之間的緊張關係，具體表現在於大學與科學社區的某些價值。亦即，「基礎研究」象徵更多的威望並且具有較高的地位，因為它被視為比較「純粹」，較不被日常生活的複雜情況所污染。

　　在教育領域當中，同時充斥著「基礎研究」與「應用研究」。理想上，教育應該結合理論與實務，然而在許多個案當中，應該彼此合作的兩者卻互相敵對。當理論與實務截然劃分時，教育工作者便遭遇難題，許多教師與師資培育工作者彼此之間存在的相互鄙視，便說明了他們之間的緊張關係。在大學當中，教育學系通常被稱為人文學科的窮表親，因為教育被認為是一門應用的領域，而非學術的領域。教育領域的教授們對此變得十分自我防衛。教育研究者本身面對此種「基礎研究」與「應用研究」對立的反應之一，便是儘量避免和實務工作的同事往來。

　　我們比較喜歡將這兩種研究類型當成並非彼此衝突，而是有時可以互補的，有時是相互交織糾纏的，而不一定是相互對立的。有些「應用研究」可以增進理論，增加有關人類的知識量。有些「基礎研究」。如有關學習理論的研究，便可立即加以應用到特定的學生或班級。有時候有經驗的質性研究者，可以同時維護「應用的」與「基礎的」兩種興趣與利益，同時承擔兩種地位角色，他們蒐集

的資料，可以同時使用上述兩種目的。當然，這並不是說相同的書面資料可以同時完成實務工作者與理論家的雙重任務。但是，為了達成某一目的的書面與形成概念的資料，可以經過再次加工而達成另一個目的。就我們自己的例子而言，當回顧以前曾經為了某項評鑑契約而撰寫的實務書面報告，即是從一個比較偏向基礎研究之心理架構來加以回顧審視（Bogdan，1976；Bogdan & Ksander,1980）。相似地，我們經由進行基礎研究所學到的經驗也是具有實務應用的價值，而且我們也曾經為了這些目的而重新加以組織這些資訊。

人們在什麼時候會去將質性研究應用到教育相關領域之上呢？讓我們看一下某些時候的情境：

聯邦的一個政府機關提供經費，贊助美國國內十個學區開始進行實驗方案。他們聘用質性研究者去監控其進步情形，並提供回　，以協助這些學區修正其相關活動。

美國一個全國性的婦女組織想要去倡導有助於學校女學生的模式，他們聘請一家教育研究公司去評鑑有助於學校女學生的方案。那些研究者便設計一項計畫，去研究全國各地具有代表性的都市、市郊與鄉村地區的學校，以及有助於女學生的學校方案（Research for Action, 1996）

某一大學學生事務處的教職人員，對該大學一項有關影響工作士氣的新政策感到不滿意。他們決定一起努力，透過組成一個由三位教職員組成的次級委員會，訪談學生事務處的所有成員，及在宿舍與他們一起工作的工讀學生們，以便進一步地瞭解問題之所在。

一位家長在等待與其女兒的教師進行會談的空檔時，翻閱了一本小學閱讀教科書。該本書對女童的描述是「沒有興趣玩遊戲」與「娘娘腔」，當書中的男童跑、跳、爬、甚至故意嚇女童，女童的圖片卻呈現出無所事事的呆立不動。這位家長不知道這種表現方式是否是一種對男女學童刻板印象的呈現。她於是召集了社區中的一群女性，向她們

*解釋她所看到而令她生氣的現象。這群女性便決定去研究全鎮使用的
所有小學教科書，有系統地去檢視其對女童與女性的有關描述、圖片
與內容，以便使其研究發現能引發社會大眾的關注。*

這些例子，顯示質性研究的實際工作進行。僅管每一個案皆有
不同的目標，現在為了增進其在此能夠有效的加以利用，他們的焦
點都集中在「革新」（innoration）之上。在研究者所進行的實驗
方案中，該項革新是一項經過規劃的、有目的的、創新的變革。一
群教育研究夥伴係在評鑑學校實施改善校內女學生經驗的政策。那
個大學學生事務處的革新，涉及到實務工作者對其工作生活的不
滿。小學女童的母親想要推動的是學校教科書的性別平等。在這些
例子當中，革新的動力是來自不同的起源，研究本身則有賴學術的
或業餘的研究者，而此種革新不一定會受到政府官員的歡迎。

變革（change）是嚴肅的，因為其目標是去改善人們的生活。
變革是複雜的，因為信念、生活型態與行為往往會導致衝突，想要
去改變特定教室內或整個教育系統的人，而很少瞭解變革所牽涉的
人的想法。其結果是他們無法精確預測參與者將會如何反應。既然
是在情境脈絡中的人，必須生活在變革中，因此變革若要發生作
用，這些受影響的人對變革情勢的定義是非常重要的。這些變革歷
程的人為面向，是本書所討論的質性研究策略所最擅長的研究。他
們強調人所持的觀點與所關注的歷程，有助於研究者區分整理變革
的複雜面貌。質性取向允許研究者同時處理變革所涉及的不同參與
者，不管是在單一教室內的人員或是位居教育科層體制中不同層次
的人員。此種觀點引導我們去觀察情境脈絡中的行為，而不是將焦
點集中於結果，卻忽略了歷程。

在本章中，我們的討論將分成三種廣範的應用質性研究的類
別：評鑑與政策研究、行動研究、實務工作者使用的質性研究。這
種區分的目的，提供了我們進行討論的方式，但是，每一種類別不
應被視為是完全獨特不同的，而且，我們的討論也不一定是完整的
與全面的。我們將看到真實世界當中的類別很少是如書上所描述的
那樣明確清楚而彼此不相干的。我們所討論的三類應用研究，皆有
他們自己的變革關係，而且由不同的人根據不同的理由參與研究。

在「評鑑與政策研究」（evaluaction and policy research）當中，研究者通常是為契約制訂者（如政府機構部門或高層行政人員）所聘用，去描述或評估一個他們所全盤監視的特定變革方案，企圖加以改進或闡明。評鑑研究是最著名的應用研究形式之一。此種研究的結果，通常是一份書面報告（Guba, 1978 ; Guba & Lincoln, 1981; Patten, 1980, 1987,187; Fetterman, 1984, 1987）。在政策研究當中，研究者通常被一個政府機構部門，或一個對某項社會問題服務或社會面向有興趣的私人團體所聘用。傳統上，調查者的任務是去進行研究，以提供資訊，有助於權責當局發展方案與進行政策決定。此種資訊，乃是透過書面（或較少是口頭上的）報告，以提供契約制訂者之參考。

「行動研究」（action research）有兩種不同的形式。在「政治性行動研究」（political action research）當中，進行研究的人扮演經由蒐集資料而企圖影響政治歷程的公民，其目標乃在於促進社會變革，以呼應倡導者的信念。他們利用蒐集的資料，發展成手冊、召開記者會、進行演說、國會與立法的聽證會、電視表演秀與展覽，以影響變革。在「參與式行動研究」（participatory action research）當中，是針對一個方案或政策進行研究，例如一個有關鄉村農夫的識字方案（**參閱表7-1**），藉由研究者與識字工作者，或方案人員共同合作，進行研究設計與歷程。在此方案中，不同地位的人參與該研究的不同面向，其目的在於改進該方案或政策。

在「實務工作者研究」（practitioner research）當中，研究者通常是一位實務工作者（教師、行政人員或教育專家），或接近實務工作的某個人，想要利用質性取向，去把目前所做的事情做得更好。此人想要在教學上或臨床上更有效能，並且利用質性取向，展現其效能的程度與改進的程度。或者，實務工作者所組成的一個團體，決定以不同的方式來做事。變革的接受者，是實務工作者的立即當事人、學生或督導。參與此種研究型式的人，不一定要撰寫書面報告，他們立即將研究轉入實務工作的變革，加入書籍當中，或反省那些研究資料，以創造培訓方案、工作坊與新課程。

表7—1　質性研究在教育上的應用

研究類型	研究者的服務對象	目的	資料呈現的形式
評鑑與政策研究	契約制訂者	描述、記錄與／或評估一個經過規劃的變革，並將資訊提供決策者作為參考。	書面報告 口頭報告
政治性的行動研究	社會利益者	促進社會的變革	手冊、記者會、國會聽證、電視表演秀、社會劇、展覽
實務工作者的研究	學習者或方案	經由教育而促進個人或團體的變革	培訓方案、工作坊、課程、變革的計畫

　　有人可能抨擊我們將這些範圍寬廣的活動放到「研究」的標題之上，是否定義範圍太大而失去意義。我們的確是包含了許多研究者所會包括的部份，特別是包括了實務的與政治性的行動研究。很明顯的，這些和傳統的研究在許多方面是有差異的，而且應該獲得特別的考量。然而，此處我們的目的，不在於以「研究」的標題名稱來裝飾這些活動，而在於說明這些領域所追求之質性觀點的價值。

　　就此觀點而言，我們在本書中的討論，都一直根據一個假定，亦即讀者正在學習進行質性研究，並且正在進行第一個研究。很少人的第一個研究是應用研究。在嚐試進行應用之前，先學習其研究技術是最有效能的。直到目前這一章為止，我們大多忽略了應用研究，而強調基礎研究，儘管其間的差異不是那麼大。大部份我們所呈現的是可以直接應用，或可以修改後運用到應用研究之上。某些特定的問題與差異的確出現，我們企圖在本章檢查每一種應用研究的類型，說明並討論這些特定的關注問題。我們提供其中兩種類別的個案研究，來擴大說明該取向的不同面向。在每一個個案之後的討論，我們針對每一個個案所問的相似問題，而加以回應，以顯示

如何針對應用研究而修正或擴展研究策略。每一個個案的問題包括
如下：誰設計該研究？該研究團隊中有誰？研究目的是什麼？想從
研究中獲得什麼？研究者與「當事人」的關係是什麼？研究者有關
研究場地與課題等的假定是什麼？報告是誰寫的？該研究有效嗎？
在該特定情境下，「有效」的意義是什麼？這些問題說明了有關參
與者、目的、團體關係、假定與結果等主要關注的問題。

 # 評鑑與政策研究

「提早入學」方案：一個個案的描述

　　「提早入學」（Head Start）方案，是由國家提供經費贊助的幼
兒教育方案，而且1972年美國國會下令在每個方案中增加至少10%
數量的殘障兒童作為服務對象。全國各地的「提早入學」方案主持
人便接到指示，其中一項是廣泛地界定「殘障兒童」（handicapped
children）而且設定1973年秋天作為生效之日。該法令的目標在於
增加對殘障兒童的可能服務，並且將他們加入一般青少年方案的範
圍內。聯邦機構為此方案撰寫了一份研究計畫申請（Request for
proposal），以了解該法令的效能，他們想知道「提早入學」方案
是否完成。有一個公司競標此項工作而獲得簽約。該研究以兩個自
發進行的部份加以組合而成。第一部份的主要是郵寄問卷給方案主
持人，詢問他們的方案中所包括的殘障兒童之數量與類型，以及將
其方案與法令公佈之前一年的方案內涵作比較。根據此項資料的報
告指出，自從該法令生效以來，殘障兒童的數量已經倍增，而且至
少有10.1%的殘障症狀兒童參與「提早入學」方案。

　　該研究的第二個面向，包括由運用質性研究取向的觀察小組進
行一系列「提早入學」方案的現場訪視。研究者利用開放日的設計
來到方案現場進行觀察，並與家長及方案成員進行訪談。起初的觀

案所蒐集的資料圍繞著一般性的問題，如「提早入學方案的成員與家長如何經驗此一法令？」「其結果的改變是什麼？」質性研究小組的結論指出，該方案所涉及的殘障兒童數量並未明顯增加；相反地，對於如何界定兒童的方法卻已產生了改變。他們指出有關「提早入學」方案已經涵蓋10.1%殘障兒童為對象是一項誤導的結論。他們的描述形式報告，討論許多有關該法令的效果之見解。這些包括了有關「殘障」（handicap）這個名詞所引發的許多迷惑與混淆不清，方案成員如何以「華府發出的命令」來知覺該項指示，方案執行順從之差異（從「書面順從」到「積極招募的努力效果」），以及該指示的非預期結果（從將先前未被貼標籤的兒童也被貼上了標籤，到為所有兒童安排個別化方案的普遍進步）。

提供研究經費的政府機構單位，對此項質性研究報告非常不高興。他們要求知道事實：「提早入學方案究竟服務了多少百分比的殘障兒童？」經費提供者要求送給國會的報告要明確而不含糊，而且，研究者也學到了經驗，他們要求研究發現要能支持「提早入學」方案。

「提早入學」方案：一個個案的討論

此一評鑑的質性部份，是研究者基於政府對於描述資料的要求而進行的設計。此一研究小組包括一位教授與數位研究生，他們旅行到不同的方案現場，訪問主持人並觀察該方案。該研究的目的是要去評鑑「提早入學」方案是否已經在全國各地的方案當中成功地涵蓋殘障兒童。但是當此個案確定之後，提供經費的政府單位卻要求一份向國會說明的書面報告，並且要能發現此方案「成功的」符合政府的新規定。在此個案中，研究者是經過研究計畫申請書的公開競標而獲聘用，研究者與提供經費的單位之間並沒有存在私人關係。這是研究者與當事人間存在的最普遍關係之一。該研究小組從質性觀點來思考該方案，因此，他們假定，該方案所涉及的不同人員，對問題不僅有不同的知覺，也有不同的回應方式。他們也置身

於殘障研究領域之內，因此，他們認為殘障者也是有偏好與見解的一群人。教授與研究生以此觀點，合作地撰寫書面報告，並將此觀點傳遞給提供經費的政府單位。

這些反應指出進行質性研究的某些緊張之處。經費提供者的目標與研究者的目標，可能瀕於危險邊緣；而且由於應用研究通常是在變動不居的世界當中進行，專案的陳述目標與潛在目標之間，可能存在著矛盾與衝突。所有的這些壓力之處，通常導致應用研究的報告，需要更多的磋商與協調。

除了上述這幾點之外，「提早入學」方案的經驗，也說明了質性評鑑與政策研究取向的許多面向，這些特色反映出第一章所討論的質性取向之一般特色。所蒐集到的資料傾向於描述性的，包括人們自己的用語以及事件與活動的描述，而且研究發現的呈現也是應用描述方式。此種研究傾向於在該方案真正進行的現場當中執行，通常不同於一般的基礎研究，研究者會花較多時間在那些所要評鑑的對象身上，並且在他們的領域範圍共同相處一段時間。分析與設計也是以歸納的方式進行，而不是從預訂的目標開始，或由官方的描述所推斷的目標開始，研究者是由觀察方案的運作中進行描述。強調的重點是在於歷程，亦即事情是如何發生的，而不是某項特定結果是否達成；而且也關注其意義，亦即方案中不同的參與者是如何看待與了解所發生的事情。此處在方案中所有層級的人與所有職位的人，皆提供該方案對其有何意義的資料。行政人員認為應該發生什麼事或什麼事做錯了的種種觀點，和方案成員認為應該發生什麼事或什麼事做錯了的種種觀點，兩者的看法都一樣重要。其所強調的重點，是在於從許多不同的觀點來說明所發生的事情，並且強調該方案的非預期與預期的結果。

獲得經費

你如何獲得經費以進行評鑑與政策研究？如同上述例子所指出的，最普遍的方法是經由研究計畫申請書的途徑，你寫一份書面計

畫向要求進行評鑑工作的機構提出研究計畫申請，並且和其他應徵者一起競爭那份契約合同。

　　質性研究者尋求研究經費的一個問題是研究設計。由華府發出的研究計畫申請書，通常有一項明確的訊息：質性研究者不必來申請。研究問題的特定性質，將質性研究取向排除在考慮之外。那些有興趣去尋求經費的研究者，必須去辨認此種訊號，知道去尋求此種經費來源是徒勞無功的。

　　雖然有些機構單位明顯地反對質性研究，目前他們的數量已經逐漸減少。有些單位更已明白地表現出對於質性研究取向的高度興趣與支持，這些便是值得研究計畫申請的機構單位。然而這裡還是有一個問題，這些機構的申請案審查者，可能沒有接受過質性研究取向的訓練，因此不瞭解質性研究設計之重要性。你如何教育這些審查者呢？當你的歸納研究策略要求你如何在研究過程進行當中要有某些特定項目時，你要如何詳細描述你的研究方法論與研究問題呢？我們在第二章曾經簡要地說明此一問題，並且建議你可以在撰寫計畫申請案之前，先進行導性研究（pilot study），這會讓你的研究設計變得明確而清晰。明顯地，這在評鑑是行不通的，研究計畫申請書必須快速回應。然而，如果審查者缺乏廣泛訓練，可能保持懷疑的態度，特別是如果提出申請書的研究者也無法在事前仔細的描述研究的進展，以顯示其對所用方法技術的使用能力，清楚地指出未來研究發現的可能貢獻，並且指出根據什麼規準以判斷方案是否有效，顯然地，你將無法滿足這樣的審查者。但是你可以藉由在撰寫申請計畫書之前，進行廣泛而紮實的文獻探討，並且利用你的文獻探討，提出一份相當特定的問題清單，作為研究的開端。

　　你可以討論如何進行有關這些問題的研究，但是要清楚的說明你的研究設計可能因為這些問題缺乏使用價值，而加以調整改變。此時你要表現出比平時在進行資料分析與其他此類程序時，更為明確具體，才會讓不熟悉此種取向的研究計畫書審查者得以獲得所要求的具體資訊。要記住，寫一份要進行質性研究的申請計畫書與執行質性評鑑，兩者所要求的是兩種不能混為一談的不同策略。該項申請計畫書，代表一種有關如何進行研究的假定，目的在協助審查

者了解你將要達成什麼成果，並不是你要如何執行此項研究的嚴苛藍圖。當你進入研究現場，你可能要在行動上表現出你對學校知道的並不多，而讓你的頭腦保持清新；但是，當你在撰寫申請計畫書時，你要讓你的審查者把你看成是一位有能力、有知識的人，而且是一位將會改進教育實務工作的人。

契約制訂者與研究者之間的關係

　　評鑑與政策的研究者，和其他大多數的研究者不同之處，在於他們的服務會因簽訂契約而獲得報酬。他們不僅受到研究準則的引導，而且同時也受契約制訂者期望的引導。關心嚴謹且構思完善的研究標準之研究者與契約制訂者兩者之間，可能發生衝突，但是經由細心的協商與清晰的理解，其衝突確實可以避免。受聘者對契約制訂者負有義務，必須與研究者的責任相對稱。我們在這裡描述的是契約制訂者與質性研究者，通常面臨彼此意見不同的某些領域，我們也提出如何避免或處理的一些建議。

1.資料的所有權

　　如果未能在進行研究之前，明確地同意誰擁有並獲得現場記錄與其他質性資料，則可能衍生日後的爭執。可以理解的是，當有人付給報酬讓你去蒐集資料，他們會認為這些資料是他們的，但是站在研究倫理的立場，卻可能不是如此認為。研究對象應該受到保護，避免受到那些可能會決定其未來的人細查，而且研究者與研究對象之間的機密，應該是不可外洩的。為了獲得豐碩的資料，應該讓研究對象覺得他們所告訴你的，日後出現在你的書面報告或與他人的口頭會話中，他們仍不會被指認出來。對他們而言，如果認為他們告訴你的事情你將會直接傳遞給當權者的話，則將會曲解其反應。

2.表明方案目標為一個研究的對象

優良的質性研究設計指出，研究不應該被引導去回答特定的問題，諸如「此方案是否成功？」如果契約制訂者堅持你必須回答「此方案是否運作良好？」你可以如此回應：「這就有賴你如何看待它」，以滿足其提問之解答。當方案的目標遭到質疑時，有些契約制訂者會覺得被冒瀆了。終究他們身為行政人員，會覺得目標是由他們建立的。他們要求你去判斷他們的目標，因為那是他們支付你報酬的原因。

有許多可以避免此種衝突的方法。首先，最佳的因應之道是事前防範。在研究一開始，就儘可能地明確說明你的工作焦點，乃是去描述或記錄，而非判斷成敗。換言之，設法在你的同意書上，一再反覆地說明你的目標不在提供該方案是優良或不良的資訊（Everhart, 1975）

3.可信度的等級

質性研究者，將所有資料來源都當成是重要的，通常會撼動一個組織內部可信度的等級，這可能是造成契約制訂者與研究者之間的緊張來源之一。有時候報告會並列，諸如，高中校長與學生雙方有關學校的觀點。學生的觀點與校長的觀點具有一樣的效度，而且通常聽起來也是合理有邏輯的。然而，對某些人來說，權威與組織結構，卻象徵了高階人員是比基層人員所說的話更具知識與真確，甚至高階人員會告訴我們有關基層人員的相關訊息。為了以有效的方式來呈現「相對立」的衝突觀點，有時候會讓權威人士變得十分自我防衛與生氣動怒。

4.「你所做的一切就是批評」

評鑑與政策研究的質性取向批判地探究組織的實務工作，但是，這並不意味必須全然以負面口吻來呈現。有許多時候，有些組織並沒有進行他們所說的他們正在做的事，或目標指明他們應該做的事。然而，他們實際所做的，可能是內容豐富，而且是值得讚美的。契約制訂者對於只有強調做錯了什麼，而未能提出其成就的這

類報告，往往感到十分苦惱。事實上，所有人都會受到積極的增強而表現更為優異。你不必為了幫助而說謊，但是一種樂觀與積極的口吻，並不是一種妥協。

5.契約制定者強加的限制

　　質性研究者努力地想要從情境脈絡當中去看待研究對象。當他們研究一個方案時，他們想要瞭解該方案與其較大的整體組織部分之間的關係如何。但是有時候，契約制訂者卻限制可以研究的內容。有時候，這些限制可能將組織內部高層人員排除在外，而不必接受仔細的觀察。當評鑑的任務採狹義的界定，只去包括方案的內部運作，該項評鑑報告可能呈現一種扭曲的觀點。可能只是一味地怪罪那些高層組織弄錯的受害者。當研究者離開該方案太遠時，契約制訂者會變得困擾，但是，此種研究的途徑可能是很重要的。因此，在討論是否進行該方案研究時，先協商獲得寬廣的方案研究接觸管道，將可以保護研究者避免這種衝突的來源。

6.誰擁有與獲得該項報告？

　　對契約制訂者而言，評鑑與政策研究可以是一把雙刃的利劍，通常他們並不想要非預期的結果，或組織內部實際工作被公開地揭露。有時候他們甚至企圖保密某些知識不讓組織成員知道。誰應該獲得最後的報告？誰擁有它嗎？這可能是一個特別難以處理的棘手議題。再一次地和贊助者建立事前的協議，將可預防其後問題的發生。我們的建議是，無論如何，千萬不要出賣太多你的權利（出版、再製等等）。

　　評鑑與政策研究者所撰寫的研究報告，具有政治含義，可能會影響經費的取得、人們的生活與他們所接受的服務。要進行此種研究而沒有豎立敵人，是需要良好的判斷與許多的機智與誠懇。就如同研究界的老前輩J．W．Evans（1970）所寫的，「應該明白評鑑者的命運是註定要成為疲憊且有爭議的一個人，那些考慮想要以此一種領域作為其生涯的人，最好知道這一點」．

對一位評鑑或政策的研究者而言，重要的是要去了解潛伏的問題，並且經由詳細的事前規劃與討論，以避免某些潛在問題。但是，研究者有許多需求，使得他們容易受契約制訂者與其他利益團體壓力的影響，而導致他們離開其工作。首先，第一種需求是金錢，因此，保持你的正直不受損害的良好防護措施，乃是避免去簽訂可能迫使你現在（或未來）的生活必須仰賴此項研究收入的研究契約。換句話說，你只能進行那些你能力所及的評鑑或政策研究。

研究的現場

我們已經在第三章討論過研究者在研究現場如何自處的問題。我們討論過的行為、發展共融關係、訪談技巧等等與此處是有關的。因為情境也是評鑑或政策所在的場所，然而，還有其他的議題會產生。

當你受聘去評鑑一個特定的方案，你必須就此方案提供回饋給花錢聘用你的權責機構。有些被評鑑者會覺得不舒服，感覺到某些東西受到威脅。某些研究對象對於他們所要做的事，具有較大的信心，因此更願意參與而且願意和你分享資訊。別的研究對象，在評鑑中可能感受到較大的威脅，而做出較為慎重周密的反應。資訊提供者可能擔心害怕你會提出一份對他們不利的報告，而導致他們失去經費支援或丟掉工作。

你可以做哪些事情，以減少這種不舒服的感覺？首先，你可以清楚告訴那些你花時間在他們身上的人，你想從他們身上知道他們如何感受他們所做的事情，以及他們覺得有何優缺點。舉例而言，如果你想知道某個學校「回歸基礎」（back-to-basic）的方案是如何運作的，則知道教師對「回歸基礎」的看法是很重要的。你必須將這件事情向研究對象說明清楚，你在研究現象不是要去決定「回歸基礎」的好壞，而是要去蒐集研究對象的觀點。

能讓研究對象感受到舒服的是，明白地說出你不會受到組織內部可信度層級的束縛宰制（Becker, 1970a）。你慎重的看待每一個

人，你會傾聽學生的見解，就如同你會傾聽教師、校長與局長的意見一樣。你的行為舉止將會說明你重視每一位參與者的觀點。

就研究對象而言，重要的是，你不是一位間諜。他們想要知道他們的姓名不會被曝光指出，而且他們的身分是可用其他方法加以掩飾遮掩的。有問題的是在評鑑研究當中，你置身於一個特定的場所，而且你的契約制訂者可能知道你置身的場所，因此，你的研究對象缺乏真正的遮掩。當掩飾個別的參與者變得愈來愈難，而參與者也會覺得愈來愈不舒服。沒有任何一種方式可以減輕此種情境的難度。

回饋

當一個質性研究小組，探究教師如何運用視聽設備時，他們將其第一份研究報告同時交給教師與行政人員。當教師知道實地工作研究者的意圖是想了解他們對科技的觀點時，他們很熱切地想去分享他們的觀點。在此情境下，評鑑人員在方案進行過程中，將回饋提供給現場的教師，這種形式的評鑑叫做「形成性」（formative）評鑑。它的意義是指評鑑的目的是經由評鑑發現的持續報導，而改進一個正在進行中的方案。快速地和參與者分享資訊，而且是在非正式且舒適宜人的氣氛中來進行。評鑑人員和研究者會定期會議，呈現研究發現，並討論其對變革的啟示。

第二類的評鑑是「總結性」（summative）評鑑。傳統上，這是最普遍的類型。當評鑑完成之後，便提出一份最後報告遞交契約制訂者，用來決定方案的重組與資源的分配。在此種評鑑中，評鑑者很少在研究過程中提供回饋。因為這是一種具有長期意涵的正式評鑑，評鑑者與方案的參與者之間，有較多機會引發緊張關係。就質性評鑑者而言，「回饋」（feedback）是一項重要的方法論上的關注點。既然研究目的之一，是建構參與者所經驗的多重實在，研究者有必要去找出方法以檢核資訊提供者所建構的內容，是否反映了他們所看到的世界。質性研究取向，要求研究者將回饋視為一種研

究策略。它的意涵是，在參與形成性的評鑑過程中，質性研究者可能會覺得更為舒適。

聽眾和讀者

　　誠如我們所說的，評鑑與政策研究是應用研究，因為它是用來提供資訊給實務工作者或決策者，以協助其變得更好。既然如此，評鑑研究報告的主要聽眾和讀者（audiance），是雇用研究者的出資團體單位，不管一所學校、一個個別的教育方案、一個聯邦政府機構，或是一個職業訓練中心。由於書面報告被認為是用來鼓勵或引導某種行動，而非只是提供更多的閱讀資料，因此，書面報告的撰寫，應以適當方式來達成此一目的。它應該是簡短的而非笨重的，用字簡潔而非充滿專門術語。雖然質性研究者對上述建議，應該不會覺得有何困難，質性資料之本質可能意味著對於那些不依賴統計透視圖、表格、圖表、一覽表的人而言，簡潔不是那麼容易做到的。質性研究報告有必要充滿許多例子與描述。這自然會使其內容更長。質性評鑑者所用的一種策略，是在其報告當中準備一頁建議單，這份建議單能夠拆開，並且有時也可以分開地加以單獨傳送。

時間表

　　一位加州的教育人類學者Steve Arzivu說：「俗民誌就像佳釀好酒，需要歲月與細心的準備」。此種觀點是教育的質性實地工作的主流觀點，特別是曾經利用參與觀察的人更是如此。就此而言，有些質性研究者曾經建議，研究者應該規劃兩倍於蒐集資料所需的時間，用來撰寫書面報告（Wolcott,1975）；將自己視為一位藝術家，而不是技術人員。質性研究者需要花時間去深思與默想。但是，評鑑與政策研究者要快速的提供資訊，其研究發現必須具有立即的價值。

根據我們的經驗，質性研究並不需要花那麼長的時間。我們曾經進行一項評鑑研究，並且以少於四個月的時間加以完成。儘管我們最後報告的品質並不是一份可以持久出版的單行本，聘用我們的單位還是給予好評，並認為是有幫助的。應用的質性研究的型態是有彈性的。重要的是，要為你的目標設定實際的時間表（timetable），但是，不必像長時間醞釀美酒那樣度過。一方面，儘管在研究報告中說明你在研究現場花了多少時間是重要的，但是，不需要讓每次研究成為一個巨大而需要終身進行的工作。另一方面，儘管有人批評匆匆忙忙的質性研究實務是「如閃電般襲擊的俗民誌」（blitzkrieg ethnography）（Rist,1980），然而有時謹慎而誠實的報告研究發現，卻可能是有用的。

價值本位之政策研究取向

　　我們已經綜覽了評鑑與政策的質性研究課題。現在，我們想討論一種有效的策略可以有助於克服前述進行有意義的質性應用時，所面臨的困難。此一策略，說明了變遷的歷史情境如何可以引導不同的方式，以促成有意義的社會變革，以及應用研究如何可以有助於建構一個理論。此一策略是「樂觀的評鑑與政策研究」（optimistic evaluation and policy reseach）（Bagdan& Taylor,1990）。

　　當1971年Syracuse大學的「人類政策中心」（Center On Human Policy）成立時，那裡的研究者便利用質性研究方法，研究殘障人士的生活與經驗。該中心的許多焦點，都是評鑑／政策—應用的質性研究。1970年代，該中心的研究者的研究集中在被標上心智遲緩與心理疾病的收容機構，並記錄虐待與剝奪人權的實務。到1970年代末期與1980年代初期，該中心評鑑有關統合殘障學生融入一般學校方案的策略與實務（Biklen,1985,Taylor,1982）。其後，該中心特別注意有關重度發展殘障者之社區統整。在1980年代末葉初期，該中心開始研究公私立機構將殘障人士統合融入社區的實務與政策

(Taylor,Biklen&Knoll,1987；Taylor,Bogdan&Racino,1991；Taylor,Bogdan&Lutfiyya，1995)。

　　當該中心的研究者開始研究社區統合時，他們對過去的評鑑與政策研究，抱持著懷疑的態度。他們認為大多數的評鑑與政策研究，無法提供有用且積極的資訊給實務工作者，因為他們問了錯誤的問題 (Gustavsson,1995)。傳統策略關注「它是否有用？」的問題。研究者所問的統合課題是：「統合有用嗎？」，或換一個稍微不同的方式說：「統合對殘障人士有效嗎？」。有許多研究都是有關社區方案與廢除某些機構。有些研究顯示，統合有助於殘障人士，有些則無。但是，該中心的人員知道，過去的記錄顯示，相信統合的人能夠發展方案並且使其有效運作。除此之外，中心人員也知道，重度殘障人士是否應該統合融入社會一個道德問題，而非實證問題。這是一個價值問題，而非資料問題。這是一個相似於奴隸制度的議題。如果內戰之前有所謂社會科學家存在，我們會問他們解放奴隸是否有用？有些政策的決定忽略了親身經驗者的直接含意。他們在感覺上代表的一種變革。

　　該中心的研究者下結論指出：「統合重度殘障人士是否有效？」不是一個正確的問題 (Gustavsson,1994)。這是一個懷疑的問題，而非樂觀的問題。他們希望其研究能夠有助於形成不同的議題，以協助那些人能夠看到未來。他們的興趣是發現那些人如何讓統合產生作用。「統合的意義是什麼？」以及「如何達成統合？」是他們關心的問題，他們希望其研究有助於認真負責的實務工作者—那些在統合上領導改革的人—促進其在社會變革的努力成果。系統的與嚴謹的資料蒐集與分析、批判探究的重要性、歸納假設的分析能力。他們想要有助於縮短處於一端的實踐主義者與另一端的實證研究者兩者之間的缺口。他們所發展出來的這種策略，對於那些具有強烈意見，無論如何一定要去研究他們所研究的議題，而且想要保持研究者身份，卻又想要有助於社會變革的研究者，是有其牽連與啟示。

　　該中心人員已經成功地將此種策略推銷給聯邦政府的經費權責單位。他們的計畫不僅得到政府經費，而且實務工作者也利用了他

們的研究發現。他們的著作也被那些設法想要將殘障兒童與成人統合融入學校與社區的相關人員所廣泛的閱讀。

接下來，我們將更仔細地討論此一樂觀的研究策略。更特別的是，我們將焦點集中於一個由該中心人員所進行為期三年的全國性研究，該研究所明示的目標是協助被標記成「重度發展障礙」（具有嚴重心智遲緩與多重障礙的人）在社區中的生活。

該研究的更多資料

在此專案中的一部份，他們獲得經費可以每年研究八個方案。他們研究諸如「小團體家庭」（small group homes）的方案，以及協助在家的殘障人士統合融入社區的創新方案。一位觀察者來到每個研究現場，並在當地待了二至四天。他們總共蒐集了40個方案的資料，這些實地工作者都有進行質性研究經驗，也在此方面曾經受過正式的訓練。儘管二至四天的時間是不足以進行一項徹底的傳統參與觀察研究，但是，觀察員盡力的進行廣泛的實地工作記錄，進行訪談錄音、蒐集官方的文件以及其他機關檔案的資料。除了轉譯這些實地工作記錄與訪談逐字稿之外，每一位研究者寫出一份20到60頁的個案研究，以描述其所拜訪的單位機構，並特別指出該機構的實務工作與困難。

選擇現場

由於研究問題的性質，以及該中心人員運用「樂觀研究」的策略，他們以不尋常的方式來選擇研究機構。由於政策決定者與官員對於可概括性的興趣之故，大多數的全國性評鑑研究，儘管採用了質性資料蒐集與分析，還是會利用某種程度的隨機抽樣技術選擇研究方案。

在他們的研究中，他們的興趣不是要去知道一般的或具代表性

的方案。他們知道許多社區方案的機構是與社區分開的。事實上，隨機抽樣的社區方案可能難以說明「統合」。他們不去隨機挑選方案，他們努力尋求的場所，是可以教導他們瞭解重度殘障人士，如何能夠統合融入社區當中。他們是以統合的一個模糊定義作為開端，既然他們以前已經廣泛地研究過全體機構，他們知道他們並不是要去尋找將殘障人士由大社會中隔離出來的場所。然而，他們將統合的概念當作是有問題的，是值得去探究的，而非確定的。他們想知道這些機構，如何努力去改變將重度殘障人士加以隔離的歷史傳統，並且如何達成統合。

儘管他們利用了許多不同的策略，以尋求推薦統合方案，包括在專業通訊、全國性的郵寄、專業文獻的評論，最成功的策略是「滾雪球」（snowballing）的技術，他們首先找出「主要資訊提供者」（Key informants），並且要求他們描述將重度殘障者加以統合的優良機構，以及可能知道此方案的其他人士。「主要資訊提供者」具有兩項特徵：首先，儘管他們可能包括殘障權利實踐主義者、大學研究人員、家長、專業領導者等，他們對於統合有著共同的樂觀承諾；其次他們是那些有機會旅行全國各地去評鑑或諮詢方案的人士，因此他們擁有不同機構單位的第一手知識。

彙集一張經過推薦的方案名單，他們進行每一個研究案的深度電話訪談，以進行更進一步的實例選擇過濾。基於這些訪談，他們選擇每年去造訪八個方案。儘管他們努力去選取他們期望可以發現真正致力於將殘障者統合融入社區的機構，這些機構在其所提供的服務、所在之處、行政的方式等等方面皆有極大的差異。

他們訪談之後，發現該方案的服務人士之特質與生活品質，有著極大的不同。

有些人符合他們的期望，並提供統合的積極實例，有些則否。藉由比較這些不同機構，他們得以發展出對統合的意義有著一種更為清楚的認識，以及對進行變革的機構有著一種更為深入的評價。

實地工作關係

他們在獲得管道以進入研究現場，或取得機構官員與方案相關人員的合作等方面，沒有遭遇困難。相關人員配合他們的期望，協助他們安排家庭訪問、排定訪問方案成員、當事人、家庭成員和其他機構的時程，並且提供報告與文件。

此種合作的水準，就某種層面而言，也反映了該機構本身的特質。許多人認為他們的使命是努力建設一個可以接納重度殘障者的社會，他們把自己當成是一個積極的實例，並且希望擴大這種訊息。

研究者所採用的策略，也同樣的解釋了獲得合作的原因。研究者告訴他們說，他們已經被推薦為變革的實例。他們受寵若驚，特別是那些不大受人重視的小機構。他們展開雙臂歡迎研究者，有些研究者甚至接到行政人員打來的電話，要求他們的機構能夠成為研究的一部份。

諷刺的是，這種積極的策略比起其他方式，更能引導許多官員與方案成員，更加坦率地說出他們的困難之處。大多數人不僅喜歡去吹噓他們的成功，同時，也願意去討論他們的問題或掙扎奮鬥的過程。

分析與推廣

每一位研究者分析與推廣一個他或她所造訪的機構之個案研究。這些個案研究提供了該機構的全盤大局，描述了變革的途徑，討論這個機構在完成任務時所面臨的問題與困難之處。其訪問的焦點，集中在至少兩位該機構服務對象的生活，因此，該份報告，便可以說明該途徑與實務工作對人們的生活之衝擊與影響。

「人類政策中心」的成員，將此個案與相關機構和所牽涉的人員進行分享。他們將每一個個案寫出短篇文章，並且發表在當地、

各州與全國專業與家長協會的通訊之上。這些敘述了該機構的「故事」。

　　許多報告與文章的焦點，都集中在那些機構的積極面向，除了說明殘障者，包括重度殘障者，可以在社區過著像樣的生活。那些報告與文章也使其積極的努力更獲得認同與支持。在許多個案中，那些報告也被許多機構用來保護自己，以避免國家機關企圖遏殺他們的創造力。當有些報告的焦點是集中在負面而非代表性的機構，該機構可以選擇是否保持不用真實名稱的匿名取代。

　　身為研究者，他們對於超越個別案例的型態感到興趣。既然研究現場的訪視不僅可以提出報告與文章，而且也有實地工作記錄與訪談內容稿件，他們擁有數千頁的資料，可以從不同的觀點加以分析。部份的分析，是有助於實務工作者將焦點集中於服務社區內重度殘障者的支援。舉例而言，從團體家庭移動到支援家中的小孩與成人。經由具體的實例，他們說明如何完成這項任務。他們也向實務工作者指出有必要徹底思考構想的議題，以發展有效的社區支援方案。舉例而言，早期對於廢除特定機構與社區生活的說明，並沒有明確的區分「在社區中」與「成為社區的一部份」。「在社區中」是指身體在社區中；「成為社區的一部份」意指有機會和社區內其他成員進行互動的關係，他們描述的服務是那些知道此兩者的區別，並且主動地協助殘障者能夠與社區其他成員建立有意義的關係。

　　經由他們的分析、公開演說、工作坊以及寫作，他們努力去勾勒重度殘障者更積極的未來，並且指出可能實現此種未來的可能方式。

理論的與概念的理解

　　儘管「樂觀的取向」（optimistic approach）可能被認為與實務工作者糾纏不清，以至於和「基礎研究」關係不大，但是，他們也發展出可以超越實際應用於殘障領域的感知性概念

（sensitizing concepts）與紮根理論。他們看到那些看起來似乎是非常實用與應用研究，也包含許多基礎的發現，有助於更為學術的學科，諸如社會學與人類學，以及融合理論與實務。藉由採用此種「樂觀的取向」，他們被引導去看那些他們可能忽略的資料，特別是接納那些外表與眾不同的人。

二十五年以來，研究殘障與行為偏差的社會科學家，相當關心身體、心理與行為偏差者的特徵、標籤與被拒。研究偏差行為的社會科學已經成為偏差排斥行為的社會學探討。因此許多行為偏差者被標籤理論學者所概念化與記錄的社會歷程所遺棄。由於這些學者全神貫注於特徵與排斥，他們卻忽略了存在於正常人與異常者之間的關懷關係。但是，在該中心的研究中，他們發現許多此種關係，而且也已經詳細地描述其細節（Bogdan&Taylor,1989）。以樂觀的觀點進入領域，有助於使這些關係變得顯著，這是過去偏差社會學一直忽略之處，接納已經成為他們工作的重要核心課題之一（Bogdan & Taylor,1987；Bogdan，1992）。這種研究，不僅提供實用觀念與建議，以協助實務工作者將工作做得更好，它也可以提供經驗，有助於社會科學的發展。

我們長篇大論說明「人類政策中心」的工作，不是因為我們認為別人應該全盤接受它，或者因為我們認為那是最佳的應用研究途徑。相反地，我們認為它提供了一群研究者如何努力，克服進行有意義的評鑑與政策工作的難題之實際例子。你應該問問自己：「我如何可以將此討論應用到我自己的工作上，並貼近我所關注的議題？」但是，更重要是要去問：「我可以發明並運用何種變革的歷程與策略，以便讓我的應用工作變得更有創造力與助益？」

行動研究

　　行動研究所反映的，並不是過去傳統的假設前題，一味認為只有受過多年訓練者、大學研究人員、研究公司或政府機關才能進行研究，或研究必須不偏不倚，沒有特定的服務原由。從我們的觀點而言，研究是一種心靈的架構—人們觀看事件與活動的一種觀點。在學術殿堂之外，「真實世界」內部的人員，同樣也可以進行研究—實務的研究，根據他們自己的關照點所引導的研究，而且如果願意也可以將它當成促進社會變革的工具。

　　近年來，學術研究與行動研究之間的分野，已經逐漸縮小。舉例而言，Whyte（1991）曾經主張：「就科學進步與人類福祉的改進而言，重要的是設計策略以緊密聯結行動與研究」（p.8）。他稱他和同事所做的是「參與式行動研究」（participatory action research）。他呼籲科層組織的低階人員參與研究的設計，不管是在農業改良策略，工業勞資關係或公司評鑑，都是如此。他的工作是專業的研究，但是，他在設計與過程中並不依賴專家。女性研究通常也是跨越學術的與行動的研究。我們在本章一開始所描述的例子，有關那位母親對閱讀課本描述女童的方式感到不滿，這是一位學界以外的人士所進行的研究，因為她努力投入心血以改進女性的生活。但是，學術界內外的女性主義者，也會進行有立場的研究課題，諸如家庭暴力、性騷擾、強暴與歧視。當他們進行此一研究，他們投入的心血企圖建構社會正義的願景（參閱Reinhartz，1992，第十章有更多實例）。

　　最近的「後現代主義」研究，也挑戰了某些工作是沒有特定立場的整體概念。如同我們在第一章所討論過的，所有的研究者皆從某一特定觀點來設計其工作，而且此種觀點就是一種特定立場的形式。所有我們提出的這些議題，指出「應用研究」與「基礎研究」

等概念已經不如過去那般的管用了。同時，我們也簡短地提及某些行動研究的議題可能是有用的。我們之前指出兩類行動研究，首先是參與式行動研究，是由一個方案或機構的參與人員共同設計並實行一個研究專案，其目的在於提出促成改變實務工作的建議；其次是政治性行動研究，是由公民來進行研究，以努力促成有關權利議題的社會變革。接下來我們以一個參與式行動研究個案，作為討論的開端。

非總加的個案：描述

在一所我們稱為Hamilton高中（這是一所與1988年在Grant研究規模一樣大小的學校，所以我們給它相同的假名）的秋季家長會議，許多來自不同族群背景的家長抱怨學校所提供的數學方案（Biklen et al，1992）。此一有組織的關注焦點，乃是由前一個春季全州的數學考試成績普遍低落或分數下降而引發。一個工作小組便組成了，包括兩位教師、四位家長與一位學生。該委員會認為Hamilton高中的數學問題不是單一的，問題如何界定，則有賴於你是學生、教師或家長等不同身份而定，而且也會因你在數學方案中參與的性質而異。所以該委員會規劃去訪談所有的參與者，包括學生、教師、家長與行政人員。教師回報該委員會，指出數學教師感到無法自在地和家長談話，因此委員會便徵召了委員Biklen的三名研究生協助訪談的進行。最後由Biklen和她的學生進行所有的訪談，Biklen負責家長部分，研究生則分別負責教師、行政人員與學生的部分。

該委員會發現，通常教師、家長與學生對探討的問題有共識，但卻提出不同的解決之道。他們也同意數學出了問題，不僅是數學而已，而且也反映了整體的學校文化。如果「冷漠的文化」（culture of coolness）壓制了許多教室冒險提出錯誤答案的作法，則數學課也是如此。教師、學生與家長感到行政支持的缺乏，也會影響到數學課的教與學。該委員會將其報告組成四個課題，並且基於他們的發現，提出變革的建議。

首先，家長、教師與學生同意數學不像其他科目。數學與生活世界的聯結方式，不同於英語或社會研究的方式，因為學生在數學課中，不能像其他課可以將日常生活中討論與傾聽的技巧帶入課堂。資訊提供者也指出，數學的建構方式也不同於其他課堂，學生將數學視為一系列必須學習的步驟，漏掉一個就會有麻煩。大多數的教師同意學生將數學視為一系列的步驟，而有些教師不希望如此。

在Hamilton高中，數學也被一種共同分享的觀念所建構，那就是不喜歡數學與承認數學失敗，兩者都是大家可以接受的。一些家長容易承認他們在數學上有困難，這是他們在語文素養上不會有的情形。他們也擔心可能將此種恐懼傳遞給他們的小孩。母親們特別提到這點並評論說：「我希望我不會把我的無能傳遞給女兒」。同時，不喜歡數學與有數學問題也是大家可以理解的。數學做不好，也讓學生感覺到似乎他們是不聰明的。這是因為他們相信：如果你在數學方面表現聰穎，一般而論你是聰穎的。

其次，不同的人用以說明數學問題的解釋，會因身份立場不同而異。數學教師希望學生喜歡數學，希望現在做不好的人要做好一點，而且希望好學生能受到激勵。他們認為數學課的班級太大、行政人員不太支持、太多學生在小學學到壞習慣，「他們沒有學習去思考而只是遵循規則」。他們擔心數學表現不佳的學生之動機，他們希望的是「激發思考」（thought provoking）的問題，而不是歸為淺顯的「我沒學會最後一個步驟」的問題。所以他們希望更多的分軌，或他們所稱的「適當安置」（appropriate placement），如此，會問思考性問題的學生，才能在同一班級進行學習。

學生同意教師認為班級太大的問題。但是，大多數學生說，教師不「喜歡」太多問題。他們讚賞可以把問題解釋清楚的教師。他們把學生區分為「學會的人」與「沒學會的人」。所有沒學會的人皆表達了他們的挫折。「當老師讓每件事聽起來如此合乎邏輯，而我卻一竅不通時，我覺得受到挫折」。沒有被編到進階數學的高年級學生，不喜歡和二年級學生一起上課，特別是當低年級的學生學

會了而他們沒學會時，更是如此。所有的學生說，他們希望能夠在不必掩飾他們沒學會的班級上課。

家長則批判教師，他們擔心教師將他們的小孩貼上「缺乏興趣的」或「數學不好」的標籤，因為這樣的分類會傷害他們小孩的自尊。他們不希望教師放棄他們的小孩。

第三，學生、教師與家長都希望彼此建立更佳的關係。教師希望能有更多的時間瞭解學生的課外生活，如此他們才能將他們以人的方式來認識學生，而不只是在其班級履行某一特定水準的學生。家長希望和教師有更好的關係。而且學生希望能和班上其他學生建立更好的關係，他們讚賞和他們保持密切關係的教師。所有各方的參與者，都認為良好的關係是核心的，但是，他們都同意建立關係是需要花時間的。

質性研究者可以有技巧地呈現不同科層體制地位者的不同觀點。因此研究者如果要讓他們的研究工作被認真而慎重的考慮，就必須監控如何呈現他們的研究發現，一方面要避免運用煽動性的語言，另外一方面也要避免採取逢迎公共關係的寫作方式。

第四，每個團體對家庭作業都有評論。教師覺得，學生一個晚上至少要用一個半小時來做並思考家庭作業，是很重要的。學生也同意家庭作業是重要的，但是，如果教師不去訂正作業，他們就不想去做。家長則擔心，他們有時無法協助孩子處理家庭作業。

除了上述四個課題之外，家長也提到更大的認同議題。白人母親擔心將害怕數學的基因遺傳給女兒。非裔母親擔心他們的小孩與白人數學教師之間的種族關係。數學也是這些較大議題之一部份。

如同前面我們討論過的「提早入學」方案研究，其研究發現指出並不是單一的問題，他們指出那些議題是比數學部門更為深層。他們的建議，包括許多領域，如較少的分軌、期望學生能做好數學的重要性、減少數學與人文之間的差異、組成研究團體、在學校內設置一個數學診所等等。但是主要的建議是溝通。教師、家長、學生和行政人員必須談論，並且彼此辯論有關問題的基礎，以及他們所有的希望。我們已經和所有團體談過，但是，他們並沒有彼此交談。

非總加的個案：討論

　　為了回應早先提出的問題，我們對此個案加以評論。此一研究是由一位在大學任教的家長委員所設計的，以回應委員會上所有家長與教師的關注事項。家長希望他們的聲音能受到重視。該委員會被認定為研究小組，但是大多數的委員會成員婉謝去進行實際的研究，因為他們太忙碌了，所以由Biklen和她的研究生進行實際的訪談。這一委員會是一多元種族的組合。該研究的目的有兩項，首先他們想要發現為什麼這麼多人對學生的數學表現感到苦惱，不同的參與團體對該方案的批評觀點是什麼，而且是哪些人希望加以改變。第二個目的是希望校內的一組人員去採取實踐主義者立場，針對此一問題作一些事情。有人希望該研究可以提出一張建議清單，以便能夠加以執行。該研究的確提出一張包括二十個建議的長長清單，但這並不是說所有不同的參與者通通一樣喜歡每一項建議。在此個案中，研究者與當事人之間的關係是個人的，也是非正式的。這一研究中，沒有金錢交易介入。家長關心他們的小孩，委員會成員彼此透過交誼相互聯絡，或者都是子女在此校就讀的家長，或正在教這些年青人的教師，或者曾經是這裡的學生。在此個案中，每一位委員對此議題都有不同的甚至衝突的假定。其中兩位家長希望教師要負起更大的責任，而且希望非裔家長要多參與子女的學校教育。其中一位家長是數學教育家，希望學校採用美國數學教育教師審議委員會 (National Council of Teachers of Mathematics Education) 的數學教學指引。Biklen主張，此案所涉及的不同團體的觀點都應加以研究，並且進行一個敘述的、描述的評鑑，將是最有價值的。就某種程度而言，這項建議讓每一位委員都感到滿意。Biklen經過與看過初稿的其他委員進行意見徵詢與提供修正建議之後，撰寫此份報告。

政治性行動研究

一位具有高中學歷的女士Lois Gibbs，以前不敢在大眾面前說話，但是卻很擔心她那位就讀小學的兒子之病情。這所小學是蓋在紐約州水牛城愛河（Love Canal near Buffalo, New York）的上方，也是胡克化學公司（Hooker Chemical Company）過去用來作為有毒廢棄物處理廠的地方。她訪問了鄰近住戶，並且保留一份家庭疾病型態的觀察記錄。她的研究促使其他關心家人健康問題的家庭主婦組成「住家擁有者協會」（Homeowners' Association）。她的研究指出，毒物相關疾病發生在圍繞於愛河周邊的老舊管道與溝渠附近的家庭。「住家擁有者協會」才得以能夠勸告州政府買下那些受到污染的住家（Antler&Biklen, 1990）。

在此個案中，以及所有政治性行動研究，進行研究旨在引發某特定議題的改變。研究者本身採取一種積極主動的角色，不管他們是關心有毒廢棄物處理廠對他們家人健康的影響（Levine, 1980b）。或者，另一個案子，大學教授關心其被關在大型州立機關後面病房中的心理障礙者處置方式（Blatt&Kaplan, 1974）。行動研究通常關心重要的問題。

行動研究者在關心這些議題時，通常認為該研究會影響他們的價值。學術界的研究，如同我們在許多地方已經說過的，同樣也會反映價值。當學者採用質性取向，關心並研究某些社會問題，並且寫出一本表達某些弱勢團體觀點的書籍。這些作者的價值，也是清楚地反映在他們的工作當中，但是，儘管它是含有價值的研究，但不是行動研究，因為它沒有直接連結到一項變革的計畫。

我們必須強調一點的是，研究總是具有政治影響的結果。研究從目的中獲得意義與重要性，並根據目的去蒐集資料並且加以利用。我們傾向於注意到研究是為某種目的而服務，然而，有時候研究目的也會挑戰某些現有狀況，而非支持它。許多置身於科層體制部門的人員也同樣蒐集資料，並以心中特定目標進行研究：例如，記錄他們做得好，以便獲得持續不斷的經費。這是由機關組織進行

研究的一種共同的功能。有時候，蒐集的資料可能透露有些小幅度的改革是可欲的。因此，機構需要提供經費，才能使其表現更好。令人不感意外地，一般的組織每年都會提出理由，以顯示他們為什麼需要經費，以及為什麼他們能夠利用有限的資源完成這麼多任務。

你可能會問：「行動研究客觀嗎？」澄清這個問題是重要的是，如果你是一位置身於十分關心研究客觀性的學術環境下的研究生。客觀性（objectivity）通常被界定為對蒐集的所有資料給予相同的重視，或者進行研究時沒有偏倚的觀點。就新聞專業而言，客觀性的傳統意義，是指獲得該故事的雙面訊息（Wicker，1978）。行動研究者相信，客觀性是與你身為一位研究者的正直感有關，也和你報告你所發現的誠實感有關。讓我們來看一些行動研究者他們本身曾經如何討論的例子。

一本針對有興趣去調查並且監控收容心理障礙者的州立學校的行動研究手冊，針對準備描述性研究報告的客觀性加以評論：

> 這些研究報告並不是企圖去提出一個機構的「客觀」觀點，如果「客觀」是指同樣注意一個機構的正面與負面。機構的宣導小冊子、新聞稿與公開的說明書，通常都是以積極的圖像來描繪該情境。作為一種監控策略，描述的報告應該導向於那些法理的與道德權利之侵害，這些是很少被報告的，而且是有必要加以改正的。在這種導向之下，觀察者應該儘可能誠實地、完整地、客觀地報告其觀察結果（Taylor，1980）。

當此一例子中的行動研究者，明顯是一位機構人員權利的鼓吹者，那些鼓吹者的角色扮演著激勵有關生活條件的研究。但是，這些條件的報導，是由要誠實、詳細描述所看到的、要精確等等考量所支配的。

Jessica Mitford是揭發貪污腐敗等最有名氣的記者，她指出如果客觀是指沒有觀點，則她並不客觀。她在研究中努力追求精確，並不看重客觀。

精確是重要的，不只是維持你工作的誠篤，而是避免可控訴的被中傷誹謗的事實。如果為了迎合自己的先前概念而刪改證據，或讓你的觀點侵害事實的追求，會是有破壞力的。

但是，我試著培養客觀性的出現，主要是經由較輕描淡寫的陳述技術，避免可能的編輯評論，總是讓承擔做事的人、或者執行者或監獄的行政人員，經由他們自己的聲音敘說出他們的意見（Mitford, 1979, 24）。

對讀者而言，Mitford的偏見是很明顯的，但是，她從不扭曲資訊提供者的字句，或以其他方式說謊。人一定不能說謊。

看待客觀性的另一種方式，提醒了我們之前討論過的「可信度的層級」（the hierarchy of credibility）。Tom Wicker描述新聞專業有關利用官方資料的客觀性。1960年代之前，他主張不依賴官方資料來源的新聞界，會被認為是主觀的。但是，許多新聞記者在越南的經驗，導致此種觀點的改變，因為記者開始懷疑政府官員所說的話。當記者開始和越南人民與低階美國官員在越南各省區旅行時，他們對於戰爭的進展，並沒有官方那麼樂觀的看法：「這些記者開始投入最客觀的新聞業，他們自己去看、去判斷、根據他們的觀察支持自己的判斷，卻通常冒著生命與肢體的危險以及政府的憤怒。在此種嚴格的審視之下，將軍、大使與發言人變得虛假與吹噓」（Wicker,1978, 8）。從Wicker的觀點而言，當記者停止完全依賴官方提供消息（被告知內容），而且開始直接涉入他們的社會世界之時，他們便獲得了客觀性。就行動研究者而言，客觀性代表著誠實，來到資料起源之處蒐集資料，並且引導出參與議題者的觀點。

行動研究能做什麼

當行動研究者為了某個社會原因蒐集資料，他們是為了改變現有的歧視與環境危機而去行動。行動研究者以許多方式來加以完成：

1. 資料的系統蒐集，可以協助指出那些使得特定族群的生活令人無法忍受的人們與機構。舉例而言，Geraldo Rivera揭發了紐約Willowbrook州立學校的情境，以改變殘障人士被對待的方式。對殘障者服務的相關批判，通常被注意到這些機構都是蓋在遠離社區的孤立地點，以限制大眾的接觸管道。Rivera利用電視機鏡頭，來增進大眾接觸的管道。

2. 它能提供我們資訊、理解與具體事實，以提出論據，對於聽觀眾及可信的決定時給予進行協調的論點。例如，學校體罰的危險之立法前的聽證，可以經由包括訪談和觀察的細節，而獲得加強效果。

3. 它可以有助於指出系統中的論點，可以透過法理與社區行動兩者加以挑戰。

4. 它可以允許人們去更瞭解自己，增加他們對問題的知覺，並且提升承諾意願。首先去知道事實即是去提升自己的意識，並且增進對特定議題的致力。舉例而言，Geraldo Rivera在報導Willowbrook故事後，經歷了巨大的個人改變。他從此不再希望去做他以前曾經做的愉快故事：「因為對Willowbrook的反應，以及我感到為州立學校兒童所負的責任，我如果不去和某些深層的議題進行奮鬥的話，我會覺得有罪惡感」(Rivera,1972)。

5. 行動研究可以作為一種組織的策略，讓人投入某個議題，並對其更為主動積極。這個研究本身就是一種行動。Lois Gibbs和愛河小學就是此種例子，同樣的那位研究教科書刻板印象的女性，也是如此。如同C.Wright Mills (1959) 所寫的，社會變革的第一步，是讓別人也置身於相同的情勢地位。

6. 它協助你發展信心。當你依賴情感，卻沒有資料來支持你的看法時，你很難勇往直前地邁向某個目標。資料蒐集可以協助你去規劃策略，並且發展社區行動方案。

行動研究可以強化個人的承諾意願，並且鼓勵其朝向特定的社會目標以追求進步。

行動研究處理資料的途徑

當你進行行動研究，你必須把這個歷程當成研究，而且你必須將你蒐集的資料轉變成為證據。如果你以研究者的身份進行工作，並問「研究問題」，將迫使你自己進入一種研究的心理架構，以更有系統的方式進行工作。這可能聽起來像一種語意學的遊戲，但問你自己「我需要做什麼研究？」更慎重的從事工作，然後再問自己「我應該知道什麼？」

行動研究者在蒐集文件紀錄的資料，是非常徹底的。許多你所需要的資料，並不是非常機密的，而且可以在圖書館、法庭與法務辦公室中找到。舉例而言，如果你正在進行一個社區學校的體罰研究，你可能讀遍該鄉鎮過去50年來的報紙，以便發現過去如何處理體罰問題。

事實不會自己說話。當你看遍所有的紀錄與文件，你必須持續地問「有了這些材料，我能做什麼，以便讓我的個案令人注目？」僅管所有的研究者皆企圖審慎地記錄他們的觀點，行動研究者也必須提出變革的建議。是以，你必須經常問你自己，如何讓你的材料足以令人注目，以便鼓勵別人去採取行動。

那些特別引人注目的材料，是一般人比較不容易接近。這些記錄文件是來自專業期刊、通訊與特定團體經過調查研究的雜誌（參閱Mitford, 1979）。有關心理健康期刊上的心理藥物廣告、學校行政雜誌上的學校安全系統、南方私立學校通訊上的文章，都可能提供某些令人注目的觀點例子，這是一手資料。

另外一種令人注目的行動研究資料是消費者的證詞。那些曾經被欺騙或被歧視或受難者，可以強而有力地說出他們的關心焦點。兒童保護基金會（The Children's Defense Fund）的研究指出，被學校排除的孩子，其原因都是違反孩子本身的意願，諸如懷孕、

學習遲緩、態度與尿床，因為此項研究讓孩子的聲音能被聽到，因此而提供非常強而有力的記錄。行動研究通常都是建立在引出消費者觀點的質性策略基礎之上，特別是那些殘障者、老人、小孩等我們認為他們無法為自己說話的人。這些人可以成為此運動的一部份，而不是被服務的對象，它是一種人性化的過程。

當Geraldo Rivera進行他的Willowbrook報導時，他透過新聞報導訪問了Bernard Carabello，一位21歲的腦性麻痺患者，他在三歲時被誤診為心智殘障，並且在Willowbrook待了其後十八年的生命歲月。Rivera回憶他與Bernard的訪談，是該項報導的最富戲劇性的。Bernard努力地去溝通表達，卻不易令人理解，他重述他想去學校學習閱讀，並且描述預算被削減時的情境真是每下愈況（Rivera, 1972）。對收看六點新聞的人而言，Bernard象徵了一個個體，代表了一個被機構化的個人之特定人性。諸如此類消費者的證詞，同樣地也可以反制傳統行政人員的立場觀點，以為局外人根本就不知道「這裡是像什麼？」。

行動研究資料的另一個特色是，如同我們所說的，他們通常被蒐集用來揭發事件。儘管並非所有行動研究都是如此，揭發醜聞傳統的行動研究，企圖去揭發貪污、毀謗、不公正。當行動研究是在大型的機構，諸如學校、醫院、政府機關或心理健康機構等當中進行，這種事情是特別引人注目的。在揭發醜聞的傳統中，不像評鑑研究，舉例而言，並不是要去保密發生的地點，而是要去揭發它。一位評鑑研究者，通常關心與資訊提供者的情誼，而不想去破壞它。相反的，行動研究的目標，是要揭發實際情形，以便加以改變。如果你希望改變某一社區的公車政策、影響特定學校課程發展的共同參與、或影響某一特定地理區內的某些單一機構，你就不能採取匿名的策略。

如果你的目標是更為全國導向的，你必須採取更為精緻的透露姓名的策略決定。舉例而言，在你已經蒐集了全國的有關某一社會問題的許多特定例子之後，你可決定普遍地透露這些例子發生的地點（國家的哪個地方或哪些學校），但是你的焦點不再是某一不公

平事件的個別反應，相反地，你想要告知大眾，這是一個發生在各地的全國性問題。

在這種研究中，賭注可能很高。人們的工作與生活方式都成為賭注，接受不公平事情的人，與在科層體制中工作或管理科層體制發生的人，雙方都是如此。因為這些緣故，你在蒐集資料時，特別重要的是必須有系統的、徹底的與嚴謹的。如果某一個學校的某個事情是被關注的，你有必要在一段時間之內拜訪這個地點，記錄你的關心之處。你的觀察，就如同任何一個特定的觀察記錄一樣，必須仔細加以描述。

舉例而言，如果你身為一位行動研究者，你計畫去探究一個心理障礙者居住環境中的某件意外或處置的型態，而且如果該機構經常有成群的家長（或其他監督團體）訪視該機構而且蒐集並編輯他們的記錄時，將有助於你系統的記錄實地札記。

這些策略是不同於我們在本書先前所描述的，那是因為許多人會發現社會變革的目標是如此地具有威脅力，而且很重要的是，在完成目標時要保持誠實、精確與徹底。儘管蒐集資料可能花費許多的時間，但是，如你能免於有關扭曲與不實描述之指控，長遠而言，你將會更快地達成目標。

行動研究者所可能面對的另一個問題，是有人指控他們沒有學位或正式的研究訓練，因此他們的資料不需要受到重視。當Lois Gibbs那位家庭主婦成為愛河（Love Canal）小學的一位抗爭領導者，首次將有關毒物污染的環境型態之資料呈獻給醫生時，他們擱置此筆資料，並說這只是家庭主婦蒐集的資料（Levine, 1980b）。如果你是有系統的、徹底的而且植基於一手蒐集的證據之上，你最後就會如同Lois Gibbs一樣，將有能力去消除此種疑慮。

行動研究與質性研究傳統

行動研究，包括參與式行動研究與政治性行動研究，就像評鑑與政策研究，建立在質性途徑之基礎上。它有賴於別人自己所講出

的話，一方面去瞭解一個社會問題，另一方面去說服人們加以改進。而且，相對於接受官方的、主流的與普遍接受的理解，諸如「學校教育」、「醫院治療」，他最後將這些用詞拿來當作研究的對象。因為應用研究的主要目標是行動、訓練與做決定，這些是不同於「基礎研究」之處。

行動研究的根基是非常深遠的。如同我們在質性研究之歷史一章所指出的，質性方法是起源於社會的騷動。揭發醜聞的報導在前、社會調查在後，其目標在於揭露人們在美國工業化社區中面臨的主要問題，並去呈現資料，以便採取行動以停止水污染、都市貧民窟的擴大、或貧童在學校的分軌。我們發現這些結果在1930年代再度出現，當時攝影師Dorthea Lange與Lewis Hine利用照相，揭發貧窮的深層問題與美國經濟蕭條時期的絕望情形。1960年代，我們又看到行動研究，以諸如「全國行動研究對抗軍事工業體」（the National Action Research Against the Military Industrial Complex），將其焦點瞄準美國軍事政策。80年代與90年代的行動研究，則見證於諸如環境災害（如愛河小學事件）、醫療政策（如過度的墮胎、愛滋病的研究）與社會問題（如流浪漢的錯誤處置）。

質性研究總是包括了「基礎的」與「應用的」兩類工作，在某些歷史時期他們是交織的，在其他時期，他們是分離的。最近，一位非常著名的教育人類學者，便指出人類學者對於社會變革的關係，在於「對於局內人與參與者所感受到，卻無法描述與界定東西，提升其清晰表達及記錄之描述水準」（Hammersley,1992,102）

 # 實務工作者使用的質性研究

透過應用的或行動的研究，協助教師更能反思其實務工作，並不是最新的作法，自從1950年代已有此方面的著作（Zeicher&Gore,1995）。最近，「教師應該省思什麼內容？」這個問題被提出

來。此一問題，有一大堆的探討文獻，其回答包括了如何進行合作
（Oja＆Smulyan，1989）、增權展能（empowerment）
（Brunner，1995）、民主（Noffke，1995）與社會正義
（Zeichner，1996）。因為有許多地方可以學習以實務工作者的身份
進行應用研究，而且因為應用研究與理論的研究，兩者在教育領域
上越來越模糊不清（請參閱，Ellsworth，1989），以下我們將處理
一些主要的議題。

　　如同我們在討論有關質性研究之理論基礎所強調的，教師是以
非常不同於學生的觀點，來看待教室發生的事情。同樣地，校長也
是以不同於教師（或家長、監護人、學校護士或社會工作人員）的
方式，來看待學校。不只是一個組織內部不同職位者有不同的觀
點，就算有相似職務的人，也有極大差異的觀點。所有的教師並非
以相同眼光來看待學生，教師的特別經驗、背景、校外生活，會形
成其偏好的觀點。根據我們自己的生活經驗，我們會假定別人如何
思考（或假定他們不會如何思考），我們這樣假定，是沒有或很少
有證據為基礎的。通常陳腔濫調會取代真正的理解，因此，我們常
聽到某些學生在大學表現不佳，是因為「他們是懶惰的」或「他們
不是來自一所好高中」或「他們以為他們已經知道這件事了」或
「他們已習慣坐享其成」。不歡迎的校長，會被當成是「膽子太小而
不敢行動」或「比較有興趣去爭取升官而非支持我們」或「高高在
上」。

　　當實務工作者採用質性取向，他們會有系統的去瞭解他們學校
中的其他人以及他們自己。此一取向，要求教育工作者更嚴謹的與
更用心的蒐集資料，以便瞭解他們自己的觀點，並去打破影響他們
對於別人行為的刻板印象。此外，此種觀點，也更為要求去注意行
為的規律組型與物理環境的特徵，以便更能分析那些不知不覺影響
他們生活的規則。

　　實務工作者可以經由採用質性觀點，而改進其效能的此種信
念，是深植於質性途徑看待變革的方式之上。當有些教師在他們的
教室內嘗試某項變革時，有的教師會說：「它沒有用，它不能適用
於真實世界」。我們不否認教師通常是對的，而且許多變革是沒有

道理的，但是，許多實務工作者將「真實世界」當成是無法改變的，存在那裡而且超乎他們的影響力之外。許多人將他們的情境視為無法磋商協調的。在此種情境架構之下。人無法感受到他們可以主動地參與意義的分享與創造。質性取向的理論觀點，採取不同的視野。實在（reality）是由人們經過他們日常生活所建構的。人可以主動的分享並且改變「真實世界」，他們可以改變，而且他們可以影響別人。當師生每日一起在他們的教室進行互動時，教師與他們的學生可以一起定義他們的真實世界，儘管可能磋商協調的內容，是受到諸如學校科層體制、資源可用性、常識的文化理解等限制，教師與學生如何彼此定義以及教育環境像什麼等等，都是可以付諸行動而加以處理的（Sarason & Doris,1979）。我們有關實務工作者使用質性取向之信念，是有關於將所有的人視為有潛力，可以改變他們自己與他們切身的環境，並且可以成為他們工作的組織機構的變革推動者。質性研究技巧可以扮演重要角色，經由提供目前狀況的實質資料，以協助人們生活在一個更能合乎他們希望的世界。

　　質性取向可以利用許多方式融入教育實務當中。首先，可以由直接面對顧客（在學校的顧客是指學生）的個人，如教師、教學專家、輔導員等加以利用，以便其更為有效能。其次，當質性取向成為師資職前教育的一部份，它可以協助其成為更為機敏的觀察者，並且有助於學習成為一位教師的歷程變得更有自覺意識的努力。第三，質性研究可以融入學校課程，以便研究生可以走出校外，並且實際進行訪談參與觀察研究。

採用質性研究以改進你的教學

　　實務工作者如何能夠將質性觀點融入日常生活當中？他們如何能夠將研究融入他們的日常事務之中？當然，實務工作者是忙碌的人，他們不太可能被期待去記錄他們所聽到或看到的每一件事的細節，他們也不可能像研究者可能擁有追求領先的奢華，並且獲得管

道去接觸各種不同參與者的機會。但是教師可以讓他們部分角色的行動，像是研究者。儘管教師從不保持詳盡的實地記錄，他們可以更有系統的寫下他們的經驗。在特定的筆記簿上寫下記錄，將有助於資料的蒐集。僅管他們不能像一位研究者那樣的訪問人，他們可以將他們日常可能的會話，轉變成為更具有訊息蒐集價值的時段。融入質性觀點，代表不外乎如同一位質性研究者所做的方式，變得自我知覺、主動思考與持續行動，如果你採取這種立場，你可能會做出什麼不一樣的事情？

融入此種觀點的意義，代表你將開始不把自己視為理所當然的，而把自己當成一項研究的對象。你將變得更為省思。當你扮演教育者時，你要看看你自己，你在何處走路？你站在哪裡？你的房間如何安排？你花最多時間在何人身上？你的日子是如何結構安排的？你逃避哪些人？你對你自己的工作觀點如何？日子中的哪一部份讓你感到害怕？日子中的哪個部分最讓你盼望？你所做的內容如何符合你所想要去做的內容或你想要做什麼？你目前置身的立足點與未來你想要的兩者之間存在著什麼你認定的障礙？你是否認為和你相處的某人是特別無能的？你對他們的看法如何？你認為他們在想什麼？

教師如果以臨床的態度來利用質性取向，可以得到什麼好處？因為教師的行為的如同研究者，不僅可以表現他們的責任，而且可以注視自己，他們後退一步並與立即的衝突保持距離，他們便有能力去面對目前正在發生的事情，並獲得更為寬廣的觀點。一位參與一項研究的教師，參與觀察她班上一位小朋友的，她所挑選的那位小孩是她「總覺得難以相處的」。她密切地觀察那位小孩，並保持觀察記錄她所聽到和看到的。在該專案結束之前，他們的關係已經「大幅改善」。她開始「喜歡」那位男孩，她很驚訝她自己以前不喜歡這個男孩。她回憶述說此種感情是逐漸發展出來的，因為她開始去瞭解她的學生所看到的世界像什麼，以及她如何去瞭解她所看到的世界。她最後看到她們師生思考方式的共同之處，以及她們彼此衝突之處。

這個例子反映了一位教師選擇去面對的一個特定問題，但是，它代表了所有質性取向以改進教學效能的一種良好的模式：

步驟1：選擇一個集中焦點的問題：與某位學生的不良關係，你想要改變你自己的一個特別習慣，或你想要培養的一個特定風格。

步驟2：保持這個議題的詳細記錄，儘可能地記錄觀察與對話。努力去強調圍繞在這個議題周圍發生的事情，以及其間的互動。記錄學生對你和別人做了什麼，以及說了什麼。寫下你在何時展現了你想要改變的行為、以及你向誰展現了該項行為。學生對此的反應如何？詳細記錄你所要培養的風格出現時，班級的反應結果是什麼。你是否注意到有任何學生增強了此一行為？

步驟3：當你完成了事件的長期記錄，回顧你的資料，以尋求浮現的任何組型。提出問題詢問這個組型代表什麼意義。當學生要求資料時，我為什麼用那種方式來回應？當我展現那種行為時，班上學生發生了什麼事情？等等。

步驟4：必要時利用這些資料來做決定。有時候當研究往前進展時，也會有助於改善情境（例如那位教師發展出尊重孩子情感的例子，也緩和了師生間的關係）。在其他的時候，你可能要善用你的知識進行規劃，或許你應該私底下和那位學生分享你所發現的那種師生關係，或許你可以和班上學生舉行班會討論、或和其他的教師進行討論，或諮詢一位顧問特定的建議。此種決定是特定的、將因個別情境而異。

質性取向與師資培育

　　質性取向要求研究者發展出對被研究者的同理心，並且盡力去瞭解各種不同的觀點。「判斷」並不是所要的目標，相對的，目標

是要瞭解該對象的世界，並且決定他們如何與利用何種規準進行判斷。此一取向有助於師資培育方案，因為它可以提供機會給準教師去探究複雜的學校環境，並且同時可以讓他們變得更能自我知覺他們自己的價值，以及這些價值如何影響他們對學生、校長與他人的態度。

我們發現和我們一起工作的準教師們，通常不知道他們自己帶到教室的價值與信念。儘管價值影響每一個人的工作，而且可以強化教學與互動能力，這些價值的瞭解，可以協助我們瞭解他們是如何塑造我們對待學生（與其他教育工作者）的態度。人會更瞭解他們如何參與創造發生在他們身上的事情。作者之一就廣泛地利用質性研究取向，使其成為中小學教師職前教育的一部份訓練經驗。

作為訓練的一部份，學生必須每週花時間在某一學校。質性取向用來協助他們整理分類有關學校教育的衝突觀點，並且激勵他們質疑他們自己有關學校像什麼的假定。我們以參與觀察的策略，來訓練他們做為他們實地工作的一部份，要求他們在置身所處的學校或教室進行小規模的研究。我們藉由一張一般的「研究」問題清單，來組織他們的「實地工作記錄」。他們寫下一個問題，作為每一次記錄的焦點。這張「觀察者的問題」清單，包括諸如下述的問題：

1. 教師如何組織該一班級？
2. 你所觀察的那位教師所講的紀律的意義是什麼？他或她如何對此意義採取行動？
3. 你如何來說明描述你的教室氣氛？
4. 你學校的教師如何感受他們的工作？
5. 你所觀察的教室內那些類型的學生得到最高的評價？
6. 學校教職員如何分析教育問題？（這些可能包括閱讀的問題、紀律的問題等等）如何加以責備？何處尋求解決之道？

這些問題是圍繞著特定的課程內容而加以設計的，你可以根據不同的焦點來設計問題。這些觀察者問題的目標是：（1）增進學生在進行課程評鑑之前的描述能力，（2）創造一個對自己價值觀念與觀點具有高水準的自我覺知，（3）鼓勵他們更清楚的看到學校裡不同角色者的不同觀點。

我們發現去強調「觀點」的概念，以作為觀察學校生活的一種方法，可以協助學生質疑他們對教師角色的成套假定。舉例而言，有些準教師認為有些學生教師很難處理，因為他們來自貧窮或低收入的家庭或「文化」問題，引發學生在教室內的偏差行為。觀察可以協助大學生本身與他們在學校教室內觀察到的行為保持距離。

質性觀點期望，學生所想要瞭解的那個人能代表自己說話。這意味學生必須傾聽他們說的話，而不是用諸如「文化剝奪」（cultural deprivation）的一般教育理論或諸如「過動的」（hyperactive）心理健康隱喻來加以過濾。有系統的實地工作，可以協助學生開始去瞭解權力如何分配，教師所面臨的壓力種類，行政人員提供的支持程度，或學生從學校生活中所悟出的意義。我們此處的目標是協助學生跳脫他們自己對學校生活的先前概念，並退後一步去設想，首先去檢查它們，其次經由別人的眼睛去看待學校。

如同以下兩個例子所指出的，質性取向的利用，可以協助實習教師擴展他們對於教育「事實」的概念。一位觀察一所幼兒中心的實習教師覺得學期開始時學生沒有常規。有一天他看到Betsy從另一位小女生手中奪取一個洋娃娃，失去洋娃娃的小女孩開始大哭。當教師接近那兩位女生面前，並問Betsy為何搶走洋娃娃，Betsy回答說：「因為我要它」，並且就跑開了。當那位觀察的實習教師試著去阻止Betsy以便把洋娃娃取回還給那位小女生時，教師告訴實習教師說：「讓她去。我會拿另一個洋娃娃給Jo Ann」。這位實習教師受到她所知覺到的缺乏常規所困擾，決定隨後要訪問教師有關這些行動。這位教師向這位觀察的實習教師解釋，她覺得一直靠著大人介入，以維護這位小女生的權利，而不受另一個小孩的侵害，

不一定都是適當的。這位教師解釋，這樣做，她覺得小孩可能會變得依賴教師去保護她的權利。「很重要的是，我們需要做的是教導她保護自己勢力範圍的技巧，如果是情勢需要的話」。觀察者最後終於瞭解教師的觀點，起初她只有看到混亂，她後來開始認識到方法。她可能不是由衷地贊成這個方法，但是她修正了她對所發生事情的觀點。換言之，她對真相的知覺已經改變了。

然而，瞭解學生的觀點只是目標之一，有時候學生學到根據她們自己的描述，可以為自己澄清光是依賴教師表面的觀點所不能說明的事情。就此例子而言，一位觀察者接受教師對自己班級學生的評論「由於她們注意力的有限而容易分心」。觀察者的記錄剛開始似乎是相信此一評鑑：「我觀察了下一節課，一位印度小孩根本不注意教師說了什麼，她只是看著窗外或坐立不安地玩弄著髮辮」。然而，後來在她的記錄中，她評論了教室生活的另一個面向：「班上有些小孩不會說英語，她們不能瞭解教師說什麼，那位印度小孩就是一例。她不久之前才來到美國，而且不會說英語」。此時，這位學生記錄了她如何改變對此一班級所發生的事情之觀點。

我們已經描述了質性研究可以運用在師資培育方案的一種方法。質性研究方法協助教育工作者對於影響他們自己的工作以及其與他人互動的因素更為敏感。就教育上的應用而言，質性取向也可以應用於在職進修教育、工作坊與非正式的訓練。舉例而言，一位教育人類學者獲得經費，訓練墨西哥裔的教師成為俗民誌的工作者。該專案的目標是提升教師的知覺，特別是有關文化因素如何影響教師與他們學生的行為。為了達成這些目標，教師被安置在一個不同於他們自己場所的情境當中。他們必須獲得進入管道、建立信任感、並且經歷一位實地工作者必須經歷的階段，以便努力去瞭解不同的「文化」。該方案激勵他們深思，並且協助他們學習分析他們與其學生必須經常面對的機構和結構。

質性取向在教育上的應用，既不是治療的，也不是一種人際關係的技術。它是一種尋求描述與分析複雜經驗的研究方法。就資料蒐集部分而言，它和人際方法相似，研究者必須仔細傾聽，密切地

提問與詳細的觀察細節。但是，他的目標不是治療的。符號互動論者強調理解許多人如何在一個情境中對所發生的事情產生意義，鼓勵一種對不同人的觀點之同理理解。質性研究者的焦點，是集中於「從另一世界的人們如何觀察與體會事情」（Becker 等人，1961），並提供機會讓不同的觀點，而且通常是看不到的觀點，得以公開顯示。

Appendix
附錄

教育場域中的觀察問題實例

學校環境

物理環境

學校建築的性質為何？

建築物有多大？

建築物大到足以容納所有的學生嗎？

建築物有多久歷史？一般而言，其狀況如何？

學校四周有圍牆和籬笆嗎？

學校四周的土地看來如何呢？

學校設備的一般性外觀如何呢？

有身心障礙的學生和教師可方便進出各建築物嗎？

坐輪椅的人可進出各建築物嗎？

學校位於這個社區的哪一部份呢？

這部份社區的性質為何？

從學校到社區各地的交通設施便利嗎？

建築物的出入口是否有清楚的標示，使新訪客能輕易找到辦公室？

學校內的氣溫如何？

冬天夠溫暖，而夏天夠涼爽嗎？

在個別班級教室中，可以控制溫度嗎？

窗戶可以打開嗎？或是永遠關閉著？

通風系統良好嗎？

學校中的大門在何處呢？

學校中的整體空間如何安排呢？

教師如何界定其空間呢？

教師和其他職員會將部份空間視為私人區域嗎？

學生是否有私人的、可上鎖的空間，來收藏其個人用具呢？

哪一類學生被安置在學校中的最佳場所？

學校容許（或鼓勵）學生裝飾佈置班級教室和/或走廊嗎？

這些裝飾佈置的性質為何？

建築物中是否有些部份區域是坐輪椅的人無法到達的？

如果學校有許多不同樓層，有電梯可直達嗎？

建築物中的物體和家具等是否固定陳列某處，使盲生可以找到他們的路？

洗手間的門和空間夠寬，使坐輪椅的人可以進入嗎？

洗手間的馬桶乾淨且沒有臭味嗎？

洗手間中有提供香皂和紙巾嗎？

有門或帷幕以確保隱私嗎？

如果牆上有掛著裝飾畫，其性質為何？

學校中有任何可利用的視聽設備嗎？

收藏在何處？

如何取用？

有哪些人負責保管這些設備呢？

如果破壞了這些設備會發生什麼事呢？

這些設備的使用頻繁嗎？

教職員工和學生們一起吃飯用餐嗎？

學生和教職員工有多少時間可以吃午餐？

有足夠的時間可以輕鬆地用餐嗎？

用餐的氣氛如何呢？

如何供給午餐飲食呢？

透過什麼方式來供給飲食？

學生使用哪些用餐器具？

所供給的飲食種類有哪些？

教職員工會在學生面前批評學生們的飲食嗎？

是否有些特定類別的學生無須繳交午餐費用呢？

這項午餐措施如何處理？獲得免費午餐的學生會受到不當標籤嗎？

學校餐廳用餐的規矩和規定是什麼？

學校餐廳的空間安排如何呢？

學生在午餐時，都談論些什麼呢？

容許學生自由選擇用餐的座位嗎？

教師對餐廳管理職責有什麼想法？

教師和其他職員在午餐時，都談論些什麼呢？

在教師用餐區，用餐座位有什麼樣的安排呢？

每一天都一樣嗎？

經濟、社會和文化環境

學校在這個社區中的聲譽為何呢（優良、難纏、危險）？

當人們用這些形容詞來形容學校時，他們實際上意指什麼？

過去五年來，學校所面臨的主要難題是些什麼呢？

學校教職員工對外來的批評，如何回應呢？

校外人士批評學校的是哪些事呢？

學校中的種族結構為何呢？

此一種族結構與該地區的其他學校相比較，有何異同？

教師、行政人員、學生和家長等對此一種族結構有何看法？

對學校的種族結構有所爭論嗎？

學校中少數族群學生和教師的比例為何？

少數族群學生在學校班級分佈平衡嗎？或者傾向於聚集在同一個班級呢？

學校中不同族群學生彼此間的關係為何（群體多聚集在一起，或彼此融合）？

不同族群學生用哪些字詞來描述其他族群？如何描述自己的族群呢？

學校中的社經結構為何？

支持學校的賦稅基礎為何？

語意環境

教職員工在談論到學生時，如何運用一些熟悉的名詞，如男孩、孩子、傢伙、或女孩等？他們提到這些語詞時的語調為何？在什麼情況下會用到這些語詞呢？

教職員工提到某些學生時，會借用學生的行為或肢體特徵（如慢郎中、大嘴巴、漂亮寶貝等）嗎？

教職員工會幫學生取些什麼綽號呢？

教職員工在談論學生時，會用到哪些陳腔濫調呢？例如：「他們都會得寸進尺」和「給點甜頭會寵壞孩子」等。

學生會幫教職員工取些什麼綽號呢？

學生會用哪些綽號來稱呼各種活動、事物和場所呢（如在一所學校中，午餐被說成是「豬吃的」）？

學生私下會如何稱呼教職員工呢？學生們彼此又如何稱呼呢？

方案中諸如「諮商師」、「復健」等詞，實際上指的究竟是學校中的哪些活動呢？

學校中所使用的哪些字詞和短語是你從前未曾聽過的？這些用語是這個學校所獨有的嗎？其意義為何？

教職員工是否使用了一些神秘難解的字彙來指涉活動、行為、事物和場所，卻避而不用一些更能描述現象的常用字眼？

教職員工是否明確界定他們所使用的這些神秘難解的字彙呢？

教職員工所指稱的「行為改變」、「諮商」、「就業訓練」等，有些什麼特定的意義嗎？

教師如何描述他們的學校呢？而學生又如何描述他們的學校呢？

人類環境

教師

教師們抱怨的是什麼？

教師們稱頌的是什麼？

教師如何解釋學生的低學習成就呢？

教師如何解釋學生的高學習成就呢？

教師是否有最喜愛的學生？他們看來如何呢？

教師會將「我的時間」和「學校時間」區分開來嗎？

教師對請病假和請休假的想法是什麼？

教師所界定的「非專業行為」是什麼？

教師對待女生的方式，和對待男生的方式有何不同？

教師對於男生能做的事和女生能做的事，有哪些假定？

教科書中男生和女生、男人和女人的形象是什麼呢？

教職員工所說的話，如何反映出他們對男生和女生該有之適當行為的假定？

學校中最受歡迎的教師是誰？

是什麼讓他們如此受到其他教師或學生的歡迎？

學校中最不受歡迎的教師是誰？

是什麼讓他們如此不受歡迎？

其他教職員工

在學校中工作的人，有哪些不同的頭銜呢？

各類專業人員的工作是什麼？

你如何得知這些人的職位是什麼呢？

不同職位的教職員工需要什麼特別的資格條件呢？

教職員工在承擔其職責之前，曾受過什麼訓練呢？

教職員工在學校中工作的原因是什麼呢（如「喜歡小孩」、「薪水」、「方便」等）？

各類教職員工如何看待他們的工作呢？

學生、教師、家長和行政人員如何看待學校中各類專業人員（諮商師、技術士）？

各類教職員工認為他們工作中最重要的層面是什麼？

各類教職員工喜歡什麼？不喜歡什麼？他們的理由為何？

是否有些教職員工比其他人更常群聚在一起？

教職員工會忽視哪些規則或規定？

學校中的職員工友、警衛等由哪些人組成？

他們如何界定其工作？

行政人員如何界定他們？

學生如何界定他們？

教師如何界定他們？

職員工友和學校中其他人的關係如何？

這些職員工友對各個教師和學生有些什麼看法？

這些職員工友都在哪些地方值勤？

他們彼此都談論一些什麼？

他們有任何學生助手嗎？

這些助手是誰？

教職員工和學生：溝通

教職員工會閒談有關學生的事嗎？有關彼此的事嗎？

如果是的話，這些閒話的性質為何？

在什麼情況下，學生會被嘲弄？被教職員工嘲弄？彼此嘲弄？嘲弄些什麼呢？

在什麼情況下，學生會被責罵？被教職員工責罵？彼此責罵？責罵些什麼？

在什麼情況下，學生會遭受到其他口語上的污辱或批評？

學生的時間會被視為是有價值的嗎？教職員工會取消和學生約定的時間，或是延誤時間而讓學生等待嗎？

在什麼情況下，教職員工會大聲地和特定的學生說話？對哪些學生呢？

在什麼情況下，學生會受到教職員工的忽視？

在什麼情況下，學生會被視若無物（就像他們並不存在）？

教職員工和學生會如何討論有關星期五和一週中的其他日子呢？

學校的步調在不同的日子會有所差異嗎？在一年中的不同時間，又有何不同呢？

大家對學期的結束有何想法呢？

在一年中的不同時間，工作性質會有所不同嗎？

教職員工如何評量其在學校的成功與否？

學生們如何評量其在學校的成功與否？

教職員工認為他們致力於達成的目標是什麼？

他們如何看待他們所進行的與達成目標有關的活動？

如果學生和教職員工介意局外人來觀察他們或在其工作區域中四處走動，他們會表示意見嗎？

教職員工在進入房間之前會敲門嗎？

如果你是這個學校的學生，你會認為維持自己的尊嚴是困難的嗎？

教職員工如何看待學生？視為具備潛能的人？視為小寶寶？或視為危險份子？

教職員工對學生有刻板化的印象嗎？程度如何？

教職員工對學生的過去經驗和家庭背景有何看法？

教職員工在訪客之前的表現不同於平日嗎？有何不同？

在什麼情況下，學生會故意讓教職員工難堪？

他們會如何做？他們對其所作所為有何看法？

學生會設法作弄教職員工嗎？

如果是的話，他們都採取哪些方式來作弄？

不同班級的學生如何溝通？

學生對教職員工的主動親近，會多於教職員工對學生的主動親近嗎？

在什麼情況下，學生和教職員工之間會有自由和開放的溝通交談？

教職員工會對學生隱瞞一些資訊嗎？反過來呢？

他們隱瞞的是哪些事情？

學生對教職員工有些什麼看法？

教職員工對學生有些什麼看法？

他們用哪些名稱來稱呼不同成就表現的學生群體（如青鳥）？

學校提供了哪些類型的課外活動？

誰參與了這些課外活動？教職員工？學生？

在學校中最受讚揚的是哪些類型的成就表現？體育？學業？或其他？

學生擁有多少決策權力？

學生

學生經常有機會從事體能運動嗎？多常？什麼時候？

是否有些學生比其他學生更常從事體能運動？哪些學生？為什麼？

學生喜歡從事哪些活動？不喜歡從事哪些活動？

學生和教職員工的穿著打扮為何？

他們的穿著是否顯示了他們的身份識別系統或非正式群體？他們的髮型呢？

班級中的學生會為什麼事打架呢？

誰是班級中最受歡迎的學生？為什麼原因？

誰是班級中最不受歡迎的學生？為什麼原因？

學生中的糾察員會如何表現其行為舉止？他們如何被選出來的？

當學生遭遇到麻煩時，他們向誰尋求援助？

有多少學生在使用行為改變藥物，來控制其行為？

學校在讓學生接受此類藥物治療時，其角色為何？

學校中的不同群體對接受藥物治療的看法為何？

藥物治療是否被使用為參與方案的替代？

行政

現任校長已經在任多久了？人們如何談論前一任校長？

當校長進入教室時，教師們的行為反應為何？

行政人員對「非專業」的界定為何？

行政人員如何考核教師？

行政人員的風格為何？

學校是否舉辦全校性的集會活動？像是什麼？

教職員工對行政人員的看法為何？學生對他們的看法呢？

班級在建築物中的行進路線為何？

學校每日、每星期、和每月份的行事曆是什麼？

學校中每間教室有些什麼差異？

學生和教職員工的日常活動是否均取決於學校的行事曆？其程度為何？

如吃飯和上廁所等基本需求，也會受到限制嗎？其程度為何？

學校是否有提供一些空間，讓學生和教職員工可以獨處而不受監督？其程度為何？

學校對學生和教職員工的穿著打扮是否有正式或非正式的規定？

學生是否能進入盥洗室、電話間或其他戶外設施？

誰會使用擴音器？為哪些目的？

到這個學校上學的學生，要符合哪些標準（如年齡、住所）？

班級如何安排？——由誰決定哪些學生要到哪一個班級？

此一決定如何做成？

學生要參與一些特定方案或活動（如旅行、遊戲等），要如何分配？機會均等？或作為獎勵方式之一？

學生參與這些活動會反映出他們班級或族群上的差異嗎？

由誰來決定這些活動的內容？

學生有機會參與活動的規劃嗎？

每一個年級的活動，有些什麼差異？

不同年級的教室佈置也會有所不同嗎？有何不同？

將學生轉換班級時，是否無須徵詢其意見呢？其程度如何？

學生學習記錄的性質為何？

這些學習記錄會有空間讓家長表達意見嗎？

這些學習記錄強調個殊表現的描述，而不僅是對學生的一般性評價嗎？

學習記錄中所記載的事項，是否包含了對學生名譽上的詆毀或不良評語？

如果是的話，學生是否有機會對這些評語做出回應？

教職員工會在公開場合討論學生的學習記錄嗎？

家長是否可輕易地取得這些包含與其子女有關資訊的檔案？

家長

在學校和家長之間，有哪些溝通方式？

當學校要做出關於某一學生的決定時，會徵詢家長的意見嗎？

與訪客有關的規定是什麼？

學校中有家長會組織嗎？

家長會要做些什麼呢？

有多少家長會到學校參加典型的聚會？哪種人會參加？

家長對學校的抱怨要如何處理呢？

學校會為家長或監護人提供哪些指導或參考資料？

這些參考資料的性質為何？

家長有多常和學校聯繫呢？這些聯繫的性質為何？

家長志願服務方案的情形和性質為何？

教職員工和學校志工之間會發生衝突嗎？關於什麼？

學校志工的工作是什麼？

學校的參訪政策為何？

學校中經常會有訪客嗎？

學校的開放參觀日像是什麼呢？

學校在開放參觀日所呈現的風貌，能正確地代表學校在平日的狀況嗎？

學習環境

學習情境

教室中有哪些多采多姿的佈置或裝飾？

學生們會彼此交談互動嗎？

當他們交談互動時，他們會受到鼓勵或懲罰呢？

班級學生由客觀測驗所評量的能力範圍為何呢？

學生會因為哪些表現而受到讚揚？

教室空間是寬廣的或是擁擠的呢？

教室的物理條件優良或不佳呢？昏暗或明亮呢？死氣沈沈或活力充沛呢？

班級中的哪些學生在成就評量上有優異的表現？哪些學生表現不佳？

這些成就評量能正確反映學生的能力嗎？

班級人數的平均大小為何？

教室中是否因應學生的不同興趣來規劃一些角落呢？

所有學生在同一時間只能從事相同的活動或工作嗎？

學生在討論活動中都能志願主動地回答問題嗎？

他們會和彼此談話，以及和教師談話嗎？

班級的活動程序會促進合作或是競爭呢？

學生有多常參與團體的活動方案，和團體一起工作？

當學生獨立工作或完成大量的指定作業時，會做得如何？

學生們有多少經驗曾在小團體中工作？

教室中的課桌椅是可以移動的嗎？它們曾被移動過嗎？

學生對其努力會否受到獎勵，有何覺察？

所有學生都能接受班級的獎勵系統、且有所回應嗎？

班級學生是依據同質性或異質性來分組呢？

如果是同質性分組，其分組的標準是什麼？

教師—學生關係

在一天中，教師會使用多少複習演練呢？

當學生完成其工作時，他們是否有自由時間？

在學生的自由時間中，教師會準備一些可用的材料嗎？

教師會提供哪些團體工作活動呢？

在團體活動中，教師扮演了什麼樣的角色？

教師的桌椅擺在教室中的什麼位置？

在一天中，教師有哪些活動是和其桌椅有關？

教師應用了哪些課程教材（如課本、其他閱讀材料和遊戲等）？

一些主要的教學活動會隨著不同教材的使用而有變化嗎？是否有其他教
    材可用於「擴充」學習？

教室的牆上、天花板等處設置了哪些教學器材？

班級的學習進度如何？

教師是否提供個別化的教和學？提供給誰？

哪些學生最常和教師接觸？

哪些學生最不常和教師接觸？

教師最常接觸和最不常接觸的學生是哪些？

行為常規和控制

學生可以自由選擇要坐在那裡嗎？

維持學校日常運作的控制，有何特別之處？

學校對不同班級有不同程度的控制嗎？

學校對學生在學校中活動範圍的限制為何？

教職員工運用了哪些控制的方法？

學校所使用的懲罰，性質為何？

懲罰如何施予學生？什麼時候？

學生對學校有哪些要求？

當教職員工提到學生時，他們使用了什麼樣的語調？

行政人員會故意對哪些事情視而不見？

教師會故意對哪些事情視而不見？

對學生實施肢體懲罰的性質和程度為何？

學生和教職員工的尊嚴可在學校中獲得保障嗎？

學生是否有發生打人的危險？

學校是否提供學生獨立的申訴體系，讓他們可以對教職員工的問題表達
不滿意見？

學生會受到威脅嗎？

典型的威脅是什麼？

有多少學生會表現出敵意？

學生的哪些行為會受到懲罰？

哪些教職員工有權管教學生的行為常規？

學校中所實施的懲罰和獎賞是否合理？或切合外在世界之懲罰和獎賞系統？

References
參考書目

Acker, S.(Ed.).(1989).Teachers, gender and careers. New York: Falmer Press.

Adams, R.N.,&Preiss, J.J.(Eds.).(1960). Human organization research. Homewood, IL: Dorsey Press.

Adler, P.A., & Adler, P. (1987). Membership roles in field research. Newbury Park, CA: Sage.

Adler, P.A., & Adler, P. (1991). Backboards & black-boards: College athletes and role engulfment. New York: Columbia, 1991.

Adler, P. A., & Adler, P. (1994). Observational techniques. In N. K. Denzin, & Y. S. Lincoln (Eds.), Handbook of qualitative research. Thousand Oaks, CA: Sage, pp. 377-392.

Agar, M.H. (1986). Speaking of ethnography. Newbury Park, CA: Sage.

Alloula, M. (1986). The colonial harem. Minneapolis: University of Minnesota Press.

Allport, G (1942). The use of personal documents in psychological science. New York: Social Science Research Council.

Altheide, D. L., & Johnson, J. M. (1994). Criteria for assessing interpretive validity in qualitative research. In N. K. Denzin, & Y. S. Lincoln (Eds.), Handbook of qualitative research. Thousand Oaks, CA: Sage, pp. 485-499.

American Sociological Association (1989). Code of ethics. Washington, DC: American Sociological Association.

Anderson, N. (1923). The hobo. Chicago: University of Chicago Press

Angell, R. (1936). The family encounters the depression. New York: Scribner's.

Angell, R. (1945). A critical review of the development of the personal document method in sociology 1920-1940. In L. Gottschalk, C. Kluckhohn, & R. Angell (Eds.), The use of personal documents in history, anthropology; and sociology. New York: Social Science Research Council.

Antler, J., & Biklen, S. K. (1990). Introduction. In Changing education: Women as. radicals and conservators. Albany, NY: State University of New York Press, pp. xv-xxvii.

Anyon, J. (1984). Intersections of gender and class: Accommodation and resistance by working class and affluent females to contradictory sex-role ideologies. Journal of Education 166(1): 25-48.

Atkinson, P. (1990). The ethnographic imagination. London: Routledge.

Atkinson, P. (1991). Supervising the text. Qualitative Studies in Education 4(2) : 161-174.

Back, L. (1993). Gendered participation: Masculinity and fieldwork in a south London adolescent community. In D. Bell, P. Caplan, & W. J. Karim. Gendered fields: Women, men & ethnography. London: Routledge, pp. 215-233.

Bacon-Smith, C. (1992). Enterprising women: Television fandom and the creation of popular myth. Philadelphia: University of Pennsylvania Press.

Bain, R. (1929). The validity of life histories and diaries. Journal of Educational Sociology 3: 150-164.

Baker, P. (1973). The life histories of W. I. Thomas and Robert E. Park. American Journal of Sociology 79: 243-261.

Baker, S. (1966). The complete stylist. New York: Crowell.

Ball, M. S., & Smith, G. W. H. (1992). Analyzing visual data. Newbury Park, CA: Sage.

Barker, R. D. (1968). Ecological psychology. Stanford, CA: Stanford University Press.

Barnes, E. (1978). Peer interaction between typical and special children in an integrated setting: An observational study. Unpublished doctoral dissertation, Syracuse University.

Barthel, D. (1988). Putting on appearances. Philadelphia: Temple University Press.

Bartlett, F. C., Ginsberg, M., Lindgren, E. S., & Thouless, R. H. (Eds.). (1939). The study of society. London: Kegan Paul, Trench, Trubner & Co.

Becker, H. S. (1951). Role and career problems of the Chicago public school teacher: Unpublished doctoral dissertation, University of Chicago.

Becker, H. S.(1952a). The career of the Chicago public school teacher. American Journal of Sociology 57: 470-477.

Becker, H. S. (1952b). Social-class variations in the teacher-pupil relationship, Journal of Educational Sociology 25: 451-465.

Becker, H. S. (1953). The teacher in the authority system of the public school. Journal of Educational Sociology 27: 128-141.

Becker, H. S. (1958). Problems of inference and proof in participant observation. American Sociological Review 23: 652-660.

Becker, H. S, (1963). Outsiders: Studies in the sociology of deviance. New York: The Free Press.

Becker, H. S. (1970a). Sociological work. Chicago: Aldine.

Becker, H. S. (1970b). The life history and the scientific mosaic. Sociological work. Chicago: Aldine.

Becker, H. S. (1970c). Whose side are we on? Sociological work. Chicago: Aldine.

Becker, H. S. (1978). Do photographs tell the truth? After Image 5: 9–13.

Becker, H. S. (1983). Studying urban schools. Anthropology & Education Quarterly 14(2): 99–106.

Becker, H. S. (1986a). Computing in qualitative sociology. Qualitative Sociology 9(1): 100–103. ,

Becker, H. S. (1986b). Doing things together: Evanston, IL: Northwestern University Press.

Becker, H. S. (1986c). Writing for social scientists. Chicago: University of Chicago Press,

Becker, H. S. (1995). Visual sociology, documentary ; photography, and photojournalism: It's (almost) all a matter of context. Visual Sociology 10(1–2): 5–14.

Becker, H. S., & Geer, B. (1957). Participant observation and interviewing: A comparison. Human Organization 16: 28–32.

Becker, H. S., & Geer, B. (1960). Participant observation: The analysis of qualitative field data. In R. Adams, & J. Preiss (Eds.), Human organization research. Homewood, IL: Dorsey Press, pp 267–289.

Becker, H. S., Geer, B., & Hughes, E. (1968). Making, the grade. New York: Wiley.

Becker, H. S., Geer, B., Hughes, E. C., & Strauss, A. (1961). Boys in white: Student culture in medical school. Chicago: University of Chicago Press.

Behar, R. (1990). Rage and redemption: Reading the life story of a Mexican marketing woman. Feminist Studies 16(2): 223–258.

Benney, M., & Hughes, E. (1956). Of sociology and the interview. American Journal of Sociology 62(2): 137–142.

Berger, P., & Luckmann, T. (1967). The social construction of reality. Garden City, NY: Doubleday.

Bertaux, D. (Ed.). (1981). The life history approach in the social sciences. Beverly Hills, CA: Sage.

Best, A. (1997). Schooling and the production of popular culture: Negotiating subjectivities at the high school prom. Paper presented at the annual meeting of the American Sociological Association, Toronto (August).

Bhaba,. H: (1986). The other question: Difference, discrimination, and the discourse of colonialism. In F. Barker, P. Hulme, M. Iversen, & D. Loxley (Eds.), Literature, politics, and theory. London: Methuen.

Bhaba, H. (1990). Nation and narration. New York: Routledge.

Bhaba, H. (1992). Postcolonial authority and postmodern guilt. In L. Grossberg, C. Nelson, & P. Treichler (Eds.), Cultural studies. New York: Routledge, pp. 56–65

Biklen, D. (1985). Achieving the complete school. New York: Teachers College.

Biklen, D., & Bogdan, R. (1977). Media portrayals of disabled people: A study in stereotypes. Interracial Books for Children Bulletin 8(6 & 7).

Biklen, S. (1973). Lessons of consequence: Women's perceptions of their elementary school experience:A retrospective study. Unpublished doctoral dissertation, University of Massachusetts.

Biklen, S. (1985). Can elementary school teaching be a career? Issues in Education 3: 215–231.

Biklen, S. (1987). School teaching, professionalism and gender. Teacher Education Quarterly 14: 17–24.

Biklen, S. (1993). Mothers' gaze through teachers' eyes. In S. K. Biklen, & D. Pollard (Eds.), Gender and education. National Society for the Study of Education Yearbook. Chicago: University of Chicago Press.

Biklen, S. (1995). School Work: Gender and the cultural construction of teaching. New York: Teachers College Press.

Biklen, S. with Mitchell, J., Patterson, J., Thomas, H., Tinto, P., & Yamini, A. (1992). Hamilton High School mathematics task force report. Unpublished document.

Biklen, S., & Moseley, C. R. (1988). Are you retarded? No, I'm Catholic: Qualitative methods in the study of people with severe handicaps. Journal of the Association for Persons with Severe Handicaps 13(3): 155–163.

Blase, J ., Jr. (1980). On the meaning of being a teacher: A study of teachers' perspective. Unpublished doctoral dissertation, Syracuse University.

Blatt, B., & Kaplan, F. (1974). Christmas in purgatory. Syracuse, NY: Human Policy Press.

Bluebond–Langner, M. (1978). The private worlds of dying children. Princeton, NJ: Princeton University Press.

Blumer, H. (1969). Symbolic interactionism: Perspective and method. Englewood Cliffs, NJ: Prentice–Hall.

Blumer, H. (1980). Comment, Mead and Blumer: The convergent methodological perspectives of social behaviorism and symbolic interaction. American Sociological Review 45: 409–419.

Bogardus, E. (1926). The new social research. Los Angeles: Jesse Ray Miller.

Bogdan, R. (1971). A forgotten organizational type. Unpublished doctoral dissertation, Syracuse University.

Bogdan, R. (1972). Participant observation in organizational settings. Syracuse, NY: Syracuse University Division of Special Education and Rehabilitation.

Bogdan, R. (1976). National policy and situated meaning: Head Start and the handicapped. American Journal of Orthopsychiatry 46(2): 229–235 .

Bogdan, R. (1980). The soft side of hard data. Phi Delta Kappan 61: 411–412.

Bogdan, R. (1983). Teaching fieldwork to education researchers. Anthropology and Education Quarterly 14(3): 171–178.

Bogdan, R.A. (1992). "Simple" farmer accused of murder: Community acceptance and the meaning of deviance. Disability, Handicap and Society 7(4): 303–320.
Bogdan R.C. (1988). Freak show: Presenting human oddities for amusement and profit. Chicago: University of Chicago Press.

Bogdrin, R. C., Brown, M. A., & Foster, S. (1982). Be honest but not cruel: Staff/Parent communication on neonatal units. Human Organization 41.(1): 6–16.

Bogdan,.R., & Ksander, M. (1980). Policy data as a social process: A qualitative approach to quantitative data.
Human Organization 39(4): 302–309. Bogdan, R., & Taylor, S. (1975). Introduction to qualitative research methods. New York: Wiley.

Bogdan, R., & Taylor, S. (1976). The judged not the judges: An insider's view of mental retardation. American Psychologist 31: 47–52.

Bogdan, R., & Taylor, S. (1982). Inside out: The social meaning of mental retardation. Toronto: University of Toronto Press.

Bogdan, R., & Taylor S. J. (1987). Toward a sociology of acceptance: The other side of the study of deviance. Social Policy, pp. 34–39.

Bogdan, R., & Taylor, S. J. (1989). Relationships with severely disabled people: The social construction of humanness. Social Problems 36(2): 135–148.

Bogdan, R., & Taylor, S. (1990). Looking at the bright side: A positive approach to qualitative policy and evaluation research. Qualitative Sociology 13(2): 183-192.

Bolton, R. (Ed.). (1989). The contest of meaning: Critical histories of photography. Cambridge, MA: MIT.

Borsavage, K. (1979). L. L. McAllister: Photo artist. Burlington, VT: Robert Hull Fleming Museum.

Bosk, C. (1979). Forgive and remember: Chicago: University of Chicago Press.

Botkin, B.A. (Ed.). (1945). Lay my burden down: A folk history of slavery. Chicago: University of Chicago Press.

Brent, E., Scott, J., & Spencer, J. (1987). Computing in qualitative sociology: Guest column. Qualitative Sociology 10(3): 309-313.

Brjggs, C.L. (1986). Learning to ask: A sociolinguistic appraisal of the role of the interview in social science research. NeW York: Cambridge University Press.

Bronfenbrenner, U. (1976). The experimental ecology of education. Educational Researcher 5(1): 1-4.

Brown, R.H. (Ed.). (1995). Postmodern representations; Truth, power; and mimesis in the human sciences and public culture. Urbana, IL: University of Illinois Press.

Bruner,E.M. (1993). The ethnographic self and the personal self. In P. Benson (Ed.), Anthropology and literature. Urbana, IL: University of Illinois Press, pp. 1-26.

Bruner, L. (1995). The death of idealism? Or, issues of empowerment in the preservice setting. In S. Noffke, & R. Stevenson (Eds.), Educational action research: Becoming practically critical. New York: Teachers College Press, pp. 31-42.

Bruni, S. (1980). The class and them:Social interaction of handicapped children in integrated primary classes. Unpublished doctoral dissertation, Syracuse University.

Bruyn, S. (1966). The human perspective in sociology. Englewood Cliffs, NJ: Prentice-Hall.

Bryman, A. (1988). Quality and quantity in social research. Boston: Unwin Hyman.

Burgess, R.G. (1984). In the field: An introduction to field research. London: Allen & Unwin.

Burgess, R.G. (1985). Issues in educational research: Qualitative methods. Philadelphia: Falmer Press.

Burleson, C.W. (1986). The panoramic photography of Eugene Goldbeck. Austin, TX: University of Texas Press.

Burnett, J.H. (1978). Commentary on an historical overview of anthropology and education: A bibliographic guide. In The Committee on Anthropology and Education, Anthropology and education: Report and working papers. New York: National Academy of Education, pp. 62–69.

Campbell, D. (1978). Qualitative knowing in action research. In M. Brenner, P. Marsh, & M. Brenner (Eds.), The social contexts of method. New York: St. Martins, pp. 90–112.

Carey, J.T. (1975). Sociology and public affairs, the Chicago school. Beverly Hills, CA: Sage.

Carini, P. (1975). Observation and description: An alternative methodology for the investigation of human phenomena. North Dakota Study Group on Evaluation Monograph Series. Grand Forks, ND: University of North Dakota.

Carspecken, P. (1996). Critical ethnography in educational research. New York: Routledge.

Case, C. (1927). A crisis. in anthropological research. Sociology and Social Research 12(1): 26–34

Cassell, J. (1978a). A field manual for studying desegregated schools. Washington, DC: The National Institute of Education.

Cassell, J. (1978b). Risk and benefit to subjects of fieldwork. The American Sociologist 13: 134–144.

Cassell, J., & Wax, M. (Eds.). (1980). Ethical problems in fieldwork [Special issue]. Social Problems 27(3).

Casella, R. (1997). Popular education and pedagogy in everyday life: The nature of educational travel in the Americas. Unpublished Ph.D. dissertation, Syracuse University.

Casey, K. (1993).I answer with my life: Life histories of women teachers working for social change. New York: Routledge.

Cazden, C., John, V., & Hymes, D. (Eds.). (1972). Functions of language in the classroom. New York: Teachers College Press.

Center for Law and Education (1978, September). Corporal punishment. Inequality in Education 23.

Chang, H. (1992). Adolescent life and ethos: An ethnography of a US High School. London: Falmer Press.

Chaplin, E. (1994). Sociology and visual representation. New York: Routledge.

Charmaz, K. (1991). Good days, bad days: The self in chronic illness and time. New Brunswick, NJ: Rutgers University Press.

Chase, S. (1995). Ambiguous empowerment: The work narratives of women school superintendents. Amherst, MA: University of Massachusetts Press.

Children's Defense Fund. (1974). Out of school in America. Washington, DC: Author.

Christian-Smith, L. (1988). Romancing the girl: Adolescent romance novels and the construction of femininity. In L. Roman, L. Christian-Smith, & E. Ellsworth (Eds.), Becoming feminine: The politics of popular culture. London: Falmer Press, pp. 76-101.

Christian-Smith, L (1990). Becoming a woman through romance. New York: Routledge.

Clark, C. M. (1987). Computer storage and manipulations of field notes and verbal protocols: Three cautions. Anthropology & Education Quarterly 18: 56-58.

Clifford, J. (1983). on ethnographic authority. Reflections 1(2): 118-146. .

Clifford, J. (1986). Introduction: Partial truths. In J . Clifford, & G. Marcus (Eds.), Writing culture: The poetics and politics of ethnography. Berkeley: University of California Press, pp. 1-26.

Clifford, J. (1988). The predicament of culture. Cambridge, MA: Harvard University Press.

Clifford, J., & Marcus, G. E. (Eds.). (1986). Writing culture: The poetics and politics of ethnography. Berkeley: University of California Press.

Clough, P. T. (1992). The end(s) of ethnography: From realism to social criticism. Newbury Park, CA: Sage.

Coles, R. (1964). Children of crisis. Boston: Little, Brown.

Coles, R. (1977). Privileged ones. Boston: Little, Brown.

Collier, J., Jr. (1967). Visual anthropology:Photography as a research method. New York: Holt.

Collins, R., & Makowsky, M. (1978). The discovery of society (2nd ed.). New York: Random House.

Computers and qualitative data [Special issue]. (1984). Qualitative Sociology 7(1 & 2).

Cooley, C. H. (1926). The roots of social knowledge. .The American Journal of Sociology 32: 59-79.

Corbin, J., & Strauss, A. (1990). Grounded theory method: Procedures, canons, and evaluative criteria. Qualitative Sociology 13: 3-21.

Coser, L. (1979). Two methods in search of a substance. In W. Snizek, E. Fuhnnan, & M. Miller (Eds.),

Contemporary issues in theory and research: A metasociological perspective. Westport, CT: Greenwood Press, pp. 107-118.

Cottle, T. (1976a). Barred from school. Washington, DC: New Republic.

Cottle, T. (1976b). Busing. Boston: Beacon Press.

Cottle, T. (1977). Children in jail. Boston: Beacon Press.

Cressey, D. (1950). Criminal violation of financial trust. American Sociological Review 15: 738-743.

Cressy, P. (1932). The taxi-dance hall. Chicago: University of Chicago.

Cronbach, L. (1975). Beyond the two disciplines of scientific psychology. American Psychologist 30(2): 116-127.

Cronbach, L., & Suppes, P. (Eds.). (1969). Research for tomorrow's schools. New York: Macmillan.

Cronbach, L., et al. (1980). Toward reform of program J evaluation. San Francisco: Jossey-Bass.

Curry, B. K., & Davis, J. E. (1995). Representing: The obligations of faculty as researchers. Academe (Sept.-Oct.): pp. 40-43.

Cusick, P. A. (1973). Inside high school: The student's world. New York: Holt, Rinehart & Winston.

Dalton, M. (1967). Preconceptions and methods in Men who manage. In P. Hammond (Ed.), Sociologists at work. New York: Anchor.

Daniels, A. K. (1983). Self-deception and self-discovery in field work. Qualitative Sociology 6(3): 195-214.

Daniels, J. (1997). White lies: Race, class, gender, and sexuality in white supremacist discourse. New York: Routledge.

Davis, A., & Dollard, J. (1940). Children of bondage. Washington, DC: American Council on Education.

Davis, A., Gardner, B. B., & Gardner, M. R. (1941). Deep south. Chicago: University of Chicago Press.

Davis, A.,& Havighurst, R. J. (1947). Father of the man. Boston: Houghton Mifflin.

Decker, S. (1969). An empty spoon. New York: Harper &,Row.

Denny, T. (1978a). Some still do: River Acres, Texas. (Report #3 in Evaluation Report Series). Kalamazoo MI: Evaluation Center, Western Michigan University, College of Education.

Denny, T. (1978b). Story telling and educational understanding. Paper presented at meeting of the International Reading Association, Houston, Texas. (ERIC Document Reproduction Service No. ED 170 314)

Denzin, N. (1978). The research act (2nd ed.). New York: McGraw-Hill.

Denzin, N. K. (1989). Interpretive biography. Newbury Park, CA: Sage.

Denzin, N. K. (1994).The art and politics of interpretation. In N. K. Denzin, & Y. S. Lincoln (Eds.), Handbook of qualitative research. Thousand Oaks, CA: Sage.

Denzin, N. K. (1995). The poststructural crisis in the social sciences: Learning from James Joyce. In R. H. Brown (Ed.),Postmodern representations: Truth, power; and mimesis in the human sciences and public culture. Urbana, IL: University of Illinois Press, pp. 38-59.

Denzin, N. K., & Lincoln, Y. S. (1994). Introduction. In N. K. Denzin, & Y. S. Lincoln (Eds.). Handbook of qualitative research. Thousand Oaks, CA: Sage, pp.1-17.

Denzin, N. K., & Lincoln, Y. S. (Eds.). (1994). Handbook of Qualitative Research. Thousand Oaks, CA: Sage.

Deutscher, L. (1973). What we say/what we do. Glenview, IL: Scott, Foresman.

DeVault, M. L. (1991). Feeding the family. Chicago: University of Chicago Press.

DeVault, M. L. (1990). Talking and listening from women's standpoints: Feminist strategies for interviewing and analysis. Social Problems 37(1): 96-116.

DeVault, M. (1994). Speaking up, carefully. Writing Sociology 2(1): 1-3.

Devine, E. T. (1906-1908). Results of the Pittsburgh survey. American Sociological Society: Papers and Proceedings 3: 85-92.

Dexter, L. A. (1956). Role relationships and conceptions of neutrality in interviewing. IP American Journal of Sociology 62(2): 153-157.

Dicken, D. R., & Fontana, A. (Eds.). (1994). Postmodernism & social inquiry. New York: Guilford.

Didion, J. (1979). The white album. New York: Simon & Schuster.

Dobbert, M. L. (1982). Ethnographic research: Theory and application for modern schools and societies. New York: Praeger.

Dollard, J. (1935). Criteria for the life history. New Haven, CT. Yale University Press.

Dollard, J. (1937). Caste and class in a southern town. New York: Harper.

Donovan, F. (1920/1974). The woman who waits. New York: Arno Press.

Douglas, J. (1976). Investigative social research. Beverly Hills, CA: Sage.

Dowdell, G. W., & Golden, J. (1989). Photographs as data: An analysis of images from a mental hospital. Qualitative Sociology 12(2): 183-214.

Du Bois, W. E. B. (1967/1899). The Philadelphia negro:A social study. New York: Benjamin Blom, distributed by Arno Press.

Duneier, M. (1992). Slim's table. Chicago: University of Chicago Press.

Durham, M. S. (1991). Powerful days. New York: Stewart, Tabori & Chang.

Duster, T., Matza, D., & Wellman, D. (1979). Fieldwork and the protection of human subjects. The American Sociologist 14: 136-142.

Easterday, L., Papademas, D., Shorr, L., & Valentine, C. (1977). The making of a female researcher: Role problems in fieldwork. Urban Life 6: 333-348..

Eckert, P. (1989). Jocks & burnouts: Social categories and identity in the high school. New York: Teachers College Press.

Edgerton, R. (1967). The cloak of competence. Berkeley: University of California Press.

Eddy, E. (1967). Walk the white line. Garden City, NY: Doubleday.

Eddy, E. (1967). Becoming a teacher: New York: Teacher's College Press.

Edwards, E. (Ed.). (1992). Anthropology and photography 1860-1920. New Haven, CT: Yale University Press.

Eisner, E. (1980). On the differences between scientific and artistic approaches to qualitative research. Paper presented at the meeting of the American Educational Research Association, Boston.

Eisner, E. (1991). The enlightened eye: Qualitative inquiry and the enhancement of educational practice. New York: Macmillan.

Eisner, E., &. Peshkin, A. (Eds.). (1990). Qualitative inquiry in education: The continuing debate. New York: Teachers College Press.

Ellis, C. (1991). Sociological introspection and emotional experience. Symbolic Interaction 14: 23-50.

Ellis, C. (1993). Telling a story of sudden death. Sociological Quarterly 34: 711-730.

Ellis, C. (1995a). Emotional and ethical quagmires in returning to the field. Journal of Contemporary Ethnography 24(1): 68-98.

Ellis, C. (1995b). The other side of the fence: Seeing black and white in a small southern town. Qualitative Inquiry 1(2): 147-167.

Ellsworth, E. (1988). Illicit pleasures: Feminist spectators and Personal Best. In L. Roman, L. Christian-Smith, & E. Ellsworth (Eds.), Becoming feminine: The politics of popular culture. London: Falmer Press, pp. 102-119.

Ellsworth, E. (1989). Why doesn't this feel empowering? Working through the repressive myths of critical pedagogy. Harvard Educational Review 59(3): 297-324.

English, F. W. (1988). The utility of the camera in qualitative inquiry. Educational Researcher 17(4): 8-15.

Erickson,F.(1973). What makes school ethnography "ethnographic"? Anthropology and Education Quarterly 4(2): 10-19.

Erickson, F. (1975). Gatekeeping and the melting pot. Harvard Educational Review 45:44~70.

Erickson, F. (1986). Qualitative methods in research on teaching. In M. C. Wittrock (Ed.), Handbook of research on reaching (3rd ed.). New York: Macmillan, pp. 119-161.

Erikson,K. (1962). Notes on the sociology of deviance. Social Problems 9: 307-314.

Erikson, K. (1976). Everything in its path. New York: Simon & Schuster.

Evans, I. W. (1970). Evaluating social action programs. In L. Zurcher, & C. Bonjean (Eds.), Planned social intervention. Scranton, PA: Chandler.

Evans, W. (1973). Photographs for the Farm Security Administration, 1935-1938. New York: Da Capo Press.

Everhart, R. (1975). Problems of doing fieldwork in educational evaluation. Human Organization 34(2): 205-215.

Everhart, R. (1977). Between stranger and friend: Some consequences of "long term" fieldwork in schools. American Educational Research Journal 14(1): 1-15.

Fabian, I. (1983). Time and the other: How anthropology makes its object. New York: Columbia University Press.

Fancher, R. E. (1987). Henry Goddard and the Kallikak family photographs. American Psychologist 42(6): 585-590.

Farber, P., & Holm, G. (1994). Adolescent freedom and the cinematic high school. In P. Farber, E. Provenzo, Jr., & G. Holm (Eds.), Schooling in the light of popular culture. Albany, NY: State University of New York Press, pp. 21-40.

Faris, R. E. L. (1967). Chicago sociology, 1920-1932. Chicago: University of Chicago Press.

Federal Writers' Project (1939). These are our lives. Chapel Hill, NC: University of North Carolina.

Ferguson, D. (1994). Is communication really the point? Some thoughts on interventions and membership. Mental Retardation 32(1): 7-9.

Ferguson, P., Ferguson, D., & Taylor, S. (Eds.). (1992). Interpreting disability: A qualitative reader: New York: Teachers College Press.

Fetterman, D. M. (Ed.). (1984). Ethnography in educational evaluation. Newbury Park, CA: Sage.

Fetterman, D. M. (1987). Ethnographic educational evaluation. In G. Spindler, & L. Spindler (Eds.), Interpretive ethnography of education. Hillsdale, NJ: Lawrence Erlbaum, pp:81-108.

Fielding, N. G.,& Fielding, J. L. (1986). Linking data. Newbury Park, CA: Sage.

Fields, E. (1988). Qualitative content analysis of television news: Systematic techniques. Qualitative Sociology 11(1): 183-189.

Filstead, W. (Ed.). (1970). Qualitative methodology. Chicago: Markham.

Finch, J. (1984). "It's great to have someone to talk to"： The ethics and politics of interviewing women. In C. Bell, & H. Roberts (Eds.), Social researching. London: Routledge and Kegan Paul, pp. 70-87.

Finders, M. (1997). Just girls: Hidden literacies and life in junior high. New York: Teachers College Press.

Fine, G. (1987). With the boys. Chicago: University of Chicago Press.

Fine, G. A., & Glassner, B. (1979). Participant observation with children. Urban Life 8(2): 153-174.

Fine, G. A., & Sandstrom, K. L. (1988). Knowing children: Participant observation with minors. Newbury Park, CA: Sage.

Fine, M. (1988). Sexuality, schooling, and adolescent females: .The missing discourse of desire. Harvard Educational Review 58(1): 29-53.

Fine, M.(1993). Over dinner: Feminism and adolescent female bodies. In S. Biklen, & D. Pollard (Eds.), Gender and education. 92nd Yearbook of the National Society of the Study of Education. Chicago: University of Chicago Press, pp. 126-154.

Fine, M. (1994a). Working the hyphens: Reinventing self and other in qualitative research. In N. K. Denzin, & Y. S. Lincoln (Eds.), Handbook of qualitative research. Thousand Oaks, CA: Sage, pp. 70-82.

Fine, M. (1994b). Dis-stance and other stances: Negotiations of power inside feminist research. In A. Gitlin (Ed.), power and method. New York: Routledge, pp. 13-35.

Firestone, W. A.(1987). Meaning in method: The rhetoric of quantitative and qualitative research. Educational Researcher 16(6): 16-21.

Florio, S. E. (1978). Learning how to go to school: An ethnography of interaction in a kindergarten/first grade classroom. Unpublished doctoral dissertation, Harvard University.

Fontana A., & Frey, J. (1994). Interviewing: The art of science. In N. Denzin, & Y. Lincoln (Eds.), Hand-book of qualitative research. Thousand Oaks, CA: Sage,pp.361-376.

Fonow, M. M., & Cook, J. (1991).Back to the future: A look at the second wave of feminist epistemology and methodology. In M. M.Fonow, & J. Cook (Eds.), Beyond methodology: Feminist scholarship as lived research. Bloomington, IN: Indiana University Press, pp. 1-15.

Fordham, S. (1996). Blacked out: Dilemmas of race, identity, and success at Capital High. Chicago: University of Chicago Press.

Foster, M. (1992). African American teachers and the politics of race. In K. Weiler (Ed.), What schools can do: Critical pedagogy and practice. Albany, NY: State University of New York Press, pp. 93-127.

Foster, M. (1993). Self-portraits of black teachers: Narratives of individual and collective struggle against racism. In W. Tierney, & D. McLaughlin (Eds.), Naming silenced lives: Personal narratives and the process of educational change. New York: Routledge, pp. 155-175.

Foster, M. (1994). The power to know one thing is never the power to know all things: Methodological notes on two studies of Black American teachers. In A. Gitlin (Ed.), Power and method: Political activism and educational research. New York: Routledge, pp. 129-145.

Fox, D. M., & Lawrence, C. (1988). Photographing medicine: Images and power in Britain and America since 1840. New York: Greenwood Press.

Freire, P. (1968). Pedagogy of the oppressed. New York: Herder and Herder.

Fried, A., & Elmaii, R. (Eds.). (1968). London (Excerpts from Life and labour of the people in London). New York: Pantheon.

Friedman, S., & Steinbert, S. (1989). Writing and thinking in the social sciences. Englewood Cliffs, NJ : Prentice-Hall.

Fuchs, E. (1966). Pickets at the gates. New York: The Free Press.

Fuchs, E. (1969). Teachers talk. Garden City, NY: Doubleday.

Gans, H. (1967). The Levittowners: Ways of life and politics in a new suburban community. New York: Pantheon Books.

Garfinkel, H. (1964). Studies in ethnomethodology. Englewood Cliffs, NJ: Prentice-Hall.

Garfinkel, H. (1967). Studies in ethnomethodology. Englewood Cliffs, NJ: Prentice-Hall.

Geer, B. (1964). First days in the field. In P. Hammond (Ed.), Sociologists at work. Garden City, NY: Doubleday.

Geer, B. (Ed.). (1973). Learning to work. Beverly Hills, CA: Sage.

Geertz, C. (1979). From the native's point of view: On the nature of anthropological understanding. In P. Rabinow, & W.

Sullivan (Eds.), Interpretive social science. Berkeley: University of California Press, pp. 225–242.

Geertz, C. (1973). Thick description: Toward an interpretive theory of culture. In The interpretation of cultures. New York: Basic Books.

Geiger, S. (1986). Women's life histories: Method and content. SIGNS 11 (2): 334–351.

Georges, R. A., & Jones, M. O. (1980). People studying people: The human element in fieldwork. Berkeley: University of California Press.

Gepart, R. P., Jr. (1988). Ethnostatistics: Qualitative foundations for quantitative research. Newbury Park, CA: Sage.

Gerth, H., & Mills, C. W. (1978). Character and social structure. New York: Harcourt Brace.

Giroux, H., & Simon, R. (1989). Popular culture as pedagogy of pleasure and meaning. In H. Giroux, &R. Simon (Eds.). Popular culture, schooling, and everyday life. New York: Bergin &. Garvey, pp. 1–30.

Glaser, B. (1978). Theoretical sensitivity: Advances in the methodology of grounded theory. Mill Valley, CA: Sociology Press.

Glaser, B., & Strauss, A. L. (1967). The discovery of grounded theory: Strategies for qualitative research. Chicago: Aldine.

Glass, G. (1975). A paradox about excellence of the schools and the people in them. Educational Researcher 4: 9–13.

Glesne, C;, & Peshkin, A. (1992). Becoming qualitative researchers. White Plains, NY: Longman.

Goetz, J. P., & LeCompte, M. D. (1984). Ethnography and qualitative design in educational research. New York: Academic Press.

Goffman, E. (1959). The presentation of self in everyday life. Garden City, NY: Anchor.

Goffman, E. (1961). Asylums. Garden City, NY: Anchor Books, 1961.

Goffman, E. (1979). Gender advertisements. New York: Harper.

Gold, R. (1958). Roles in sociological field observations. Social Forces 36: 217–223.

Goldman, R., & Papson, S. (1994). The postmodernism that failed. In D. R. Dickens, & A. Fontana (Eds.), Postmodernism & social inquiry. New York: Guilford, pp. 224–254.

Goode, D. (1992). Who is Bobby? Ideology and method in the discovery of a Down syndrome person's competence. In P. Ferguson, D. Ferguson, & S. Taylor (Eds.), Interpreting disability: A qualitive reader: New York: Teachers College Press, pp.197–212.

Goode, D. (1994). A world without words: The social construction of children born deaf and blind. Philadelphia: Temple University.

Gordon, H.(1997). The monkey on my shoulder is not a nigger: Reconstructing images of the African American male. Unpublished paper.

Gouldner, H. (1978). Teachers' pets, troublemakers, and nobodies. Westport, CT: Greenwood Press.

Graebner, W. (1990). Coming of age in Buffalo. Philadelphia: Temple University Press.

Graham-Brown, S: (1988). Images of women: The portrayal of women in photography of the middle east 1860-1950. London: Quartet.

Grant, G. (1979). Journalism and social science: Continuities and discontinuities. In H. Gans, N. Glazer, J. Gusfield, & C. Jenks (Eds.), On the making of Americans: Essays in honor of David Riesman. Philadelphia: University of Pennsylvania Press, pp.291-313.

Grant, G. (1988). The world we created at Hamilton High. Cambridge, MA: Harvard University Press.

Greene, M. (1978). Landscapes of learning. New York: Teachers College Press.

Groce, N. (1985). Everyone here spoke sign language. Cambridge, MA: Harvard University Press.

Guba, E. G. (1978). Toward a methodology of naturalistic inquiry in educational evaluation. CSE Monograph Series in Evaluation, 8. Los Angeles: Center for the Study of Evaluation, University of California.

Guba, E., & Lincoln, Y. (1981). Effective evaluation: Improving the usefulness of evaluation results through responsive and naturalistic approaches. San Francisco: Jossey-Bass.

Guba, E., & Lincoln, Y. (1982). Epistemological and methodological bases of naturalistic inquiry. Educational Communication and Technology Journal 30: 233-252.

Guba, E. G., & Lincoln, Y. S. (1994). Competing paradigms in qualitative research. In N. K. Denzin, & Y. S. Lincoln (Eds.), Handbook of qualitative research. Thousand Oaks, CA: Sage, pp. 105-117.

Gubrium, J. (1988). Analyzing field reality. Beverly Hills, CA: Sage.

Gustavsson, A. (1994). Beyond the reformer's perspective and able-centrism. In B. Qvarsell, & B. L. T. van der Linden (Eds.), The quest for quality. Stockholm, Sweden: Peogogiska Institutionen.

Gustavsson, A. (1995) Preface. In A. Gustavssan, (Ed.), Disability and integration. Stockholm, Sweden: Department of Education, Stockholm University, pp. 3-8. .

Gutman, J. M. (1974). Lewis Hine, 1974-1940: Two perspectives. New York: Grossman.

Hallden, G. (1994). Establishing order: Small girls write about family life. Gender and Education 6(1): 3-17.

Hammersley, M. (1992). What's wrong with ethnography? London: Routledge.

Hamilton, D. (1994). Traditions, preferences, postures in applied qualitative research. In N. K. Denzin, & Y. S. Lincoln (Eds.), Handbook of qualitative research. Thousand Oaks, CA: Sage, pp. 60-69.

Haraway, D. (1991). Situated knowledges: The science question in feminism and the privilege of partial perspective. In Simians, cyborgs, and women. New York: Routledge.

Harding, S. (Ed.). (1987). Feminism and methodology. Bloomington, IN: Indiana University Press.

Harper, D. (1994). On the authority of the image: Visual methods at the crossroads. In N. K. Denzin, & Y. Lincoln (Eds.), Handbook of qualitative research. Thousand Oaks, CA: Sage, pp. 403-412.

Harrison, S. (1931). The social survey. New York: Russell Sage Foundation.

Haskins, J. (1969). Diary of a Harlem schoolteacher: New York: Grove Press.

Heath, S. B. (1983). Ways with words: Language, life and work in communities and classrooms. Cambridge, UK: Cambridge University Press.

Heider, K. G. (1988). The Rashomon effect: When ethnographers disagree. American Anthropologist 90: 73-81.

Helling, I. K. (1988). The life history method. In N. K. Denzin (Ed.), Studies in symbolic interaction. Greenwich, CT: JAI, pp. 211-243.

Henry, J. (1955a). Culture, education and communications theory. In G. Spindler (Ed.), Education and anthropology. Stanford, CA: Stanford University Press, pp. 188-207.

Henry, J. (1955b). Docility, or giving teacher what she wants. The Journal of Social Issues 11 (2): 33-41.

Henry, J. (1957). Attitude organization in elementary school classrooms. American Journal of Orthopsychiatry 27: 117-123.

Henry, J. (1963). Culture against man. New York: Random House.

Herndon, J. (1968). The way it spozed to be. New York: Simon & Schuster.

Herriott,E. (1977). Ethnographic case studies in federally funded multi-disciplinary policy research: Some design and implementation issues. Anthropology and Education Quarterly 8(2): 106-115.

Hertz, R.,& Imber, J. (1993). Fieldwork in elite settings. Journal of Contemporary Ethnography (Special Issue of the Journal devoted to research with elites.) 22(1).

Hewitt, R. (1995). Salvaging jargon. Writing Sociology 3(1): 1-3.

Hill, R. J., & Crittenden, K. (1968). Proceedings of the Purdue symposium on ethno-methodology. Lafayette, IN: Institute for the Study of Social Change, Purdue University.

Hochschild, A. R. (1983). The managed heart: Commercialization of human feelings. Berkeley: university of California Press.

Hollingshead, A. B. (1949). Elmstown's youth. New York: Wiley.

Holm, G. (1994). Learning in style: The portrayal of schooling in Seventeen magazine. In P. Farber, E. Provenzo, Jr., & G. Holm (Eds.), Schooling in the light of popular culture. Albany, NY: State University of New York Press, pp. 41-58.

Holm, G., & Farber, P. (1994). Education, rock-and-roll, and the lyrics of discontent. In P. Farber, E. Provenzo, Jr., & G. Holm (Eds.), Schooling in the light of popular culture. Albany, NY: State University of New York Press, pp. 41-58.

Holstein, J., & Gubrium, J. (1994). Phenomenology, ethnomethodology and interpretive practice. In N . Denzin, & Y. Lincoln (Eds.), Handbook of qualitative research. Thousand Oaks, CA: Sage, pp. 262-272.

Howe, K. R. (1988). Against the quantitative-qualitative incompatibility thesis or dogmas die hard. Educational Researcher 17(8): 10-16.

Hughes, E. (1934). Institutional office and the person. American Journal of Sociology 43: 404-413.

Hughes, E. C. (1971). The sociological eye. Chicago: .Aldine. .

Hurley, F. J. (1972).Portrait of a decade: Roy Stryker and the development of documentary photography in the thirties. Baton Rouge, LA: Louisiana State University Press.

Hyman, H. (1954). Interviewing in social research. Chicago: University of Chicago Press.

Ianni, F. (1978). Anthropology and educational research: A report on federal agency programs, policies and issues. In the Committee onAnthropology and Education (Eds.), Report and working papers. National Academy of Education, pp.427-488.

Ives, E. (1974). The tape-recorded interview: A manual for field workers in folklore and oral history. Knoxville, TN: The University of Tennessee Press.

Jackson, P. (1968). Life in classrooms. New York: Holt, Rinehart & Winston.

Jacob, E. (1987). Qualitative research traditions: A review. Review of Educational Research 57(1): 1-50.

Jacoby, R. (1995).Clarifying seditious thought. Writing Sociology 2(4): 1-3.

Jahoda, M., Deutsch, M., & Cook, S. (1951). Research methods in social relations (Part I). New York: Dryden.

James, A., & Prout, A. (Eds.). (1990). Constructing and reconstructing childhood: Contemporary issues in the sociological study of childhood. London: Falmer.

Janesick, V. J. (1994). The dance of qualitative research design. In N. K. Denzin, & Y. S. Lincoln (Eds.), Handbook of qualitative research. Thousand Oaks, CA: Sage, pp. 209-219.

Johnson, J. M. (1975). Doing field research. New York: The Free Press.

Journal of Educational Sociology, 1927 1(4).

Journal of Educational Sociology, 1927 1(7).

Junker, B. (1960). Fieldwork. Chicago: University of Chicago Press.

Karp, D. A. (1996). Speaking of sadness: Depression, disconnection, and the meaning of illness. New York: Oxford.

Katz, S. (1995). Learning the (T)ropes. Writing Sociology 2(3): 1-3.

Kellner, D. (1991). Reading images critically: Toward a postmodern pedagogy. In H. Giroux (Ed.), Postmodernism, feminism, and cultural politics. Albany, NY: State University of New York Press, pp. 60-82.

Kellogg, P. (1911-1912). The spread of the survey idea. Proceedings of the Academy of Political Science 2(4): 475-491.

Kelly, J. G. (1969). Naturalistic observations in contrasting social. environments. In E. P. Willens, &H. L. Raush (Eds.), Naturalistic viewpoints in psychological research. New York: Holt, Rinehart & Winston, pp. 183-199.

Kennard, M. (1990). Producing sponsored films on menstruation: The struggle over meaning. In E. Ellsworth, & M. Whatley (Eds.), The ideology of images in educational media. New York: Teachers College Press, pp. 57-73.

Kiang, P. N. (1995). Bicultural strengths and struggles of Southeast Asian Americans in school. In A. Darder (Ed.), Culture and difference: Critical perspectives on the bicultural experience in the United States. Westport, CT: Bergin & Garvey, pp. 201-225.

Kierzek, J., & Gibson, W. (1968). The Macmillan hand-book of English. New York: Macmillan.

Kiricheloe, J. L., & McLaren, P. L. (1994). Rethinking critical theory and qualitative research. In N. K. Denzin, & Y. S. Lincoln (Eds.), Handbook of qualitative research. Thousand Oaks, CA: Sage, pp. 138-157.

Kohl, H. (1967).36 children. New York: New American Library.

Komarovsky, M. (1940). The unemployed man and his family. New York: Dryden.

Komarovsky, M. (1946). Cultural contradictions and sex roles. American Journal of Sociology 52: 184-189.

Kozol, J. (1967). Death at an early age. New York: Bantam.

Kozol, W. (1994). Life's America. Philadelphia: Temple University Press.

Krathwohl, D. R. (1988). How to prepare a research proposal. Syracuse, NY: Syracuse University Press.

Krieger, S. (1985). Beyond "subjectivity": The use of the self in social science. Qualitative Sociology 8(4): 309-324.

Krieger, S. (1991). Social science and the self. Personal essays on an art form:New Brunswick, NJ : Rutgers.

Krueger, E. T. (1925a). The technique of securing life history documents. Journal of Applied Sociology 9: 290-298.

Krueger, E. T. (1925b). The value of life history documents for social research. Journal of Applied Sociology 9: 196-201.

Lancy, D. (1993). Qualitative research in education. New York: Longman.

Langer (1978). Private worlds of dying children. Princeton, NJ: Princeton University Press.

Langness, L. L., & Frank, G. (1981). Lives: An anthropological approach to biography. Novata, CA: Chandler & Sharp.

Lareau, A. (1987). Social class and family-school relationships: The importance of cultural capital. Sociology of Education 56 (April): 73-85.

Lareau, A. (1989). Home advantage: Social class and parental intervention in elementary education. London: Palmer Press..

Lather, P. (1988). Feminist perspectives on empowering research methodologies. Women's Studies International Forum 1(6): 569-581.

Lather, P. (1991a). Getting smart: Feminist research and pedagogy with/in the postmodern. New York: Routledge.

Lather, P. (1991b). Deconstructing/deconstructive inquiry: The politics of knowing and being known. Educational Theory 41(2): 153-173.

Leacock, E. (1969). Teaching and learning in city schools. New York: Basic Books.

LeCompte, M. D. (1987). Bias in the biography: Bias and subjectivity in ethnographic research. Anthro-pology & Education Quarterly 18: 43–52.

Lesko, N. (1988). Symbolizing society: Rites and structure in a Catholic high school. London: Falmer Press.

Levine, M. (1980a). Investigative reporting as a research method: An analysis of Bernstein and Woodward's All the President's Men. American Psychologist 35: 626–638.

Levine, M. (1980b). Method or madness: On the alienation of the professional. Invited Address, Division 12. Meeting of the American Psychological Association, Montreal.

Lewis, O. (1965). La vida. New York: Vintage.

Liebow, E. (1967). Tally's corner: Boston: Little, Brown.

Lightfoot, S.(1978). Worlds apart: Relationships between families and schools. New York: Basic Books.

Lincoln, Y. (1995). Emerging criteria for quality in qualitative and interpretive research. Qualitative Inquiry 1(3): 275–289.

Lincoln, Y. S., & Denzin, N. K. (1994) The fifth moment. In N. K. Denzin, & Y.S. Lincoln (Eds.), Handbook of qualitative research. Thousand Oaks, CA: Sage, pp. 575–586.

Lincoln. Y. S., & Guba, E. G. (1985). Naturalistic inquiry. Beverly Hills, CA: Sage.

Lindeman, E. C. (1925). Social discovery. New York: Republic.

Linden. R. R. (1992). Making stories, making selves: Feminist reflections on the Holocaust. Columbus, OH: Ohio State University Press.

Lindesmith, A. R. (1947). Addiction and opiates. Chicago: Aldine.

Livingstone, S., & Lunt, P. (1994). Talk on television. London: Routledge.

Locke. L. F., Spirduso, W. W., & Silverman, S. J. (1987). Proposals that work: A guide for planning dissertations and grant proposals. Newbury Park, CA: Sage.

Lofland. J. (1971). Analyzing social settings. Belmont, CA: Wadsworth.

Lofland. J. (1974). Styles of reporting qualitative field research. The American Sociologist 9: 101–111.

Lofland. J. (1976). Doing social life. New York: Wiley.

Lorber. J. (1988). From the editor. Gender and Society 2(1): 5–8.

Lutz. C., & Collins, J. (1993). Reading National Geographic. Chicago: University of Chicago Press.

Lutz. F., & Gresson, A. (1980). Local school boards as political councils. Educational Studies 2: 125–143.

Lynch. M., & Peyrot, M. (1992). A reader's guide to ethnomethodology. Qualitative Sociology 15(2): 113-122.

Lynd. R. S., & Lynd, H. M. (1929). Middletown. New York: Harcourt Brace.

Lynd, R. S., & Lynd, H. M. (1937). Middletown in transition. New York: Harcourt Brace.

Lyon, D. (1992). Memories of the southern civil rights movement. Chapel Hill, NC: University of North Carolina Press.

Mac An Ghaill, M. (1994). The making of men: Masculinities, sexualities and schooling. Buckingham, GB: Open University Press.

Maccoby, E., & Maccoby, N. (1954). The interview: A tool of social science. In G. Lindzey (Ed.), Hand-book of social psychology (vol. 1). Cambridge, MA: Addison-Wesley, pp. 449-487.

Mace, H. O. (1990). Collector's guide to early photographs. Radnor, PA: Wallace-Homestead.

Maines, D. R., Shaffir, W., & Turowetz, A. (1980). Leaving the field in ethnographic research: Reflections on the entrance-exit hypothesis. In W. B. Shaffir, R. A. Stebbins, & A. Turowetz (Eds.), Fieldwork experience: Qualitative approaches to social research. New York: St. Martin's.

Malinowski, B. (1922). Argonauts of the western Pacific. New York: Dutton.

Malinowski, B. (1960). A scientific theory of culture and other essays. New York: Oxford University Press.

Marcus, G. E. (1994). What comes (just) after post? In N. K. Denzin, & Y. S. Lincoln (Eds.), Handbook of qualitative research. Thousand Oaks, CA: Sage, pp. 563-574.

Marcus, G. E., & Fisher, M. M. (1986). Anthropology as cultural critique: An experimental moment in the human sciences. Chicago: University of Chicago Press.

Marcus, G. M., & Cushman, D. (1982). Ethnographies as texts. Annual Review of Anthropology 11: 25-69.

Martin, E. (1987). The woman in the body. Boston: Bea-con Press.

Mascia-Lees, F. E., Sharpe, P., & Cohen, C. B. (1989). The postmodernist turn in anthropology: Cautions from a feminist perspective. Signs 15(1): 7-33.

Matthews, F. (1977). Quest for an American sociology: Robert E. Park and the Chicago school. Montreal: McGill-Queens University Press.

May, E. T. (1988). Homeward bound: American families in the cold war era. New York: Basic Books.

McAdoo, H. (1976). Oral history and educational research. Paper presented at the meeting of the American Educational Research Association. (ERIC Document Reproduction Service No. ED 171831)

McCall G. J., & Simmons, J. L. (Eds.). (1969). Issues in participant observation. Reading, MA: Addison-Wesley.

McCall, M. M., & Becker, H. S. (1990). Performance science. Social Problems 37(1): 117-132.

McCracken, G. (1988). The long interview. Newbury Park, CA: Sage.

McDermott, R. (1976). Kids make sense: An ethnographic account of the interactional management of success and failure in one first grade classroom. Unpublished doctoral dissertation, Stanford University.

McDermott, R. P., Gospodinoff, K., & Aron, J. (1978). Criteria for an ethnographically adequate description of concerted activities and their contexts. Semiotica 24: 245-275.

McIntyre, D. (1969). Two schools, one psychologist. In F. Kaplan, & S. Sarason (Eds.), The psycho-educational clinic: Papers and research studies. Boston: Massachusetts Department of Mental Health, pp. 21-90.

McLaren, P. (1994). Life in schools. 2nd Edition. New York: Longman.

McLaughlin, D., & Tierney, W. G. (Eds.). (1993). Naming silenced lives: Personal narratives and the process of educational change. New York: Routledge.

McPherson, G. (1972). Small town teacher Cambridge, MA: Harvard University.

McRobbie, A. (1991). Feminism and youth culture. Boston: Unwin Hyman.

McRobbie, A. (1994). PostModernism and popular culture. London: Routledge.

McWilliam, E. (1994). In broken images: Feminist tales for a different teacher education. New York: Teachers College Press.

Mead, G. H. (1934). Mind, self, and society. Chicago: University of Chicago Press.

Mead, M. (1942). An anthropologist looks at the teacher's role. Educational Method 21: 219-223.

Mead, M. (1951). The school in American culture. Cambridge, MA: Harvard University Press.

Mehan, H. (1978). Structuring school structure. Harvard Educational Review 48: 32-64.

Mehan, H. (1979). Learning lessons. Cambridge, MA: Harvard University Press.

Mehan, H., & Wood, H. (1975). The reality of ethnomethodology. New York: Wiley.

Meltzer, B., & Petras, J. (1970). The Chicago and Iowa schools of symbolic interactionism. In T. Shibutani (Ed.), Human nature and collective behavior: Englewood Cliffs, NJ: Prentice-Hall.

Meltzer, B., Petras, J., & Reynolds, L. (1975). Symbolic interactionism: Genesis, varieties and criticism. London: Routledge and Kegan Paul.

Mercurio, J. A. (1979). Caning: Educational rite and tradition. Syracuse, NY; Syracuse University.

Mercurio, J. A. (1979) Community involvement in cooperative decision making; Some lessons learned. Educational Evaluation and Policy Analysis 6, 37-46

Merriam, S. B. (1980) The case study research in education. San Francisco: Jossey-Bass

Merton R. K., & Kendall, P. L. (1946). The focused interview. American Journal of Sociology 51: 541-557.

Messerschmidt, D. A. (1984) Federal works for local change: On the ethnography of experimental schools. In D. M. Fetterman (Ed.) Ethnography in educational evaluation. Newbury Park, CA: Sage, pp 89-114.

Metz, M. H. (1978). Classrooms and corridors: The crisis of authority in desegregated secondary schools. Berkeley. University of California Press.

Michael, L., & Pryor, M. (1982). Introduction. A reader a guide in ethnomethodology. Qualitative Sociology 15(2): 113-121.

Michaud, P (1994) The child's view of reading. Understandings for teachers and parents. Boston: Allyn & Bacon.

Middleton, J (1987). Schooling and radicalization: Life histories of New Zealand feminist teachers. British Journal of Sociology of Education 8(2): 149-189.

Middleton, S. (1993). Educating feminists: Life histories and pedagogy. New York: Teachers College Press.

Miles, M. & Huberman, M. (1984). Qualitative data analysis. Beverly Hills, CA: Sage.

Miles, M. B., & Huberman, A. M. (1994). Qualitative data analysis: An expanded source book (Second Edition): Thousand Oaks: Sage.

Mill, C. W. (1959). The sociological imagination. London: Oxford University Press.

Mischler, E. G. (1991). Research interviewing: Context and narration. Cambridge, MA: Harvard.

Mitford, J. (1971). Kind and usual punishment. New York: Knopf.

Mitford, J. (1979). Poison penmanship. New York: Knopf.

Moffatt, M. (1989). Coming of age in New Jersey. New Brunswick, NJ: Rutgers University Press.

Moore, G. A. (1967). Realities of the urban classroom. Garden City, NY: Anchor.

Morgan, D. L. (1988). Focus groups as qualitative research. Newbury Park, CA: Sage.

Morris, V. C., & Hurwitz, E. (1980). The Heisenberg problem: How to neutralize the effect of the observer on observed phenomena. Paper presented at the meeting of the American Educational Research Association, Boston.

Morrow, V.(1995). Invisible children? Toward a reconceptiualization of childhood dependency and responsibility. Sociological studies of children (JAI Press) 7: 207–230.

Morse, J. M. (1994). Designing funded qualitative research. In N. K. Denzin, & Y. S. Lincoln. (Eds.), Handbook of qualitative research, Thousand Oaks, CA: Sage, pp. 220–235.

Musello, C. (1979). Family photograph. In J. Wagner (Ed.), Images of information. Beverly Hills, CA: Sage, pp. 101–118.

National Institute of Education (1978). Violent schoolmate schools: The safe school study report to the Congress. Washington, DC: Author.

Noffke, L. (1995). Action research and democratic schooling: Problematics and potentials. In S. Noffke, & R. Stevenson (Eds.), Educational action research: Becoming practically critical. New York: Teachers College Press, pp. 1–10.

North, L. V. (1909, March 6). The elementary public schools of Pittsburgh. Charity and the Commons 21: 1175–1191.

Oakley, A. (1981). Interviewing women: A contradiction in terms. In H. Roberts (Ed.), Doing feminist research. London: Routledge and Kegan Paul, pp. 30–61.

O'Barr, W. (1994). Culture and the ad: Exploring otherness in the world of advertising. Boulder, CO: Westview Press.

Odum, H. (1951). American sociology: The story of sociology in the United States through 1950. New York: Greenwood.

Ogbu, J. (1974). The next generation: An ethnography of education in an urban neighborhood. New York: Academic Press.

Oja, S. & Smulyan, L. (1989). Collaborative action research: A developmental approach. London: Falmer Press

Olesen, v. (1994). Feminisms and models in qualitative research. In N. K. Denzin, & Y. S. Lincoln (Eds.), Handbook of qualitative research. Thousand Oaks, CA: Sage, pp. 158–169

O'Neal, M. H. (1976). A vision shared. New York: St. Martin's.

Orner, M. (1992). Interrupting the calls for student voice in "liberatory" education: A feminist poststructuralist perspective. In C. Luke, & J. Gore (Eds.), Feminisms and critical pedagogy. New York: Routledge, pp. 74–89.

Oyler, C. (1996). Making room for students: Sharing teacher authority in Room 104. New York: Teachers College Press.

Paget, M. (1990). Performing the text. Journal of Contemporary Ethnography 19(1):136–155.

Patai, D. (1994). Sick and tired of scholars' nouveau solipsism. The Chronical of Higher Education, February 23, p. A52.

Patton, M. Q. (1980). Qualitative evaluation methods. Beverly Hills, CA: Sage.

Patton, M, Q. (1987). How to use qualitative methods in evaluation. Newbury Park, CA: Sage.

Peters, C. C. (1937). Research technics in educational sociology. Review of Educational Research 7(1): 15–25.

Peshkin, A. (1986). God's choice. Chicago: University of Chicago Press.

Pfaffenberger, B. (1988). Microcomputer applications in qualitative research. Newbury Park, CA: Sage.

Plummer, K. (1983). Documents of life: An introduction to the problems and literature of a humanistic method. London: George Allen & Unwin.

Popkewitz, T. S. (1984). Paradigm & ideology in educational research. New York: Faber.

Porter-Gehrie, C. (1980). The ethnographer as insider. Educational Studies 2: 123–124.

Porter-Gehrie, C., & Crowson, R. L. (1980). Analyzing ethnographic data-Strategies and results. Paper presented to the meeting of the American Educational Research Association, Boston.

Pratt, M. L. (1985). Scratches on the face of the country; Or, What Mr. Burrow saw in the land of the Bushmen. Critical Inquiry 12 (Autumn): 119–143.

Pratt, M. L. (1986). Fieldwork in common places. In J. Clifford, & G. Marcus (Eds.), Writing culture. Berkeley: University of California Press, pp. 27–50.

Pratt, M. L. (1992). Imperial eyes: Travel writing and transculturation. New York: Routledge.

Preskill, H. (1995). The use of photography in evaluating school culture. Qualitative Studies in Education 8(2): 183–193.

Press, A. (1991). Women watching television: Gender; class, and generation in the American television experience. Philadelphia: University of Pennsylvania Press.

Provenzo, E., & Ewart, A. (1994). Reader's Digest and the mythology of schooling. In P. Farber, E. Provenzo, Jr., & G. Holm (Eds.), Schooling in the light of popular culture. Albany, NY: State University of New York Press, pp. 85–102.

Psathas, G. (Ed.). (1973). Phenomenological sociology. New York: Wiley.

Punch, M. (1986). The politics and ethics of fieldwork. Newbury Park, CA: Sage.

Punch, M. (1994). Politics and ethics in qualitative research. In N. K. Denzin,& Y; S. Lincoln (Eds.), Handbook of qualitative research. Thousand Oaks, CA: Sage, pp. 83–97.

Quint, S. (1994). Schooling homeless children. New York: Teachers College Press.

Radway, J. (1984). Reading the romance. Chapel Hill, NC: University of North Carolina Press.

Ragin, C., & Becker, H. (Eds.). (1992). What is a case? New York: Cambridge University Press.

Raissiguier, C. (1993). Negotiating work, identity, and desire: The adolescent dilemmas of working-class girls of French and Algerian descent in a vocational high school.In C. McCarthy, & W. Crichlow (Eds.), Race, identity and representation in education. New York; Routledge, pp. 140–156.

Redfield, R. (1955). The educational experience. Pasadena, CA: Fund for Adult Education.

Reichardt, C. S., & Cook, T. D. (1979). Beyond qualitative versus quantitative methods. In T. D. Cook, & C. S. Reichardt (Eds.), Qualitative and quantitative methods in evaluation research. Beverly Hills, CA: Sage.

Reichardt, C.S., & Rallis, S. F. (Eds.). (1994). The quantitative-qualitative debate: New perspectives. San Francisco: Jossey-Bass.

Reinharz, S. (1992). Feminist methods in social research. New York: Oxford University Press.

Reinharz, S. (1993). Neglected voices and excessive demands in feminist research. Qualitative Sociology 16(1): 69–75.

Research for Action (1996). Girls in the middle. Washington, DC: American Association of University Women.

Richards, T. J., & Richards, L. (1994). Using computers in qualitative research. In N. K. Denzin, & Y. S. Lincoln (Eds.), Handbook of qualitative research. Thousand Oaks, CA: Sage, pp. 445–462.

Richardson, L. (1990a). Narrative and sociology. Journal of Contemporary Ethnography 19(1): 116–135.

Richardson, L. (1990b). Writing Strategies: Reaching diverse audiences. Newbury Park, CA: Sage.

Richardson, L. (1993). Poetics, dramatics, and transgressive validity. Sociological Quarterly 34(4): 695-710.

Richardson, L. (1994). Nine poems: Marriage and the family. Journal of Contemporary Ethnography 23(1): 3-13.

Richardson, L. (1994). Writing. In N. K. Denzin, & Y. S. Lincoln (Eds.), Handbook of qualitative research. Thousand Oaks, CA: Sage, pp. 516-529.

Riessman, C. (1987). When gender is not enough: Women interviewing Women. Gender and Society 1(2): 172-207.

Riis, J. (1890). How the other half lives. New York: Scribner's.

Riley, J. J. (1910-1911). Sociology and social surveys. American Journal of Sociology 16: 818-836.

Rist, R. (1970). Student social class and teacher expectations: The self-fulfilling prophecy in ghetto education. Harvard Educational Review 40: 411-451.

Rist, R. (1973). The urban school: A factory for failure. Cambridge, MA: Massachusetts Institute of Technology Press.

Rist, R. (1977a). On the relations among educational research paradigms: From distain to detente. Anthropology and Education Quarterly 8: 42-49.

Rist, R. (1977b). On understanding the processes of schooling. In J. Karabel, & A. H. Halsey (Eds.), Power and ideology in education. New York: Oxford University Press.

Rist, R. (1978). The invisible children. Cambridge, MA: Harvard University.

Rist, R. (1980). Blitzkrieg ethnography. Educational Researcher 9(2): 8-10.

Ritzer, G. (1975). Sociology: A multiple paradigm science. Boston: Allyn & Bacon.

Rivera, G. (1972). Willowbrook: A report on how it is and why it doesn't have to be that way. New York: Vintage.

Roberts, J. (1976). An overview of anthropology and education. In J. Roberts, & S. Akinsanya (Eds.), Educational patterns and cultural configurations. New York: David McKay, pp. 1-20.

Roberts, J. (1971). Scene of the battle. Garden City, NY: Doubleday.

Roberts, J. I., & Akinsaiiya, S. K. (Eds.). (1976a). Educational patterns and cultural configurations. New York: David McKay.

Roberts, J. I., & Akinsanya, S. K. (Eds.). (1976b). Schooling in the cultural context: Anthropological studies of education. New York: David McKay.

Robinson, W. S. (1951). The logical structure of analytic induction. American Sociological Review 16: 812–818.

Rogers, C. (1945). The nondirective method as a technique for social research. American Journal of Sociology 50: 279–283.

Rogers, C. (1951). Client-centered therapy. Boston: Houghton Mifflin.

Roman, L. (1997). Denying (white) racial privilege:Redemption discourses and the uses of fantasy. In M. Fine, L. Weis, L. Powell, & L. M. Wong (Eds.), Off white. New York: Routledge, pp. 270–282.

Roman, L. G. (1988). Intimacy, labor, and class: Ideologies of feminine sexuality in the punk slam dance. In L. G. Roman, & L. C. Christian-Smith with E. Ellsworth (Eds.), Becoming feminine: The politics of popular culture. London: Falmer Press, pp.143–184.

Roman, L., & Apple, M. (1990). Is naturalism a move

away from positivism? Materialist and feminist approaches to subjectivity in ethnographic research. In E. Eisner, & A. Peshkin (Eds.), Qualitative inquiry in education: The continuing debate. New York: Teachers College Press, pp. 38–73.

Rosaldo, R. (1989). Culture and truth: The remaking of social analysis. Boston: Beacon Press.

Rosensteil, A. (1954). Educational anthropology: A new approach to cultural analysis. Harvard Educational Review 24: 28–36.

Rosenthal, R., & Jacobson, L. (1968). Pygmalion in the classroom. New York: Holt, Rinehart & Winston.

Roth, J. (1963). Timetables. Indianapolis, IN: Bobbs-Merrill.

Rothman, D. J., & Rothman, S. (1984). The Willow-brook wars. New York: Harper and Row.

Rothstein, W. R. (1975). Researching the power structure: Personalized power and institutionalized charisma in the principalship. Interchange 6(2): 41–48.

Rowe, D. (1995). Popular cultures: Rock music, sport and the politics of pleasure. London: Sage.

Rubin H., & Rubin, I. (1995). Qualitative interviewing. Thousand Oaks, CA: Sage.

Rubin, L. (1976). Worlds of pain. New York: Basic Books.

Said, E. W. (1993). Culture and imperialism. New York: Alfred A. Knopf.

Saljo, R. (1994). Qualitative research on learning and instruction in Scandinavia. Qualitative Studies in Education 7(3): 257–267.

Sanjek, R. (Ed.). (1990). Fieldnotes. Ithaca, NY: Cornell. University Press.

Sarason, S., & Doris, J. (1979). Educational handicap, public policy, antisocial history. New York: The Free Press.

Sarason, S., Levine, M., Goldenberg, I., Cherlin, D., & Bennett, E. (1966). Psychology in community settings. New York: Wiley.

Schaller, G. (1965). The year of the gorilla. Chicago: University of Chicago Press.

Schatzman, L., &Strauss, A. (1973). Field research. Englewood Cliffs, NJ: Prentice-Hall.

Schein, E. H. (1987). The clinical perspective in field-work. Newbury Park, CA: Sage.

Schmuck, P. (1975).,Deterrents to women's careers in school management: Sex Roles 1: 339-353.

Schneider, J., & Conrad, P. (1980). Having epilepsy. Philadelphia, PA:Temple University Press.

Schoonmaker, M. (1994). Videoasis: The character of viewing in a video community. Unpublished doctoral dissertation, Syracuse University.

Schwalbe, M. (1995). A writer's data. Writing Sociology 3(1): 6.

Schwalbe, M. (1995). The responsibilities of sociological poets. Qualitative Sociology 18(4): 393-413.

Schwandt, T. A. (1994). Constructivist, interpretivist approaches to human inquiry. In N. K. Denzin, & Y.S. Lincoln (Eds.), Handbook of qualitative research. Thousand Oaks, CA: Sage, pp. 118-137.

Schwartz, D. (1989). Visual ethnography: Using photography in qualitative research. Qualitative Sociology 12(2): 119-154.

Schwartz, H., & Jacobs, J. (1979). Qualitative sociology. New York: The Free Press.

Schwoch, J., White, M., & Reilly, S. (1992). Media knowledge. Albany, NY: State University of New York Press.

Scott, R. W. (1965). Field methods in the study of organizations. In J. G. March (Ed.), Handbook of organizations. Chicago: Rand McNally.

Scott, R. (1969). The making of blind men. New York: Russell Sage.

Scriven, M. (1972). Objectivity and subjectivity in educational research. In L. G. Thomas (Ed.), Philosophical redirection of educational research: The seventy-first yearbook of the National Society for the Study of Education. Chicago: University of Chicago Press.

Sharp, R., & Green, A. (1975). Education and social control. London: Routledge and Kegan Paul.

Sharpe, J. (1993). Allegories of Empire: The figure of women in the colonial text. Minneapolis, MN:University of Minnesota Press.

Shaw, C, (1966). The jack roller (2nd ed.). Chicago: University of Chicago Press.

Shelly, A., & Sibert, E. (1986). Using logic programming to facilitate qualitative data analysis. Qualitative Sociology 9(2): 145-161.

Sherman, E., & Reid, W. J. (1994). Qualitative research in social work. New York: Columbia

Sherman, R. R., & Webb, R. B. (Eds.). (1988). Qualitative research in education: Focus and methods. Philadelphia, PA: Falmer Press.

Shumway, G., & Hartley, W. (1973). Oral history primer: Fullerton: California State University Press.

Shuy, R., & Griffin, P. (Eds.). (1978). The study of children's functional language and education in the early years. Final Report to the Carnegie Corporation of New York. Arlington, VA: Center for Applied Linguistics.

Shuy, R., Wolfram, W., & Riley, W. K. (1967). Field techniques for an urban language study. Washington, DC: Center for Applied Linguistics.

Sleeter, C. (1993). How white teachers construct race. In C. McCarthy, & W. Crichlow (Eds.), Race, identity and representation in education. New York:Routledge, pp. 157-171.

Smith, D. (1987). The everyday world as problematic. Boston: Northeastern University Press.

Smith, J. K. (1983). Quantitative versus qualitative research: An attempt to clarify the issue. Educational Researcher 12: 6-13.

Smith, J. K., & Heshusius, L. (1986). Closing down the conversation: The end of the quantitative-qualitative debate among educational inquirers. Educational Researcher 15(1): 4-12.

Smith, L., & Geoffrey, W. (1968). The complexities of an urban classroom: An analysis toward a general theory of teaching. New York: Holt, Rinehart & Winston.

Smith, L. M. (1992). Ethnography. In M. C. Alkin (Ed.), Encyclopedia of Educational Research 2: 458-462.

Smith, L. M. (1994). Biographical method. In N. K. Denzin, & Y. S. Lincoln (Eds.), Handbook of qualitative research. Thousand Oaks, CA: Sage, pp. 286-305.

Snedden, D. (1937). The field of educational sociology. Review of Educational Research 7(1): 5-14.

Solomon, B. (1996). Unpublished field notes. Syracuse University.

Sontag, S. (1977), On photography. New York: Farrar, Strauss and Giroux .

Spencer, D. A. (1986). Contemporary women teachers. New York: Longman.

Spindler, G. (Ed.). (1955). Education and anthropology. Stanford, CA: Stanford University Press.

Spindler, G. (1959). The transmission of American culture. Cambridge, MA: Harvard University Press.

Spindler, G.E.(Ed.).(1982). Doing the ethnography of schooling: Educational anthropology in action. New York: Holt, Rinehart & Winston.

Spradley, J. (1979). The ethnographic interview: New York: Holt, Rinehart & Winston.

Spradley, J. P. (1980). Participant observation. New York: Holt, Rinehart & Winston.

Squiers, C. (Ed.). (1990). The critical image. Seattle, WA: The Bay Press.

Stack, C. (1974). All our kin: Strategies for survival in a black community. New York: Harper & Row.

Stacey, J. (1988). Can there be a feminist ethnography? Women's Studies International Forum 11: 21-27.

Stainback, S., & Stainback,W. (1985). Quantitative and qualitative methodologies: Competitive or complementary? Exceptional Children 51: 330-334.

Stake, R. E. (1978). The case study method in a social inquiry. Educational Researcher 7.

Stake, R. E. (1994). Case studies. In N. K. Denzin, & Y. S. Lincoln (Eds.), Handbook of qualitative research. Thousand Oaks, CA: Sage, pp. 236-246.

Stall, S., Thompson, M., & Haslett, D. (1995). Creating a supportive writing group. Writing Sociology 2(3): 1-3.

Steffens, L. (1904). The shame of the cities. New York: McClure, Phillips.

Steffens, L. (1931). The autobiography of Lincoln Steffens. New York: Harcourt Brace.

Stewart, D. W., & Shamdasani, P. N. (1990). Focus groups: Theory and practice. Newbury Park, CA: Sage.

Stott, W. (1973). Documentary expression and thirties America. New York: Oxford University Press.

Strauss, A. (1987). Qualitative analysis for social scientists. New York: Cambridge University Press.

Strauss, A., & Corbin, J. (1990). Basics of qualitative research: Grounded theory procedures and techniques. Newbury Park, CA: Sage.

Strauss, A., & Corbin, J. (1994). Grounded theory methodology: An overview. In N. K. Denzin, & Y.S. Lincoln (Eds.), Handbook of qualitative research. Thousand Oaks:CA:Sage, pp. 273-285.

Strunk, W., Jr., & White, E. B. (1972). The elements of style. New York: Macmillan.

Stryker, R. E., & Wood, N. (1973). In this proud land, America 1935-1943 as seen in the FSA photograhs. Greenwich, CT: New York Graphic Society, Ltd.

Sussman, L. (1977). Tales out of school. Philadelphia, PA: Temple University.

Sutherland, E. (1937). The professional thief. Chicago: University of Chicago Press.

Swaminathan, R. (1997). "The charming sideshow: " Cheerleading, girls' culture, and schooling. Un-published Ph.D. dissertation, Syracuse University, Syracuse, NY.

Tagg, J. (1988). The burden of representation: Essays on photographies and histories. Amherst, MA: The University of Massachusetts Press.

Taylor, C. (1919). The social survey. Its history and methods. Columbia, MO: University of Missouri. (Social Science Series 3).

Taylor, D. (1996). Toxic literacies: Exposing the injustice of bureaucratic texts. Portsmouth, NH: Heinemann.

Taylor, S. J. (1980). A guide to monitoring and investigating residential settings. Syracuse, NY: Human Policy Press.

Taylor, S. J. (1982). From segregation to integration. The Journal of the Association for the Severely Handicapped 8(3): 42-49.

Taylor, S. J. (1987). Observing abuse: Professional ethics and personal morality in field research. Qualitative Sociology 10(3): 288-301.

Taylor, S. J., Biklen, D., & Knoll J. (Eds). (1987). Community integration for people with severe disabilities. New York: Teachers College Press.

Taylor, S. J., & Bogdan, R. C. (1984). Introduction to qualitative research and methods: The search for meaning. New York: Wiley.

Taylor, S. J., Bogdan, R., & Lutfiyya, Z. (1995). The variety of community experience. Baltimore, MD: Paul H. Brookes.

Taylor, J., Bogdan, R., & Racino, I. (Eds.). (1991). Life in the community: Case studies of organizations supporting people with disabilities. Baltimore, MD: Paul H. Brookes.

Tesch, R. (1990). Qualitative research: Analysis types and software tools. London: Falmer.

Tesch, R. (n.d.). Software for the computer-assisted analysis of text. Mimeographed.

Thomas. N. (1994). Colonialism's culture: Anthropology, travel and government. Princeton, NJ : Princeton University Press.

Thornas, W. I. (1923). The unadjusted girl. Boston: Little, Brown.

Thornas, W. I., & Znaniecki, F. (1927). The Polish peasant in Europe and America. New York: Knopf.

Thomson, J., & Smith, A. (1877). Street life in London. London: Sampson, Low, Murston, Searle, & Rurington.

Thome, B.(1980). "You still takin' notes?" Fieldwork and problems of informed consent. Social Problems 27: 271-284.

Thome, B. (1993). Gender play: Girls and boys in school. New Brunswick, NJ: Rutgers University Press.

Thrasher, F. (1927). The gang. Chicago: University of Chicago Press.

Tierney, W. (1994). On method and hope. In A. Gitlin (Ed.), Power and method. New York: Routledge, pp.97-115.

Trachtenberg, A. (1979). Introduction: Photographs as symbolic history. In The American image: Photographs from the National Archives, 1860-1960. New York: Pantheon.

Travers, R. (1978). An introduction to educational research (4th ed.). New York: Macmillan.

Trudell, B. (1990). Selection, presentation, and student interpretation of an educational film on teenage pregnancy: A critical ethnographic investigation. In E. Ellsworth, & M. Whatley (Eds.), The ideology of images in educational media. New York: Teachers College Press, pp. 74-106.

Turner, R. H. (1953). The quest for universals in sociological research. American Sociological Review 18: 604-611.

Turner, R. (Ed.). (1974). Ethnomethodology. Middle-sex, UK: Penguin.

Turner, V. (1982). From ritual to theatre. New York: PAJ Publishing.

Turner, V. (1886). The anthropology of performance. New York: PAJ Publications.

Tyler, R. (Ed.). (1976). Prospects for research and development in education. Berkeley, CA: McCutcheon.

Valdes, G. (1996). Con respeto: Bridging the distances between culturally diverse families and schools. New York: Teachers College Press.

Vandewalker, N. (1898). Some demands of education upon anthropology. American Journal of Sociology 4: 69-78.

Van Maanen, J. (1988). Tales of the field: On writing ethnography. Chicago: University of Chicago Press.

Vidich, A. J., & Lyman, S. M. (1994). Qualitative methods: Their history in sociology and anthropology. In N. K. Denzin, & Y. S. Lincoln (Eds.), Hand-book of qualitative research. Thousand Oaks, CA: Sage, pp. 23–59.

Wagner, J. (Ed.). (1979). Images of information. Beverly Hills, CA: Sage.

Waldorf, D.,& Reinarman, C. (1975). Addicts-Everything but human beings. Urban Life 4(1): 30–53.

Walker, R. (1993). Using photographs in evaluation and research. In M. Schratz (Ed.), Qualitative voices in educational research. London: Falmer, pp. 72–92.

Waller, W. (1932). Sociology of teaching. New York: Wiley.

Waller, W. (1934). Insight and scientific method. American Journal of Sociology 40(3): 285–295.

Warner, W. L., & Lunt, P. S. (1941). The social life of a modern community. New Haven, CT: Yale University Press.

Warren, C. A. B. (1988). Gender in field research. Newbury Park: CA: Sage.

Wax, M. (1980). Paradoxes of "consent" in the practice of fieldwork. Social Problems 27: 265–272.

Wax, R. (1971). Doing fieldwork: Warning and advice. Chicago: University of Chicago Press.

Wax, R. (1979). Gender and age in fieldwork and field-work education: No good thing is done by any man alone. Social Problems 26: 509–523.

Webb, B. (1926). My apprenticeship. New York: Longmans, Green & Co.

Webb, S., & Webb, B. (1932). Methods of social study. London: Longmans, Green & Co.

Weiler, K. (1988). Women teaching for change. South Hadley, MA: Bergin Garvey.

Weis, L. (1990). Working class without work: High school students in a de-industrializing economy. New York: Routledge.

Weiss, L., Proweller, P., & Centrie, C. (1997). Re-examining "a moment in history" : Loss of privilege inside white working-class masculinity in the 1990s. In M. Fine, L. Weis, L. Powell, & L. M. Wong (Eds.), Off white: Readings on race, power; and society. New York: Routledge, pp. 210–226.

Weitzman, E., & Miles, M. B. (1994). Computer programs for qualitative data analysis. Thousand Oaks, CA: Sage.

Wells, A. F. (1939). Social surveys. In F. C. Bartlett, M. Ginsberg, E. S. Lindgren, & R. H. Thouless (Eds.), The study of society. London: Kegan Paul, Trench, Trubner & Co, pp. 424-435.

Wells, M. C. (1996). Literacies Lost: When students move from a progressive middle school to a traditional high school. New York: Teachers College Press.

Werner, O., & Schoepfle, G. M. (1987a). Systematic fieldwork: Volume 1, Foundations of ethnography and interviewing. Newbury Park, CA: Sage.

Werner, O, & Schoepfle, G. M. (1987b). Systematic fieldwork: Volume 2, Ethnography analysis and data management. Newbury Park, CA: Sage.

West, C., & Zimmerman, D. (1987). Doing gender. Gender and Society 1(2): 125-151.

Whatley, M. (1991). Raging hormones and powerful cars: The construction of men's sexuality in school sex education and popular adolescent films. In H. Giroux (Ed.), Postmodernism, feminism, and cultural politics. Albany, NY: State University of New York Press, pp. 119-143.

Whyte, W. F. (1955). Street corner society. Chicago: University of Chicago Press.

Whyte, W. F. (1960). Interviewing in field research. In R. H. Adams, & J. J. Preiss (Eds.), Human organization research. Homewood, IL: Dorsey Press.

Whyte, W. F. (1984). Learning from the field. Beverly Hills, CA: Sage.

Whyte, W. F. (1991). Participatory action research. Newbury Park, CA: Sage.

Whyte, W. F. (1992). In defense of street corner society. Journal of Contemporary Ethnography 21: 52-68.

Whyte, W.H. (1979). On making the most of participant observation. The American Sociologist 14 56-66.

Wicker, T. (1978). On press. New York: Berkley Publishing.

Wiley, N. (1979). The rise and fall of dominating theories in American sociology. In W. Snizek, E. Fuhrman, & M. Miller (Eds.), Contemporary issues in theory and research, a metasociological perspective. Westport, CT: Greenwood, pp. 47-80.

Williams, J. (1990). Style. Chicago: University of Chicago Press.

Willis, D., & Dodson, H. (1989). Black photographers bear witness: 100 years of social protest. Williamstown, MA: Williams College Museum of Art.

Willis, P. (1977). Learning to labor: New York: Columbia University Press.

Willis, P. (1980). Notes on method. In Center for Cultural Studies (Ed.), Culture, media. language. London: Hutchinson, pp. 88-95.

Willis, P. (1990). Common culture: Symbolic work at play in the everyday cultures of the young. Boulder, Co: Westview Press.

Willower, D. J., & Boyd, W. L. (Eds.). (1989). Willard Waller on education and schools. Berkeley, CA: McCutchan.

Wilson, S. (1977). The use of ethnographic techniques in educational research. Review of Educational Research 47: 245-265.

Wirth, L. (1928). The ghetto. Chicago: University of Chicago Press.

Wolcott, H. (1973). The man in the principal's office. New York: Holt, Rinehart & Winston.

Wolcott, H. (1975). Criteria for an ethnographic approach to research in schools. Human organization 34: 111-127.

Wolcott, H. (1977). Teachers vs. technocrats: An educational innovation in anthropological perspective. Eugene, OR: Center for Educational Policy and Management.

Wolcott, H. (1990). Making a study "more ethnographic". Journal of Contemporary Ethnography 19(1): 44-72.

Wolcott, H. (1995). Making a study "more ethnographic." In J. Van Mannen (Ed.), Representation in ethnography. Thousand Oaks, CA: Sage, pp. 79-111.

Wolcott, H. F. (1990). Writing up qualitative research. Newbury Park, CA: Sage.

Wolcott, H. F. (1992). Posturing in qualitative research. In M. D. LeCompte, W. L. Millroy, & J. Preissle (Eds.), The handbook of qualitative research in education.New York: Academic Press, pp. 3-52.

Wolcott, H. W. (Ed.). (1983). Teaching fieldwork to educational researchers: A symposium. Anthropology & Educational Quarterly 14(3): 171-212.

Wolf, R. L. (1979a). An overview of conceptual and methodological issues in naturalistic evaluation. Paper presented at the meeting of American Educational Research Association, San Francisco.

Wolf, R. L.(1979b). Strategies for conducting naturalistic evaluation in socio-educational settings: The naturalistic interview. Paper prepared for publication in the Occasional Paper Series, Evaluation Center, Western Michigan University.

Wood, P. (1975). You and Aunt Arie: A guide to cultural journalism based on Foxfire and its descendants. Washington, DC: Institutional Development and Economic Affairs Service, Inc.

Woods, P. (1985).new songs played skillfully: Creativity and technique in writing up qualitative research. In R. G. Burgess (Ed.), Issues in educational research: Qualitative methods. Philadelphia, PA: Falmer Press.

Yin, R. K. (1994). Case study research: Design and methods (3rd ed.). Thousand Oaks, CA: Sage.

Yin, R. K. (1989). Case study research: Design and methods. (2nd ed.). Newbury Park, CA: Sage.

Zeichner, K. (1996). Teachers as reflective practitioners and the democratization of school reform. In K. Zeichner, S. Melnick, & M. L. Gomez (Eds.), Currents of reform in preservice teacher education. New York: Teachers College Press, pp. 199-214.

Zeichner, K., & Gore, J. (1995). Using action research as a vehicle for student teacher reflection: A social reconstructionist approach. In S. Noffke, & R. Stevenson (Eds.), Educational action research: Becoming practically critical. New York: Teachers College Press, pp. 13-30.

Ziegler, S. (1980). School for life: The experience of Italian immigrants in Canadian schools. Human Organization 39(3): 263-267.

Zimmerman, C., & Frampton, M. (1935). Family and society, a study of the sociology of reconstruction. New York: D. Van Nostrand.

Znaniecki, F. (1934). The method of sociology. New York: Farrar and Rinehart.

Zorbaugh, H. (1929). The gold coast and the slum. Chicago: University of Chicago.

Index
名詞索引

A

B

Questions 問題
        analytic, developing, 159–161 發展分析的
        observational, examples of, 239–249 觀察的實例
Quotations, use of, 196 引述

R

Race, fieldwork relationships and, 86–87 種族，與實地工作之關係
Racism, 87 種族主義
Random sampling, 65 隨機抽樣
Rapport, 81,84–88,94 共融
Rates, quantification of, 153–155 評定的數量化
"Real rates" as misnomer, 153 真實評定
Reciprocity, 46,78 互惠
Recording equipment, 132 記錄設備
Reflective/confessional approach, 191 省思/自白策略
Reflective fieldnotes, 123–125 省思性實地札記
Relationship codes, 176 關係代碼
Reliability, 35–36 信度
Research. See also Qualitative research 研究，見質性研究
        action, 44–45, 211–212, 224–232 行動
        applied, 209–210. 應用
         See also Applied qualitative research for education
        basic, 209–210 基礎
        covert versus overt, 74 內隱式相對於外顯式
        cultural differences in meaning of, 83–84 意義的文化差異
        evaluation and policy, 211. 212, 213–224 評鑑和政策
        Lone Ranger, 71 獨行俠
        naturalistic, 3,4–5 自然式
        partisan, 224 黨派的
        practitioner, 212,233–238 實務工作者
        quantitative, 4, 37, 38–42, 98 量化
        team, 71 團隊
Research agenda, 51 研究議程
Research design, 49–72 研究設計
        case studies, 54–63 個案研究
        choosing a study and, 51–54 選擇一個研究
        historical research, 71–72 歷史研究
        interview schedules and observer guides, 70–71 訪談綱要和觀察指引
        multi-site studies, 63–68 多元現場研究
        proposal writing and, 68–70 研究計畫撰寫
RFP (Request for Proposal) and, 215 研究計畫申請書
        team research vs. Lone Ranger research, 71 團隊研究 相對於 獨行俠研究
Researcher 研究者
        characteristics of, fieldwork and, 84– 88 實地工作的特徵
        relations between contractor and, 215–217 與契約制定者者間的關係

質性教育研究：理論與方法

Qualitative Research for Education :

An Inroduction to Theory and Methods

《 Third Edition 》

主譯校閱： 黃光雄

譯　　者： 李奉儒等譯

出 版 者： 濤石文化事業有限公司

發 行 人： 陳重光

責任編輯： 吳孟虹

校　　對： 吳芝儀、林芳如

封面設計： 白金廣告設計 梁叔爰

地　　址： 雲林縣斗六市建成路111號7樓之2

登 記 證： 嘉市府建商登字第08900830號

電　　話： (05)271-4478

印　　刷： 鼎易印刷事業股份有限公司

初版一刷： 2001年10月

初版九刷： 2014年2月

I S B N ： 957-30248-4-5

總 經 銷： 揚智文化事業股份有限公司

　　　　　 新北市深坑區北深路3段260號8樓

電話： 886-2-2664-7780

傳真： 886-2-2664-7633

定　　價： 新台幣450元

E-mail ： waterstone@pchome.com.tw